"一带一路"
研究文选

Selected Works of
Research: A Study on
"One Belt and One Road"

主　编　李　军
执行主编　王金根
副主编　丁　云
　　　　叶晓林

当代世界出版社

图书在版编目（CIP）数据

"一带一路"研究文选 / 李军主编 . -- 北京：当代世界出版社, 2017.5
ISBN 978-7-5090-1198-0

Ⅰ.①一… Ⅱ.①李… Ⅲ.①"一带一路"－国际合作－文集 Ⅳ.① F125.5-53

中国版本图书馆 CIP 数据核字 (2017) 第 075985 号

书　　名：	"一带一路"研究文选
出版发行：	当代世界出版社
地　　址：	北京市复兴路4号（100860）
网　　址：	http://www.worldpress.org.cn

编务电话：(010) 83907332
发行电话：(010) 83908409
　　　　　(010) 83908455
　　　　　(010) 83908377
　　　　　(010) 83908423（邮购）
　　　　　(010) 83908410（传真）

经　　销：	新华书店
印　　刷：	北京信彩瑞禾印刷厂
开　　本：	787毫米×1092毫米　1/16
印　　张：	29
字　　数：	435千字
版　　次：	2017年5月第1版
印　　次：	2017年5月第1次
书　　号：	ISBN 978-7-5090-1198-0
定　　价：	68.00元

如发现印装质量问题，请与承印厂联系调换。
版权所有，翻印必究；未经许可，不得转载！

国际大变局中的"一带一路"倡议

李 军[※]

2013年9月，习近平主席访问哈萨克斯坦提出要与欧亚各国用创新的合作模式，共同建设"丝绸之路经济带"，以点带面，从线到片，逐步形成区域大合作。同年10月，习近平主席在印度尼西亚国会发表演讲，明确提出要同东盟国家发展好海洋合作伙伴关系，共同建设21世纪"海上丝绸之路"。历经两千年风雨沧桑，具有深厚历史渊源和人文基础并将多样文明联系起来的古"丝绸之路"，以现代的风貌再次展现在世人面前，力求以互利共赢的开放合作模式开创世界各国共同发展的新篇章。

"一带一路"倡议的提出顺应时代的要求和各国加快发展的愿望。近年来，受金融危机、债务危机等因素影响，世界经济陷入增长乏力的困境，全球贸易和投资增速纷纷下滑，全球化动能遭到削弱。面对复杂严峻的世界经济形势，世界各国表现出加快发展的强烈意愿。从非盟的"2063年愿景"到欧盟的"容克计划"，无论是发展中国家还是发达国家，都出台了相应的发展战略，探索实现经济持续发展的路径和举措。正是在这样的大背景下，中国提出"一带一路"倡议，旨在与其他国家和地区的发展战略实现对接，着力构建互利合作网络、新型合作模式、多元合作平台，使沿线各国人民都能从中受益。作为一项开放包容的合作倡议，"一带一路"是具有伟大历史影响的世界性事业。

※ 中共中央对外联络部副部长

"一带一路"是中国向世界提供的重要公共产品

经过改革开放三十多年的发展，中国与世界的互动正在发生历史性重大变化。改革开放之初，因发展水平落后，中国的对外开放强调的是，要积极融入国际社会，搭乘世界和区域公共产品的便车；随着中国经济的快速发展，特别是成为世界第二大经济体之后，中国的对外开放开始向更高水平迈进，开始欢迎其他国家搭乘中国经济发展的快车、便车，探索向世界提供公共产品的方式和类型。"一带一路"便是新的历史条件下中国实施对外开放的重大战略举措，也是当前中国向世界提供的最重要公共产品。

作为中国向世界提供的一项重要公共产品，"一带一路"倡议秉持共商、共建、共享的原则，强调沿线国家共同协商、平等参与建设进程，共同分享建设成果。这与西方传统的国际公共产品存在很大不同。"一带一路"倡议所坚持的共商、共建、共享原则，反映了参与主体的平等性与合作成果的共享性，是新型国际公共产品对传统国际公共产品的重要改进。

为推动"一带一路"建设，中国分别于2014年和2015年通过《丝绸之路经济带和21世纪海上丝绸之路建设战略规划》和《推动共建丝绸之路经济带和21世纪海上丝绸之路的愿景与行动》，明确了"一带一路"的共建原则、框架思路、合作重点、合作机制等，同时倡议成立注册资本达1000亿美元的亚洲基础设施投资银行，并设立400亿美元的丝路基金。此外，中国有关地方和部门也出台了配套规划，研究机构和智库发布了一系列调研成果，企业纷纷赴沿线国家开展投资和经贸活动，这些行动为"一带一路"建设提供了坚实的物质基础和制度保障。

中国着力推动"一带一路"建设，得到越来越多国家、国际组织等的积极响应。自2013年"一带一路"倡议提出以来，已经有100多个国家和国际组织参与其中，40多个国家和国际组织同中国签署合作协议，20多个国家同中国开展国际产能合作，以亚投行、丝路基金为代表的金融合作不断深入，一批有影响力的标志性项目逐步落地。"一带一路"建设的"朋友圈"正在不断扩大，充分表明国际社会对"一带一路"建设的认可和支持。

"一带一路"是引领新型全球化进程的重要动力

当前，世界经济正处在动能转换的换挡期，传统增长引擎对经济的拉动作用减弱，人工智能、3D打印等新技术虽然不断涌现，但新的经济增长点尚未形成。世界经济增长陷入困境，全球贸易增速低于世界经济增速，全球化的动力愈显不足。在国际投资方面，全球外国直接投资继2009年下降39%后，在2014年再度萎缩16%。全球贸易增长乏力、投资规模持续萎缩，导致"逆全球化"的思潮暗流涌动，有些国家甚至扛起贸易保护主义的大旗，对全球化进程的持续推进形成严重掣肘。

2017年1月，习近平主席在达沃斯世界经济论坛发表演讲指出，"经济全球化是一把'双刃剑'。当世界经济处于下行期的时候，全球经济'蛋糕'不容易做大，甚至变小了，增长和分配、资本和劳动、效率和公平的矛盾就会更加突出，发达国家和发展中国家都会感受到压力和冲击。反全球化的呼声，反映了经济全球化进程的不足，值得我们重视和深思。经济全球化确实带来了新问题，但我们不能就此把经济全球化一棍子打死，而是要适应和引导好经济全球化，消解经济全球化的负面影响，让它更好惠及每个国家、每个民族。"

"一带一路"倡议的提出，恰恰是强调通过开放、合作，引领新一轮全球化进程。"一带一路"建设涉及基础设施开发、产能合作、金融合作等诸多领域，开展合作的进程也是促进商品、服务、资本、劳动、技术、知识等不同要素跨国流动的过程。自"一带一路"倡议提出以来，中国企业对沿线国家投资累计超过500亿美元。中国企业已经在20多个国家建设56个经贸合作区，为有关国家创造近11亿美元税收和18万个就业岗位。2014年至2016年，中国同"一带一路"沿线国家贸易总额超过3万亿美元。从双边跨国合作到区域多边合作再到全球要素流动，"一带一路"倡议成为引领全球化进程的新动力。

"一带一路"建设倡导开放、包容、共享，追求的是百花齐放的大利，不是一枝独秀的小利。开放是开展合作的前提，包容是扩大参与的基础，共享是合作持续的保障。传统的全球化进程，在带来世界经济增长的同时，也导致了世界的不平衡发展和南北差距的不断扩大。"一带一路"建设则是要通过基础设施联通、产能合作、工业化等，将更多的发展中国家融入到全球化进程中，实现全球利益的共享和再分配，彰显全球化的正面效应，消解全球化的负面效应，最终推动全球化进程实现再平衡。因此，从本质上讲，"一带倡议"所要引领的是一种新型的全球化进程，它更具开放、包容、平衡、共享的精神特质。

"一带一路"是构建人类命运共同体的重要路径

随着经济全球化的深入发展，世界各国的利益和命运更加紧密地联系在一起，形成你中有我、我中有你的利益共同体。很多问题不再局限于一国内部，很多挑战也不再是一国之力所能应对，全球性挑战更需要各国通力合作来应对。2017年1月，习近平主席在联合国日内瓦总部发表《共同构建人类命运共同体》的主旨演讲指出，"人类正处在发展大变革大调整时期，也正处在一个挑战层出不穷、风险日益增多的时代。回首过去100多年的历史，全人类的共同愿望，就是和平与发展。面对这样一个时代，面对和平与发展的重任，中国的方案是：构建人类命运共同体，实现共赢共享。"

自党的十八大报告提出"倡导人类命运共同体意识"以来，习近平主席在一系列重要双多边外交场合多次强调树立人类命运共同体意识，提出共建中国—东盟命运共同体、中国巴基斯坦命运共同体、亚洲命运共同体、中拉命运共同体、中非命运共同体等，表明同世界各国共同致力于促进世界的和平、稳定、繁荣与进步。

"一带一路"倡议提出政策沟通、设施联通、贸易畅通、资金融通和民心相通五大系统工程，旨在构建政治上互尊互信、经济上互利共赢、文明上交流互鉴的开放型区域合作网络。构建人类命运共同体需要从政治、安全、经济、文明、生态五个维度做出努力，"一带一路"倡议至少可以从伙伴关系、经济发展和文明交流三大领域对构建人类命运共同体做出贡献。正是从这种意义上讲，"一带一路"成为构建人类命运共同体的重要路径。正如有学者所言，"一带一路"是通向人类命运共同体之路。

"一带一路"是一项复杂的系统工程，涉及不同政治制度、发展水平、宗教信仰、文化价值的国家，需要加强协调和长期不懈的努力；构建"人类命运共同体"则是一个美好的目标，需要一代又一代人接力跑才能实现的目标。"一带一路"侧重功能领域的合作，"人类命运共同体"侧重价值理念的引领，"一带一路"倡议是构建"人类命运共同体"的重要抓手和路径，二者相辅相成、相得益彰。

当前，国际秩序正处于大调整、大变革时期。英国脱欧、特朗普当选美国总统等欧美国内政治的变化导致转型期的国际秩序迎来诸多不确定性。在这样一个充满不确定性的时代，中国倡议与沿线国家一道共建"一带一路"，目的就是要为建设一个开放、共享、平衡的国际秩序增添更多的确定性。在"一带一路"倡议引领下，沿线国家可充分利用"五通"建设，在探索中共同前进，在合作中共同发展，努力打造普遍受益和成果共享的新局面。

自"一带一路"倡议提出以来，国内外学界围绕"一带一路"的价值理念、基本内涵、建设路径等不同主题展开了广泛探讨，产生了一系列优秀成果。《当代世界》杂志专门设立"一带一路"专栏，围绕"一带一路"框架下的跨国合作、"一带一路"软环境建设、"一带一路"倡议面临的国际舆论环境等主题刊发学界优秀调研成果。《"一带一路"研究文选》是对这些研究成果的汇编，旨在对近年来学界关于"一带一路"研究的现状和成果进行总结，为进一步做好"一带一路"研究工作打好基础。

"一带一路"倡议作为一项长期的系统性工程，虽已启动三年有余，但对世界发展的历史进程而言却仅仅是个开始，围绕"一带一路"开展的学术研究和知识探索更是如此。在2017年5月14日"一带一路"国际合作高峰论坛开幕式上，习近平主席明确指出，"我们要乘势而上、顺势而为，推动'一带一路'建设行稳致远，迈向更加美好的未来。我们要将'一带一路'建设成和平之路、繁荣之路、开放之路、创新之路、文明之路。"在这样的大背景下，我们编纂出版《"一带一路"研究文选》，便是浩瀚知识求索中的一个组成部分。我们寻求与从事"一带一路"研究的专家学者和参与"一带一路"建设的企业机构共同分享知识和智慧,目的便是希望为"一带一路"建设下一阶段的顺利推进提供知识保障,使沿线国家都能从这项系统工程中受益。

2017 年 5 月 18 日

目 录

1 第一章 中国外交理念与"一带一路"建设

   3 "一带一路"与中国大外交 / 郑永年 张 弛

   13 "一带一路":中国外交理念的传递 / 陈玉荣 蒋宇晨

   22 践行区域合作共赢与全球协商共治的中国方案
       ——中央政府主导下的"一带一路"建设 / 吴志成 李金潼

   33 "一带一路"的中国智慧 / 王义桅

   40 "一带一路"建设应彰显三大中国元素 / 罗建波

   45 通向人类命运共同体的"一带一路" / 赵可金

   55 "一带一路"建设的世界意义 / 林永亮

65 第二章 国际视阈下的"一带一路"倡议

   67 积极参与"一带一路"倡议,实现地区的共同发展与繁荣 / 洪 森

   70 塞浦路斯:愿积极打造海上丝绸之路的重要中转岛 / 尼科斯•阿纳斯塔西亚迪斯

   73 用现代化的丝绸之路打造新的亚洲世纪 / 何塞•德贝内西亚

   77 马来西亚全力支持和参与"一带一路"建设 / 廖中莱

   79 沙特阿美石油公司承诺积极参与"一带一路"建设 / 纳比尔

81　中国"丝绸之路"倡议引领全球化进程 / 梅拉库·姆鲁阿莱姆·科勒米沃克

84　"一带一路"：带给中国与世界的机遇和变革
　　——专访德国社民党前主席、前联邦国防部长鲁道夫·沙尔平 / 刘娟娟

89　中国的"一带一路"倡议有助于推动斯里兰卡经济发展
　　——专访斯里兰卡总理特别顾问萨曼·阿萨达希提 / 张　凯

95　**第三章　"一带一路"倡议与地缘政治**

97　"一带一路"上的甲乙丙丁
　　——从地缘政治视角看"一带一路"倡议与大国关系的相互影响 / 丁　新

106　启动"21世纪海上丝绸之路"　建设南海和平之海 / 蔡鹏鸿

114　应将"21世纪海上丝绸之路"延伸至拉美地区 / 唐　俊

122　中国在中东地区推进"一带一路"建设的机遇、挑战及应对 / 王林聪

130　"一带一路"与中国—南亚命运共同体的构建 / 杨晓萍

138　论蒙古永久中立对"一带一路"建设的影响 / 储　殷

146　"一带一路"倡议与中俄印三边关系 / 涂志明

155　"一带一路"倡议的区域发展示范机制探析 / 陈松川

163　**第四章　"一带一路"倡议与跨国合作**

165　"一带一路"与"全球海洋支点"——中国与印尼的战略对接及其挑战 / 张　洁

176　"一带一路"战略的南亚方向与印度的选择 / 赵干城

184　"一带一路"与中德产业合作新亮点 / 张建平

193　丝路经济带与欧亚经济联盟的对接：
　　以能源共同体的构建为基石 / 吴大辉　祝　辉

200　中蒙俄三国互联互通的建设与合作 / 朴健一

208　"一带一路"与"2063年愿景"中非发展合作迎来新机遇 / 舒运国

211　中非产能合作助推非洲工业化和经济一体化 / 贺文萍

214　收购希腊比港对"一带一路"建设的重要意义及风险预估 / 刘作奎

- 222 "一带一路"与中巴经济走廊建设 / 陈利君
- 231 "季节计划"与新形势下的中印文化合作 / 陶 亮
- 239 "一带一路"倡议下中印能源合作前景浅析 / 冯乃康 李 扬
- 248 中泰合作共建"海上丝绸之路"战略支点 / 凌胜利
- 256 "一带一路"倡议与中国—太平洋岛国合作 / 宋秀琚 叶圣萱
- 266 警惕"一带一路"的投资风险
  ——希腊政局变化对"一带一路"在欧洲布局的影响 / 刘作奎

277 第五章 "一带一路"倡议与软环境建设

- 279 推进"一带一路"战略要注重沿线环境的"伊斯兰属性" / 侯宇翔
- 285 试析中资企业"五位一体"海外安保机制的建设路径 / 徐正源 王 昶
- 294 中东商业文化环境对"一带一路"的影响及建议 / 姜英梅
- 303 美国智库建言慎重应对"一带一路"和亚投行
  ——试论如何对美讲好"一带一路"故事 / 龚 婷
- 313 "一带一路"建设面临的国际舆论环境 / 孙敬鑫
- 320 推进"一带一路"建设应处理好的十大关系 / 石善涛
- 329 大数据时代下"一带一路"决策系统的构建 / 陆 钢
- 339 关于美国学者对"一带一路"认识的思考 / 王 欢

347 第六章 "一带一路"国际会议综述

- 349 发挥政党在"一带一路"建设中的引领作用
  ——亚洲政党丝绸之路专题会议侧记 / 张 凯
- 357 吸纳全球智慧 助力"一带一路"
  ——"一带一路"智库合作联盟理事会成立大会暨专题研讨会述评 / 黄 蕊
- 363 凝聚国际智慧 助力"一带一路"
  ——"一带一路"国际智库合作联盟研讨会侧记 / 余凯茜
- 370 共同打造智库联盟升级版

——"一带一路"智库合作联盟理事会暨专题研讨会综述 / 黄 蕊

375 优势互补、合作共赢成为中德关系的主旋律
——"一带一路"与新时期中德合作对话会侧记 / 魏银萍

382 党际渠道增互信 中马企业话商机
——"一带一路"中国—马来西亚工商界对话侧记 / 高媛媛

388 共建"一带一路"，携手实现互利共赢
——2015年"理解与合作"对话活动侧记 / 牟金玲

390 在理论与实践之间
——人类命运共同体理论暨"一带一路"推进思路会议综述 / 徐海娜

396 筑牢民心相通之桥 夯实"一带一路"基础
——"一带一路"国际合作高峰论坛之"增进民心相通"平行主题会议侧记 / 张凯

402 附件

402 携手推进"一带一路"建设
——习近平主席在"一带一路"国际合作高峰论坛开幕式上的演讲

411 开辟合作新起点 谋求发展新动力
——习近平主席在"一带一路"国际合作高峰论坛圆桌峰会上的开幕辞

415 习近平主席在"一带一路"国际合作高峰论坛圆桌峰会上的闭幕辞

418 共建"一带一路"：理念、实践与中国的贡献

440 推动共建丝绸之路经济带和21世纪海上丝绸之路的愿景与行动

第一章 中国外交理念与"一带一路"建设

"一带一路"倡议是新时期中国参与全球化过程中向国际社会提供的一种公共产品。这种公共产品不仅包括基础设施开发、贸易畅通、金融支持等物质性公共产品，它还涉及中国外交理念的传递，以及解决全球性问题的中国方案和中国智慧。在全球性问题不断涌现的时代背景下，问题解决方案和价值理念显得更为弥足珍贵。本章主要探讨作为一种公共产品的"一带一路"倡议向国际社会彰显了怎样的中国智慧，传递了怎样的中国外交理念，提供了怎样的问题解决方案。对这些问题的回答，有助于更好地理解中国对国际社会的价值贡献。

"一带一路"与中国大外交

郑永年　新加坡国立大学东亚研究所所长、教授
张　弛　国防大学战略研究所副研究员

随着"一带一路"倡议的正式实施,中国形成了包括"两条腿"("新型大国关系"与"一带一路")和"一个圈"(周边外交)的大外交。"一带一路"彰显了和平、尊重、开放、包容的时代精神,其国际战略意义主要体现在三方面:一是突破国家间安全困境,二是承担大国责任,三是形成在国际社会上的软实力。

"两条腿、一个圈"的中国大外交

中国形成了"两条腿、一个圈"的大外交。其中,"两条腿"包括了与美国、俄罗斯、印度等国建立的新型大国关系,以及主要面向发展中国家的"一带一路";"一个圈"则指的是针对亚洲邻国的周边外交;三者互相交接、相辅相成。

2016年1月21日，国家主席习近平在开罗阿拉伯国家联盟总部发表题为《共同开创中阿关系的美好未来》的重要演讲。

一、新型大国关系

新型大国关系是当前中国发展同大国关系的外交。"一带一路"与新型大国关系互为依托。只有构建良好的新型大国关系，才能确保"一带一路"顺利推进；而"一带一路"的实施为建设新型大国关系提供了一个战略"大后方"。

尽管新型大国关系这个理念是针对中美关系提出的，但它同样适用于中国同俄罗斯、印度以及欧洲等主要国家的双边关系，而这些国家也大都是"一带一路"的沿线大国。从地缘政治上看，能够对中国的发展和"一带一路"构成致命的外在威胁和挑战的也正是这些大国。只有处理好同这些大国的关系，才能确保"一带一路"顺利实施。今天，中国与这些大国交往，要解决的不仅是经贸问题，更重要的是战争与和平问题。和平是中国可持续发展的前提。对于中国而言，同美、俄、印、欧构建新型大国关系既是保持国内可持续发展的需要，也是维持国际和平的需要。

在中美关系上，随着中国崛起和美国全球主导地位的相对衰落，中美之间的博弈有所升温。虽然双方都希望博弈能够导致双赢而非"零和"的结果，但从国际政治的角度看，大国之间的博弈很容易受非理性因素影响，其结果不见得就是博弈者所预期的，甚至可能相反。根据西方国际关系理论和经验，崛起中的大国经常挑战守成大国，而后者往往对前者产生恐惧和戒备，从而陷入"修昔底德陷阱"，导致一波又一波的战争和冲突。

中美两国的当务之急是避免陷入"修昔底德陷阱"。早在2013年，中国就提出构建中美新型大国关系的倡议，目的就在于避免历史上一再上演的新兴大国与守成大国之间争霸而导致战争的悲剧。2015年，中国国家主席习近平在访美期间提出，同美方一道构建新型大国关系，实现双方不冲突不对抗、相互尊重、合作共赢，是中国外交政策的优先方向。美国总统奥巴马也提出，美中两国都有能力管控分歧，避免陷入"修昔底德陷阱"。这或多或少表明，当前中美双方在总结历史经验的基础上，着眼两国国情和世界大势，朝着构建中美新型大国关系的方向努力，这也是两国避免陷入"修昔底德陷阱"的出路所在。

在中俄关系上，"一带一路"经过中亚、东欧的广大地区通往欧洲，而这一带是俄罗斯地缘政治利益的核心。因此，中国必须在与中亚国家合作的同时，注重与俄罗斯的合作。在这方面已经存在一个有效的国际机制，即上海合作组织。上合组织是针对有关国家共同面临的问题，如恐怖主义，而不是针对第三方的。它可以为"一带一路"提供助力。目前，俄支持"欧亚经济联盟"与"一带一路"对接，这将更加有利于中国与中亚国家拓展合作。

在中印关系上，"一带一路"经过东南亚，到达印度洋和非洲，因而也涉及印度的地缘政治利益。近年来，无论在中东还是非洲，印度已在扮演重要角色。中国的快速崛起和"走出去"已经引起印度高度关注。中印之间还存在领土主权纠纷，但如果处理得好，两国就能够克服地缘政治利益纠纷，实现合作。毕竟，中印相处数千年都没有大的冲突，今天两国间的纠纷是西方帝国主义遗留的问题。中国在实施"一带一路"过程中，如果能考量到印度的地缘政治利益，两国就可以找到巨大的合作空间。

另一方面，"一带一路"的主要目标是发展中国家。尽管它也延伸至欧洲一些发达国家，但沿线的 60 多个国家大都是中小发展中国家。从国际关系的经验上讲，中国仅有新型大国关系是不足以立足国际政治舞台的；而通过"一带一路"大力拓展同广大发展中国家的关系，可以为中国开辟国际战略的"大后方"。只有这个"大后方"巩固了，才能具备更强的实力和基础来建设新型大国关系。

二、"一带一路"

"一带一路"可以看作中国主要面向发展中国家的外交，包括经贸、金融、基础设施、文化等多个方面的内容。中国与沿线国家的经济发展要素呈现很强的互补性，如果能够有效结合，就可以释放出巨大的生产力。沿线国家多半拥有丰沛的自然资源与人力资源，但普遍缺乏资金、人才、技术，且面临基础设施不足、市场规模过小、治理能力不佳等瓶颈。而中国所具备的三大优势可以协助这些国家克服瓶颈，激发经济发展动力。

一是基建优势。今天，中国从事基础设施建设的能力堪称世界第一，有能力同时在多国承建水库、电厂、超高压输电网、深水港、机场、工业区、传统铁路、高速公路、高速铁路、移动通信网络等项目。中国也有能力协助整个地区（如东南亚）建设跨国基础设施网络，让各国克服国内市场规模过小的障碍，并能够在地区内发展产业分工，形成跨国产业集群。

二是智力优势。中国在改革开放过程中培养了大量经济发展、公共治理、城市规划等领域的人才，并自行摸索出有效并用"市场"与"政府"的独特经济发展经验。中国可以与沿线国家分享这些经验，提供管理与技术支援，并协助培养人才。

三是金融优势。中国同时拥有庞大的外汇储备和丰沛的国内储蓄，并已建立独立的全球支付系统，中国和许多国家都签订了本币互换协议，人民币作为国际贸易结算货币日益普及。随着人民币即将正式纳入国际货币基金组织特别提款权货币篮子，并占10.92%的权重，人民币将加快成为可自由兑换货币，并位列美元（41.73%）、欧元（30.93%）之后，成为世界第三大货币。因此，中国有能力为广大发展中国家提供低成本的融资平台与信贷机制。

三、周边外交

周边外交是中国大外交战略的核心和前沿，这是由中国特殊的地缘政治环境所决定的；而"一带一路"的起点就是中国周边地区。

在世界大国中，中国的地缘政治环境非常特殊。同英国相比，英伦三岛孤悬于大西洋，英国是典型的海洋国家；而中国既是陆地大国又是海洋大国。同美国相比，美国周边只有两个国家，即北面的加拿大和南面的墨西哥，地缘环境非常简单，且这两个国家的实力与美国不可相提并论，并都需依赖美国发展；而中国则不同，周边有十几个国家，包括了俄、日、印等强国。所以，中国外交不能机械地模仿英美，必须根据自己所处地缘政治环境，制定务实可行的外交战略。

当今国际安全领域的多数热点问题都发生在中国周边，其中很多是和中国直接相关的，包括朝鲜核问题、东海主权纠纷、台湾问题、南海主权纠纷、缅甸问题、中印边界问题、阿富汗问题等。近年来，旧的问题和矛盾依然存在甚至加剧，新的问题也正在出现，随时都可能转化成重大危机。

周边地区是中国国际秩序的基础。中国要塑造有利于己的国际秩序，就必须把战略重点放在周边。未来中国要面对的危机更可能直接来自周边的中小国家。而如果周边发生重大危机或中国同周边国家关系出现重大危机，就会对中国国际秩序造成直接和严重的冲击，甚至可能导致中国崛起的根基不稳。

几乎所有周边国家都是"一带一路"的沿线国家。过去几年里，中国政府提出了"睦邻、安邻、富邻"及"亲、诚、惠、容"的周边外交理念和目标，而"一带一路"则是将这些理念付诸行动、实现这些目标的最好途径。

此外，在今后很长的历史时期里，中国面临的主要地缘政治压力仍然来自美国。但中美之间没有直接的地缘政治纠纷，且两国在经济上高度相互依赖。中美之间的摩擦和冲突，更可能是中国和周边美国盟友之间的摩擦和冲突。这就意味着建设新型大国关系和周边外交也是密不可分的，必须齐头并进。

"一带一路"倡议的国际意义

对于中国而言，"一带一路"的国际意义主要包括三方面：一是有助于突破中国与有关国家之间的安全困境；二是与广大发展中国家实现双赢，更好地承担大国责任；三是形成中国在国际上的软实力。

一、突破安全困境

"一带一路"通过发展和强化中国与广大发展中国家的关系，将有助于突破国家间的安全困境，并为深化区域经济合作提供新的动力。

第一，"一带一路"是中国应对美国战略挤压的必然选择。近年来，随着美国亚太再平衡战略深入推进，中国在亚洲的外交空间受到挤压。但中国并没有挑战美国的外交战略和国家意图。无论从中国的文化精神还是实际能力看，中国都不会和美国"硬碰硬"。而与此同时，美国"重返亚太"迫使其把战略资源从其他地区调动至东亚，这必将导致美国的战略能力在这些地区相对下降。因此，今天在中东、非洲、中亚等地区，美国的影响力和国际声望已大不如前。在这种情况下，中国必然走向美国影响力相对下降的地区。"一带一路"就是这样一种战略选择，其主轴当然是经贸，但也或多或少反映了中国面对美国战略挤压而"向西看"的外交政策考量。

第二，"一带一路"可以为突破中日在东亚的安全困境创造条件。近年来，中日关系因东海主权纠纷尤其是钓鱼岛争端而停滞不前，两国地缘战略竞争有所上升。而"一带一路"的实施可以把中日之间的竞争延伸到沿线的众多发展中国家去，从而降低中日在东亚竞争的激烈程度。在发展中国家，中国具有一定优势。实际上，一国在海外的竞争优势就是其内部优势的延续。当前，日本国内的经济发展优势已基本用尽，很难再如往日那样在国际社会扮演经济发展的"领头雁"角色。在今后相当长的时间里，中国国内的经济发展优势决定了中国有能力在发展中国家中扮演这种领导角色。

第三，"一带一路"能够产生更多的共同利益，从而缓解南海地区的紧张局势。客观上讲，无论有没有"一带一路"，南海主权纠纷都是存在的。但有了"一带一路"，就可以把蛋糕做大，在地区国家间催生更多的共同利益以及合作的必要性，从而缓解紧张局势。

第四，"一带一路"有助于突破中国与西方在贸易和投资上的安全困境。当前，西方经济复苏乏力，仅靠美国与欧洲央行极度宽松的货币政策支撑，无力解决失业、产业流失、民族矛盾等长期存在的结构性问题。同时，西方国家经常以所谓"威胁国家安全"等理由将中国的资本和产品拒之门外。这种情况在今后相当长时间里很难得到根本改变。因此，中国要在继续努力和西方打交道的同时，在发展中国家发挥自己的优势，寻找新的贸易和投资空间。换句话说，中国在经济上必须"两条腿走路"，一条腿在西方国家，另一条腿在发展中国家。而"一带一路"有助于中国在发展中国家找到这些新的投资和贸易空间，从而减少中国与西方国家之间的经贸摩擦及其引发的其他问题。

二、承担大国责任

作为世界上最大的发展中国家，中国将通过"一带一路"全面发掘与沿线众多发展中国家的互补互利机会，与这些国家实现双赢，从而承担更多大国责任。从这个意义上讲，"一带一路"是中国走向国际、承担国际责任之路。

一方面，"一带一路"有助于中国实现可持续发展。当前，中国经济结构亟待调整。对此，国内的深化改革自然是至关重要的；同时，也可以充分发挥外部经济要素的作用。这样既可以促进国内改革，又可以在一定程度上减轻改革的压力。历史上，西方发达国家在成长为经济大国（从低收入经济体发展成为高收入经济体）的过程中，无一不充分利用了外部经济要素。它们的经济发展往往伴随着对外殖民主义和帝国主义的政策。中国当然不能走西方的老路，但必须找到一条和广大发展中国家相互尊重、共同发展、合作共赢的道路。"一带一路"就是这样一条道路。

今天，中国已经从资本短缺国家变为资本过剩国家，具备了庞大的资本积累（包括国家资本和民间资本）。如此庞大的资本大都存在银行，不仅没有增值，而且面临贬值的风险。不可否认，国内仍有很大投资空间，中国也会继续在国内投资；但同时，中国资本在加快"走出去"，对外投资规模越来越大。在"一带一路"实施过程中，中国要做的就是把大量资本积累转化为投资，从而实现保值增值；而沿线发展中国家要做的就是利用中国的资本来加快国内建设、推动经济发展。

此外，眼下中国经济规模空前庞大，在主要工业部门均拥有巨大产能。"一带一路"不仅有助于为中国企业成熟的产品找到广阔的海外新市场，而且有助于将中国国内富余的产能有秩序地向外移转，转化为沿线发展中国家经济发展的要素，在促进这些国家经济发展的同时，推动中国国内的产业结构调整。在这一过程中，中国企业的跨国经营能力也可以得到全面提高。

另一方面，"一带一路"可以为沿线国家的经济发展注入新的动力。沿线绝大多数国家都是发展中国家，在今后相当长的时间里面临的主要任务就是发展。"一带一路"通过将外部经济要素（资本和技术）引入这些国家，同其内部要素（廉价的劳动力和丰富的资源）相结合，从而大大激发它们的经济发展动力，并带动中国与东南亚、南亚、中亚、中东、非洲等地区国家经济伙伴关系的升级，促进区域经济发展。

今天，西方国家虽然发达，但也面临继续发展的瓶颈，在相当程度上缺乏发展动力，更无力帮助发展中国家。即使那些具备援助能力的国家，也往往对援助和投资附加了民主、人权等政治和意识形态上的前提条件，使很多发展中国家难以接受，反而严重制约了发展中国家的发展。中国则不一样，对外投资和援助比较务实，没有附加条件。中国在过去对外投资和援助过程中积累了很多经验教训。所以，今后中国会更加关注对外投资所面临的风险，但不会像西方那样附加前提条件。中国的做法是提供沿线国家所需的资金和技术，让它们同中国一起发展起来。只有广大发展中国家都富裕起来，中国自身的发展才是可持续的。

三、形成在国际上的软实力

"一带一路"为中国在国际上建设软实力提供了一个契机和平台。它有助于把中国发展的宝贵经验传播到其他发展中国家,尤其是改革开放以来形成的市场与政府两手并用的独特发展经验。这样既可以满足发展中国家的需要,也可以实现中国软实力在发展中国家的崛起。

今天,广大发展中国家在推动经济发展上仍面临巨大压力。二战前,多数发展中国家是西方国家的殖民地。虽然殖民统治模式促成了宗主国的发展,但被殖民国家的发展则失败了。二战后,这些殖民地纷纷独立,但独立后继续依赖西方。这一方面是因为西方国家仍是最发达经济体,另一方面是由于原先的宗主国继续通过各种方式影响着新独立国家的发展。显然,这种发展模式也失败了。20世纪80年代以来,西方开始在发展中国家推行"华盛顿共识"。但"华盛顿共识"主要是对西方发展经验的总结,并不适合发展中国家。

而中国的发展经验为广大发展中国家提供了一种有别于西方发展模式的选择。越来越多的发展中国家对中国经验表现出了极大兴趣。这是由多方面因素所决定的。首先是中国的发展成就。不管中国存在多大问题,在三十多年里从一个非常贫困的国家跃升为世界第二大经济体这一事实本身,就使得许多发展中国家对中国经验深感兴趣。其次,中国在很多方面为发展中国家树立了榜样,如通过发展来减少贫困、通过融入世界来谋求发展、通过发展来解决遇到的困难和问题等。第三,与发达国家的经验相比,中国的经验和发展中国家具有更大的相关性。其实,中国的经验并非和西方的经验完全相悖。在市场建设等诸多方面,中国吸收了很多西方经验。但中国并非机械地照抄照搬西方经验,而是根据自己的国情和实际状况,不断修正西方经验。这也是很多发展中国家所需要的。今后,中国可以一边总结自己的发展经验,一边通过"一带一路",根据沿线国家的实际需求提供帮助。

改革开放三十多年后,中国正逐渐成为世界强国。今天中国所面临的地缘政治和国际形势,要求中国既要"走出去",在国际舞台上维护国家利益,同时也要承担起作为大国的国际责任。无论"走出去"还是承担大国责任，都将面临巨大挑战，都需要大外交战略来推动。"一带一路"可以成为当代中国全面走向世界的开端，也是中国崛起必须通过的重要"考试"。

（原文发表于《当代世界》2016年第2期）

"一带一路": 中国外交理念的传递

陈玉荣 中国国际问题研究院欧亚研究所所长,研究员
蒋宇晨 中央财经大学社会学院

2013年之秋,中国国家主席习近平先后提出构建"丝绸之路经济带"和打造"21世纪海上丝绸之路"的倡议。一年多来,"一带一路"倡议得到沿线六十多个国家的积极回应和广泛支持。他们视"一带一路"为加快本国经济发展的历史契机。"一带一路"顺应了和平与发展的时代潮流,反映了沿线国家加强多边经济合作的利益诉求。如今,在中方与有关国家的共同探讨、共同规划之下,"一带一路"已经从战略倡议步入务实合作的轨道。

"一带一路": 实践国际政治经济合作的新模式

一、"一带一路"的核心价值观:开放、包容、共赢

"一带一路"的"开放、包容"特征体现在诸多层面。在地域上,"一带一路"立足亚洲,从中国向中亚、东亚、南亚、北非,以及中东欧方向辐射,

"一带一路"为区域经济发展带来新动力,有助于带动沿线国家和地区经济的发展。图为2014年9月13日,中国国家主席习近平和塔吉克斯坦总统拉赫蒙在杜尚别共同出席中国—中亚天然气管道D线塔吉克斯坦境内段开工仪式。

以欧亚大陆为合作平台;在合作伙伴选择上,以沿线国家为主要对象,同时又不限于沿途国家和地区。"一带一路"欢迎任何有意愿而真诚合作的国家和地区;在合作行为模式上,本着平等、共商、共建、共享、互利共赢的原则,共同制定时间表、路线图,一道推进"一带一路"建设。

"共赢"是"一带一路"追求的最终目标,体现了中国外交的重要原则。关于"一带一路",习近平主席2014年在中央外事工作会议上指出,"我们要坚持合作共赢,推动建立以合作共赢为核心的新型国际关系"。"坚持互利共赢的开放战略,把合作共赢理念体现到政治、经济、安全、文化等对外合作的方方面面"[1]。从这个意义上讲,"一带一路"的构建对未来国际

---

[1] 《习近平出席中央外事工作会议并发表重要讲话》,http://news.xinhuanet.com/politics/2014-11/29/c_1113457723.htm.

关系格局走向具有重要的建设性意义。中国坚持新发展观、新安全观，致力于合作共赢的新型国际关系。"一带一路"合作模式的提出，再次表明了中国新时代特色的创新思维。中国历来主张摒弃集团政治、零和博弈的冷战思维，主张建立不结盟、不对抗、互利共赢的伙伴关系。2014 年在上海举行的亚信峰会期间，中国向亚洲和国际社会呼吁"共同、综合、合作、可持续安全观"。"一带一路"合作的重点在亚洲，"源于亚洲，依托亚洲，造福亚洲"。"一带一路"清晰阐释了中国"亲、诚、惠、容"的周边外交理念。

二、打造命运共同体，中国与沿线国家共同圆梦

"一带一路"倡议提出以来，国际上不断有一种"解读"称，"一带一路"助力实现中国梦的同时，还有绑架世界经济之嫌。何谓"中国梦"？习近平主席解释说，就是"到 2020 年全面建成小康社会，到本世纪中叶建成富强民主文明和谐的社会主义现代化国家。我们形象地把这个目标概括为实现中华民族伟大复兴的中国梦"[1]。显见，中国梦是造福于本国人民的伟大事业。步入 2015 年的中国距离小康社会实现近在咫尺，按 GDP 总量统计，中国已经成为世界第二大经济体，中国经济日益成为亚太地区和世界经济发展的重要引擎之一。在这一历史时刻，中国提出"一带一路"倡议的初衷，在于同周边国家分享中国发展成就和发展经验，实现欧亚地区所有国家的共同发展、共同繁荣，实现经济增长联动，打造利益共同体、命运共同体和责任共同体。习近平主席多次强调，"中国梦是和平、发展、合作、共赢之梦，我们追求的是中国人民的福祉，也是各国人民共同的福祉"[2]。王毅外长形象地说道，"一带一路"不是中国一家的"独奏曲"，而是各国共同参与的"交响乐"。换言之，"一带一路"是中国与广大沿线国家致力于共同圆梦、追求美好愿

---

[1] 《习近平在蒙古国国家大呼拉尔的演讲》，http://news.xinhuanet.com/2014-08/22/c_1112195359.htm。

[2] 《习近平出席中央外事工作会议并发表重要讲话》，http://news.xinhuanet.com/politics/2014-11/29/c_1113457723.htm。

景的宏伟蓝图。"一带一路"非但不是"绑架世界经济",而是为21世纪全球经济发展提供了新契机。

三、"一带一路"助推区域经济合作

"一带一路"为区域经济发展带来新动力,有利于资源高效配置、市场深度融合,有助于带动沿线国家和地区经济的发展。在欧亚大陆,"一带一路"相对于其他区域经济合作机制,既不是竞争关系,也不是替代关系,而是增加了资源、市场和运输大通道等多项选择,结果必将切实拉动各种多边机制的合作。国际传媒不时有声音强调,"丝绸之路经济带"对欧亚经济联盟形成挑战,同俄罗斯在中亚的战略利益相冲突。毋庸置疑,"丝绸之路经济带"与欧亚经济联盟在拓展经济合作方面具有一定的竞争性质。但两者之间是合作中的竞争,不是对立关系。

首先,"丝绸之路经济带"的推出不针对欧亚经济联盟,两者各具优势,互为补充。2013年9月,习近平主席提出经济带倡议的同时,特别强调,中国不谋求中亚地区事务主导权,不经营势力范围。在共同推进"丝绸之路经济带"建设方面,中俄两国领导人取得了共识。2014年2月,普京总统表示,俄罗斯愿将跨欧亚铁路与"一带一路"对接,创造出更大效益。2014年5月,中俄元首在共同发表的联合声明中明确指出,"丝绸之路经济带"与欧亚经济联盟不是竞争关系,而是合作关系。中俄将积极寻求两者之间共同获益项目的对接。其次,中国同中亚国家和俄罗斯互为重要的贸易伙伴,深化经济合作是彼此共同利益的需要。历史上,中亚许多城市就是古代丝绸之路上的重镇。第三,"丝绸之路经济带"与欧亚经济联盟不在同一个层面上。欧亚经济联盟是高度一体化机制,而"丝绸之路经济带"是通过项目带动的合作,追求的是在大型基础设施、交通、能源、金融等具体领域的深度合作与交流。

"一带一路"遵循自愿原则,在互利互惠基础上进行协调目标、政策沟通、拓展合作,不具有强制性。"一带一路"的构建不是搭建新机制,而是同有意愿参加合作的沿线国家依托现有平台、双边或多边机制,以点带面,从线到片,逐渐推进。"一带一路"建设的核心在于实现沿线国家之间的政

策沟通、道路联通、贸易畅通、货币流通和民心相通。"五通"之中，实现沿线国家之间道路的互联互通建设是优先方向。习近平主席指出："如果将'一带一路'比喻为亚洲腾飞的两只翅膀，那么互联互通就是两只翅膀的血脉经络，是优先发展的领域。"[1]

中国政府极为重视"一带一路"建设，并注重在"一带一路"建设中充分体现"亲、诚、惠、容"的理念。习近平主席一再重申：推进"一带一路"建设，要诚心诚意对待沿线国家，做到言必行、行必果。要本着互利共赢的原则同沿线国家开展合作，让沿线国家得益于中国发展。

"一带一路"沿线的上合组织、欧亚经济联盟、亚太经济合作组织、中国—海湾合作委员会、"10+1"和"10+3"等机制都可以成为"一带一路"的重要依托。上述机制在经贸合作领域都取得了不小的成就。尤其是上合组织在维护中亚区域安全方面发挥着支柱作用，在区域经济合作中扮演着重要角色。

上合组织所在的中亚地区正在成为"丝绸之路经济带"上的关键环节，上合组织国家也正在成为优先合作的伙伴。上合组织十多年的成功实践为"丝绸之路经济带"的推进积累了多边经济合作的经验，上合组织成员国在能源、交通、电信、农业等领域的合作成果为经济带建设奠定了前提条件。在"货币流通"方面，中俄、中哈、中吉之间陆续实现双边贸易本币结算。2014年，中俄两国签署了规模为1500亿元人民币（折合8150亿卢布）的本币互换协议。在交通"互联互通"方面，上合组织框架内完成了中国—吉尔吉斯斯坦—乌兹别克斯坦三国公路修复项目，中吉乌三国铁路项目也在规划之中。在2014年上合组织峰会期间，成员国元首签署了成员国之间《国际道路运输便利化协定》，该协定不仅为开辟从中国连云港到俄罗斯圣彼得堡的欧亚大通道创造了前提条件，也为"丝绸之路经济带"实现"道路联通"铺平道路。上合组织在人文领域合作方面取得的进展为"民心相通"作了前期铺垫。

---

[1]《习近平主持加强互联互通伙伴关系对话会并发表重要讲话》，http://politics.people.com.cn/n/2014/1109/c1024-25997460.html。

"一带一路"与沿线国家经济发展战略高度对接

一、经济发展战略高度契合

"一带一路"战略构想的提出顺应了经济全球化、区域经济一体化的时代潮流，反映了相关国家扩大对外经济合作的客观诉求。"丝绸之路经济带"沿途多数国家都处于经济转型和经济发展的关键时期，密切同周边国家在经济领域的合作是各国的现实选择。中国倡议为各国经济发展带来历史契机，并得到六十多个国家的积极回应。中亚地区是古代丝绸之路的要道，也是现代丝绸之路的枢纽。中亚国家均为内陆国，长期以来对外经济往来受到极大限制。"丝绸之路经济带"的构建有助于中亚国家早日实现国际运输通道多元化的梦想。

"丝绸之路经济带"与多数中亚国家发展战略高度契合。2012年12月，哈萨克斯坦提出了2050年前国家发展战略。该战略的最重要目标是，哈萨克斯坦在2050年前跨入世界发达国家30强的行列。哈萨克斯坦将利用地域优势，积极挖掘国际过境运输潜力，加大对交通领域投资力度。2014年11月，纳扎尔巴耶夫总统发表国情咨文，推出了"光明大道"的经济政策，其核心内容是加快交通基础设施建设，打造公路、铁路和航空一体的现代化交通运输网络。纳扎尔巴耶夫总统特别强调了互联互通在经济中的重要意义。

二、"丝绸之路经济带"有助于推动中俄经济合作战略升级

近年来，俄罗斯正在加快实施东西伯利亚和远东地区经济大开发战略。乌克兰危机后，俄罗斯发展重心更加向东倾斜。加快大型基础设施建设、加快西伯利亚大铁路的现代化改造，是俄罗斯远东开发战略的重要内容。"丝绸之路经济带"建设将中国振兴东北地区战略与俄罗斯远东地区发展战略有效对接，有助于两国发挥相互毗邻的区位优势，加速国际运输大通道的改造和完善。中俄边境地区的铁路公路建设已经在加快步伐。中俄黑河—布拉格维申斯克铁路桥的项目在加紧规划，中俄同江—下列宁斯科耶的跨江铁路桥中方一侧已经启动施工。同江—下列宁斯科耶跨江铁路桥在俄境内可直接连

接西伯利亚大铁路和贝阿铁路，在中国境内则同中国国家铁路网相衔接。

三、沿线国家共识增多

中亚国家政要和学界大多积极评价经济带倡议。哈萨克斯坦官方认为，中国"丝绸之路经济带"倡议同纳扎尔巴耶夫总统提出的"哈萨克斯坦—新丝绸之路"倡议相互促进。哈萨克斯坦希望借地域优势成为中亚贸易、物流和商务中心，加强面向亚洲的国际合作。在上合组织杜尚别峰会期间，乌兹别克斯坦、吉尔吉斯斯坦、塔吉克斯坦和土库曼斯坦总统都再次重申了积极参与"丝绸之路经济带"建设的迫切愿望。塔吉克斯坦希望积极参与"丝绸之路经济带"建设，发挥两国经济互补优势，推动电力、矿业、基础设施、交通和跨境运输等多领域的务实合作。乌兹别克斯坦表示，要积极参与"丝绸之路经济带"建设，促进经贸往来和互联互通，把乌兹别克斯坦的发展同中国的繁荣更紧密地联系在一起。土库曼斯坦总统重申，土方愿意积极参与"丝绸之路经济带"建设，完善本国交通基础设施，推进中亚同中国的跨境运输。

"一带一路"步入务实合作新阶段

一、"一带一路"勾勒互联互通蓝图

欧亚地区三大经济走廊建设，即中国—中亚—西亚经济走廊、新亚欧大陆桥经济走廊、中蒙俄经济走廊，已经悄然启动。2014年5月，连云港中哈国际物流基地正式启用。2014年9月，在上海合作组织杜尚别会议期间，中国、俄罗斯、蒙古三国元首举行首次三方会晤，并提出共建中俄蒙经济走廊。此外，在南亚的中巴经济走廊项目也在积极推进之中。2014年10月，中俄总理会晤期间，中俄两国就建设莫斯科—北京欧亚高速运输通道，以及莫斯科至喀山的高铁项目达成共识。拟议中的莫斯科—北京高速铁路全程超过7000公里，途经中国、哈萨克斯坦和俄罗斯，列车运行时间两天。中国境内城市为起点的渝新欧、汉新欧、郑欧专列也已启程。伴随着这些专列、高铁、经

济走廊的建设,"一带一路"欧亚画卷逐渐展现。

二、"一带一路"在金融领域的互联互通建设逐步展开

为解决"一带一路"构建进程中的资金瓶颈问题,中国推动成立了亚洲基础设施投资银行和丝路基金。2014年10月24日,中国、印度、新加坡等21个国家正式签署文件决定成立亚投行。亚投行的法定资本为1000亿美元,初始认定资本目标是500亿美元左右。亚投行签约国家达成的共识是,通过亚投行支持亚洲国家基础设施建设、促进地区互联互通、推动区域经济发展。2014年11月8日,中国国家主席习近平宣布,中国准备出资400亿美元成立丝路基金。2014年12月29日,丝路基金有限责任公司注册成立并开始运行。公司注册资本为615.25亿元人民币。丝路基金将以股权为主的市场化方式运作,投资基础设施、资源开发、产业合作、金融合作等。

三、"一带一路"在亚太地区加速推进

中国的"一带一路"倡议及其推出的一系列措施日益唤起沿线国家的极大热情。相比"丝绸之路经济带"沿线国家而言,"21世纪海上丝绸之路"沿线国家对中方倡议回应得较为迟缓。但在2014年之秋,海上国家的热情终于得到释放。许多亚太国家纷纷与中国对话,积极参与海上丝绸之路的项目磋商。2014年11月8日,首届"加强互联互通伙伴对话会"在北京举行。孟加拉国、老挝、蒙古国、缅甸、塔吉克斯坦、柬埔寨、巴基斯坦等七国领导人,以及上合组织秘书长、联合国亚太经社会执行秘书长出席会议。

实现美好愿景任重道远

"一带一路"是个美好愿景,广大沿线国家对这一战略构想的实现充满期待。美好愿景的实现,既需要各方的行动,更需要得到沿线国家对愿景的正确理解和支持。在俄罗斯、中亚,一些人常常担忧成为中国的"原材料附庸",随着"一带一路"的推出,类似的言论再度泛起。众所周知,俄罗斯

一直是欧盟国家最大的天然气供应国,但却没有类似"原材料附庸"之说。美欧国家最早进入了中亚的油气领域,但也未闻关于美欧掠夺中亚资源之说。究其原因,其一,是一些西方媒体的炒作,用意在于离间中国同相关国家关系;其二,是一些政治家对中国崛起的忧虑。"一带一路"的一项重要内容是"民心相通"。推进"一带一路"建设,迫切需要加强人文领域的沟通,通过扩大人员交往和民间往来,增进了解,增进互信,消除疑虑,以更好地促进友好合作关系。

"一带一路"是个宏伟构想,它涉及许多国家和众多领域,需要参与方之间政策的协调和支持,为"一带一路"建设放行开"绿灯";需要相关合作领域的深入探讨和细致安排。目前,欧亚地区经济发展并不平衡,各国经济实力和发展水平的阶段性差异较大,对参与区域经济合作的诉求不一,因此,"一带一路"的构建是一项十分艰巨的任务。

"一带一路"要实现硬件建设,首先需要软件的支撑。中国铁路网向欧亚地区延伸遭遇的难题之一就是标轨和宽轨的技术差异问题。此外,在交通、能源和基础设施建设等方面的相互投资保护、贸易规则的协调、相关法律法规和执行机制的协调等问题的解决都不可能一蹴而就。

"一带一路"需要长期稳定的地区安全环境的保障。欧亚地区政治风云起伏变幻莫测,周边安全形势复杂而严峻。近年来,中东、北非地区持续的政治动荡始终冲击着中亚和南亚地区,2014年美国和北约盟军从阿富汗大规模撤军后,阿富汗安全形势的不确定因素增加,中东和中亚地区"伊斯兰国"和宗教极端势力的兴起,都严重威胁着周边地区的稳定。要加强安全保障,确保"一带一路"的顺利推进。

(原文发表于《当代世界》2015年第4期)

践行区域合作共赢与全球协商共治的中国方案
——中央政府主导下的"一带一路"建设

吴志成 南开大学周恩来政府管理学院院长,教授
李金潼 南开大学周恩来政府管理学院

"丝绸之路"是古代中国连接亚非欧商贸与人文交流的主要通路,曾极大地促进了东西方之间的经济、贸易、政治与文化交流。进入新世纪新时期,随着中国综合国力的提升和中华民族复兴进程的加速,古老的丝绸之路历久弥新,焕发出新的生机活力。以习近平同志为总书记的党中央高瞻远瞩,主动因应国内国际形势的深刻变化,提出共同构筑"一带一路"倡议,这是在新的时代条件下中国践行区域合作共赢与全球协商共治的战略新方案,不仅充分展现了中国追求和平发展、合作共赢的真诚愿望,也显示出中国走向全球负责任大国、致力构建新型国际关系的责任担当,为古丝绸之路的复兴赋予了新的时代内涵,赢得了国际社会的高度关注和积极反响。

2015年4月20－21日，中国国家主席习近平对巴基斯坦进行了访问。这是2015年习近平的出访首站，也是中国国家主席时隔九年再次访问巴基斯坦。图为习近平在巴基斯坦首都伊斯兰堡出席巴基斯坦总统侯赛因和总理谢里夫举行的隆重欢迎仪式。

"一带一路"倡议的战略内涵

2013年9月和10月，习近平总书记在访问哈萨克斯坦和印度尼西亚时，分别提出建设"丝绸之路经济带"和"21世纪海上丝绸之路"的合作倡议。2014年11月，在中央财经领导小组第八次会议的重要讲话中，习近平强调"一带一路"倡议顺应了时代要求和各国加快发展的愿望，提供了一个包容性巨大的发展平台，具有深厚历史渊源和人文基础，能够把快速发展的中国经济同沿线国家的利益结合起来。[1] 习总书记的这一倡议，具有丰富而深刻的战

---

[1] 习近平：《加快推进丝绸之路经济带和21世纪海上丝绸之路建设》，新华网，2014年11月6日，http://news.xinhuanet.com/politics/2014-11/06/c_1113146840.htm。

略内涵。

首先,"一带一路"战略是复兴古代丝绸之路、加快实现中国梦的新构想。根据国家已经公布的规划版图,"一带"重点畅通中国经中亚、俄罗斯至欧洲(波罗的海),中国经中亚、西亚至波斯湾、地中海,中国至东南亚、南亚、印度洋。"一路"则重点从中国沿海港口经南海到印度洋再延伸至欧洲,从中国沿海港口经南海到南太平洋。[1] 目前已有六十多个国家和国际组织积极响应"一带一路"倡议,这些国家的总人口约 44 亿,经济总量约 21 万亿美元,分别约占全球的 63% 和 29%。未来十年,中国与沿线国家的货物贸易额将突破 2.5 万亿美元。[2] 可见,"一带一路"覆盖的地理范围、国家数量、人口总量、线路长度等远远超越古代丝绸之路,其贸易和文化交流的广度与深度也绝非古代可比,是古代丝绸之路在当代的创造性升级。党的十八大以来,以习近平同志为总书记的党中央,明确提出"两个一百年"和实现中华民族伟大复兴的中国梦的奋斗目标。"一带一路"倡议立足于国家根本利益和发展全局,着眼实现中国梦的目标,成为以全面建设小康社会推动世界和平发展、助力实现中华民族伟大复兴中国梦的新的战略构想。

第二,"一带一路"战略是携手沿线国家共同发展、履行负责任大国担当的新体现。全球金融危机和欧债危机爆发以来,世界经济面临诸多严峻挑战,中国经济的快速发展为世界经济复苏注入了强劲的动力,中国对全球经济增长的贡献率位列世界第一。随着中国国内全面深化改革的推进,中国经济进入发展"新常态"。倡导并推动"一带一路"建设,把中国的机遇转化为世界的机遇,将使沿线国家更便利地搭上中国发展的快车,更多地分享中国经济发展的红利。2014 年 11 月,习近平总书记在亚太经合组织峰会上宣布,中国将出资 400 亿美元成立丝路基金。截至 2015 年 4 月,共有 57 个国家申

---

[1] 国家发展改革委、外交部、商务部:《推动共建丝绸之路经济带和 21 世纪海上丝绸之路的愿景与行动》,中国国家发改委网站,2015 年 3 月 28 日,http://www.ndrc.gov.cn/gzdt/201503/t20150328_669091.html。

[2] 《央视发布权威"一带一路"版图福建对接方案中泉州将成先行区》,观察者网,2015 年 4 月 13 日,http://www.guancha.cn/Neighbors/2015_04_13_315767_s.shtml。

请或表态有意加入中国倡导的亚洲基础设施投资银行,而中国初始认缴金额占据一半,达到500亿美元。这些将构成推动"一带一路"建设的强大物质基础,为沿线基础设施建设和相关配套项目提供融资支持。中国把自身发展与沿线国家共同发展结合起来,并贯通发达的欧洲经济圈与当前最具活力的亚洲经济圈,为世界经济发展开拓新的增长点,体现了中国迈向全球负责任大国的责任担当。

第三,"一带一路"战略是探索全球治理新模式、构建新型国际关系的新实践。现存国际秩序是二战后以美国为首的西方国家主导建立的,有关国际组织和机构僵化固守传统,使国际社会在全球经济治理、环境能源保护、应对跨国有组织犯罪、打击恐怖主义等全球性议题上停滞不前、效果不佳。[1] "一带一路"战略将秉承"和平合作、开放包容、互学互鉴、互利共赢"的原则,在广泛协商沟通的基础上探索构建适应新时代新形势的国际合作机制,在共同推动和建设过程中创新全球治理模式,努力化解和突破全球治理的现实困境。"一带一路"开放包容,不限国别范围,不搞排他性制度设计,有意愿的国家和经济体均可参与进来,共同协商,各施其能,优势互补,互利共赢。正如习近平总书记强调,"一带一路"建设"不是中国一家的独奏,而是沿线国家的合唱",[2] 任何国家都不能垄断决策权,这将为推动建立以合作共赢为核心的新型国际关系提供示范和借鉴。

第四,"一带一路"战略是连通大小周边、推促跨区域合作的新途径。小周边是指与中国海陆直接相邻的国家和地区,包括俄罗斯、东南亚、南亚、中亚诸国等;而大周边则超越传统的时空地理范围,涉及中国战略利益的海陆国家和地区,如西亚和南太平洋地区等。[3] "一带一路"战略规划不仅包

---

[1] 吴志成、何睿:《全球有效治理缘何如此艰难?》,载《当代世界》,2013年第7期,第6页。

[2] 习近平:《迈向命运共同体 开创亚洲新未来——在博鳌亚洲论坛2015年年会上的主旨演讲》,载《人民日报》,2015年3月29日,第2版。

[3] 吴志成:《中国周边外交需更加重视战略谋划》,载《现代国际关系》,2015年第1期,第26页。

含与中国领土领海相邻的"小周边",还囊括了南亚、中东、欧洲等对中国具有战略利益的国家和地区,是中国敏锐把握时代机遇、主动布局、奋发有为的战略行动,也将成为中国连通大、小周边国家的重要依托。通过建设面向欧亚、南太平洋等的"一带一路",探索联通亚欧大陆、推促跨区域大合作的新途径。"一带一路"的顺利实施,将与沿线国家形成你中有我、我中有你的利益共同体,形成安危与共、兴衰相连的命运共同体,有效化解周边地区动荡不稳的干扰和来自某些国家围堵中国的战略压力。

第五,"一带一路"战略是统筹国内国际大局、扩大对内对外开放的新举措。把国内状况与国际形势、中国发展与世界发展联系起来通盘考虑,实现中国与外部世界的良性互动,历来是党和国家进行战略部署的重要方法。"一带一路"建设充分体现了中央政府注重总揽全局、加强战略谋划,更好统筹国内国际两个大局,把国内发展与对外开放统一起来,善于从国际形势发展变化中把握发展机遇、应对风险挑战。当前中国对外开放总体呈现东快西慢、海强陆弱格局。"一带一路"将在提升向东开放水平的同时,加快向西开放步伐,促进中西部地区和内陆沿边地区对外开放,进而形成中国海陆统筹、东西互济、面向全球的全方位开放新格局。"一带一路"战略也将把中国西部广大地区的开发与更广泛的"一路"沿线国家的发展联结起来,通过国家的战略支持与国际合作配套,进一步扩大对外开放的广度和深度,极大地激发有关国家的市场潜力与发展活力,带动沿线发展中国家扩大本国的开发开放,实现共同的发展开放与合作共赢。

"一带一路"战略实施的潜在风险

建设"一带一路"是全方位提高中国开放水平、促进区域协调发展和增进沿线国家人民福祉的伟大事业,和平发展、共同繁荣的愿望不仅将沿线国家和地区紧紧联系在一起,激发地区经贸合作的更大活力,给目前复苏缓慢的世界经济带来新的机遇,而且必将为实现中华民族伟大复兴的中国梦、促进世界和平稳定繁荣做出新的贡献。但是,"一带一路"战略也是一项长期、复杂的系统工程，沿线所涉国家的制度模式差异大，国情禀赋各异，发展水平不平衡，民族宗教文化多样，"一带一路"战略的推进实施必然面临着诸多不容忽视的潜在风险。

一是沿线国家之间的制度体制差异大，政局动荡不稳。在"一带一路"沿线国家中，既有共产党领导的社会主义国家，也有实行西方式政党制度的资本主义国家，还有实行君主政体的阿拉伯国家等，不同政治制度的国家决策面临不同的"国内观众成本"，[1] 即使同一类型政治制度国家由于国内政治形势的差异和利益集团的博弈，也会对政府的具体政策形成有力影响。这些制度体制的巨大差异无疑增加了沿线国家政策的不确定性，特别是在东南亚、中亚、中东地区，一些沿线国家的国内政治形势复杂，政党斗争激烈，政局变动频繁，甚至内战冲突不断。而铁路公路、交通运输、电力能源等基础设施建设投资大、周期长、收益慢，有赖于有关合作方的政治稳定性、政策延续性和对华关系状况。两者的矛盾增加了"一带一路"建设过程中的政治风险。某些政治势力还可能出于自身政治目的误解或歪曲"一带一路"战略，借机煽动新的"中国威胁论""中国扩张论"，蓄意阻挠"一带一路"建设。近年来，中国在利比亚、伊拉克、乌克兰、叙利亚等国家遭遇的投资困境和风险损失值得高度重视。

二是沿线国家的经济发展不平衡，市场开放难度大。"一带一路"联通亚欧非三大陆，联结太平洋和印度洋，包含了老牌欧洲发达国家和新兴发展中经济体，不同国家的经济发展水平和市场发育程度极为不同。有些国家法律法规比较健全，市场发育程度比较高，金融环境相对稳定，为企业投资创造了便利条件和良好环境；也有一些国家的情况相反，市场高度封闭，进入难度极大。这无疑增加了企业评估投资生产成本—收益的复杂性，制约了"一带一路"建设成果的合作共享。相对于美国在亚太推动的"跨太平洋伙伴关

---

[1] James D. Fearon, "Domestic Political Audiences and the Escalation of International Disputes," American Political Science Review, Vol. 88, No. 3, 1994, pp. 577-592；林民旺：《国内观众成本理论与国际合作》，载《教学与研究》，2009年第2期，第81-89页。

系协定"(TPP)的高门槛,"一带一路"从满足沿线国家的发展需求出发,降低了经济合作的要求,一方面有利于沿线国家和企业的广泛参与,另一方面也可能造成参与国和企业主体在合作规则认知与收益分配方面的矛盾。此外,尽管中国在"一带一路"战略实施中扮演着主要角色,并利用自身在资金、技术、人员等方面的优势,以优惠的政策大力支持沿线有关项目建设,但中国单方面毕竟实力资源有限,也面临着摊子大、后劲不足等风险。

三是沿线国家民族宗教矛盾复杂,非传统安全威胁因素突出。"一带一路"涵盖范围广泛,大多数国家民族众多,基督教、佛教、伊斯兰教、印度教等多元宗教信仰并存,一些宗教内部还存在不同的教派分支,各种民族宗教之间的历史纷争复杂,增加了沿线各国合作的难度。中东、中亚等地区的国际恐怖主义、宗教极端主义、民族分裂主义势力和跨国有组织犯罪活动猖獗,地区局势长期动荡不安。这些非传统安全因素的突出,既恶化了当地投资环境,威胁人员和设备安全,也可能借"一带一路"建设之机扩散和渗透到中国国内,甚至与国内不法分子内外勾连、相互借重,破坏中国安定的国内社会环境,对"一带一路"战略及沿线工程建设构成严峻挑战。

四是沿线国家文化纷杂多样,因认知偏差误判中国战略意图。由于地理、历史、宗教、民族的差异,"一带一路"沿线国家的文化丰富多元。既有中国、印度等东方传统国家,也有西方传统国家,既有俄罗斯、土耳其等"欧亚国家",也有新加坡等东西文化交融的国家。国家不同的身份定位在某种程度上塑造了国家对利益的不同认知,从而影响着国家行为和内外政策选择。"一带一路"战略涉及的领域广,沿线国家在参与的广度和深度上因自身对利益的不同判定而呈现出差异性。沿线国家特别是大国从精英到民众对"一带一路"战略的认知不尽相同,对中国意图的不信任与猜忌将成为"一带一路"战略长期推进面临的重要风险。目前中国与沿线部分国家围绕有关领土领海主权争端的不稳定因素短期内无法消除,倘若再遭遇美、日等域外因素的干扰,[1]

---

[1] 如在最近闭幕的"七国集团"外长会议上,日本推动会议通过了一份该组织近40年历史上首次关于海洋安全问题的声明,其中涉及南海和东海局势。张伟:《强推G7声明,日本拉西方施压中国》,载《新闻晨报》,2015年4月17日,第A31版。

有可能会激化既有矛盾,引发沿线国家更多的安全疑虑,甚至引爆局部地缘冲突。

　　五是战略规划设计有待完善,主导实施国际宏大战略的经验不足。"一带一路"战略提出后,虽然得到了诸多国家的积极响应,也为配合"一带一路"建设筹建了"丝路基金""亚投行"等投融资平台,中国政府还颁布了《推动共建丝绸之路经济带和21世纪海上丝绸之路的愿景与行动》文件,但从总体上看,"一带一路"战略的长远规划还不成熟,特别是有关制度设计和政策安排的谈判协商还面临诸多不确定性,有关战略实施的目标、阶段和具体项目的成本分担机制等都还有待进一步完善和细化,与相关国家的实质性对接与合作还没有展开。"一带一路"可以视为新时期中国倡导推进的国际公共产品,但由于历史和现实的局限,中国政府和企业在供给与推行国际公共产品的能力上还有欠缺,国际拓展经验也不足,[1] 在配合战略实施的国际化专业人才的培养和核心技术的输出上还存在较大缺口,适应"一带一路"战略长期推进所需要的国民的文明法治素养、市场诚信意识均有待提升。

　　六是战略实施的开放一体化与沿线国家的分离碎片化的矛盾。"一带一路"战略是跨区域大合作的新尝试,具有开放性、全局性、非排他性特征,致力于优化配置沿线资源,最大限度提高战略的效益,也将加强和深化沿线国家之间的交流、合作、开放,促进"世界上最大的欧亚大陆的一体化和全面复兴"。[2] 然而,推进"一带一路"战略不可避免地涉及到参与国家成本分担、利益分配等问题。尽管这一战略本身希望推动与沿线国家之间的"政策沟通、设施联通、贸易畅通、资金融通和民心相通",但无论是设施联通、贸易畅通,还是资金融通,都涉及国家的经济、政治和安全利益,[3] 在某些争议地

---

[1] 吴志成、李金潼:《国际公共产品供给的中国视角与实践》,载《政治学研究》,2014年第5期,第123-124页。

[2] 何茂春、张冀兵:《新丝绸之路经济带的国家战略分析》,载《人民论坛·学术前沿》,2013年12月(上),第13页。

[3] 赵会荣:《建设"丝绸之路经济带"的有利条件与不利因素》,载孙力、吴宏伟主编:《中亚国家发展报告(2014)》,北京:社会科学文献出版社2014年版,第233-245页。

区的建设活动还可能对个别国家的主权构成潜在挑战，引发中国与沿线国家之间以及沿线国家相互之间的矛盾。而且沿线国家参与"一带一路"建设的意图、期待、方式、进程不一，不排除一些国家只有愿望热情而无后续行动，或只希望从中获得收益而无真正投入，或有始无终难以持续。这些都将增加沿线国家在战略实施中的顾虑甚至离心倾向，出现各自为政的碎片化后果。

稳步推进"一带一路"战略的对策思路

"一带一路"战略的实施，是助力中华民族伟大复兴、共促中国与世界发展共赢的难得历史机遇。稳步推进这一重大战略，必须采取正确的政策措施，因势利导，趋利避害，充分利用各种有利条件，有效防范和化解各种可能的风险与挑战。

首先，坚持中央政府统筹主导，各部门各地区协调推进。作为新时期跨越国界的国家重大发展战略，"一带一路"贯通亚非欧三大洲，连接亚太和欧洲两大经济圈，是世界上跨度最大的经济合作带，其实施必须始终坚持中央政府统筹主导，中央与地方通盘布局、协调推进。各地区、各部门和企业主体根据国家整体战略需求和自身实际优势，做好前期调研工作，充分掌握沿线国家市场需要，科学制定合理规划，避免出现"区域功能定位趋同、产业结构布局重叠、同质化无序竞争"的现象。[1]

第二，合作完善战略实施方案，加强政策商研沟通。"一带一路"建设必须契合沿线国家的利益需求，加强与这些国家的协同合作，加强整体谋划和全局运筹，进一步完善战略规划顶层设计，做实国家间政策的商研沟通，细化实施方案与行动路线图，做好风险防范和配套应急预案。在尊重相关国家彼此核心利益和重大关切的基础上，坚持政府指导推动，企业主体实施，市场机制运作，国际合作共建，努力求同存异、聚同化异，把战略实施落实

---

[1] 袁新涛：《"一带一路"建设的国家战略分析》，载《理论月刊》，2014年第11期，第8页。

到具体的项目建设，并取得实际成效，切实增进民众福祉与惠利。

第三，分阶段有步骤渐进实施，先易后难力求实效。"一带一路"建设是一项长期的系统性工程，必须分阶段有步骤渐进推进，突出重点和基础工作，试点先行，有所先为。沿线有关国家可以从发展急需且具有奠基性作用的基础设施建设入手，推动实施一批有需求和共识、影响力大、带动性强的重大合作项目，在合作试点示范的基础上，以点带面、从线到片逐步推广，有助于沿线国家从前期建设中共享成果实惠，积累经验互信，增强合作信心，为后续更高水平的优势互补、推动合作领域更广范围的扩散奠定坚实的基础。

第四，加强对外阐释与传播，形成融合中国理念的话语体系。"一带一路"战略目前仍处于起步阶段，迫切需要加强战略理念和精神原则的对外阐释与宣传，增强这一战略的国际感召力和影响力，为"一带一路"长远建设营造积极友善的国际舆论环境。要善于运用现代化和国际通用的传播手段，不断增强宣传实效，特别要讲求策略和技巧，贴近沿线国受众的语言风格和思维习惯，充分争取更广泛民众的理解认同，凝聚更大共识和支持，消除误解疑虑偏见，夯实牢固的民意基础。也应利用这一战略对外实施的契机，大力宣示中国走和平发展道路的政策主张，逐渐形成和展现融合中国文化智慧和战略理念的国际话语体系，扩大中国的国际话语力。

第五，有效对接现有合作机制，实现开放包容性发展。"一带一路"覆盖地区已经构建起诸多行之有效的跨区域、区域、次区域合作机制，在推进"一带一路"战略的进程中，应重视借鉴国际经验，遵循国际惯例，充分利用和有效对接既有的上合组织、欧亚经济联盟、中国—东盟自贸区、中亚区域经济合作等双边多边合作机制，整合区域合作平台，加强战略实施的机制化建设，而非颠覆现有机制、完全另起炉灶。根据新形势新情况加强与跨国公司、当地智库、媒体、民间团体、非政府组织等的沟通、合作，推动实现开放包容性发展的新局面。

第六，侧重经贸领域的发展合作，避免介入政治敏感事务。经贸合作是"一带一路"建设的基础和先导，也是这一战略从构想到实施的重点。实施"一带一路"战略必须始终坚持共商共建共享的原则，相互尊重、平等相待，不搞势力范围，不干涉别国内政，避免卷入相关国家的内部纷争，避免涉足政治、安全、军事等高政治领域事务。支持有条件的企业按照国际惯例和通行规则到沿线国家投资并做大做强，增强企业核心竞争力和跨国经营管理能力，着力培育中国的跨国公司。加强贸易运行预警体制和摩擦应对机制建设，增强应对贸易争端能力，通过磋商协作妥善处理经贸摩擦。坚持文化与经贸并重，推动沿线国家的人文交流与文明对话，真正促进人心相通、文化包容和持续发展。

（原文发表于《当代世界》2015 年第 5 期）

"一带一路"的中国智慧

王义桅　中国人民大学教授，当代世界研究中心特约研究员

"一带一路"标志着中国从参与全球化到塑造全球化的态势转变，正在诠释通过复兴、包容、创新三部曲，融通中国梦与世界梦的主旋律。"一带一路"的伟大倡议，通过中国国内一体化，推动沿线国家实现共同现代化，开创包容性全球化，体现出中国的担当与智慧。

"一带一路"所蕴含的中国智慧体现在中国理念、中国哲学、中国伦理、中国方案等方面。

中国理念：共商、共建、共享

不同于近代以来西方的殖民主义、帝国主义和霸权主义，以国际掠夺、竞争为常态而合作，也不同于战后西方倡导的对外援助等形式的国际合作模式，"一带一路"依靠中国与沿线64个国家已有的双多边机制，借助既有的、行之有效的区域合作平台，高举和平、发展、合作的旗帜，主动发展与沿线

在"一带一路"框架下,中国主动发展与沿线国家的经济合作伙伴关系,以共赢融通中国梦与世界梦。图为2015年5月23日,几艘集装箱船停靠在斯里兰卡科伦坡南港码头。

国家的经济合作伙伴关系,以共赢融通中国梦与世界梦。

"一带一路"不是工程、项目,而是通过大写意的手法描绘的国际合作倡议,秉持开放包容原则,倡导共商、共建、共享理念,表现在:中国与沿线国家寻求项目、资金、技术与标准对接,共同打造政治互信、经济融合、文化包容的利益共同体;共担风险,共同治理,打造中国与沿线国家的责任共同体;以互利共赢理念实现中国与沿线国家共同繁荣、共襄盛举;共迎挑战,共担风险,最终打造中国与沿线国家的命运共同体。

首先,中国倡导"共商",即在整个"一带一路"建设当中充分尊重沿线国家对各自参与的合作事项的发言权,妥善处理各国利益关系。沿线各国无论大小、强弱、贫富,都是"一带一路"的平等参与者,在不干涉他国内政的前提下,都可以积极建言献策,都可以就本国需要对多边合作议程产生影响。通过双边或者多边沟通和磋商,各国方可找到经济优势的互补,实现发展战略的对接。其次,中国倡导"共建"。"商讨"只是各方实质性参与"一带一路"建设的第一步,接下来要进一步做好"走出去"的服务工作,同时鼓励沿线国家在引入资金、技术后培养相关人才，增强自主发展能力。只有做到了前面两点，才能保证"一带一路"建设的成果能够被沿线国家所共享。

可以说，"一带一路"在全球化新时代继承和弘扬了"和平合作、开放包容、互学互鉴、互利共赢"古丝绸之路精神，纠正近代以来西方殖民体系及现今美国霸权体系造成全球化的碎片化、分裂化局面，以沿线国家的共同现代化超越近代西方开创的竞争性现代化，推动实现持久和平、共同繁荣、普遍安全的和谐欧亚。

中国哲学：取法乎上，得乎其中

"一带一路"能建成吗？如何克服资金缺口、战略风险、安全挑战？美国人一度认为"一带一路"构想是幻觉（illusion）。殊不知中国"一带一路"自有其哲学。"取法乎上，仅得其中；取法乎中，仅得其下。"来自《易经》的智慧在"一带一路"建设中得到充分体现。

"一带一路"战略不是孤立的，也不是中国大战略的全部，它立足于中国国内的全面深化改革和全方位开放（四个自贸区、长江经济带、京津冀一体化），与亚太自贸区（FTAAP）构成中国的"一体两翼"大战略，共圆中国梦。我们清楚地认识到，古代丝绸之路的繁荣稳定是与中央王朝的强盛和控制力密切相连的。"一带一路"也是与中华民族伟大复兴的两个一百年奋斗目标紧密相连的，两者相互依托，既是愿景，也是行动，承载了中华民族伟大复兴的梦想。"一带一路"取法乎上——从"全球化的中国化"向"中国化的全球化"转变，而得乎其中——推动实现欧亚大陆共同市场。

中国伦理：己欲立而立人，己欲达而达人

改革开放三十余年后，中国一跃成为世界第二大经济体，《论语》中一段"己欲立而立人，己欲达而达人"的对话揭示的中国伦理观，通过"一带一路""亚投行"等得到体现。

"一带一路"是中国奉献给世界的合作倡议与公共产品，于中国伦理而言，是中国能够做到也应该做到的。中国在崛起的过程中，也在鼓励其他新兴国家崛起；中国发展了，也在鼓励其他发展中国家发展；中国繁荣了，正在鼓励周边国家繁荣。"一带一路"构想就是以中国自身崛起为带动力，推动欧亚大陆包括非洲，南太地区的发展和繁荣，创新21世纪地区合作模式。

中国经验：改革开放的中国模式

要致富，先修路；要快富，修高速。这是中国改革开放的民间经验总结。无论从顶层设计还是具体实践看，在中国发展过程中，中国的建设、改革各个阶段都产生了一系列中国特色的做法、经验与模式，为"一带一路"建设提供了丰富的营养。尤其是，渐进式改革、从沿海到内地的有序开放，通过产业园区、经济走廊等试点，然后总结推广，形成以点带面、以线带面的局面，最终以中国国内市场一体化为依托，辐射周边，形成欧亚大陆一体化新格局。

"一带一路"战略所构建的"全方位开放体系"，推行"全方位、多层次、宽领域"新一轮对外开放，在如下四个方面实现"升级"：

一是开放主体。建设"一带一路"，要全面调动沿线和地方的积极性，尤其是调动中西部欠开放、欠发达地区的积极性，将其生产优势与东部和丝路沿线国家的市场需求结合起来。其次，"一带一路"没有对参与成员的"身份"进行限制，对沿线国家和以其他形式参与进来的国家和实体也具有开放性，提倡多样化经营，倡导政府、企业、民间的多层面交往。

二是开放对象。"一带一路"要求确立面向更广阔的国内、国际市场的开放政策。"一带一路"发端于中国，是世界上跨度最长的经济大走廊。建设"一带一路"，首先要扩大"对内开放"，即沿线各省份要积极投入、搞好自身经济建设，将辖区内的建设项目落到实处，实现与国内其他地区的相互联通。建设"一带一路"，也要扩大"对外开放"，即面向数量更多、多样化程度更高的国家实施开放政策。中国推进"一带一路"建设不针对、不排斥任何国家，合作伙伴的选择空间可谓空前广泛。"一带一路"贯通中亚、东南亚、南亚、西亚乃至欧洲部分区域，东牵亚太经济圈，西系欧洲经济圈，本身就跨越了传统的地理区域界限，所经国家和地区发展水平参差不齐，在民族、宗教、发展历史、文化背景等方面存在着巨大差异；中国政府更是表示，除了沿线国家，世界各个国家和国际、地区组织的建设性参与都将受到欢迎。

三是互动形式。开放是为了更好地实现双边或多边的经济互动。从贸易来看，"一带一路"将重点支持中国与沿线国家相联结的交通、通讯等基础设施建设，提高沿线地区物流效率，便利双向或多边的贸易往来；通过提高沿线地区人们的消费水平，也能够挖掘出更大的消费市场，形成可持续的贸易往来模式。从投资效果来看，"一带一路"将帮助中国的制造业提升在全球价值链分工中的地位。持续助力中国企业"走出去"，努力形成与"引进来"相当的双向互动，是"一带一路"包容性开放的重要内涵。

四是开放心态。中国通过建设"一带一路"，倡导进行更具包容性的对外开放、开展更具包容性的务实合作，引领国际合作新风。以往发动如此大规模的经济带建设，主导国家往往选择以单向输出为主的方式来确保自身利益无虞。在"一带一路"建设过程中，中国将贯彻不干涉内政原则，不走容易引发矛盾冲突的老路，做到与邻为善、美美与共，谋求共同发展。

中国方案：互联互通

现在中国国内互联互通基本完成，致力于推动欧亚非大陆互联互通。正如习近平主席2014年10月在"加强互联互通伙伴关系"东道主伙伴对话会上讲话中所指出的，如果将"一带一路"比喻为亚洲腾飞的两只翅膀，那么互联互通就是两只翅膀的血脉经络。

"一带一路"不仅不另起炉灶，反而强调通过"五通"——政策沟通、设施联通、贸易畅通、资金融通、民心相通，开创系统化、网络化、人性化的互联互通新格局。

一是政策沟通。通过加强友好对话与磋商，各国可以共商经济发展战略和对策，求同存异，消除政策壁垒和其他人为的合作屏障，协商制定推进区域合作的规划和措施，以政策、法律和国际协议为沿线经济融合保驾护航。

二是设施联通。设施联通主要包括四大类：一是交通基础设施，尤其是关键通道、关键节点和重点工程，优先打通缺失路段，畅通瓶颈路段，配套完善道路安全防护设施和交通管理设施设备，提升道路通达水平。推进建立统一的全程运输协调机制，促进国际通关、换装、多式联运有机衔接，逐步形成兼容规范的运输规则，实现国际运输便利化。二是口岸基础设施，畅通陆水联运通道，推进港口合作建设，增加海上航线和班次，加强海上物流信息化合作。拓展建立民航全面合作的平台和机制，加快提升航空基础设施水平。三是能源基础设施，共同维护输油、输气管道等运输通道安全，推进跨境电力与输电通道建设，积极开展区域电网升级改造合作。四是跨境光缆等通信干线网络，提高国际通信互联互通水平，畅通信息丝绸之路。加快推进双边跨境光缆等建设，规划建设洲际海底光缆项目，完善空中（卫星）信息通道，扩大信息交流与合作。

三是贸易畅通。投资贸易合作是"一带一路"建设的重点内容。推进投资贸易便利化，消除投资和贸易壁垒，加强双边投资保护协定、避免双重征税协定磋商，保护投资者的合法权益，构建区域内和各国良好的营商环境，积极同沿线国家和地区共同商建自由贸易区，激发释放合作潜力，做大做好合作"蛋糕"，是努力方向。

四是资金融通。《推动共建丝绸之路经济带和21世纪海上丝绸之路的愿景与行动》指出，资金融通是"一带一路"建设的重要支撑。如果各国在经常项下和资本项下实现本币兑换和结算，就可以大大降低资金流通成本，增强抵御金融风险能力，提高本地区经济的国际竞争力。"一带一路"建设将为中国和沿线国家实现金融安全提供新契机。

五是加强民心相通。"一带一路"建设需弘扬睦邻友好的合作精神，在教育、文化、旅游等领域深入开展人文合作，以文化交流推动包容开放理念的形成和扩散，促进文化交融，促成文化认同感，为深化沿线国家合作提供内在动力。

中国智慧：东西呼应、陆海联通

"东方物之所生，西方物之所熟。夫做事者必于东南，收功实者常于西北。"《史记·六国年表》这句话，是"一带一路"中国智慧的现实写照。改革开放发轫于东南，而收功于西北，这就是"一带一路"所昭示的全方位开放。

许多人把"一带一路"比作中国应对美国重返亚洲的"西进战略"，其实这是以西人战法度中华智慧——"一带一路"以围棋智慧着眼全局，不在于一城一池之得失，而在于谋篇布局，取得东西呼应、陆海联通之效。对此，韩国《中央日报》有独到分析：在围棋中，如果被对方的棋路牵着走，那就意味着失败。中国尽量避免在亚洲舞台上与美国进行对决。如果美国集中于亚洲，那么中国就会悄悄从亚洲抽手，走向世界。如果考虑到美国在亚洲地区对中国的包围，那么中国的战略是通过建设经过中亚延伸向俄罗斯和欧洲的"丝绸之路经济带"以及经过东南亚和印度延伸向非洲的"21世纪海上丝绸之路"在更广泛的全球层面成就自己。西方的国际象棋意在抓住对方的王，即瞄准完全胜利。相反，围棋则是确保比对方更多的位置，追求比较优势。就像基辛格所说，如果说象棋手旨在通过正面冲突消灭对方的马，那么围棋高手则是向着棋面上"空白"地方不断移动，确保相对优势。西方有人预测，包含在中国"一带一路"计划中的中亚和东南亚国家的贫困和政局不稳会导致其失败。但在中国看来，这些国家则相当于棋局的空白处。

总之，"和平合作、开放包容、互学互鉴、互利共赢"是中国历史智慧的结晶。正如《推动共建丝绸之路经济带和21世纪海上丝绸之路的愿景与行动》所指出的，"共建'一带一路'旨在促进经济要素有序自由流动、资源高效配置和市场深度融合，推动沿线各国实现经济政策协调，开展更大范围、更高水平、更深层次的区域合作，共同打造开放、包容、均衡、普惠的区域经济合作架构。共建'一带一路'符合国际社会的根本利益，彰显人类社会共同理想和美好追求，是国际合作以及全球治理新模式的积极探索，将为世界和平发展增添新的正能量"。

（原文发表于《当代世界》2015年第8期）

"一带一路"建设应彰显三大中国元素

罗建波　中共中央党校国际战略研究所中国外交研究室主任，副研究员

人们在谈论"一带一路"时，往往强调的是以基础设施和产能合作为主的重大项目合作。但从国家顶层设计的角度，要推动"一带一路"的深入发展，还需要做到"硬建设"和"软联通"的齐头并进。作为"一带一路"的首倡者，中国应把"一带一路"打造成为推动中国标准、中国经验和中国思想文化"走出去"的契机，以此助推中国走出去战略的全面升级，为世界提供更多带有中国烙印的公共产品。

推动中国标准走出去

人们常说，三流企业卖产品，二流企业卖技术，一流企业卖标准。美日及部分欧洲国家，不仅垄断着高端技术和工艺，也垄断着全球通行的技术标准、质量标准和服务标准，通过标准和规则的制定牢牢占据着世界产业链的最高端。中国企业"走出去"，也由此遇到"国际标准"这一必须跨越的门槛。

从"追赶"到"领跑",中国正打造出一张张中国高铁的"金名片"。图为2016年2月29日拍摄的CRH380A高速动车组在中车四方院内整装待发。

有媒体报道,中国在海外承建的首个高铁项目土耳其安伊高铁,全部采用欧洲标准,国内一家知名配件生产厂曾希望把产品引入该项目,但因欧洲的标准认证费起步就需要600万欧元而被迫放弃。

在某种程度上,国际市场竞争也是标准和规则的竞争。在"一带一路"建设中,中国要注重深化与沿线国家的标准化互利合作,以标准的互认和共同制定来促进政策通、设施通、贸易通和资金通,支撑互联互通和产能合作。中国的优势产业,诸如高铁、电力、核能、航天航空、信息技术及高端装备制造业,也要积极利用中国标准的国际化,提升"走出去"的层次和水平,以中国标准"走出去"带动中国产品、技术和服务"走出去",以高质量、高规格的中国标准来塑造中国企业和品牌的优势、声誉和形象。这是推动中国"走出去"转型升级和提质增效的关键。

中国已于2015年10月通过《标准联通"一带一路"行动计划(2015—2017)》,迈出了塑造中国标准、推动中国标准国际化的重要一步。笔者近日考察了由中国企业承建的埃塞首条高速公路，包括工程设计、路面工程等在内的主要工程均采用中国高速公路标准，道路的质量赢得了埃塞方的高度赞誉。这是中国高速公路标准在埃塞和东非地区的首次使用，堪称中国标准"走出去"的一个典范。

与世界分享中国发展经验

近些年，一些西亚非洲国家注重"向东看"，拉美国家开始"向西看"。它们看重的，不只是中国不断增加的对外投资和援助，也对中国的发展经验有着浓厚的兴趣。因为它们知道，仅仅在30多年前，中国与多数发展中国家一样贫穷，但现在中国已经成为世界第二大经济体。

中国也愿意在平等的基础上与其他国家尤其是发展中国家分享彼此的发展经验，以此提高各自的发展能力和治理水平，共同探讨和解决发展过程中遇到的困难和问题。以中国经验推动世界发展，是中国向世界展现国际责任和国际贡献的重要方面，由此增加的中国吸引力也是中国软实力的重要来源。因此，"一带一路"建设在注重项目合作的同时，也要积极推动各方在人文领域的交流与合作，而治国理政与发展经验的共享是其中的重要方面。笔者以为，中国发展经验很多，最重要的有三点。

一是对独立自主和自力更生的深刻理解。中国一直强调主要依靠自身力量而非依赖外部援助来寻求发展，而且在打开国门借鉴发达国家发展经验时，也是采取了"合理借鉴"而非"完全照搬"的方式，以探索适合自身国情的发展道路，这与一些发展中国家普遍依赖外援且照搬西方模式有着很大不同。

二是政府对经济社会发展的推动作用。中国和部分东亚国家有一个共同之处，就是国家或政府在现代化初期发挥了重要作用，不仅能够维护经济发展所需的社会秩序稳定，有效动员社会的各种资源以全面推进国家的现代化进程，而且还能形成一种举国一致对于变革与发展的"社会共识"。这种有效的国家能力是东亚"发展型国家（developmental state）"的重要特点，也是其他很多发展中国家需要着力改善的要素。

三是及时抓住了世界产业转移的浪潮。改革开放之后中国经济发展的成功，在很大程度上得益于中国积极参与了世界范围的产业转移，当时承接了来自欧美、日本及亚洲"四小龙"向外转移的劳动密集型产业，中国的工业化和现代化在原有基础上加速推进，由此逐步发展成为"世界工厂"。随着中国劳动力和土地成本的增加及经济结构转型的推进，大量成熟的优质产能，比如钢铁、水泥、玻璃、橡胶、电力、矿石、纺织等，需要逐步向外转移，如果"一带一路"沿线国家能够不断改善投资环境、优化投融资政策，积极参与这一轮新的产业转移浪潮，势必会大大推动自身的工业化和现代化水平。

推动中国思想文化"走出去"

民心相通是"一带一路"的基础。现实的问题是，除了部分周边国家以外，中国与多数沿线国家缺乏全面的相互了解与认识，这是中国"走出去"面临的最大挑战之一。中国与这些国家之间，不仅宗教、文化和语言有着显著的不同，在政治经济模式和生活方式上也存在很大的差异，一些国家还深受西方文化和观念的影响，对中国的发展和外交政策存在误解和偏见。目前，中国的海外影响力还主要体现在经济层面上，在合作对象国的社会和文化层面的影响还比较有限。因此，"一带一路"建设应注重向沿线国家传播中国的语言和文化，向他们讲述中国故事，让他们了解一个真实的中国。

中国有着丰富的文化资源，比如汉字、传统艺术、中国美食、茶文化，以及日益具有活力的现代文化。然而，文化资源并不等于现实的文化软实力。这就需要借助于文化传播、公共外交等手段，把文化资源转化为文化软实力。近年来，中央电视台、中国国际广播电台等陆续在海外建立了分台或传媒中心，一些优秀的影视作品和书籍也相继走出国门，以及中国以"请进来"的方式邀请国外人士来华交流、考察和学习，都有助于增进世界对中国更为全面的了解，有助于中国更好地走向世界。

从更深层次上讲，中国文化"走出去"也是中国思想、理念和观念的"走出去"。中国传统文化讲求仁义道德与大同，中国人注重家庭伦理和社会和谐，当前中国也正在追求社会的公平和正义，都能够在许多国家和文化那里找到共鸣。具体到外交理念上，中国对和平发展道路的坚持，对互利共赢和共同发展的追求，对"新型义利观"的积极倡导，以及对非洲国家奉行的"真实亲诚"和对周边国家体现的"亲诚惠容"，都有助于消解其他国家对中国发展的疑虑，增进与相关国家的相互理解与认同。

当前，中国正在积极倡导人类命运共同体意识，与世界各国一道致力于实现和平发展和共同繁荣的"世界梦"。人类命运共同体至少包含三大支柱：利益共同体、安全共同体、价值观共同体，三者相互促进，缺一不可。未来中国的努力方向，不仅需要与沿线各国构建经济上的利益共同体和安全上的责任共同体，还要在思想、观念层面有更大的创新和突破，提出更富吸引力和引领力的价值观念，在关乎人类和平、发展、民主、公正等问题上表达具有中国特色而又更具普世意义的理念和思想。这正是"一带一路"民心相通的关键所在。

（原文发表于《当代世界》2016年第5期）

通向人类命运共同体的"一带一路"

赵可金　清华大学国际关系研究院副院长，副教授

　　"一带一路"是一个世纪性构想，它将带领中国走向何方？这一问题不仅在中国学界讨论并不充分，在国际社会中也是迷惑不清，很多人都不清楚中国到底要干什么，"一带一路"将创造一个什么样的秩序。尤其是在美国战略界，已经开始掀起了一场如何应对中国挑战国际秩序的讨论，一些著名智库比如美国战略与国际问题研究中心（CSIS）、新美国安全中心等纷纷出台报告，认为中国正在打破现行规则，尤其是在海洋领域中咄咄逼人的行为正在亚太地区引起新的安全困境。显然，以中国经济的体量和影响力而论，"一带一路"倡议必将会重新勾画世界政治经济地图，不仅沿线国家将会迎来一个新的秩序，整个国际体系和国际秩序都将会发生重大而深刻的变革，这恐怕是毋庸置疑的。

　　其实，国际社会并不担心国际秩序会不会发生变化，国际社会更关注的问题是，"一带一路"所带来的国际秩序变化究竟是一种积极的变化还是消极的变化，这种变化给有关各方带来的更多是一种机遇还是挑战，以及此种

2015年9月28日，中国国家主席习近平在纽约联合国总部出席第70届联合国大会一般性辩论并发表题为《携手构建合作共赢新伙伴 同心打造人类命运共同体》的重要讲话。

国际秩序的变化是通过平缓的方式还是以一种冲突和暴力的战争方式。所有这些问题都归结到一点上，那就是"一带一路"将创造一种什么样的国际秩序。

"一带一路"意在建立人类命运共同体

"一带一路"是中国领导人提出的合作倡议，必然体现着中国领导人对当今世界性质和人类未来走向的判断。2013年3月，"一带一路"倡议的提出者中国国家主席习近平在莫斯科国际关系学院发表演讲，提出"这个世界，各国相互联系、相互依存的程度空前加深，人类生活在同一个地球村里，生活在历史和现实交汇的同一个时空里，越来越成为你中有我、我中有你的命运共同体。"这是中国新一届领导人第一次对人类文明走向做出明确判断。此后，习近平在众多场合不断谈及"命运共同体"，赋予了命运共同体以丰富的内涵。2015年3月28日，在发改委、外交部和商务部联合发布的《推动共建丝绸之路经济带和 21 世纪海上丝绸之路的愿景与行动》中，强调要秉持和平合作、开放包容、互学互鉴、互利共赢的理念，全方位推进务实合作，打造政治互信、经济融合、文化包容的利益共同体、命运共同体和责任共同体，将建设目标从命运共同体扩展为三个共同体。

关于三个共同体的内涵，中国国务院总理李克强在 2014 年 4 月 8—10 日举办的博鳌亚洲论坛上做过解释，从中可以看到，利益共同体更多指贸易和投资领域，强调把经济的互补性转化为发展的互助力，不断扩大利益交汇点，实现共同发展、互惠共存、互利共赢。命运共同体主要强调各国发展融合，基础设施互联互通是融合发展的基本条件，产业互接互补是融合发展的主要内容，强调通过深化各领域务实合作，在开放中融合，在融合中发展，系牢经济联系的纽带，抓住创新发展的机遇，掌握自己的发展命运，推动上、中、下游全产业链深度合作，形成优势互补的产业网络和经济体系。责任共同体主要强调安全领域，认为各方要承担起应尽的责任，推动安全对话和磋商，探讨建立亚洲区域安全合作框架。三个共同体与"一带一路"的"五通"形成对应关系，其核心在于共同打造一个互利共赢的区域合作架构。

2015 年 9 月 28 日，习近平主席在第 70 届联合国大会一般性辩论时发表《携手构建合作共赢新伙伴 同心打造人类命运共同体》的讲话，这是习近平第一次在联合国讲坛系统阐述人类命运共同体的内涵和途径，也是迄今为止对人类命运共同体做出的最为系统和详尽的阐述。由此可知，人类命运共同体是针对当前国际社会中存在的诸多问题做出的新回答，致力于构建一种开放型的经济体系。

显然，这一区域合作架构和开放型经济体系并非是一种正式的国际秩序，而是一种非正式、不成文的区域合作观念和合作路径。在中共十八大报告中，"命运共同体"就被作为一种合作共赢的观念而被明确提出来，"合作共赢，就是要倡导人类命运共同体意识，在追求本国利益时兼顾他国合理关切，在谋求本国发展中促进各国共同发展，建立更加平等均衡的新型全球发展伙伴关系，同舟共济，权责共担，增进人类共同利益。"2015 年 5 月 18 日，《人民日报》发表国纪平的文章《为世界许诺一个更好的未来——论迈向人类命

中东欧位于"一带一路"与欧洲投资计划对接区,是亚欧交流合作的纽带。"一带一路"为"16+1合作"插上了腾飞的翅膀。自中国—中东欧国家领导人会晤机制启动以来,中国—中东欧国家"16+1合作"取得积极进展,双方在互联互通、贸易投资、金融、农业、人文等领域合作成果斐然。图为2015年12月23日,在塞尔维亚诺维萨德举行的匈牙利至塞尔维亚铁路塞尔维亚段启动仪式上,塞尔维亚总理武契奇致辞。这一铁路项目由中国铁路总公司牵头组成的中国企业联合体承建,它的启动标志着中匈塞铁路合作进入实施阶段,中国铁路"走出去"取得又一重大成果。

运共同体》,更是从哲学和价值观的高度对命运共同体进行了全面的梳理和解释,认为人类命运共同体交融于实现中华民族伟大复兴的中国梦,体现于以合作共赢为核心的新型国际关系,蕴涵于中国坚持的正确义利观,是一份思考人类未来的"中国方略"。

不难看出,人类命运共同体不仅是"一带一路"的理想愿景和建设目标,也是中国对世界前途和中国道路的一种战略判断和战略选择。"人类命运共同体"决定着当前和今后中国将高举和平、发展、合作、共赢的旗帜,走一条与其他国家互利共赢的发展道路,坚定不移致力于维护世界和平、促进共同发展。从这一意义上来说,"一带一路"是一条通往"人类命运共同体"

之路。"一带一路"不过是特定历史发展阶段中国道路的一种实现形式，是中国道路在欧亚非和南太平洋地区范围内打造利益共同体、命运共同体和责任共同体的伟大实验，它看重的是通过推动更大范围、更高水平、更深层次的大开放、大交流、大融合，走出一条互尊互信之路，一条合作共赢之路，一条文明互鉴之路。

核心是道路创新、理论创新和制度创新

近代以来，世界历史为欧美等西方发达国家所主导，走了一条以现代化为中心的发展道路，这一道路在给世界带来巨大发展动力的同时，也带来了诸多新的问题。自大航海时代以来，西方国家在工业化推动下，先是通过对外扩张，建立了殖民帝国体系，将整个世界划分为帝国主义国家和殖民地国家，并引发了世界范围内的战争与冲突。后来，在社会主义革命和民族独立运动的冲击下，殖民体系分崩离析，整个世界又进入了社会主义阵营和资本主义阵营两极对峙的体系，美苏冷战也曾经将世界搅动的不得安宁。20世纪90年代后，冷战因苏联解体而结束，美国成为当今世界唯一的超级大国，它在世界范围内推动了全球化、信息革命、民主化等浪潮，竭力缔造所谓的"新美利坚帝国"。然而，美国的种种努力引发了"9·11"事件和全球金融危机，美国发动的反恐战争和量化宽松政策，非但没有从根本上解决世界范围的和平与发展问题，反而令局势更加复杂。近年来，不仅世界经济低迷、地缘局势动荡、恐怖主义危机、文明之间摩擦，而且美国实力也相对衰落，非西方新兴经济体群体性崛起，世界步入了一个新旧格局的转换时期，西方学者惊呼人类正在走进"失序的世界""后美国世界"。总结近代以来西方推动的现代化道路，尽管在科技革命和工业革命推动下，西方国家长期执世界发展之牛耳，但西方发达国家的现代化道路是一种强调"文明与野蛮"的二元认识论和思维方式，此种思维方式追求胜者全拿，把自己看作是"上帝的使者"和文明的光亮，把其他文明看作是"黑暗的远方"，其所建立的世界秩序奉行弱肉强食、丛林法则，笃信穷兵黩武、强权独霸，坚持赢者通吃、零和博弈。

历史证明，此种认识论和思维方式主导下的社会发展道路不仅不是整个人类发展的福音，反而是制造冲突和战争的根源。

正是针对西方现代化道路存在的问题，中国提出了人类命运共同体的新理念，开创中国道路，进行道路创新、理论创新和制度创新。

人类命运共同体是对西方现代化道路的道路创新理念。总结近代以来的西方现代化道路，最突出的特征是技术依赖和单一中心，西方现代化的每一轮大发展都是以技术革命为前提的，蒸汽技术革命带动了以英国为中心的第一轮现代化高潮，电气技术的革命带动了以美国为中心的第二轮现代化高潮，交通信息技术革命带动了整个以西方发达国家群体为中心的第三轮现代化浪潮，也就是20世纪50年代以来的西方经济大发展。所有这些现代化的浪潮，在本质上是以资本扩张为中心、以国家为本位和以西方中心主义为特征的现代化道路。这一道路一方面极大地推动了西方发达国家实现大发展，另一方面也造成了广大发展中国家的停滞、曲折和苦难。正是从纠正西方现代化道路的基础上，中国提出了"人类命运共同体"的新理念，强调要顺应全球化带来的利益相互交融的趋势，推动人类走向共同发展、协调发展、均衡发展和普惠发展，确立共享美好未来的利益支点，构建人类命运共同体，坚持走共同发展、共同繁荣之路。与西方单一中心的现代化道路相比，构建人类命运共同体之路是多样化的现代化道路，是一种共同现代化道路，是对西方国家单独现代化的扬弃和超越。

人类命运共同体是对西方现代化理论的理论创新。近代以来的西方现代化道路催生了西方现代化理论，包括"西化"或"欧化"论、工业化论、现代化过程论、现代化模式论等。然而，所有这些现代化理论都有一个共同特征，那就是以西方国家的现代化标准为中心，强调个人主义、世俗化、自主化、专化和分化，标志是学术工业（academic industry）的兴起，学科分工越来越细，理论越来越专，每个人被定格在一个庞大的现代化理论体系中的格子里，成为理论专家。然而，人类命运共同体理论是一种超越民族国家和意识形态的"全球观"，它强调以人类为中心，不是前现代的血缘中心，也不是现代的以地域和民族国家为中心；强调共同体本位，而不是个人本位和国家本位；

强调你中有我、我中有你、一荣俱荣、一损俱损的正和游戏,而不是你赢我输、弱肉强食的零和游戏。其中,理解新的现代化理论的关键在于理解共同体的内涵。最早提出共同体概念的是法国思想家让·雅克—卢梭,他从社会契约论角度出发,认为社会契约一旦缔结,"就意味着每个人把自己的全部权利都转让给由人民结合成的集体,因此个人服从集体的'公意',也就是服从自己,人民则是这个政治共同体的主权者"。所谓共同体,是指社会上那些基于主观和客观共同特征(种族、观念、地位、遭遇、任务、身份等)而组成的各种层次的团体、组织,包括以血缘关系为纽带形成的氏族和部落,以婚姻关系和血缘关系为纽带形成的家庭,以共同的经济生活、居住地域、语言和文化心理素质为纽带形成的民族等。对于不同共同体的关系,马克思认为,随着物质生产方式的发展,各种共同体都会逐渐发展,随着共产主义生产方式的发展,将会使民族界限逐渐泯灭,形成世界范围的人群共同体。人类命运共同体意味着整个人类在全球化、信息化时代已经成为一种日益紧密的共同体,只有确立人类命运共同体的中心地位,才能真正把握世界的本质的未来。

人类命运共同体是对西方现代制度的制度创新。近代以来,在现代化推动下,在发达国家确立了自由、民主、人权、法治等价值观,并认为此种价值观是代表先进和文明的普世价值观,这些普世价值观和社会制度可以一统天下。在这些核心价值观指导下,确立了人民主权、市场经济、代议制、分权制衡、法治政治、基本人权等一系列政治经济制度体系。然而,这一现代制度体系在发达国家获得巩固的同时,也出现了一些新问题,比如经济危机、移民冲突、宗教冲突、性别矛盾等,针对新出现的问题,也出现了霸权稳定论、全球治理论、协商民主论等理论建设和联合国、国际货币基金组织、世界银行、世界贸易组织等众多制度建设,意在竭力维护西方发达国家的利益。相比之下,人类命运共同体强调以整体意识、全球思维和人类观念对现有制度体系进行改革,推动现有国际体系和国际秩序向着公正合理的方向发展。比如,强调对话而不对抗、结伴但不结盟;重视求同存异、聚同化异;主张合作共赢、共同发展;强调综合安全、共同安全、合作安全和可持续安全;

强调包容开放，交流互鉴。所有这些观念都致力于改革现有制度体系，而非抛弃现有制度体系，使之更加公正合理。

综合上述看法，人类命运共同体核心是超越西方现代化道路、理论和制度，站在全人类命运的角度提出的关于未来世界秩序的一种构想，其本质在于推动道路创新、理论创新和制度创新，建设一个更加美好的世界，因为在全球化和信息革命的今天，任何国家都不可能脱离整个世界而存在，必须确立命运与共、风险共担的责任意识，为世界各国人民的共同安危命运而努力。

落脚点是实现中华文明的伟大复兴

最后一个必须回答的问题是，为什么中国选择走人类命运共同体之路？

从哲学价值观上来看，人类命运共同体精神与中华文明的伦理有着内在的一致性，都是强调整体思维和天下情怀，两者是共生共荣的关系。中国传统哲学价值观中的天人合一与人类命运共同体在精神上是高度契合的，尽管近代以来中华文明遭受西方文明的压抑，历经苦难，但中华文明的精神世界并没有发生根本变化。在全球化时代，中国提出人类命运共同体的主张也是在中华文明中追求天人合一、世界大同理想的产物。如果能够弘扬中华文明的古老智慧，并对其进行创造性转化，推己及人，建设一个更加太平、繁荣的世界，将是中华文明对世界的重大贡献。

从认识论上来看，中国不同于西方文明中的"主客体分离"的"二元论"，而是历来尊崇物我相与、阴阳平衡、众生平等理念，这与人类命运共同体对世界的认识完全一致。在中国人看来，中国的崛起不必然牺牲其他国家的利益，中国的发展也不能离开其他国家的发展，国家与国家之间是一种阴阳关系，此种阴阳和谐相处共同存在于一个有机体的哲学逻辑，注定了中国在处理国际事务上的防御态势和温和倾向，积极谋求"君子和而不同"的合作共赢逻辑符合中国五千多年的历史文化心理，这一点构成了独特的中国风格，也是中国倡导人类命运共同体的认识论基础。人类命运共同体强调国家与国家之间是你中有我、我中有你，一荣俱荣、一损俱损的关系，更关注不同社会群体之间的和平相处之道,寻求共同体的整体利益,而非关注某一局部的利益。从人类命运共同体视角来看,尽管世界上存在着不同国家利益、不同宗教信仰、不同意识形态、不同社会制度的分歧甚至对立,但人们完全可以通过共建人类命运共同体而有序竞争,通过理性的选择超越个人、民族和国家的利益,超越制度、观念和信仰的束缚,寻求最大程度的共同利益,从而掌握我们的共同命运。如果没有中国阴阳一体认识论的支持,此种乐观的判断是很难建立起来的。

从方法论上,中国倡导中庸之道也与人类命运共同体相吻合。在中国文化看来,中庸强调中正平和,不偏不倚,认为过犹不及。中国提出建立人类命运共同体,其最主要的方法论就是中庸,诚如习近平主席所说,一个国家要谋求自身发展,必须也让别人发展;要谋求自身安全,必须也让别人安全;要谋求自己过得好,必须也让别人过得好。自十八大以来,中国提出了一系列新理念、新倡议和新观点,比如"亲诚惠容"的周边外交理念,互信、互利、平等、协商、尊重多样文明、谋求共同发展的"上海精神",和平合作、开放包容、互学互鉴、互利共赢的丝路精神,共同、综合、合作、可持续的亚洲安全观以及义利并举、以义为先的正确义利观等,所有这一切都贯穿着中华文化中的中庸之道,也包容了中国与世界关系的方方面面。

无论是"中国梦"的提出,还是"一带一路"的倡议,中国不仅是人类命运共同体理念的积极倡导者,更是人类命运共同体的积极实践者。说到底,"一带一路"是通往人类命运共同体之路,而"一带一路"所承载的是有着数千年历史的中华文明,推进"一带一路"的建设过程也必将是实现中华文明伟大复兴的历程。在新的实践探索中,古老的中华文明之精神必将与时代潮流和多样化的国情相结合,它不是简单地复兴古老的文明,而是在与"一带一路"沿线不同文明兼容并蓄、交流互鉴中获得新的发展动力和活力,在新的时代创造性地转化和提升,最终成为一种具有世界吸引力和竞争力的伟大文明。

"沉舟侧畔千帆过,病树前头万木春。""一带一路"的启动,犹如拉开了新的历史大幕,一条从西太平洋的连云港,到印度洋的瓜达尔港,从世界岛腹地的古都西安,跨越一望无垠的欧亚大平原,最终通往北大西洋的阿姆斯特丹,一条横跨欧亚非三大洲的洲际经济大走廊已经开始启动。在这条大走廊上,承载着过去千年的丝绸之路精神,承载着中华文明的古老梦想,承载着人类对未来命运共同体的理想和期待,是整个人类理性智慧的创造,是一次涤荡战争和冲突阴霾,追求持久和平和共同繁荣的伟大长征。作为一个有着数千年人类文明历史的大国,中华文明必将因作为连接历史和未来的桥梁及纽带受到世界的尊重,而且她自身也将在这种世纪努力中实现凤凰涅槃的重生,为人类做出更大的贡献。

(原文发表于《当代世界》2016年第6期)

"一带一路"建设的世界意义

林永亮　当代世界研究中心

一件事情的深层意义往往要随着时间的推移才逐渐显现。三年来,"一带一路"倡议得到国际社会普遍响应,目前,100多个国家和国际组织表达了积极支持和参与的态度,40个国家和国际组织同中国签署了共建协议,一大批互联互通和产能合作项目也正陆续开工建设。在世界体系正经历深刻转型调整的当今时代,"一带一路"建设展现的强大号召力和光明前景,与一些地区民粹主义泛滥、保护主义抬头、逆全球化思潮暗流涌动、经济合作进程受阻等形成鲜明对照。"一带一路"建设的世界意义正变得日益清晰。

"一带一路"推动全球互联互通新进程

"互联互通"是一个较新的概念,但其所描述的事实却绵延已久。自古以来,人们一直努力冲破地理因素的束缚,不断探索未知世界,不断拓展生存空间,不断接触陌生人群。这一进程曲折复杂,充满艰辛,其中既有和平合作的佳话，也不乏战争冲突的灾难。"丝绸之路"是人类"互联互通"历史中一段体现和平合作精神的共同记忆，在"丝绸之路"发展史中，不同地域、不同种族、不同文化背景的人们，通过"接力棒"式的互通有无，奇迹般地打造出一条沟通中西政治、经济、文化和思想的大动脉。这条路从来都不是一条单纯地理学意义上的"路"，而是一个集道路、贸易、人员往来和文明交流于一体的多层面、立体化的相互联系网络。[1] 世界历史发展到今天，各国间的相互联系已经变得空前紧密，但与此同时，人类"互联互通"网络也仍然存在许多漏洞和盲点。自地理大发现以来，洲际间的互联互通主要依靠海路和航空，陆路的地位相对弱化，从道路、贸易、人员往来和文明交流等各个角度看，大陆内部不连不通、连而不通、通而不畅的问题依然普遍。因此，推动陆海平衡发展，推动更加通畅的"互联互通"，仍然是人类面临的重要任务。"一带一路"致力于打通亚欧大陆内部各种物质层面的和精神层面的"中梗阻"，推动陆海平衡发展、要素自由流动、文明互学互鉴，推动人类互联互通迈向新高度。

  与过去几十年的传统做法相比，"一带一路"不仅把"互联互通"作为奋斗目标，而且也作为推进路径，这实际是一种方法论的革新。"一带一路"不急于制定具体的目标、规则和规划，更注重过程导向、理念导向和方法导向，更注重循序渐进和务实合作，更注重合作过程的韧性和弹性。"一带一路"提出以来，许多人表示无法用任何传统区域合作模型去界定它，原因就在于这一倡议的方法论已不同于以往，再用传统的范式去分析，结论自然会出现偏差。"互联互通"的方法论寻求在不同国家、不同文化、不同制度之间建立一种联通关系，"在方形水管与圆形水管之间安上转换装置"，而不是要求一方完全变为另外一方。换言之，它强调各方寻找发展战略的契合点，将各国发展思路和发展需求"对接"起来，而不是用一种强制性的、硬约束

---

[1] 郭业洲：《加强智库在"一带一路"建设中的积极作用》，http://www.china.com.cn/opinion/think/2015-04/17/content_35347964.htm.

近年来，中资企业深耕希腊市场，或投资兴业，或开拓市场，在自身发展壮大的同时，带动了当地经济的发展，取得了耀眼的成绩。图为2016年4月27日拍摄的中国远洋海运集团经营的希腊最大港口比雷埃夫斯港集装箱码头。

的统一安排去要求其他参与方。[1]这一方法论和推进模式渗透着中国传统文化中非此非彼、亦此亦彼、相互融合、相互转化的哲学智慧，充分照顾各方舒适度，有助于更务实、更灵活、更可持续地推进全球互联互通新进程。

"一带一路"打造世界经济新引擎

自2008年以来，世界经济长期面临动力不足、需求不振、金融市场反复动荡、国际贸易和投资持续低迷等多重风险和挑战。在上一轮科技进步带来的增长动力逐渐衰减、新一轮科技和产业革命尚未形成势头的大背景下，

---

[1] 苏长和：《关系理论的学术议程》，载《世界经济与政治》，2016年第10期，第29—38页。

国际社会亟需寻找世界经济发展新动力,推动世界经济实现强劲、可持续、平衡、包容增长。"一带一路"致力于通过消除供应链壁垒、挖掘各方比较优势、鼓励各方创新合作模式等,努力为世界经济发展打造新引擎。

首先,"一带一路"致力于通过提高有效供给来催生新的需求。在国际经济合作陷入困境的背景下,各方为"破局"提出了不同解决思路。美国提供的思路是进一步削减贸易壁垒,其所倡导的"跨太平洋伙伴关系协定"(TPP)、"跨大西洋贸易投资伙伴关系协定"(TTIP)等,力求进一步提高经贸合作门槛,通过制定"高水平国际经济规则",建设高规格的"超级自由贸易区"。与之相比,"一带一路"的思路则是努力减少供应链壁垒,通过改善基础设施、行业标准、政策和服务等方面的不足,推动跨境商品自由流动,推动国际经济合作发展。世界经济论坛一项研究显示,在当前全球平均关税壁垒已经下降到 5% 左右的情况下,减少供应链壁垒对全球贸易的促进作用是降低关税壁垒的 6 倍,这意味着,与 TPP、TTIP 等相比,"一带一路"的切入点更务实有效,也更能促进贸易便利化和经济发展。[1]

其次,"一带一路"有利于各方充分发挥比较优势。"一带一路"沿线地区人口占世界总人口的 60% 多,而经济总量却不到世界的 30%。这一数字的"错位"凸显了"一带一路"沿线国家发展的相对落后和世界经济发展的严重失衡,但同时也意味着沿线地区经济发展存在巨大潜力和空间。"一带一路"强调沿线国家发展战略对接,有助于将中国在基础设施建设能力、资金实力等方面的优势与沿线国家在能源、劳动力等方面的优势结合起来,相互借力、相互给力,共同提升在全球产业链中的位置。与此同时,"一带一路"打破以往注重引进和出口的开放模式,强调与相关国家共同打造开放发展的经济区和经济带,以共同发展来拓展发展空间,实现共同繁荣。[2]

---

[1] 李向阳:《跨太平洋伙伴关系协定与"一带一路"之比较》,载《世界经济与政治》,2016 年第 9 期,第 29—43 页。

[2] 张蕴岭:《聚焦"一带一路"大战略》,http://www.cssn.cn/jjx/jjx_gd/201407/t20140731_1274694.shtml。

第三，"一带一路"引领国际经济合作模式创新。创新是经济发展的重要动力，而创新不仅包括技术上的，也包括制度和理念上的。过去开展国际合作，往往遵循"制度先行"的逻辑。即先制定明确的制度规则，然后在制度规则框架下开展合作。这一模式对推动国际经济合作发挥了重要作用，但也存在明显缺陷。因为，制度经常存在"非中性"的问题，历史上形成并继承下来的国际经济制度，往往对一些国家更为有利，而对另外一些国家不太有利。[1] 为解决这一问题，国际社会既应改革完善原有制度框架，也应积极探索新的合作模式。"一带一路"在尊重现有国际经济合作机制的基础上进行创新超越，鼓励合作模式创新和合作经验推广，鼓励沿线国家因地制宜、量体裁衣，根据各自经济结构、资源禀赋、发展潜力等探索专属性合作方案。"一带一路"就类似于一个国际经济合作"孵化器"，强调机制的开放性、包容性和灵活性，强调充分发挥各方积极性。假以时日，这一模式的科学性和有效性必将得到充分印证。

"一带一路"引领全球化发展新方向

"全球化"的概念源自西方，其内涵也存有广泛争议。其中一种范式以地理大发现为起点，将全球化分为四个阶段：第一阶段指15—17世纪，标志性事件是人类实现全球航行；第二阶段指18—20世纪，标志性事件是英国借助工业革命广泛开拓殖民地；第三阶段指二战结束至2008年国际金融危机，主要特点是美国通过一系列制度安排主导全球化进程；第四阶段指2008年国际金融危机至今，主要特点是全球化在迷茫中找寻新的方向。近年来，美欧一些国家贸易保护主义抬头，反全球化思潮此起彼伏。在刚刚过去的2016年，全球贸易增速连续五年低于全球经济增速，民粹主义政党纷纷崛起，"黑天鹅"事件频繁发生，"自由贸易"这一西方传统旗号在欧美似

---

[1] 张宇燕：《多角度理解"一带一路"战略思想》，载《世界经济与政治》，2016年第1期，卷首语。

乎越来越成为一种"政治不正确"。有人说全球化正在衰退，有人说全球化已经死亡，有人说世界正经历"再民族国家化"。这些论断的准确与否暂且不论，但有一点是肯定的，那就是全球化进程的确遇到了一些麻烦和问题，全球化进程的方向需要进行调整。

全球化进程受阻，最重要的原因是各国之间及各国内部发展的不平衡。因此，新一轮全球化应更为强调发展的均衡性、联动性和包容性，确保世界发展更好体现公平正义。"一带一路"可以引领这一潮流。这是因为：第一，"一带一路"注重高速铁路、能源管道等基础设施建设，能够推动全球产业布局调整，亚欧大陆将逐渐形成高速铁路、高速公路、能源管道及电商物流相结合的全新经济网络，并逐渐发展出许多新的产业链条、产业基地和经济中心，这将深刻改变亚欧大陆的经济格局，不仅将推动沿线国家提高发展水平，而且也能让沿线民众广泛受益，切实减少国家内部和国家之间的不平等；[1] 第二，"一带一路"遵循以合作促发展、以发展促安全的思路，致力于通过与沿线国家开展更深层次的合作，推动沿线国家发展经济、改善民生、减少贫困，努力消除恐怖主义和极端势力赖以滋生的土壤，积极促成发展与安全相互助力的良好态势；第三，"一带一路"倡导开放包容原则，欢迎域外国家参与，是一种开放的区域经济合作框架，因此，与已经陷入僵局的 TPP 相比，"一带一路"更注重在不同层次、不同区域的国际经济合作之间疏通经络、搭建桥梁，解决全球化与地区一体化之间的逻辑矛盾，推动二者彼此包容、相互促进。总的来看，"一带一路"将推动全球化由横向拓展走向纵向深挖，优势技术、优势产业、优势制度、优势理念等将更均匀地分布于世界各地，世界发展的均衡性和包容性将进一步提升。

---

[1] 黄仁伟：《一带一路的世界历史意义》，http://sky.cssn.cn/skyskl/skyskl_yzfc/201511/t20151127_2716973.shtml.

"一带一路"开启中国与世界良性互动新篇章

自近代以来,中国与世界的互动关系经历了沧桑巨变。从"师夷长技以制夷"到"师夷长技以自强",从"三千年未有之大变局"到梁启超的《中国积弱溯源论》,从辛亥革命到五四运动,从中国共产党成立到八年抗战,从新中国成立到冷战结束,从入世到北京奥运,从党的十八大到"一带一路",在两个多世纪的历史巨变中,世界发生了很大变化,中国发生了很大变化,中国与世界的互动关系也发生了很大变化。更重要的是,中国人对自身、对世界的认识也发生了很大变化。新的历史条件下,中国应以什么样的方式与世界互动、中国能为世界和平与发展做出何种贡献、中国应如何实现与世界各国的和谐共生,既是摆在中国人面前的大课题,也是国际社会普遍关注的大问题。这是一个涉及历史与现实、经济与社会、政治与外交、文明与信仰、实力与心态等各个方面的新型命题,对这一问题的回答也必然会是一种新型范式和新型实践。"一带一路"正是在这一大背景下出现的,它不仅是经济层面的也是社会层面的,不仅是物质层面的也是理念层面的,可谓新时期中国寻求与世界良性互动的一个重要试验场。

首先,随着综合国力的上升,中国有能力也有意愿为世界提供更多公共产品。正如习近平总书记所强调的,"这个世界上一部分人过得很好,一部分人过得很不好,不是个好现象。真正的快乐幸福是大家共同快乐、共同幸福"。[1] "一带一路"在推进过程中既授人以鱼亦授人以渔,致力于在保持战略韧性的前提下,通过发挥中国的带动作用,深入挖掘沿线地区发展潜力,充分调动沿线国家各方面的积极性,积极促成互利共赢、合作发展的态势,让沿线国家以一种可持续的方式搭乘中国发展的"快车"和"便车"。这是中国坚决走出所谓"修昔底德陷阱"的具体抓手,充分体现了中国和平发展的决心,以及践行"达则兼济天下"义利观的诚意。

---

[1] 王毅:《坚持正确义利观 积极发挥负责任大国作用》,载《人民日报》,2013年9月10日第7版。

其次，中国愿以建设性的姿态推动国际秩序和全球治理朝着更加公正合理的方向发展。当前，以新自由制度主义为理论底色的现有国际规则体系未能反映世界权力结构的变化，缺乏针对跨国性事务的制度设计，缺乏对文明多样性的尊重，无法有效管理全球事务，"全球治理赤字"[1]日趋扩大，国际秩序和全球治理正处在历史的转折点上。国际社会亟需继承、改进、整合、创新现有国际规则体系，使国际制度更趋中性。"一带一路"可谓这方面的一种全新尝试。它注重与现有机制相辅相成，注重合作模式多元多样，注重制度建设与务实合作齐头并进，注重区域治理与全球治理协调共进，致力于做"修庙、建庙、不拆庙"的增量式改进，[2]无疑能为全球治理体系的发展注入一些新要素。

第三，中国崛起代表的是一种文明的崛起，"一带一路"则是践行中国文明观的重要场所。过去几个世纪，由于西方物质力量上的优势，人们在如何看待世界各大文明的问题上也形成了一种"代差"式思维，似乎物质力量强的文明就是先进的，物质力量弱的文明就是落后的，弱势文明理应按强势文明的标准彻底改造自身。站在今天的立场来看，这种认识显然是不科学的，正如习近平总书记在联合国教科文组织总部的演讲中所强调的，人类文明因多样才有交流互鉴的价值，因平等才有交流互鉴的前提，因包容才有交流互鉴的动力。[3]"一带一路"所倡导的共商、共建、共享原则，所注重的"互联互通"理念，所承续的互学互鉴精神，所力推的"民心相通"工程，都体现着中国的这一文明观立场。应该说，秉持这样的理念开展国际合作，才是促进不同文明互动交流的最佳方式。实际上，将中国文明的精髓科学地注入世界文明体系之中，也是人类文明健康、永续发展的重要前提。

---

[1]　秦亚青：《全球治理失灵与秩序理念的重建》，载《世界经济与政治》，2013年第4期，第4—18页。

[2]　张蕴岭：《"一带一路"是开放平台，应该包括韩国和日本》，http://www.thepaper.cn/newsDetail_forward_1295690。

[3]　习近平：《在联合国教科文组织总部的演讲》，http://news.xinhuanet.com/politics/2014-03/28/c_119982831.htm。

"一带一路"已经在世界大变革中顺利启航、坚定前行。随着"一带一路"建设的不断推进，中国发展的正面"外溢效应"将逐步呈现，中国的诚意将更好地为国际社会所理解，中国的国际秩序观将更好地为国际社会所认可，中国的世界文明观也将帮助消弭文明间的误解和隔阂。"一带一路"正在开启中国与世界良性互动的新篇章！

（原文发表于《当代世界》2017 年第 1 期）

第二章 国际视阈下的"一带一路"倡议

2013年，习近平主席访问哈萨克斯坦、印度尼西亚时分别提出建设"丝绸之路经济带"和"21世纪海上丝绸之路"的倡议（即"一带一路"）。这一倡议一经提出就受到国际社会的广泛关注，各国纷纷从不同的角度和视域对其进行解读和阐释，探究"一带一路"给中国和世界带来的影响。国际社会对"一带一路"倡议的认知和态度，是决定中国能否与相关国家开展"一带一路"框架下合作的重要影响因素。本章主要探讨了部分丝路沿线国家的政治家、学者以及商界领袖等对"一带一路"倡议的基本看法和认识。通过了解以上国家对"一带一路"倡议的认知，有助于从总体上把握"一带一路"建设所面临的国际舆论环境。

积极参与"一带一路"倡议，实现地区的共同发展与繁荣

洪森 柬埔寨人民党主席、政府首相

两千多年以前，亚洲各国的人民已经开始货物的交易，当时的贸易通路非常少，而后来我们称之为"丝绸之路"的著名商道联通亚洲、欧洲乃至非洲。丝绸之路沿线国家，不论大小，都从丝绸之路当中获益匪浅。丝绸之路因此成为合作、和平、开放、包容、知识交流、相互理解和谅解以及共同发展的代名词。

基于这段悠久的历史，我高度欣赏习近平阁下2013年复兴"丝绸之路"的倡议，其中包含"新丝绸之路经济带"和其他相关项目，特别是"21世纪海上丝绸之路"。这一倡议的目的是改善和促进全球，包括陆地和海上两个维度内国家间的经贸关系。不论是近海还是远海国家，只要在丝路经济带范围之内，都期待能从中收益。这样一个伟大的倡议反映出中国致力于开放，尽力促进各国的联通和交往，并将坚守"五通"原则——包括政策沟通、设施联通、贸易畅通、资金融通及民心相通——的决心。

2015年10月15日，中共中央总书记、国家主席习近平在北京会见了来华出席亚洲政党丝绸之路专题会议的柬埔寨人民党主席、政府首相洪森。

在互联互通等重要原则的引领下，"一带一路"倡议不仅为世界和平、稳定做出了贡献，也为人民之间的贸易往来、人员交流做出了贡献，加强了各国之间的交往和人民之间的了解，并且为贸易和投资提供了配套基础设施，缩小了发展鸿沟。特别是沿海国家以及不发达的内陆国家以及中国的沿海地区和欠发达内陆地区之间发展差距。这些条件对于实现高速、可持续的经济发展，促进出口、增加外商直接投资，推动各国之间的公平发展和包容性的增长，将起到重要的作用。因此，这一倡议的执行一定会有效地减少国家之间的发展差异和不公平现象。

"一带一路"倡议将联通世界许多国家，所包含经济总量占全球国民生产总值的 55%，涉及世界 70% 的人口，以及世界上将近 75% 的能源储备。由于规模巨大，倡议的建设将是个长期的过程，最终完成大约需 30 到 35 年，直到 2049 年，也就是中华人民共和国成立 100 周年。为早日实现这一伟大工程，我积极呼吁各国能够热情地参与到"一带一路"的倡议中来，携手投入这一倡议的建设。

长期以来，柬埔寨也在不断抓住新的发展机遇，积极参与各项计划，包括 2015 年年底即将到来的东盟经济一体化、金砖国家新开发银行的成立。此外，柬埔寨还是亚洲基础设施投资银行的创始成员国之一。中国的"一带一路"倡议及包括丝路基金、中国—东盟海上合作基金在内的其他基金及计划等等，柬埔寨都积极投入其中。

柬埔寨和湄公河流域国家同中国的交往历史悠久，我们共享湄公河的赐予，并且共享和平、安全、稳定、历史和共同的命运。湄公河是我们重要的水资源，也为我们带来了肥沃的土壤，为相关国家的农业发展以及地区的粮食安全提供了保障。丰富的文化和自然遗产为民间交流、文化交流提供了宝贵的机会和厚重的内涵。这可能也是丝绸之路精神的延伸。中国人民有句谚语，"千里之行，始于足下"，湄公河地区国家的合作可以说是实现"一带一路"倡议的第一步，因此，希望相关国家能够帮助一同推行这一倡议，并积极参与到这一倡议当中。也希望中华人民共和国能够为这一倡议的实现提供更好的条件，发展湄公河区域的经济，实现地区的共同发展与繁荣。柬埔寨衷心祝贺中国提出了"一带一路"的倡议，并且祝福这一倡议获得全面的成功。这一倡议能够为本地区的和平、安全、联通、合作以及繁荣和稳定创造重要的机遇。

作为大湄公河次区域国家和东盟共同体中活跃的一员，柬埔寨致力于同有关国家和地区开展合作，大力执行有关发展规划和倡议，其中包括"一带一路"倡议，以实现亚洲国家的共同目标，即建立一个亚洲的世纪，实现"亚洲梦"。

（原文发表于《当代世界》2015 年第 11 期）

塞浦路斯：
愿积极打造海上丝绸之路的重要中转岛

尼科斯·阿纳斯塔西亚迪斯　塞浦路斯总统

在全球经济增长缓慢，世界经济复苏依旧艰难曲折的大背景下，我们面临着更为复杂和严峻的国际和地区形势。自1945年灾难性的二战结束以来，和平与发展逐渐成为战后各国的共识。中国在战争中做出了巨大的牺牲和贡献，战后中国经济发展令世人瞩目，如今已成为当今世界第二大经济体，成为全球重要的经济引擎。今天，中国引领的"一带一路"倡议，其目的就是要推动亚洲、欧洲以及大洋洲各国之间经济合作发展，加强不同文明之间的交流与互鉴，并促进世界和平与发展。

"一带一路"倡议建立在两千年以前的古丝绸之路基础之上，这条古丝绸之路连接了亚洲与欧洲，有六十多个国家，代表了世界经济总量的三分之一。"一带一路"倡议将打造一个互利共赢的框架，把充满活力的东亚经济圈与欧洲经济圈连接在一起，致力于推动沿线各国的经济发展，加强各国贸易及投资合作，推动技术和创新发展，手段之一就是打造铁路交通网络等基

塞浦路斯第二大城市利马索尔海岸。

础设施以及海洋等领域基础设施。"一带一路"倡议尊重各国主权和不干涉他国内政的原则，鼓励国家自区域和跨区域的各种倡议。这些国家有着不同的政治、社会、经济以及文化背景，加强彼此间的相互了解，增进情感、文化交流，对拉近"一带一路"沿线国家民众间的距离有着重要作用。以人文交流为纽带，才能有效促进这些国家之间的互联互通。

作为"一带一路"发展战略中的一部分，已经迈出了决定性的一步，即建立亚洲基础设施投资银行。亚投行是一个国际金融机构，重点支持亚太地区的基础设施建设。有57个国家作为亚投行的创始成员国加入了亚投行，表明这样一个多边开发银行受到众多国家的支持，也必然会发挥重要作用和影响。塞浦路斯意识到这个倡议的重要性和影响力，已经申请以域内成员身份加入亚投行，塞浦路斯欢迎所有推动合作进步和平与稳定的倡议，并愿意在此方面做出贡献。

众所周知，欧盟和中国拥有世界上最大和最有活力的贸易关系，欧洲希望能够从"一带一路"倡议中受益。我们可以利用现有的机制最终实现"一带一路"倡议，而且我们在加强合作方面有很大的潜力和空间。

塞浦路斯虽然是一个小国，但是她是世界上最大的船舶注册地之一，是世界上重要的航运国家。她在整个欧盟内部船舶数量占有12%的份额，是欧盟内部第三大船舶拥有国。塞浦路斯位于非洲、亚洲和欧洲的连接地带，是打造海上丝绸之路重要的一个中转岛，对推进海上丝绸之路价值、实现海上丝绸之路倡议方面可以发挥重要的作用。每天我们都能看到悬挂塞浦路斯国旗的船只在亚洲与欧洲之间穿梭，推动着亚欧之间的合作。

中国和塞浦路斯是长期的、可信赖的朋友与伙伴。塞浦路斯作为一个在欧盟成员国内部有着独特的地理定位、悠久的历史和灿烂的文化，以及在提供金融服务方面有着丰富经验的国家，我们愿意更紧密地与中国及亚洲和欧洲伙伴进行合作，支持这个倡议。

（原文发表于《当代世界》2015年第11期）

用现代化的丝绸之路打造新的亚洲世纪

何塞·德贝内西亚　亚洲政党国际会议创建人、菲律宾前众议院议长

历史上的跨文化联系

纵观人类历史，跨文化交流作为改变人们生活的最强推动力，一直影响着诸如生产技术、行为礼仪、文化艺术、科学应用、社会治理，甚至是宗教等人们生活的方方面面。由于一个社会的发明创造难以超出它自身的文化和技术需求，因此国家间格外重视跨文化贸易的作用，重要的传统商路无疑成为人类历史的宝藏，而丝绸之路就在其中。在1500多年之中，古丝绸之路把中国和东亚以及地中海的罗马帝国、阿拉伯帝国和欧洲连接起来，打造了一条从公元前二世纪一直持续到当代的全球商业的通行大道。

聚焦升级版的欧亚大陆

如今，随着苏联解体、冷战结束，以及中国奇迹般地和平崛起，当代的

区域全面经济伙伴关系(RCEP)，是由东盟十国发起，邀请中、日、韩、澳、新、印共同参加（10+6），通过削减关税及非关税壁垒，建立16国统一市场的自由贸易协定。RCEP一旦达成，有望成为世界最大的自贸区，助推"一带一路"的顺利实施。图为2015年8月23日，中国—东盟（10+1）经贸部长会议在吉隆坡举行。

丝绸之路国家正在世界范围内进行一场地缘政治的历史性重组。这种重组实际上已经使得世界重心开始从大西洋转移，亚洲的中国和印度，以及日本正在地区和全球重塑自己的领导力。而代表发展中国家的金砖国家组织的崛起，以及中国所发起的亚洲基础设施投资银行的建立，都是对世界银行和国际货币基金组织等以西方为中心的国际体系的有益补充。

中亚国家是此次地缘政治大重组的重要部分。作为丝绸之路的心脏地区和中国的近邻及重要贸易伙伴，中亚国家的快速发展受到全球瞩目。2001年，中亚四国同中国、俄罗斯共同建立了上海合作组织（SCO）。上个月，上合组织吸纳了印度和巴基斯坦成为正式成员国，其影响力正逐渐向欧亚大陆扩展，有望打造升级版的欧亚大陆，即扮演大欧亚联盟的强大驱动力。与此同时，习近平主席所提出的丝绸之路倡议将会成为大欧亚联盟的重要部分。这个大欧亚联盟涵盖了中亚国家、东亚国家，甚至有可能包括伊朗和印度。这个联盟还将涵盖巨大的自然资源、技术资源和人口资源，将为陆路和海上丝绸之路打造重要的平台，推动亚洲经济体在新世纪的发展。

另外，在这个地缘政治大重组中，跨太平洋伙伴关系（TPP）和跨大西洋贸易与投资伙伴关系（TTIP）也正在成型。虽然这两个组合很可能是以美国为中心的，但我们相信，当这些地缘政治和地缘经济的力量结合到一起，融合成为各个文明之间真正的、和平的以及创造性的伙伴关系时，这将会成为人类历史上重要的事件。

摒弃冷战思维，打造现代化丝绸之路

中国提出的丝绸之路倡议，受到亚洲各政党的欢迎。在这样的一个历史性时刻，我们不希望在亚洲再次出现新的冷战。大欧亚联盟有足够的空间容纳各个经济体，并且通过这个联盟，我们可以结束冲突和怀疑，尤其是结束像"伊斯兰国"这样的宗教极端主义。

尽管菲律宾和中国在南海方面有一些分歧，但中国所提出的"海上丝绸之路"并没有落下菲律宾。在这种包容的心态的引领下，"海上丝绸之路"必将对地区有一个新的重组，它将有望通过菲律宾一直延伸到澳大利亚甚至是新西兰。因此，丝绸之路并不仅是一个地区项目，也不仅是亚洲的或者欧洲的，而是一个包含大洋洲、拉丁美洲以及非洲等全球版图的宏伟项目。

通过贸易经济、政治伙伴关系、人们之间的往来，我们可以集聚更多的力量，最终消除贫困，消除危险的极端主义，实现互利共融，实现我们地区、我们世界的持久和平。通过跨文化的交流和文明之间的对话，包括政府间的交流，议会间的交流，政党间的交流，公民社会间的交流，智库、媒体、人民之间的交流，我们有信心能够找到应对诸如气候变化等传统顽疾的良方。通过新的丝绸之路，在我们这个时代就有希望实现这些目标，包括融合相互竞争的经济体和解决地缘政治冲突难题。

随着中国对新丝绸之路建设的推动，我们看到了新亚洲世纪的开始。这是一个没有冲突的亚洲世纪,各国人民最终大一统的世纪,所有人为共同的目标竭尽所能做出贡献的世纪。

(原文发表于《当代世界》2015 年第 11 期)

马来西亚全力支持和参与"一带一路"建设

廖中莱　马来西亚交通部长、马华公会总会长

中国的和平崛起是 21 世纪的世界大事。马来西亚特别重视中国国家主席习近平于 2013 年末提出的"一带一路"倡议。习近平主席强调,"加快'一带一路'建设,有利于促进沿线各国的经济繁荣和经济合作,加强不同文明交流合作,促进世界和平发展。'一带一路'倡议是一项造福世界各国人民的伟大事业。"他的这番话令我们感动。马来西亚全力支持"一带一路"倡议,也将积极参与"一带一路"建设。

事实上,自"一带一路"倡议公布以来,马来西亚率先进行了响应。2014 年 7 月 18 日,马华工会与中国共产党签署了合作交流备忘录,开启了两国政党的密切合作。两党除了在政治领域的合作外,推进"一带一路"建设也是双方开展合作的重要议程。2015 年,在中共中央对外联络部协调下,马华工会与中国经济联络中心在北京联合举办了"一带一路"中国—马来西亚工商界对话会。2015 年 12 月 5 日,马华工会将继续在吉隆坡举办另外一场关于"一带一路"倡议的企业对话会。

翻阅世界地图、特别是世界贸易史时，我们不得不提及马六甲海峡这一条繁忙的国际水道。自从东西方开展贸易和海上丝绸之路应运而生以来，马来西亚一直在其中扮演着"中转站"的角色。虽然时过境迁，但其在马来西亚的战略地位仍十分重要。仅凭此点，马来西亚就应该在"21世纪海上丝绸之路"上继续扮演重要的角色。马来西亚不仅拥有优越的地理位置，更重要的是马来西亚与中国有着悠久的交往历史。自1974年建交以来，马来西亚与中国密切沟通，人文往来也日益频繁。习近平主席在提出"一带一路"倡议时强调，要加强政策沟通、设施联通、贸易畅通、资金融通和民心相通五大领域的合作。在政策沟通、民心相通和贸易畅通领域，马来西亚与中国已经取得卓越成效的合作成果，未来双方合作将聚焦基础设施互联互通和资金融通。

当前，马来西亚正处于政治改革和经济转型的重要阶段。"一带一路"倡议的提出正好为马来西亚的政治经济转型提供了机遇。马来西亚是一个多种族社会，国内政治力量由13个政党组成。马来西亚需要团结国内各种力量，同时还要把这种多元文化转化为国际竞争力。马来西亚处于东西方交汇处，在漫长的历史进程中汇集了中国文明、印度文明、伊斯兰文明、以及现代的西方文明。将如此众多的伟大文明汇集于一身，是马来西亚实现发展的重要条件，同时也是马来西亚在世界上立足的重要优势。马来西亚具有良好的中文交易系统、中华文化古籍、发达的中医药行业。同时，马来西亚也是伊斯兰世界经济发展的领航者。马来西亚经济不仅辐射东亚地区，也可以影响伊斯兰世界。

未来，马来西亚将加大基础设施开发力度。马来西亚吉隆坡连接新加坡的马新高铁建设、马来西亚国内其他铁路系统的升级改造等能大大刺激马来西亚的经济发展，也能带动周边经济的发展。马来西亚希望中国企业能够积极参与，在基础设施建设以及城镇化进程中提供投资。在投资领域，中国与马来西亚有良好的合作关系。例如，中国广东省对马六甲投资100亿美元，这对马来西亚的经济振兴无疑具有重要意义。在"一带一路"框架下，马来西亚与中国的合作基础将变得更加牢固。

（原文发表于《当代世界》2015年第11期）

沙特阿美石油公司承诺
积极参与"一带一路"建设

纳比尔　沙特阿美石油公司亚洲区总裁

"一带一路"倡议由中国国家主席习近平提出。沙特阿拉伯作为古代海上丝绸之路途经的重要国家,做出了积极参与中国提出的"一带一路"倡议的重大战略决策。沙特政府对"21世纪海上丝绸之路"建设进程的支持和参与,为沙特工商界搭建了一个很好的平台,从而使我们可以积极参与到这一进程中来。工商界、特别是能源工商界在"一带一路"建设进程中可以发挥重要作用。沙特工商界与中国企业界建立了非常坚实的关系。沙特将继续提供能源、资源技术合作以及资金和管理经验,支持与中国在一些大型项目上开展合作。同时,沙特工商界愿与中国企业界共同探讨和建设亚洲命运共同体。

作为能源领域的大型跨国企业,沙特阿美石油公司将积极参与"一带一路"框架下的合作。具体体现在以下几个方面。

第一,作为重要的战略合作伙伴和长期的能源供应国,沙特阿美承诺确保中国的能源供应安全。为我们的战略合作伙伴提供能源,是沙特阿美的使命。沙特阿拉伯非常荣幸能够成为中国的能源供应国。我们预计未来中国的原油进口量将会达到 1000 万桶/每天。如此庞大的原油进口量要求中国必须要有非常好的能源安全环境,这样才能实现经济的健康发展。沙特阿美认为,中国巨大的能源需求对我们国家和企业是非常好的机遇。沙特阿美将为中国的能源安全以及丝路沿线国家的能源安全做出贡献。

第二,沙特阿美将继续在丝路沿线国家进行投资。在投资合作领域,我们与中国取得了比较成功的经验。2007 年,国际能源领域的两大巨头——沙特阿美和中石化共同在中国的南部省份福建投资了一个化工项目,在此次成功合作的基础上,我们又在沙特阿拉伯的一个地方城市共同投资设厂。沙特阿美与中石化之间的合作为区域经济发展提供了更多贸易机会,促进了亚洲、中东、非洲和欧洲之间的贸易合作。沙特阿拉伯有"能源丝绸之路"战略,沙特阿美的很多贸易合作也是在"能源丝绸之路"战略框架下进行的。基于与中石化的合作,沙特阿美有兴趣抓住"一带一路"倡议为能源合作提供的新机遇,继续为丝路沿线国家提供能源供应。

第三,沙特阿美将会在中国和亚洲地区对研究开发进行投资,从而在能源领域创造更加高效的科技。就在 2015 年 4 月,沙特阿美在北京成立了新的研究中心。这是在中国年轻的科学家推动下,沙特阿美在中国成立的第一家研究中心。当前,我们主要关注的是上游研究领域,未来沙特阿美在北京的研究中心会把研发的重点进一步拓展到下游领域。

第四,沙特阿美将继续和中国企业探讨建立长期的商业合作项目。我们希望通过与中国合作来推动在沙特国内三个非常重要的工业城市的发展。从双边贸易来看,中国是沙特最大的贸易合作伙伴,2014 年沙中双边贸易额达 691 亿美元。我们邀请中国企业赴沙特经济特区进行投资,也愿与中国合作在沙特建立工业园区。来自中国的投资,将促进沙特的经济发展。

除贸易、投资等经济领域的合作外,我们最应该关注的是人文交流。通过工商界的对话和合作,我们将能够实现双赢,也能使每个国家都可以在"一带一路"框架下获益。

(原文发表于《当代世界》2015 年第 11 期)

中国"丝绸之路"倡议引领全球化进程

梅拉库·姆鲁阿莱姆·科勒米沃克
埃塞俄比亚国际和平与发展研究中心培训部主管

全球化并不完全是新现象,古丝绸之路就是一个例证。这一古代的长距离贸易通道证明了经济全球化在过去的确存在,而且使东方成为了全球化的中心。现代全球化进程则在西方开启,向东方发展,北美和欧洲国家最先受益。1978年改革开放以来,中国政府一直致力于参与全球化进程。从1990年开始,中国加入了更多的国际组织,现在是许多重要国际机制的成员。2013年,中国国家主席习近平提出"一带一路"倡议。在这一倡议下,中国将向古丝绸之路沿线的项目投入数十亿美元。尽管这一倡议被命名为"丝绸之路",但其涉及的项目并不仅限于古丝绸之路。对于这一倡议,中国会运用其储备资产在世界许多国家建设基础设施,同时在很多项目上会与其他多边金融机制合作。这对最不发达国家来说是一个从大型项目中获利的绝佳机会,也可以改变以西方为主导的全球化进程的不公正。

中国提出的倡议不仅仅有利于中国,还惠泽世界许多国家,尤其是亚洲

大部分非洲领导人认为，当前中国在非洲的存在是为了实现互利共赢，这证明当前中非关系不是新殖民主义。图为在埃塞俄比亚首都亚的斯亚贝巴，中国承建的非洲首条现代化城市轻轨正式通车。

的最不发达国家。该倡议不仅可以提高相关国家的经济发展，而且长期来看有助于缩小国家间的贫富差距。这是因为这一倡议囊括了不同层面和领域的发展议题。这些议题包括国际贸易、投资、旅游、人文交流，以及道路、火车、港口和海洋交通等基础设施建设。最不发达国家可从这一倡议中获益良多，如技术转移、基础设施建设、当地人民的就业机会、贸易投资便利、奖学金和培训机会、提升研究水平等等。

中国的这一倡议为保障世界和平与安全提供了不同的方式。众所周知，当前全球许多地方都在爆发冲突。与20世纪80年代曾兴起的"民主和平论"不同，这一倡议与民主没有任何联系，而是倡导包容，主张增加国家间的经济联系和相互依赖，以减少冲突。当然，这两种方式并不冲突。这意味着西方全球化以民主作为国际安全和发展的优先项，而东方的全球化则认为经济相互依赖是国际安全和发展的前提。

这一倡议也不是中国版的"马歇尔计划"。在历史上的"马歇尔计划"（1947年）中，美国向别国提供援助以防止其倒向苏联。因此，从"马歇尔计划"中获得资金的国家就成为了美国的势力范围。然而，在当前的"一带一路"倡议中，受益国会将钱偿还给中国和其他支持开发的组织。这就有助于欠发达国家获得支持，但不会倒向不必要的势力范围。此外，与西方全球化采取"华盛顿共识"和解除管制的强制方式不同，东方的全球化即中国倡议是基于丝路沿线国家的意愿。布雷顿森林体系，即国际货币基金组织和世界银行是西方全球化的引擎；而亚洲基础设施投资银行、金砖国家新开发银行、上海合作组织金融机制和丝路基金则将成为东方全球化的引擎。

总之，"一带一路"倡议有助于推动全球化的发展，其对多种文化和群体的包容性将会加速未来十年的全球化进程。尤其是处于全球化进程中的"边缘国家"或贫穷国家可以从中国的这一创新倡议中获益。因此，之前的"部分"全球化将会延展，使得世界上全球化的范围越来越广。

与当前的全球化进程相比，"一带一路"倡议是"对贫穷国家有利的全球化"。与美国和苏联不同，中国从未试图向别国"输出"其政治意识形态。中国的不干涉政策也是值得称赞的。中国这一外交政策将获得"一带一路"沿线国家的支持。如果中国成功实施"一带一路"倡议，全球化将会出现两个中心：一个是美国，并向东方移动；另一个将是中国，并向西方移动（沿着古代丝绸之路）。这两个全球化的趋势将完整地勾画出一个全球化的世界。随着这一全球化新局面的展开，最不发达国家将从全球化经济中获益。简而言之，中国通过古丝绸之路开启的全球化将由"一带一路"倡议来完成。

对于中非关系，有人说："非洲需要中国，但中国更需要非洲。"东非尤其是吉布提和肯尼亚的港口将获得倡议的优先关注。希望未来倡议将包括更多非洲国家。大部分非洲领导人认为当前中国在非洲的存在是为了实现互利共赢，这证明当前中非关系不是新殖民主义。

（原文发表于《当代世界》2016年第1期）

"一带一路"：带给中国与世界的机遇和变革
——专访德国社民党前主席、前联邦国防部长鲁道夫·沙尔平

刘娟娟　《当代世界》杂志社记者

记者："一带一路"是中国新一届领导集体提出的合作发展理念。倡议提出至今，在国际社会引起强烈反响。您对"一带一路"战略构想的提出如何评价？对中国的改革开放又有什么意义？

沙尔平：我认为，"一带一路"理念的提出意味着中国的经济发展已经上升到一个新的层次和更高的标准。改革开放以来，中国在世界的影响力越来越大，与之伴随的是中国在政治、经济、文化乃至生态上的巨大变革。这一过程德国也经历过。在经过一段高速高效的发展后，国家会上升到一个新的阶段和层次，主要体现为：能源使用效率提高，更加注重保护环境，更加注重生态建设，还人民以蓝天碧水；同时推进民生改善，保证城乡居民的生活质量，让社会实现长治久安。我们认为，通过这一阶段的发展，中国必将

鲁道夫·沙尔平

成为一个更加强大，更加稳定的国家。

记者："一带一路"能否为处于经济复苏期的欧洲提供难得的发展机遇？在这一框架下，德国将与中国在哪些领域开展务实合作？

沙尔平：这种发展机遇带来的收益其实是双赢的。当前，中国与欧洲的关系已经发展到历史的最好水平。中国目前在欧洲的投资总额虽然并不大，但随着中国经济的不断发展，投资额和投资比重都会相应增加，这是一个不容辩驳的趋势和事实。

当前，中国已经成为众多德国企业的投资目的地。德国有些比较知名的企业，在改革开放后就来到了中国。如今，德国对中国的投资也上升到一个新的阶段，达到更高的层次，从最初的贸易、货物、产品的流通逐渐过渡到人员互通、人才互访，同时在教育、文化、语言方面的交流也越来越频繁。其中，中小企业在中德贸易中发挥的作用日益凸显。德国中小企业是德国技术的先驱，在中国庞大的市场中，他们找到了一个更加安全的投资环境，不论是在金融，还是在法律方面，都给予它们足够的安全感。

在此基础上，德国将在以下几方面继续加强与中国的合作与交流：第一，在技术的标准、产品的生产上，研究如何通过实现技术升级，提高产品质量。第二，如何更加有效地利用原材料和能源。第三，如何避免生态环境包括大气、水、土壤的污染。第四，继续加强在教育、文化领域的合作，尤其是大家非常关注的职业教育领域。第五，在医疗健康领域的合作。总体而言，我相信我们未来的合作将是多领域、多层次、多样化的，双方都将从合作中获得收益。

记者：推进"一带一路"，首先要做的是互联互通建设。打通经脉，才能带动经济腾飞。在这过程中，还面临很多具体的问题，比如如何促进通关便利，保证人员往来顺畅等等，请问您有什么具体建议和举措吗？

沙尔平：我认为，要做到货物、产品的互联互通，人是关键。只有在人的思想上做到互联互通，才能保证"一带一路"政策的顺利实施。要做到通关便利化，保证人员往来顺畅，需要我们简化繁琐的行政审批手续，加快决策的过程。双方也需要进行更深入的了解，这不仅包括文化上的互信互通，文化障碍的消除，还包括合作中谈判风格的理解和尊重。这里所说的尊重不等于要接受对方谈判的风格，而是希望通过合法、合理、公平的原则，尽量理解对方的需要，最终通过友好和平的方式达成令双方都满意的结果。

有一点非常重要，就是在合作的过程中要遵守市场运行的基本原则，比如要考虑资源在哪里得到运用；哪些产品需要我们进行交流和互换；在产品货物运输的过程中，如何保证其安全；如何降低货运的成本；如何有针对性地将产品销售到潜在的市场；这些市场又有哪些准入条件；海关清关又有哪些政策规定等等。另外在金融和合作伙伴方面，也有很多是我们在做互联互通时需要注意的地方。对上述具体问题和细节的处理，可以为中国"一带一路"政策的实施提供基本的保证。思考并解决所有这些问题都需要我们同合作伙伴——中国经济联络中心持续交流，并对中德企业提出好的解决方案。目前我们双方正就如何在"一带一路"框架下做好服务中德企业的相关工作进行沟通和计划。

在"一带一路"的大框架下，中国的很多省份和城市都积极参与。为了加强中国企业与国外企业在货物运输、经济交流方面的互联互通，为更多的中国企业提供包括交通运输、费用、清关、物流、欧盟政策解读、降低企业货运成本等方面的信息，接下来我们将会专门举办研讨会，邀请德国物流、海关方面的专家就以上问题进行解读，为中德企业答疑解惑。希望我们的研讨活动能够形成机制化，不是举办一期，而是很多期。

记者：随着"一带一路"的实施推进，将会有更多的中国企业走出国门，到海外投资兴业，但是受历史文化差异、现实利益冲突等因素影响，"走出去"的过程恐怕并非一路坦途。您认为中国企业"走出去"会遇到哪些挑战？对降低风险有何建议？

沙尔平：以德国为例，中国企业在德国投资，是以参股形式实现的，这种情况下，中国企业在国外投资其实比国外企业在中国投资要更容易。不论从金融还是法律角度看，只要中国企业获得政府的审批，满足这个前提条件，企业的投资目标还是比较容易实现的。现在我公司[1]服务的内容就是帮助中国企业在德国寻找到合适的投资机会。另外，中国企业和德国企业在就合作进行谈判的时候，可能会由于双方的经验、文化背景、谈判风格的不同，对于同样的内容持不同看法。如何消除中德企业在谈判过程中因为客观原因造成的分歧，也是我们公司所致力达成的目标。当目标企业被中国企业并购或入股后，未来的公司管理、市场培育、新市场的开发、客户维护等工作都是需要双方共同努力的。能够让双方在合作达成后，仍可以顺利成功地完成项目，这也是我们公司努力的方向。

---

[1] 鲁道夫·沙尔平战略咨询交流有限责任公司——记者注。

记者：国外有种观点认为，"一带一路"是中国版的"马歇尔计划"，对此您有何看法？这两者之间有什么区别？

沙尔平：对于"一带一路"是中国版的"马歇尔计划"这一说法，我并不认同。如果说，德国战后重建是德国版的"马歇尔计划"，那或许可以，因为当时德国百废待兴，迫切需要资金重建。然而中国当前经济实力雄厚，又经历了自改革开放以来三十多年的飞速发展与积累，国家实力与当时的德国已不可同日而语。因此，两者的背景截然不同。而且，中国推行"一带一路"的目标并非是重建国家，而是要使整个国家经济、社会实现稳定、健康和可持续发展以及沿线国家的共同发展。因此，两者从根本上没有可比性。

（原文发表于《当代世界》2015年第4期）

中国的"一带一路"倡议
有助于推动斯里兰卡经济发展
——专访斯里兰卡总理特别顾问萨曼·阿萨达希提

张凯　《当代世界》杂志社记者

记者：您多次访华，著有《美丽的旅行：沿着丝绸之路》一书，专门介绍中国传统历史文化和当代经济社会发展，对中国情况有较深了解。当前，中国正在积极推进"一带一路"倡议，寻求与沿线国家深化经济合作。您如何看待"一带一路"倡议的前景？在"一带一路"倡议下，斯里兰卡和中国可以在哪些方面开展合作？

萨曼："一带一路"倡议是一个富有中国特色的理念和设想。对于中国这一"倡议"，一些国家持怀疑态度。我个人认为，中国想通过"一带一路"倡议，首先与周边国家发展更加紧密的经贸关系，进而以此为基础带动发展与其他国家的关系，打造辐射全世界的商业网络。总体上看，中国希望通过"一带一路"这样的倡议，同周边国家发展真诚友好的伙伴关系。但是，对

萨曼·阿萨达希提

中国来说，在具体落实"一带一路"倡议之前，需要想方设法消除部分国家对该倡议的疑虑。

当前，世界形势瞬息万变。为了能与时俱进，斯里兰卡也在不断根据形势的变化调整政策。中国自改革开放以来，经济社会发展取得了举世瞩目的成就，创造了具有自身特色的社会主义制度、社会主义市场经济体制以及具有自身特色的外交战略。在斯里兰卡制定未来的国家政策方面，我们希望能更多借鉴中国的经验。

斯里兰卡和中国自古以来就有非常密切的往来。1952 年，斯中两国签署《米胶协定》，1957 年 2 月双方正式建立外交关系。此后，斯中两国各领域合作不断拓展深化。历史上很长一段时间里，无论是在政治领域还是经济领域，西方国家主导着国际话语权。不过，现在这种情况正在发生改变。我相信，再过一二十年，亚洲将是世界上最有话语权、最发达的地区。因此，对斯里兰卡这样的小国来说，需要重新思考自己在地区和世界上的位置。如果不能适应形势的变化，我们将会被边缘化。随着亚洲地区整体经济社会的进步，斯里兰卡将与时俱进地提出自身的国家发展战略。我相信，中国"一带一路"倡议有助于斯里兰卡落实国家发展战略。在地区层面，我们首先关注的是和平和地区团结问题，其次是发展问题。在这两个方面，我们非常愿意在"一带一路"框架下，加强与中国的合作。具体来讲，中国可以和斯里兰卡加强在经济建设、工业发展、文化交流以及科技创新等领域的合作。

记者：中国企业对参与"一带一路"倡议、拓展海外市场有浓厚兴趣，但在"走出去"过程中也面临一些挑战和风险，例如对象国发生政治和社会形势变化等。2016年3月中资企业投资建设的科伦坡港口城项目被叫停，就被认为是一个突出的案例。当前，斯里兰卡新政府是如何看待中企对斯投资，如何才能确保中企在斯里兰卡投资的安全，使之更好地适应和符合双方共同利益？

萨曼：斯里兰卡前政府在与外资企业签署项目协议时，并没有完全按照法律程序和规定进行。当前，斯里兰卡新政府正在对没有按照法律程序签订的投资协议进行重新审查。不仅中资企业的项目面临重新接受审查的问题，其他外资企业也面临同样的问题。之所以出现这种问题，主要是斯里兰卡前政府腐败和滥用权力造成的。如果以前我们的政府完全按照法律规定与外资企业签署协议，就不会产生外资企业被叫停的现象。目前，斯里兰卡新政府向人民承诺要建设一个施行良政的政府，我们要约束政府官员的权力，防止其在与外资企业打交道时滥用权力。正如中国国家主席习近平所言，我们要把权力关进制度的笼子里。针对外资企业投资问题，斯里兰卡新政府成立了一个专门部门，处理与外资企业的往来。斯里兰卡希望通过新设立的部门，进一步向外资企业开放经济生活的各个领域。因此，我认为，外国投资方对目前的状况无须担心，我们会像以前一样欢迎外资企业来斯里兰卡投资，我们也会竭力为外资企业提供更加健康、良好的投资环境。

记者：2016年8月，斯里兰卡举行议会选举，成立由维克拉马辛哈为总理的全国团结政府，包括自由党在内的许多重要政党加入了内阁。作为维克拉马辛哈总理的特别顾问，您能否谈谈斯里兰卡政治生态的新变化，新政府将奉行怎样的外交政策，将如何发展与各大国的关系？

萨曼：过去四五十年间，斯里兰卡最大的两个政党统一国民党和自由党一直就执政权问题进行争夺。目前，两大政党进行了历史性合作，组建了联合政府，这对斯里兰卡政治局势来说是前所未有的变化。斯里兰卡民众对两大政党组建联合政府抱有很大信心。他们希望，联合政府能解决斯里兰卡面临的危机和问题。当前，斯里兰卡面临四大领域的挑战：如何建立良政、如何反腐败、如何加快经济发展以及如何重建民族团结。如果这四个方面出现危机，我们的政权就不会稳定。因此，两大政党决定联手共同应对这些问题和挑战。

在对外政策与各大国关系方面，我们坚持同世界上所有国家发展友好关系。我们不希望通过结盟的形式反对其他任何一个国家。例如，早在1952年，斯里兰卡就不顾西方国家的反对同中国签署了《米胶协定》，之后又建立了外交关系。西方国家当时也是我们的友好国家，它们对我们的这一做法表达了不满。我们当时对西方国家的回应是，西方国家是我们的朋友，但中国也是我们的朋友。当前的斯里兰卡新政府会延续此前的做法，同世界上各个友好国家发展关系。我相信，斯里兰卡新政府会与原来关系上有些疏远的国家重新建立友好关系。此前，美国、英国以及一些欧洲国家在一些问题上反对斯里兰卡，而在这些问题上中国和俄罗斯给予斯里兰卡支持。当前，新政府希望在保持同中国、俄罗斯友好关系的同时，也同美欧这些比较疏远的国家重新建立友好关系。例如，在刚刚结束的联合国人权理事会年会上，中国和俄罗斯对斯里兰卡持支持态度，而美国和印度也是支持斯里兰卡的。

记者：维克拉马辛哈总理曾三次以统一国民党领袖的身份，应中国共产党邀请率团访华。您此次访华是应中共中央对外联络部邀请，率统一国民党干部考察团访华，这是中斯执政党一次重要的交流。您是如何看待政党外交在促进中斯交流与合作方面所发挥的作用的？对深化中斯政党交流，您有何期待和建议？

萨曼：政党外交是斯中两国交往的重要渠道，也是推动两国关系发展的重要力量。统一国民党和中国共产党长期保持友好关系，特别是近几年，两党高层往来十分密切。我认为，斯中两国政党间的交往对斯里兰卡非常有益和有效。例如，上次受中联部邀请来华访问期间，我参加了一个关于反腐败的交流座谈。回国后，我向我们党提交了一份关于反腐败运动的考察报告，介绍了中共在反腐败方面的经验，我们党非常重视，把中共反腐的经验也写进了党的规章制度中。这种做法得到了斯里兰卡民众的普遍欢迎。当前，中共正在进行声势浩大的反腐败斗争。维克拉马辛哈总理希望派遣斯里兰卡反腐方面的官员来华交流，深入学习借鉴中方经验。总之，我们希望通过斯中两国政党间的交往，不断促进两国关系向前发展，为两国建立更加密切的关系奠定坚实的基础。

（原文发表于《当代世界》2015 年第 11 期）

第三章 "一带一路"倡议与地缘政治

"一带一路"是开放、包容的区域合作倡议，不是地缘政治的工具。"一带一路"倡议提出三年多来，已有100多个国家和国际组织对该倡议表达了积极支持和参与的态度，中国已经和40多个国家及国际组织签署了共建"一带一路"合作协议，充分反映出"一带一路"契合沿线国家和地区发展需要，符合有关各方共同利益，顺应了地区和全球合作潮流。不过，在推进"一带一路"合作倡议的过程中，我们必须正视可能遇到的地缘政治风险，妥善处理好同周边国家、尤其是同地区大国的竞合关系，深入推进与丝路沿线国家各领域务实合作，实现互利共赢。本章主要探讨了"一带一路"倡议在中国周边、南亚、中东、拉美等不同区域推进的重大意义以及所面临的合作机遇和潜在的地缘政治风险。

"一带一路"上的甲乙丙丁
——从地缘政治视角看"一带一路"倡议与大国关系的相互影响

丁　新　　南京大学历史学院

　　"一带一路"倡议提出以后，相关的研究非常多，单边视角多集中于中国的外交理念，而双边和多边的视角则集中于经济领域的合作前景，却很少有基于地缘政治和大国关系这两大传统视角的相关研究。人们似乎在避免将"一带一路"倡议政治化、战略化和中国化。事实上，"一带一路"倡议不仅是基于地缘概念提出的倡议，其影响也必将超越经济领域而延伸入政治、文化、安全、国计民生等几乎所有领域。相比经济上合作共赢的不言而喻，人们对"一带一路"倡议的实践影响最为关切的还在于大国关系，大国关系也是决定"一带一路"倡议成败和走向的关键。本文试图从地缘政治视角来分析"一带一路"与大国关系之间的相互影响，人们会发现，即使在地缘政治和大国关系这两个强现实主义视角下，"一带一路"倡议同样展示出"开

2016年1月16日，亚洲基础设施投资银行正式开业。

放、包容、共赢"的美好愿景，更是地缘政治变迁中历史发展的必然趋势。

英国

  亚洲基础设施投资银行（亚投行）的成立是"一带一路"从倡议走向建设的第一步。某种意义上，申请加入亚投行代表了该国参与"一带一路"建设的决心。欧洲主要国家的集体加入是亚投行迈出区域性机构而具有全球意义的第一步，英国加入亚投行则开启了西方国家加入亚投行的闸门。

  英国作为西方国家为什么会第一个申请加入亚投行？这使我们联想到当年英国也是第一个承认中华人民共和国的西方大国。这两者之间的共同根源首先来自于英国在亚洲有传统的利益，这是现实的根源。作为昔日的"世界霸主"，一个老牌的帝国，英国的外交视野永远不会只局限在欧洲。虽然战后民族独立运动使大英帝国解体了，今天很多亚洲国家却仍然保持着与英国非常特殊的密切联系。可以说亚洲要重建，英国绝不会把自己看成局外人，相反英国会紧紧抓住这一历史性机遇，为其无论重返或者加强在亚洲的地位创造条件。同时搭上亚洲经济快速发展的快车，帮助本国恢复经济。英国外交是一个务实主义的典范，其行为具有非常显著的示范效应。当英国宣布申请加入亚投行之后，西方世界仿佛一下子晃过神来。

英国抢在德法之前宣布加入亚投行应该说是一个值得击掌庆祝的外交胜利。因为"一带一路"倡议是一个重新打通欧亚大动脉的历史性创举，这个倡议再次触发了英国与欧陆国家长久以来的竞争关系。贯穿整个英国外交的一个大原则，就是不允许欧洲大陆出现一个能与英国抗衡的大国或者大国集团。当欧亚大陆面临着不可阻挡的复兴趋势时，它要审时度势。陆路的贯通要经过欧洲大陆才能抵达英吉利海峡，海路也可能要先穿过地中海、波罗的海。作为欧亚大陆西端的重要国家，英国既有被德法意等老对头挡在身后的劣势，同样也有把持"一带一路"西端桥头堡的优势。"一带一路"关系到未来几十年甚至几百年英国与欧陆国家竞争关系，因此，英国之重视"一带一路"远甚于一般沿线国家。英国会以当年重视大英帝国海上生命线一样重视"一带一路"建设。

当英国宣布申请加入亚投行的消息传出，许多人惊愕的原因之一就是英国这次没有与美国保持同步。在绑定美国的布莱尔政府下台以后，时任外交大臣米利班德就明确表示，英国的外交定位已经不再局限于"桥梁"，而要做"全球中心"（global hub）。桥梁，当然指的是英美特殊关系，反映出的还是一种冷战时期的东西方地缘观，英国要站在以美国为杠杆力臂端点的一方，越靠近美国，它能够撬动欧亚大陆平衡的能力就越强大。但是，伊拉克战争以后，英国发现，这种思维已经过时了，欧亚大陆乃至整个世界东西方的界限日趋模糊，欧亚大陆两端的关系日趋回暖，带动整个欧亚大陆走向团结与融合，继续抱着冷战思维，与美国搞特殊关系，将面临会被孤立的危险，也会拖累正在脆弱复苏中的国内经济。而英国自身有一个全球任何一个国家都难以比拟的优势，那就是这个国家几乎与今天全球每个地区的主要国家都存在着渊源关系，这是大英帝国留下的一笔丰厚遗产，它可以充分利用这些

"世交"关系，在一个全球化的世界里发挥"全球中心"的作用。英国首相卡梅伦说："担任英国首相六个月期间，我所看到的是英国处在所有重要全球性对话的中心。"[1]

美国

提到全球地缘政治，任何人都不能回避美国，今天全球地缘政治形态脱胎于以美国为首的西方国家通过冷战迫使苏联解体而产生的根本性的变化。冷战某种程度上也可以看作是美苏在全球地缘政治棋局中的争夺，而这个争夺的中心无疑是欧亚大陆及其边缘。具体地看，美苏争霸又可以看作是海权与陆权的争夺。掌握陆权的苏联在尽力地扩大它所掌控的欧亚大陆范围，尽量吸附它周边的领域。而以美国为代表的海权国家则是努力将欧亚大陆更多地从它的中心撬开，让它分离出来，吸附到以美国为中心的海权力量中去。从美国的角度来看，它如果想保持对世界霸权的控制，就必须保持对欧亚大陆的控制，而它之所以能控制欧亚大陆，前提是欧亚大陆出现严重的分裂。因此，冷战造成的欧亚大陆分裂既使美国无法完全控制整个大陆，也帮助了美国控制欧亚大陆，这是既对立又统一的矛盾的两面。

冷战结束以后，全球地缘政治斗争并未停止。西方国家又通过北约东扩和一系列地区冲突及战争力图将冷战结束带来的地缘政治变化塑造得尽可能有利于维持和扩大西方的优势。北约东扩、科索沃战争、阿富汗战争、伊拉克战争，无论是大规模的地缘政治格局改变还是局部热点地区冲突，我们都能在其中察觉到地缘政治争夺的身影。

今天的全球政治热点问题仍然围绕地缘政治展开。乌克兰危机是俄罗斯与西方地缘战略争夺正面交锋的战场。叙利亚战争则既包含了伊朗、土耳其等地区内国家的争斗，又包含了美俄在中东地区、法俄在地中海地区优势地位的争夺。美国早在2011年7月就提出了"新丝绸之路"计划，这是美国

---

[1] 田德文：《解读中英关系的"黄金时代"》，载《当代世界》，2015年第11期。

试图以阿富汗为中心，对涵盖中亚、西亚和南亚的政治经济新秩序的重构，旨在修复"9·11"以后美国在这一地区开展的战争行为所造成的破坏，并在这一过程中巩固美国的地缘政治优势。朝核问题、台海问题和南海问题折射出中美在亚太地区的地缘政治折冲。美国主导的"跨太平洋伙伴关系协定"（TPP）则反映出美国对环太平洋地区整体战略格局的构思。总的说来，冷战结束导致东西方整体分裂的结束，为了维持美国力量的存在并且为重塑有利于美国的地缘政治形态创造条件，美国不断寻找、利用甚至主动制造一些裂痕来达到渗透力量、保持控制的目的。

而"一带一路"倡议则是对冷战地缘政治思维模式的反思和修正。地缘政治中的有些口子，美国撕开了但缝不上，或者缝不好。缝不上就会出现感染，缝不好就会留下疤痕。今天的阿富汗、利比亚、埃及、叙利亚、伊拉克等诸多地区，我们都可以看到由美国在背后支持或者直接出兵造成的破坏，以及破坏后难以愈合的创伤。不仅越来越多的美国人认识到这种靠分裂、冲突维持美国对主要地区保持控制力的模式难以为继，同样，欧亚大陆上的许多国家也都认识到不能再让欧亚大陆出现大规模的对立和分裂了。我们看到，在乌克兰问题上，欧陆国家是有反思的。英国也对伊拉克战争进行了反思。人们既不希望欧亚大陆重新陷入冷战式的分裂与对抗，同时也不希望欧亚大陆上出现一个新的霸主或者因为争夺欧亚大陆的霸权而引发新的争夺。在一系列方案中，越来越多的国家选择了"一带一路"倡议，因为它不仅能够促进欧亚大陆的融合与发展，也有利于整个世界的和平与发展。

与"一带一路"倡议相比，美国官方推出的"新丝绸之路"计划首先是一个国家的重建（nation building）计划，这是美国军事战略改革的一个重要方面，即重视战后重建。其次，它是一个系统的地缘政治经济战略，旨在帮助美国抓住上述地区发展的主导权。二者的共同点是都看到了亚欧大陆走向整合和互联互通所带来的历史机遇，二者的差异除了覆盖地域上的差异和主导权的不同，最根本的不同点是"一带一路"倡议力图连通欧洲和亚太两大经济区，以此带动整个欧亚大陆的发展，而"新丝绸之路"则相反，是在连通欧亚大陆的动荡地区，再从这些地区向外延伸到欧洲和东亚。可以说，"新丝绸之路"是一个局域的丝绸之路，或者说是一个砍头去尾的丝绸之路。因此，它遭遇的问题必然是无源之水、无本之木。至于两者是否能实现对接，笔者认为，技术上不存在特别大的难题，问题在目标上。在美国前国务卿希拉里·克林顿那里，"新丝绸之路"与"重返亚太"，以及"跨太平洋伙伴关系协定"是一个完整计划的组成部分，它们合起来的目标是倡导一个不被中国主导的亚洲发展体系。

俄罗斯

与周边形态各异的一体化战略或倡议相对应，普京提出了"欧亚经济联盟"战略。除了应对现实中来自西方地缘政治侵蚀和应对"去俄罗斯化"危机的考虑之外，也是为适应区域一体化大潮所做的主动谋划。冷战结束以后，与西方进行的北约东扩、欧盟东扩相对应的，俄罗斯也在努力恢复其在前苏联地区的影响力和控制力。这是俄罗斯恢复其大国地位的重要方面。除了在欧洲就北约东扩与西方产生矛盾的同时，俄罗斯对远东和中亚地区并不是完全放心的。如何与周边其他区域一体化方案对接，如何协调与其他多边机制之间的关系，如何对待"一带一路"倡议，是"欧亚经济联盟"战略需要面对的问题之一。据悉，俄罗斯在做出决定之前，就如何对待"一带一路"倡议和亚投行问题，内部进行了十分认真的讨论，并最终采取了积极支持和参与的态度。

俄罗斯之所以能够总体上信任和接受"一带一路"倡议，除了近年来中俄在许多领域密切协作形成的互信关系和经济上的利益实际需求之外，同样也有地缘政治层面的利弊权衡。首先，中国是否会利用"一带一路"倡议扩大在中亚地区影响从而威胁俄罗斯的传统利益？就这一问题而言，可以设想，如果中国不搞"一带一路"倡议，凭借其日趋强大的经济实力和中亚国家对援助及贸易的迫切需求，中国一样会在中亚地区扩大其影响力，这种趋势可以说是难以避免的。但是，在"一带一路"倡议下，这种影响会一直延伸到欧洲，从而形成一个贯通欧亚的大通道，也会因此形成一个贯通欧亚的大平衡。因为"一带一路"建成,中亚各国根据这一通道,不仅会加强与中国的关系,同样可以加强与欧洲的关系,从而形成更加平衡的依赖关系,并且,首先会促进中亚各国与俄罗斯之间的关系,所谓近水楼台先得月。普京也有信心在"一带一路"建设中保持俄罗斯在前苏联地区的控制力。而如果没有"一带一路"倡议的话,中亚各国在难以从俄罗斯那里获得帮助的时候,可能会更加向中国倾斜。

此外,对于俄罗斯正在构建的"欧亚经济联盟"来说,"一带一路"倡议可以帮助俄罗斯落实"欧亚经济联盟"的各种规划,从而实现"欧亚经济联盟"与"一带一路"倡议完整地对接。

其他国家

上述三个国家在"一带一路"倡议中所处的地位都非常典型,英国处在另一端,美国处在区域外,俄罗斯处在路线中间。此外,再简要谈几个特殊相关国家的境况和态度。

日本是距离"一带一路"倡议国最近但却在态度上最疏远的国家。毫无疑问,中日关系的冷淡和对中国倡导构建"一带一路"的猜忌是阻止日本亲近这一倡议的主要原因。客观上说,"一带一路"的贯通,不管是陆路还是海路,加强东西方的互联互通对日本来说既有机遇,也有挑战。而从日本的主观上看,日本更担心的是由此带来的中国力量更加强大和日本在欧亚大陆的边缘化。另外,是看美国的脸色,与美国保持步调一致,还是像英国一样走自己的路让盟国说去吧,也是日本在此问题上的烦恼之一。

德国对于"一带一路"倡议在地缘上关注的焦点在于是否有利于加强中欧的枢纽地位。历史上,中欧和南欧的发展得益于东西方路上和海上丝绸之路贸易,但是在世界贸易中心转移到大西洋沿岸以后走向了衰落。德国可以说是欧洲乃至世界范围饱尝分裂苦果的一个国家。德国的分裂,欧洲的分裂,欧亚大陆的分裂,东西方的对抗都会要求德国在两难中做出牺牲和选择,而这都不符合德国的根本利益。冷战的结束,欧亚大陆壕堑变坦途,为中东欧和南欧发展提供了历史性机遇。同时，增强中部欧洲的凝聚力也有利于推动欧洲一体化进程。在经济上，德国的"容克计划"便与"一带一路"倡议落地对接。"中国制造"与德国技术结合以后在欧洲的基础建设领域有着广阔的施展空间。

在现有中国参与的多边机制中，金砖国家集团是中国最具主导权的多边机制。金砖国家集团代表了新兴经济体之间的合作，也引领着发展中国家的发展。而"一带一路"倡议则构建着经济发展最活跃地区与经济最发达地区之间的桥梁。金砖五国中有三个国家位于"一带一路"沿线，因此，"一带一路"倡议的建设有利于将金砖国家间的合作纳入区域内和区域间的合作范畴。金砖国家在非洲和拉美的两个成员则有利于将欧亚两大经济区之间的合作向世界范围辐射。因此，未来金砖国家组织与"一带一路"两大多边合作机制将是相得益彰、互为补充的。站在中国的立场而言，已有的发展中国家间的金砖国家多边机制，正在建设的欧亚非之间的"一带一路"倡议，如果未来再加上与美国等环太平洋国家形成跨太平洋安全与经济合作架构，那么从地缘视角来看，中国未来发展所需要依托的三大多边机制将趋于完整。

结语

美国历史学家斯塔诺里阿诺斯在总结古代欧亚大陆地缘政治与贸易之间的关系时提出，由于蒙古帝国的兴起，"历史上第一次，也是唯一的一次，一个政权横跨欧亚大陆，即从波罗的海到太平洋，从西伯利亚到波斯湾"无意中开启了欧亚大陆路上贸易的坦途，而"当蒙古帝国瓦解，路上贸易转向海上，则使阿拉伯人和威尼斯人获得巨额利润"。[1] 在没有全球多边合作机制的古代，只有靠某个帝国的武力征伐，在偶然间实现了这个大陆的贯通。

冷战结束导致的东西方隔阂的瓦解，推动了整个世界走向更加融合。柏

---

[1]【美】斯塔诺里阿诺斯：《全球通史：1500年以前的世界》，吴象婴、梁赤民译，上海：上海社会科学院出版社，1999年，第333、334页。

林墙的倒塌，中国、俄罗斯乃至阿富汗陆续加入了世贸组织为整个大陆走向融合提供了条件，高铁技术的发展和互联网的普及，为新一轮全球化进程从海洋主导转向大陆主导提供了必要的物质条件和技术保障。中国等新兴市场国家的崛起为世界政治经济地缘格局的重新塑造提供了源源不断的动力。可以说，"一带一路"倡议的提出，正是适应了今天这个星球上正在发生的几乎所有的根本性变化。历史已经昭示了"丝绸之路"与"海上丝绸之路"曾经为促进欧亚大陆多样文明共同发展所勾勒出的壮丽图卷。这是历史发展的必然趋势，也是所有致力于和平与发展的国家和人民的智慧选择。

（原文发表于《当代世界》2016年第3期）

启动"21世纪海上丝绸之路"
建设南海和平之海

蔡鹏鸿 上海国际问题研究院研究员

作为全方位对外合作新格局的战略构想,"21世纪海上丝绸之路"正进入规划落实倒计时。为推动丝路建设,中国政府牵头创建了亚洲基础设施投资银行,注资400亿美元启动了"丝路基金",要与丝路沿线国家共享发展机遇,沿线大多国家表达了积极参与的态度。在落实推进"21世纪海上丝绸之路"之前,很有必要对于可能面临的风险和挑战进行评估,找到克服挑战的工具,让沿线各种矛盾得以缓解、抵牾情绪得以消除、对立要素得以融合。笔者以为,可能牵动全局的难点及其提出的挑战,或许就在自家门口,这就是,如何有效清除南海问题形成的若干障碍,平衡维权与维稳的尺度、协调南海周边国家的关系,将南海地区塑造成和平稳定与合作共赢之海,以利于"21世纪海上丝绸之路"这艘巨型航船顺流南下,远渡重洋。

周边海上安全环境呈现出前所未有的新内涵、新条件和新趋势，其中许多不安定因素大多汇聚于南海及其周边地区。图为南海海面上空的云。

南海问题引发的挑战

中国政府最初是向东南亚国家提出共建"21世纪海上丝绸之路"这一倡议的。其背景是，东亚地缘政治格局进入了新的整合与发展时期，周边海上安全环境呈现出前所未有的新内涵、新条件和新趋势，其中许多不安定因素大多汇聚于南海及其周边地区。它们给全面落实"21世纪海上丝绸之路"的战略构想形成若干挑战。

第一，变动中的地区秩序和地缘战略格局对南海问题的解决带来困难，对实施"21世纪海上丝绸之路"的构想形成了挑战。战后形成的全球性和区域性地缘战略格局正处于深刻变化之中，在这样的背景下，南海地区尽管在地理空间上只是整个大区域中的一部分，但这里是地区政治、外交和安全诸类矛盾的交汇处，也是大国战略博弈交织之地，人们担心这里成为大国争夺霸权的"大熔炉"，大国之间相互争斗，争夺主导权，有引发冲突甚至战争的危险。

第二，法理斗争引起的挑战。自从菲律宾2013年提出所谓的"仲裁案"后，国际上对南海断续线的法律地位和法理依据出现了一系列的质疑，一些人借机恶意攻击中国的南海政策及实际行动，中国已经成为南海众多矛盾的主要相关方，正处于南海漩涡的中心。而越南也表示要向国际司法机构提出仲裁。甚至连印尼也认为，南海断续线切入纳土纳群岛，影响印尼的"领土完整"，印尼军方因此要加派军力"驻扎"纳土纳群岛。中国能否借助海上丝绸之路，避开南海法理斗争的风口浪尖？

第三，"东盟抱团"成为新趋势。根据东盟的规划，2015年是建成东盟共同体的目标年。尽管因其内部原因而将共同体建成的目标推迟到2015年底完成，但是，为实现东盟共同体，东盟内部对一些尚未达成一致的争论问题保持了高频率的协调，其中包括如何形成一致的南海政策。现在东盟国家在南海问题上的看法趋于一致，就基于国际法解决争端的观点达成共识，东盟与中国在南海问题上的分歧或"不一致"正成为影响南海问题的新因素，"东盟抱团"的新趋势不容忽视。

第四，地缘政治上，南海已经成为中美角力的新高地。南海问题长期来并未成为影响中美关系的核心障碍，但自2010年以来，美国放弃了长期奉行的所谓"不介入政策"，开始转向"选边站队"，倾向性政策表达日益清晰。2014年年初，美国国务院高官公开指责中国的南海政策，不久之后又针对中国抛出"冻结南海行动倡议"，到2014年末，美国国务院发表《海洋界限：中国的南海主张》的报告，毫不含糊地支持菲律宾的南海仲裁案。美国在南海问题上公开站在中国的对立面，否认中国的南海断续线，声称美国在南海拥有国家利益，奥巴马甚至公开声明美菲同盟关系就是美国的核心利益，美国的政策立场使南海问题更趋复杂。南海业已成为中美地缘政治角力的新高地。

对新局势下南海问题的新认识

"21世纪海上丝绸之路"这一构想，是中国政府从战略高度重视周边外

提供公共产品应有时不我待的紧迫感、关怀度和细腻心，否则将影响"21世纪海上丝绸之路"构想的实施。图为中、老、泰三国共同建设，横跨湄公河连接泰国清孔和老挝会晒的清孔—会晒大桥。

交的产物，是对近年来国内国际的各种正面要求做出的一种突破性回应，让国内民众看到了维护国家主权、民族尊严的坚定意志，向国际社会表达了中国愿意积极承担国际责任解决地区热点的姿态，让周边国家深切感受到可以分享中国发展机遇的中国气派。为使"21世纪海上丝绸之路"这条"巨龙"乘风扬帆，一路顺风，须对新局势下的南海问题再思考，并在取得新认识的基础上，建设包括南海海域在内的海上合作新秩序。

第一，必须再次确认中国在历史和法理上对南海岛礁及附近海域拥有主权和管辖权。浩渺的南海及其璀璨的岛礁始终是镶嵌在中国国土上闪烁的明珠，自古以来一直见证并守护着浩浩荡荡往来于海上丝绸之路上的中国船队。当下，任何外国不要幻想中国会拿核心利益做交易。

第二，中国崛起让自身具有了一定的经济优势，但这并不是说中国在经济和军事上获得了绝对优势。尽管中国已成为世界第二大经济体，但是中国国际地位的两重性仍十分显眼，尚未摆脱发展中国家的帽子。作为发展中国家，中国保持一心一意谋发展的战略定力不变，以保障中国的根本利益得以获得、保持和延续，保障中华民族的伟大复兴得以实现。鉴于此，在对外关系上，中国要设法把可能导致冲突的因素限制在必要的底线上，以确保中国梦的实现有一个稳定、和平的发展环境。

第三，随着中国在国际上的大国地位得到承认，中国坚定了建设海洋强国的坚强意志。中国同外部世界的经济、人文交往和互动关系，密切和频繁程度业已达到了历史最高水平，以至于中外两方无法轻易割裂，中美之间不能割裂、中日之间也不能割裂，中国与南海周边更是如此。当前中国对海洋权益的重视程度超过以往任何时候，加上南海东海的争议事件，中国被迫提升军事力量以及可能的干预能力，因此可能遭遇来自区域内或区域外各种势力的怀疑和反对，在它们无法理解中国的和平发展用意之前有可能倾向于把中国的言行解读为"扩张"甚至"威胁"，中国因此同美国这个超级大国、其他利益相关者以及南海争端方发生的竞争及其内涵也就增加了其他多种负面因素。因此，中国面临冲突因素上升的局面。在运筹"21世纪海上丝绸之路"时，中国对此应该心中有数，要为应对地缘政治和权力竞争准备投入更多的资源、力量和智慧。

第四，在南海问题上要有打一场法律持久战的思想准备。为顺利推进"21世纪海上丝绸之路"这一伟大工程，不能用短平快方式解决南海争议问题，而要做好打一场法律持久战的思想准备。采用法律方法，就是通过确定岛屿归属和划分大陆架、专属经济区的分界线以及国家间海上国界线来确定各自的主权和海洋管辖权，消除主权争议和海洋权益纷争。从国际法层面来看，国际海洋法的发展进程本身也是产生南海海域争议的一个特殊因素。越南曾经公开承认中国在南海地区拥有主权和海洋管辖权，后来否定自己的声明，这就是明证。从某种意义上讲，法律仅仅是一把静态的尺子，法律斗争将是一个长期的过程，解决问题不可能一蹴而就。当前，在各国都可以利用国际法提出各自主张的背景下，南海依法划界将是一场旷日持久的谈判。因此，即使从技术层面来分析，法律方法也将是一个长期的过程。既然"21世纪海上丝绸之路"不是一个短期行为，而是一项长远的战略，那么中国不仅要以法律方法来捍卫南海的海上权益，还要以此来推进"21世纪海上丝绸之路"

的发展。

第五，提供公共产品应有时不我待的紧迫感、关怀度和细腻心，否则将影响构想的实施。公共产品当然包含诸多内容，包括基金、机制等。例如，亚洲基础设施投资银行经中国倡导建立后，备受东盟国家的欢迎。中国应有更多的忧患和惠及周边意识，让这些倡议尽早落实。中国在多个场合多次提出"中国—东盟海上合作基金"，但是一些东盟人士依然不明确如何申请和使用，缺乏透明度和宣传力度。"中国—东盟海上合作基金"是推进"21世纪海上丝绸之路"的重要支撑力量，东盟国家一些学者倾向于申请海上联合执法训练、航运安全等课题。但是，由于误解或者透明度不够，也有的学者猜测，中方可能比较倾向于提出不敏感的课题，如生物多样化保护等问题。在实施构想过程中，中国应该加快步子，多多提供一些更加务实的操作渠道以及细致的操作措施，顺利推进"21世纪海上丝绸之路"构想。

利用"21世纪海上丝绸之路"把南海建成和平之海

面对南海问题引发的挑战，应思考如何利用"21世纪海上丝绸之路"这一战略构想把南海建成和平发展、稳定安全之海。

第一，应该思考建设区域过渡期秩序的南海海洋合作机制。变动中的地缘政治格局并未触发中美等大国发生传统意义上的军事对抗，相反，这些国家试图建立互为接纳的区域过渡期秩序。在这样的大趋势和背景下，南海周边国家必定要逐渐融入新的潮流，同大国一起走向新型的区域政治秩序之中，甚至是安全合作架构之内。形成中的新型政治与安全秩序，或许还不能说是一种持久稳定的亚太秩序，但这是一种特有的亚太大环境，在其中，大国都有互相接纳对方的愿望。尽管亚太地区尚未建立具有约束性、机制化特征的安全区域机制，但是冷战时期亚太大国相互排斥、冷战之后相互防范的严峻气氛已经缓和，安全领域的相互接纳成为事实，美国已经认定中国在全球和区域事务中发挥着不可或缺的结构性作用，中国也已经接纳美国进入东亚合作轨道，亚太地区新型的过渡期秩序正在形成之中。在此大背景下，中国应充分利用"21世纪海上丝绸之路"这一倡议，通过同相关国家建立政治和军事互信机制，包括非传统安全合作等，让中国的和平发展、合作共赢理念和政策实践在推行海上丝绸之路进程中首先在南海地区推广、实现。

第二，"21世纪海上丝绸之路"应该是主动谋划、努力进取这一新型外交的实践。通过"21世纪海上丝绸之路"注入必要的资金非常重要，把亲、诚、惠、容的理念转化为具体措施更有意义。在对东盟政策中，中国需经常采用换位思考的方法，要设法让对方获得具有舒适度的结果。这要求中国对待南海周边国家要"亲"，达到亲切、亲和的水平；要"诚"，应做到心中有诚意，做事要诚恳；要"惠"，就是要实现优惠、优待、互惠；要"容"，就是要有风度和深度，对待南海周边国家，要有关怀、容纳之心。在操作层面，中国在东盟国家设立产业、经贸合作区时以及东盟国家在中国设立产业园区时，可考虑尽可能让利东盟方面。东盟国家提出，"亲诚惠容"四字应以惠为核心。中国在践行四字方针时，应以消除贸易赤字为先、以对方感受实惠为先。

第三，利用"21世纪海上丝绸之路"深化中国东盟海上合作。其实，中国东盟海上合作已经提上议事日程。从中国方面看，对南海周边国家应该加强海军外交，增加海军港口访问。随行军乐队可在甲板招待东盟国家民众，也可上岸表演，海军医疗船的医生可进入社区提供服务；随时准备向东南亚国家提供海上搜救、防灾、救灾行动。加强中国东盟海上合作应精心筹划，使之成为中国东盟合作新亮点。抓紧磋商，尽早启动2015年为"中国—东盟海洋合作年"。中国东盟海上合作应是长期的年度合作项目，起始之年，应着重于非传统安全合作；以共建"21世纪海上丝绸之路"引领海洋经济、海上联通等领域的交流与合作。

第四，在南海地缘经济和地缘政治上，中国应有同美国合作的自信。中国现在已经明确不再依赖某个中心国家（如美国）作为关键，而是更加强调周边。中国周边外交继续保持"东盟为中心"，发挥东盟的核心作用，以反制美国拉拢中小国家的企图。美国正试图使那些被拉拢的国家成为其筹建对抗性集团中的一分子。中国反其道而行之，建立"21世纪海上丝绸之路"主要通过不结盟但广结伴的方式实现。要努力通过这个方式致力于将南海周边国家引导到相互依赖度高、关系紧密到不可分离的程度。

第五，利用区域机制搭建南海合作平台。中国应坚持相互尊重、互不干涉内政的原则同沿线国家发展关系，在南海周边不谋求势力范围，设法利用现有的区域合作机制，把这些国家和地区串联起来，搭建战略平台。一是利用中国—东盟自贸区合作平台，把"21世纪海上丝绸之路"议题列入中国东盟合作进程。中国—东盟自贸区都是双方各自对外建立的第一个自贸区。经过几年的运行，取得了巨大成就，目前正进行中国—东盟自贸区升级版谈判。应把建设"21世纪海上丝绸之路"以及相关的海上基础设施建设项目纳入升级版谈判议程。二是利用亚太经合组织(APEC)平台把"丝绸之路经济带"和"21世纪海上丝绸之路"两大构想连接起来，使中国新一轮改革开放鸿雁在亚太地区最重要的国际组织中最先展开两翼。2015年APEC主办方是菲律宾，中菲两国应在落实习近平主席同阿基诺总统会晤精神基础上尽早实现双方关系转圜。中国应该积极支持菲律宾办好APEC年会，把构建"丝绸之路"列入会议的合作议题。三是利用并整合现有功能性合作机制和项目，把丝路基金使用的优先方向确立在南海周边，在2015年抓紧公布若干项目，作为示范和引领。亚洲基础设施投资银行项目同样如此，时不我待，及早运营；条件成熟的话，还可以同东南亚国家另行组建"丝绸之路开发银行""投资基金""风险基金"等跨国金融机构。

总之，"21世纪海上丝绸之路"构想构成了中国面向太平洋印度洋全方位对外开放的战略新格局和周边外交战略新框架。然而，构建"21世纪海上丝绸之路"不可能舍近求远，只能由近及远，中国东部海上沿线特别是南海周边是第一位的。在周边海上局势动荡、安全环境趋紧的背景下，中国推进"21世纪海上丝绸之路"系统工程，以看得见摸得着的项目施惠周边，释放的信号十分明确，中国要同南海周边国家共同建设和平安全合作共赢之南海。

（原文发表于《当代世界》2015年第2期）

应将"21世纪海上丝绸之路"延伸至拉美地区

唐　俊　浙江外国语学院拉丁美洲研究所副所长，中国拉美学会常务理事

　　2013年10月，中国国家主席习近平应邀在印度尼西亚国会演讲时提出愿同东盟国家共同建设"21世纪海上丝绸之路"的构想。此后召开的中共十八届三中全会和中共中央经济工作会议，都强调了包括"21世纪海上丝绸之路"在内的"一带一路"建设。2014年3月5日，中国国务院总理李克强所作《政府工作报告》中也提出"要抓紧规划建设丝绸之路经济带、21世纪海上丝绸之路"。由此可见，"21世纪海上丝绸之路"已经上升到中国对外开放的国家战略。

　　中国自古就是对外贸易大国，存在东线、西线、南线等多条线路。东线通往日本、韩国，西线则进入到波斯湾和地中海地区，南线通往东南亚国家。在16—19世纪期间，从中国沿海城市出发，经东南亚中转，最远到达拉丁美洲的贸易路线曾将"海上丝绸之路"推到了发展的顶峰。因此，在"海上丝绸之路"的范畴中，拉丁美洲地区不能不成为"21世纪海上丝绸之路"战略构想的重要的、不可忽略的一极。

历史上"海上丝绸之路"的鼎盛时期就是公元16—19世纪期间中国—东南亚—拉美间的贸易路线,从中国沿海出发,经马尼拉中转,到达墨西哥的阿卡普尔科和秘鲁的利马贸易路线。图为墨西哥的港口阿卡普尔科。

必要性

一、具有深厚的历史渊源

历史上"海上丝绸之路"的鼎盛时期就是公元 16 — 19 世纪期间中国—东南亚—拉美间的贸易路线,包括葡萄牙人经营的澳门—果阿—里斯本—巴西的贸易路线,西班牙殖民者开辟的从中国沿海出发,经马尼拉中转,到达墨西哥的阿卡普尔科和秘鲁的利马贸易路线。据学者估计,从 1565 — 1815 年的两个半世纪中,每年运往马尼拉的白银在 100 — 400 万比索,用来购买中国的生丝、绸缎等商品。1571—1821 年间,从美洲运往马尼拉的白银货币共计 4 亿比索,其中二分之一流入了中国。中国在"海上丝绸之路"中处于主导地位,长期保持贸易结构性顺差。"海上丝绸之路"还带动了中国与世界其他各国的文化交流。沿海地区的中国人开始迁居东南亚,将先进的生产技术带到了当地，促进了东南亚的开发。同时，原产自拉美地区的农作物纷纷传入中国，促进了中国农业的发展。

二、具有扎实的现实基础

一是经济发展基础。中国、东盟和拉美地区是全球经济增长较快的地区之一，也是率先走出 2008 年金融危机、经济迅速复苏保持增长的主要地区。2013 年，在世界 GDP 总量中，中国、东盟和拉美分别占的比重为 14.9%、4.3% 和 8.8%[1]，三个地区经济总量加起来占全球经济总量的 28%，具有举足轻重的地位。

二是经贸发展基础。2013 年底，中国与东盟、中国与拉美的双边贸易额分别突破 4000 亿美元、2600 亿美元，双向投资额分别累计达 1007 亿美元、834 亿美元。目前，中国是东盟第一大贸易伙伴，是拉美的第二大贸易伙伴，东盟是中国第三大贸易伙伴。到 2020 年，中国与东盟、中国与拉美的双边贸易额将有望分别达到 1 万亿美元和 5000 亿美元。

三是政治互信基础。中国与东盟是地理上的近邻，有着长期密切的政治合作关系。2003 年 10 月，中国加入《东南亚友好合作条约》，双方建立"面向和平与繁荣的战略伙伴关系"，2010 年，双方共同制定了第二份《落实中国—东盟面向和平与繁荣的战略伙伴关系联合宣言的行动计划》，政治互信进一步加强。中国虽然与拉美地区地理上相隔遥远，但是长期以来在国际事务中相互支持，结下深厚的友谊。中国与拉美多个国家结成全面战略合作伙伴或战略伙伴关系，进入 21 世纪以来，中拉关系无论在速度、广度，还是在深度上都上升到一个全新的高度。

三、为中国提供一个更加具有包容性的对外开放平台

第一，将中国全面对外开放的局面提高到一个新的高度。现在，中国与东盟、中国与拉美的经贸关系发展如火如荼。如将"21 世纪海上丝绸之路"

---

[1] IMF，World Economic Outlook Database April 2013.

延伸至拉美地区，形成中国—东盟—拉美地区的"21世纪海上丝绸之路"经济带，将扩大中国的海外市场，减轻中国对外经贸对欧美市场的依赖，为中国外向型经济注入新的活力。"21世纪海上丝绸之路"将与"丝绸之路经济带"东西呼应，各有侧重又能贯通一体，提高中国全面对外开放的层次和水平，奠定中国在全球贸易和经济新格局的核心地位。

第二，冲出美国利用跨太平洋伙伴关系协议企图对中国实施的包围和遏制，维护中国的核心国家利益。跨太平洋伙伴关系协议（TPP）的创始成员国中有东盟国家文莱和新加坡以及拉美国家智利。后来又陆续有越南、秘鲁和墨西哥，原本是拉美与东盟国家合作的一项杰作，后来由于美国的加入对TPP的引导，使其越来越像是美国在贸易上遏制中国崛起的工具。"21世纪海上丝绸之路"战略的实施，有利于中国团结东盟和拉美国家，构建有利于太平洋两岸国家整体利益的经贸合作格局，也是对TPP错误方向的有效纠正和对美国遏制战略的强烈反制。

第三，为中拉合作论坛的发展指出鲜明的方向。经过多年努力，中拉合作论坛首届部长级会议已于2015年1月在北京举办，有望成为未来中拉合作的常设性机构平台。如何将中拉双方紧密凝聚在一起？未来双方合作的方向是什么？如果中国能提出将"21世纪海上丝绸之路"延伸到拉美地区，加强互联互通，既能够从赢得拉美国家历史渊源上对其合理性的认同，又能切中未来中拉在经贸、基础设施建设和人文交流等方面加强合作的趋势，还能够把中国与东盟之间的合作连接起来，可谓旗帜鲜明，一举多得。

四、顺应时代要求和各国加快发展的愿望，具有全球性的战略意义

从全球政治格局来看，中国、东盟和拉美都是发展中国家，是维护世界和平、推动全球政治新秩序的建立的坚实力量。这些力量团结在一起，将会有力地遏制国际霸权主义，推动全球新的治理格局朝着多元化、合理化和公平性的方向发展，维护地区稳定和世界和平。可以想见，随着"21世纪海上丝绸之路"战略延伸到拉美，中国、东盟和拉美携手开创一个全新的太平洋时代即将到来。

从全球经济格局来看，毋庸置疑，"21世纪海上丝绸之路"将中国、东盟和拉美这三个当下全球经济发展最有活力的健康经济体联系在一起，实现强强联合，同时实现资源的有效流动和配置，为这三个地区的发展注入可持续发展的强劲动力，也必将成为世界经济走出危机实现复苏的强大引擎。

从世界文化交流来看，中国、东盟和拉美地区都曾经孕育了伟大的古代文明，"海上丝绸之路"曾经是文明交流之旅。如今，三个地区之间的文化交流日益频繁，"21世纪海上丝绸之路"战略的实施必将促进世界文化的多元化发展。

困难与障碍

一、拉美一体化进程缓慢，各方意见不一，难以形成合力

拉美的一体化进程从二战以后起步，历经近70年的发展，到目前虽然形成了一些阶段性成果，但是相比欧洲等地区，还处于比较松散的阶段。目前，拉美地区存在的一体化组织的影响力还难以覆盖到整个拉美地区，在一致对外方面还缺乏协同性，与中国和东盟在联系上的加强还需要时日。

二、中国与对拉美地区的整体合作水平有待提高

由于拉美一体化进程缓慢，尽管近十年来，中国与拉美地区的交往、交流发展十分迅速，但主要成果还只是体现在与拉美的一些国家层面上。作为一个整体性的区域而言，拉美与中国的整体合作离期望还存在一定的差距。空间上的距离使得许多国家对中国也缺乏深入的了解，许多方面存在隔阂。就连与中国交往密切的拉美国家中，也因为一些中国企业在当地的投资和经营上的处置失当，加上外部因素的渲染，使得这些拉美国家对中国产生多方误解而缺乏深层次的信任。一些拉美国家对"21世纪海上丝绸之路"战略还持观望态度。

三、拉美与东盟之间的关系比较松散的现状，会拖慢"21世纪海上丝

绸之路"战略的实施

尽管一些拉美国家积极拓展与东盟的合作关系，也取得了一定的成效，但从整体上来看，拉美地区与东盟之间的关系还比较松散。东盟对拉美地区也缺乏足够的重视。如果将"21世纪海上丝绸之路"战略延伸至拉美地区，那么拉美与东盟的关系将成为这一战略重要的关键因素。相比中国与东盟、中国与拉美之间的关系，拉美与东盟之间的关系现状将会成为实施"21世纪海上丝绸之路"战略的短板，而这却是中国作为这一战略的倡导方和主导者难以把控的。

四、美国的态度将会严重影响"21世纪海上丝绸之路"战略的实施

"21世纪海上丝绸之路"战略的实施不能忽略美国的"脸色"。美国一直视拉美为战略"后院"，奥巴马政府上台以来实施的"重返亚太"战略，越发重视对东盟的争取，加强对中国的遏制。如果"21世纪海上丝绸之路"战略能延伸到拉美地区，将中国、东盟和拉美紧密联系在一起，这样对美国的全球霸权形成巨大的挑战，是美国所不能容忍的。因此，美国可能会给"21世纪海上丝绸之路"战略的顺利实施设置阻碍和麻烦。

政策建议

一、将建立"21世纪海上丝绸之路"作为落实三方合作的核心战略目标

目前，中国政府已经将建设新海上丝绸之路作为对外开放的国家战略予以高度重视，接下来中国应当在外交上主动出击，争取更多的东盟和拉美国家的支持。特别在与拉美国家的交往中，主动宣传和推介"21世纪海上丝绸之路"的战略构想，尤其是要争取巴西、墨西哥、阿根廷等在拉美有影响力的国家的支持。

与此同时，中国应与东盟、拉美国家加强合作，共同规划"21世纪海上丝绸之路"建设。在进一步深化中国与东盟现有的合作机制，落实中国提出

的"中拉合作论坛"以及加强拉美与东盟的双边合作基础上，将其整合成中国、东盟和拉美国家都参与的"三方合作论坛"，将建立"21世纪海上丝绸之路"作为三方合作论坛的纽带和核心战略目标，整体统筹和规划区域发展、开放与合作。

二、将缔结多边自由贸易协定作为落实"21世纪海上丝绸之路"建设的主要抓手

目前，中国—东盟自由贸易区实施效果显著，有望在此基础上打造"升级版"。中国与拉美智利、哥斯达黎加和秘鲁三国的自由贸易协定实施情况良好，对拉美其他国家起到了一定的示范效用。中国应以"21世纪海上丝绸之路"建设为契机，加快与更多拉美国家的自由贸易协定的谈判，争取缔结更多的自由贸易协定，将"中国—东盟自由贸易区"和"中国—拉美国家自由贸易区"连成一个整体，形成一个更大的自由贸易区，实现中国、东盟与拉美之间资源和人员更加自由地流动。

三、将加大基础设施建设互助作为推进"21世纪海上丝绸之路"建设的重要保障

加大基础设施建设互助，实现互联互通、优势互补是推进"21世纪海上丝绸之路"建设的重要保障。当前，东盟和拉美地区的基础设施建设比较薄弱，制约了本地区的经济发展和对外开放水平。运用亚洲基础设投资设银行等金融平台加大对东盟和拉美地区的基础设施的投资与支持，谋求在中国—东盟—拉美范围内的互联互通。

四、将扩大民间交流作为"21世纪海上丝绸之路"建设的重要促进手段

"海上丝绸之路"自古就是和平之旅、发展之旅、文明之旅和友谊之旅。"21世纪海上丝绸之路"建设的出发点和落脚点就是要实现不同文明之间的多元共生、包容共进，造福于本地区人民和世界各国人民。扩大中国、东盟

与拉美地区间的青年、智库、议会、非政府组织、社会团体等友好交流，能够为"21世纪海上丝绸之路"发展提供更多智力支撑，增进人民了解和友谊。中国应加大文化"走出去"步伐，对东盟和拉美地区开展以"海上丝绸之路"为主题的民间交流活动，扩大其在东盟和拉美国家的影响力和认可度，促进"21世纪海上丝绸之路"建设。

（原文发表于《当代世界》2015年第2期）

中国在中东地区
推进"一带一路"建设的机遇、挑战及应对

王林聪　中国社会科学院西亚非洲研究所研究员

随着中国政府关于《推动共建丝绸之路经济带和 21 世纪海上丝绸之路的愿景与行动》文件的颁布,"一带一路"建设迈向具体实施阶段。围绕着"一带一路"的实施,国内外各界展开了热烈的讨论。中东地区是古代陆海"丝路"的交汇地带,又是现今"一带一路"实施的关键区域。然而,长期以来,中东地区动荡频仍,冲突迭起,乱象丛生,堪称是世界上最为动荡的地区。因此,究竟如何推动"一带一路"在中东地区的实施,仍需要人们潜心思考,深入探讨。

古代"丝绸之路"的当代价值

"一带一路"倡议提出后得到了中东国家的积极回应,其背后的一个重要原因是"丝绸之路"对于中国与中东国家而言,既引起共鸣,又形成共识,

彰显了古代"丝绸之路"所蕴含的价值和理念。这是中国与中东国家共建"一带一路"的历史依据和思想基础。主要表现在：

第一，古代"丝绸之路"的历史经验揭示了"共需"和"互利"理念。古代"丝绸之路"既是连接东西方之间的贸易通道，又是早期经济文化交流的共同市场。中国与西亚、中亚、欧洲等地物产的差异性和独特性造就了相互之间贸易上的互补性，利益驱动和消费需求催生了"丝绸之路"的繁盛，由此形成了以丝路通道为纽带，以互补、互利和共需为动力的早期的共同市场。

第二，古代"丝绸之路"的历史过程彰显着开放包容的理念和互学互鉴的精神。古代"丝绸之路"的历史既见证了人类从分散走向联系的过程，又显示了不同文明之间开放、包容、互学互鉴的交往经历。特别是"丝绸之路"最繁盛的7至10世纪——正是古代中国文化与阿拉伯—伊斯兰文化最为兴盛时期，两大文明之间的交流相得益彰，并展现出兼容并蓄的宏大气魄，文明交往的成果最为丰富，彰显了两大文明的平等、开放、包容和互学互鉴精神。

第三，古代"丝绸之路"的历史经历塑造了"和平交往"的基本理念。在古代丝路沿线诸国，征战、劫掠和冲突时有发生。但是，中国与中东国家在悠久的交往中基本上保持和平关系，即使发生诸如怛罗斯之战，但大唐王朝与大食（我国史书对阿拉伯帝国的称谓）之间交战却并未交恶。在随后的"安史之乱"时，大食派兵助大唐平乱。实际上，中国与中东国家和平交往的重要原因是双方都需要维护"丝绸之路"畅通，商道畅通对双方都是有利的，只有通过和平方式才能实现利益交换和共赢，从而形成了早期的"利益共同体"。

可见，古代"丝绸之路"历史所展现的"共需互利""宽容开放""互学互鉴""和平交往"等理念正是21世纪重振丝绸之路、共建"一带一路"的基石和前提。

中国在中东地区推进"一带一路"的新机遇

古代"丝绸之路"历史经历塑造了中国与中东国家之间的"天然"的亲近感，也形成了"一带一路"共建"天然合作伙伴"关系。新时期，双方相互需要，展现着互利共需，合作共赢的重要机遇。

首先，从整体上看，进入21世纪以来，伴随着新兴国家的群体性崛起，中东国家"向东看"步伐日益加快，即使近年来在中东地区爆发了"阿拉伯之春"，但是，"向东看"的势头并未减弱。2010—2014年间，中国与中东诸国贸易额大幅增长。其中，中国与阿拉伯国家贸易额从1494.1亿美元上升至2511亿。与此同时，我国改革、开放和发展进入新阶段，全面深化改革推动着"向西"开放步伐的提速，我国与中亚、西亚国家之间的友好关系得以全面提升。可以说，21世纪初叶中东国家"东向"和中国的"西向"形成历史性交汇，从而有力地推动着"一带一路"建设。

其次，中东国家总体上处于长期而深刻的社会经济转型阶段，在这一阶段，许多国家迫切需要推动社会经济发展，加快工业化步伐，以此缓解国内矛盾，逐步摆脱经济全球化过程中不断被边缘化的境地。于是，许多中东国家，一方面对于中国实现快速发展经验、治国理政方略等有着浓厚的兴趣；另一方面，希望能够搭上中国经济发展的快车，与中国开展广泛而全面的合作，吸引中国资金、技术，推动基础设施建设和工业化进程。这些都为新时期中国与中东国家"一带一路"共建增添了动力。

再次，中东局势的新变化，也为"一带一路"共建提供了新的机遇。众所周知，中东局势瞬息万变，变化莫测，长期以来动荡不宁，硝烟笼罩。但是，在中东地区，劝和促谈、解决争端的努力正在进行之中，并取得了一定的进展，同时，中东国家摆脱动荡、推动稳定和发展的步伐也在加快。近期，中东局势变化所展现的良好势头，为"一带一路"在该地区的推进带来了新的机遇。主要表现在：

一是，伊朗核问题最终协议的达成具有划时代的意义，为政治解决中东地区复杂、尖锐难题提供了借鉴和示范。伊核问题牵动大国关系、地缘政治

中国的产能优势与阿拉伯国家的资源优势、地缘优势和市场优势可以实现充分结合，中国把自身发展同阿拉伯国家发展对接起来，为阿拉伯国家扩大就业、推进工业化、推动经济发展提供支持。图为中国和伊拉克工人共同协作，在保障当地生态环境不受破坏的情况下，铺设穿越阿拉伯河的石油管道。

等多重矛盾，伊朗与美国等西方国家围绕核问题展开了长达约13年的博弈，期间几度剑拔弩张，后经各方艰苦努力，最终达成和平解决伊核问题协议。这一方式堪称国际社会解决世纪性难题和争端的"伊朗模式"，它不仅为缓解美国与伊朗紧张关系、实现伊朗与美国及欧洲关系正常化创造了条件，而且为和平解决中东其他热点问题提供了新思路和新动力，也增强了在中东地区构建和平秩序的可能性和现实性。另外，随着伊美关系的缓和，在打击共同敌人——"伊斯兰国"等恐怖组织上形成共识，有利于遏制恐怖主义的泛滥和扩张。同时，伊朗作为中东地区大国，在推进"一带一路"中发挥着重要作用。中国在伊核问题谈判过程中发挥了积极而独特的作用，既为伊核协议的达成做出了贡献，也为维护伊朗的合法权利发挥了不可替代的作用。因此，伊核最终协议的达成不仅为中国和伊朗共建"一带一路"带来了新机遇，而且为该地区建设"一带一路"创造了时机。

二是，许多中东国家开始制定新的经济发展战略，启动大规模基础设施建设项目，这为在"一带一路"框架下开展广泛深入合作提供了契机。例如，2014年6月塞西当选埃及总统后，全力推动"苏伊士运河走廊规划"；塞西总统在2014年12月访华时表示共同推动"一带一路"建设。2015年3月埃及经济大会上，埃及政府又公布了2030发展规划，旨在重振经济、重回地区大国地位。2015年8月6日新苏伊士运河的开通显示了埃及的雄心和决心。埃及政府正通过大规模基础设施建设，打造"新埃及"。同样，作为中东地区大国、又是"丝绸之路"重要国家——土耳其，正在全面推动"2023愿景"战略规划，即在共和国建国一百年的2023年将使土耳其步入世界国内生产总值前十行列，目前，土耳其国内高铁、桥梁、核电等大规模基础设施建设正在开展。实际上，无论是伊朗、土耳其、埃及，还是百废待兴的伊拉克、阿富汗，都把推动基础设施建设作为这些国家振兴经济发展的重要出路，这与以互联互通为主要内容的"一带一路"方案相契合，从而为双方更深层次合作注入了动力。

三是，亚投行与丝路基金的成立为"一带一路"增添了活力。亚洲基础设施投资银行是一个政府间区域多边开发机构，为亚洲各国基础设施项目提供融资支出——包括贷款、股权投资以及提供担保等，旨在促进区域基础设施领域互联互通，促进经济一体化进程。因此，亚投行和丝路基金的成立不仅为"一带一路"沿线国家和地区提供资金支持，推动当地经济发展和一体化，而且促进互联互通，加快人民币国际化进程，也是区域多边金融合作的新探索，弥补国际金融体系缺陷。2015年6月29日，有50个意向创始成员国签署《亚洲基础设施投资银行协定》，卡塔尔、阿曼、科威特、沙特阿拉伯、约旦、阿联酋、伊朗、土耳其、埃及和以色列等中东十国加入其中。可以预见，亚投行将对中国和中东国家共建"一带一路"提供必要的支持。

四是，产能合作成为国际合作新潮流并且迈出了重要步伐。除了石油贸易之外，产能合作对于推动中东国家工业化，提升其经济水平发挥积极作用。2015年8月，中国与阿拉伯国家产能合作大会召开，其意义在于推进阿拉伯国家经济整体实力以及工业化进程，从而在根本上解决就业、贫困等问题。在这方面，中国的产能优势与阿拉伯国家的资源优势、地缘优势和市场优势可以实现充分结合；中国把自身发展同阿拉伯国家发展对接起来，为阿拉伯国家扩大就业、推进工业化、推动经济发展提供支持，在"一带一路"共建上将会有实质性进展。

"一带一路"建设在中东地区面临的挑战及其应对思路

对于长期动荡的中东而言，"一带一路"建设在该地区所面临的挑战和风险是多方面的、复杂的，既有长期的，又有突发式的，既包括安全、政治、观念等不同类型，又包括经济、市场运行、法律等不同领域，既有来自地区内部的各种威胁，又有来自其他域外大国的掣肘，等等。具体而言，一方面，中东地区正在经历着极为深刻的变动，中东秩序的重塑正在展开。目前，中东地缘政治争夺异常激烈，"旧中东"趋向瓦解，"新中东"尚在构建中。在这一过程中，大国与中东的关系也在发生变化，美国对中东的影响力下降，大国在中东地区的博弈加剧；各种力量以不同方式影响着中东秩序的重塑，但是，中东秩序究竟如何演变，充满着悬念和不确定性。

另一方面，中东国家正处在变迁的关键阶段，转型时期许多国家动荡频仍，矛盾丛生，有些国家还处在重建中，急剧的变动导致各种风险的积累和叠加，安全形势、政治局势、市场环境和社会动荡起伏不定，瞬息万变，很难在短期内形成稳定和发展的局面。

与此同时，中东各国之间差异悬殊，营垒对峙明显，相互关系又复杂多变，既有历史积怨，又有新的矛盾和冲突。

由此观之，在中东地区推动"一带一路"建设，必须客观冷静地正视挑战，积极应对各种现实的和可能的风险。

第一，推进"一带一路"必须同沿线各国的具体情况相对应，尤其是根据中东国家所在区域的特点及不同国家的现实处境，选择恰当的方式推进"一带一路"建设。因此，在中国和中东国家共建"一带一路"上，更需要具体而细致的方案。

第二，区分需求，有针对性地开展"一带一路"共建；同时，深入了解和研究各自的社会经济发展战略和重大建设项目，实现战略对接。在中东诸国中，既有富裕程度较高的国家，又有处在发展水平低、贫穷人口众多的转型国家。因此，推动"一带一路"共建需要切中不同国家的需求，量力而行。在重大项目竞标和建设上，避免"单打独斗"，可采用联合其他国际公司，或联合当地企业，共同参与，风险共担，利益共享。同时，积极呼应中东国家关于"丝绸之路"建设的倡议，以便扩大共识，形成共需。例如，2012年，土耳其领导人就提出建立"丝绸铁路"倡议，这与我国的"一带一路"倡议不谋而合。是年，土耳其学者还提出复兴丝绸之路的构想——建立丝绸之路联盟，以及丝绸之路基金会、丝绸之路服务总公司、丝绸之路信贷和投资银行等。[1] 重视这些来自中东国家的声音和方案，就能更好地达成共识，形成对接，推进"一带一路"共建。

再次，针对中东地区热点问题突出，突发事件频发，经济发展和安全环境多变的现实，"一带一路"建设的推进不仅要采取"共建"方式，而且应建立完善的危机管控、安全形势和风险评估机制，应对各种复杂问题，减少或避免不必要的损失。

第四，加强智库等专业化研究与合作，建立更为广泛的人文交流平台和渠道，推动"一带一路"民心相通取得实效。伊斯兰教是阿拉伯国家民众的最主要信仰，因此，加强并深化宗教交往对于推进"一带一路"建设具有重要意义，它是促进民心相通，提升相互认知和理解的重要步骤，也是当前应对极端主义思潮泛滥的有效途径。同时，加强智库之间的合作，推动"一带一路"共建走向深入，落在实处。应该说，实现战略对接，智库合作须先行，尤其是与所在国专业化智库之间合作，既可以围绕双方关切的重大问题开展研究，又可以加深认知，增强好感度，甚至影响舆论决策，引导舆论话语，

---

[1] 【土耳其】阿基夫-埃尔索伊：《开发中东人力和资源以复兴丝绸之路的方法》，载《西亚非洲》，2014年第3期。

为"一带一路"建设增加正能量。

第五，从更高层次上，致力于推进共同安全建设，打造中国和中东国家之间的安全共同体。从长远着眼，作为正在崛起的中国，需要与大国以及地区国家共同致力于中东和平机制的构建，为中东的稳定和发展创造机遇，改变中东长期动荡的历史宿命。在这方面，"一带一路"有可能为从根本上改变发展环境提供新思路、新途径。

总之，"一带一路"倡议展现了新时期中国处理与世界关系的理念和方案，它充满了"东方智慧"。同时，"一带一路"建设是一个长期的、复杂的、涉及诸多国家的世纪性工程。"一带一路"在中东地区的推进，不仅要清醒、冷静地面对该地区的挑战和风险，又要主动创造条件，抓住机遇，因势利导，稳步推进中国与中东国家"一带一路"共建，推动中国和中东国家的共同发展和繁荣。

（原文发表于《当代世界》2015年第9期）

"一带一路"与中国—南亚命运共同体的构建

杨晓萍　上海外国语大学国际关系与公共事务学院特聘研究员

作为一个正由区域性走向全球性的大国，中国的重要性不仅反映在实力的增强上，更反映在对观念的引导上。"命运共同体"的出台是一个非常独特的信号，在一定程度上阐明了中国对亚洲区域秩序的长期构想。在 2015 年 3 月中国政府发布的《推动共建丝绸之路经济带和 21 世纪海上丝绸之路的愿景和行动》中，明确提出把"中巴经济走廊"和"孟中印缅经济走廊"（BCIM）两大走廊作为"一带一路"的重要组成部分，提升了南亚在中国周边外交中的重要性。那么，在构建中国—南亚命运共同体的过程中，应如何在注重地区特性的同时，从中国—南亚命运共同体构建的本质驱动出发，来探索适合中国与南亚命运共同体构建的路径呢？

发展：中国—南亚命运共同体的本质驱动

在地理范围上，南亚包括印度、巴基斯坦、尼泊尔、孟加拉国和不丹五

中国和印度是亚洲的两个新兴市场大国，两国的合作深度和广度将对中国—南亚命运共同体的构建具有重要的影响。图为2015年5月14日，中国国家主席习近平在同印度总理莫迪举行正式会见后，在西安参观大慈恩寺。

个陆地国家，以及斯里兰卡和马尔代夫两个岛国，外加阿富汗。这种划分的主要标准是南亚区域合作联盟的宪章章程中所规定的成员国名单。中国不属于南亚国家，但中国正在成为南亚地区最为重要的邻国和安全行为体。[1]

  单就经济规模而言，中国是南亚最强国家印度的五倍，而印度的GDP又是南亚其他国家总和的近五倍（IMF，2014年数据）。在实力如此悬殊的背景下，中国和南亚要建立一个怎样"共同"的命运共同体呢？毕竟，命运共同体最根本的含义是要求具有共生感和归属感。命运共同体，"不仅仅只

---

[1] Swaran Singh, China-- South Asian: Issues, Equations, Policies, New Deli: Lancer's Books，2003.

意味着经济合作不断加深，也意味着成员国在安全问题上互相谅解、相互提供支持，同时，在精神和身份上还存在一种共生性的联系"。[1]

在此背景下，至少"发展"可以作为中国和南亚国家命运共同体构建的最基本面。就南亚地区而言，一方面基于南亚的历史、传统、地缘政治的竞争，传统意义上的军事冲突与对抗的风险并没有降低；另一方面，南亚也是世界上人类发展指标较低的地区之一，部分指标甚至排在撒哈拉沙漠以南非洲之后。在南亚，出现的是一幅有限秩序与无限"混乱"并存的局面——传统问题与非传统问题相互交织、冷战遗迹与新型安全挑战之间互动、外部势力相互博弈、大国与小国相互平衡。在如此复杂图景的最底层，是南亚国家人民最平实、最朴素的谋和平、求发展的内在需求。这是构建中国—南亚命运共同体最深层的动力。

就中国而言，在经济经过几十年的高速发展之后，目前也面临着如何实现"均衡、协调、可持续发展"（十二五规划）的问题。这集中体现于——经济增长受到资源及环境的制约、产业结构不合理、城乡区域发展不协调、贫富差距加大。在国际上，"中国傲慢论"和"中国强硬论"也大大压缩了中国和平发展的外交空间。鉴于此，单纯的经济融合和短期利益无法支撑中国长足发展所需要的战略机遇期。在中国从地区强国向全球性国家转变的进程中，中国的外交理念也须创新。以发展为基本切入点，来构建中国—南亚命运共同体，是可以超越传统零和地缘竞争的基本方向之一。

在构建中国—南亚命运共同体的过程中，需认识到，发展不仅仅包括经济发展，也包括人的发展。这主要包括人的基本安全感的提升、跨界安全威胁的合作解决、通过民间交流达到的基本身份的认同和民心沟通，这从根本上框定了命运共同体构建的路径。

---

[1] 周方银：《命运共同体——国家安全观的重要元素》，人民网，2014年6月4日，http://theory.people.com.cn/n/2014/0604/c112851-25101849.html。

两大走廊：产业对接与经济融合

鉴于目前中国的优势仍主要集中于经济领域，切实推进南亚的两大走廊建设，仍是中国—南亚命运共同体建设的必由路径之一。2013年，中印两国领导人共同倡议建设孟中印缅经济走廊得到了孟、缅两国政府的积极响应。迄今为止，中国在经贸、交通基础设施建设、投资等领域同其他三国开展了广泛合作，并且四国已在人文交流、地区经济一体化和政治互信方面达成了广泛共识；同年5月，中巴经济走廊设想出台，中巴两国致力于打造一条北起喀什、南至巴基斯坦瓜达尔港的经济通道，推进互联互通。

在中国—南亚经济融合的过程中，目前的主要思路是以沿线中心城市为支撑，实现中国与南亚、印度洋的连接。同时，在南亚区域合作联盟框架内，探索中国与南亚合作联盟升级关系的可能性和可行性。在此，需特别关注印度国内"再工业化"进程。传统上，印度是依靠服务业（特别是IT产业）来实现经济增长的。印度的信息技术业在世界软件开发和特种软件市场所占的份额几乎达到20%，同时，在信息服务、咨询服务、会计服务、技术服务等领域也有很好的发展。然而，这种附加值较高的行业驱动，无法促进印度的广泛就业。如果印度不能提供足够的工作机会，便不能充分利用印度的人口"红利"。据联合国《世界人口展望》报告显示，到2028年左右，印度人口将达到14.5亿，成为全球第一人口大国。而在总人口中，印度15—64岁的劳动年龄人口占印度总人口的份额将基本保持在65%—70%，且预计在2030年达到峰值。

要解决如此庞大人群的就业，印度必须实行"再工业化"。莫迪上台后，曾将印度丰富的劳动力资源、低廉的劳动力成本和较为积极的产业政策，作为印度"再工业化"的主要利好因素。然而，除了人、政策，"再工业化"还需要资金投入。为了营造更好的投资环境，印度还需在土地、劳工、环保、行政审批等方面进行大幅改革。由于目前印度人民党并不在上院占据多数，因而莫迪政府改革的许多法案，最终无法在议会获得通过。

长远看，印度国内的"再工业化"，还需与中国的产业结构升级结合起来，最终形成中国—南亚产业链的整合。当然，在具体中间环节上，可能还会涉及东南亚的某些国家。

安全共同体建设：以合作实现可持续安全

安全共同体建设是实现命运共同体重要的一环。在构建安全共同体时，一个基本的理念是安全从本质上应该不是对抗性、零和性的；安全从维度上讲应该是综合性的，包括传统的军事安全和非传统安全，既着眼于当前也着眼于未来。安全的实现，更要通过合作来实现。

在南亚，当前需要通过合作而最终实现安全的领域之一是反恐。经济的落后、不成熟的民主制度、国家的重建和转型，都大大削弱了国家打击恐怖主义的能力。2014年，美国从阿富汗撤军，进一步加剧了南亚反恐的复杂性。尽管巴基斯坦在"9·11"事件以后加入到美国领导的国际反恐阵营之中，但是国际反恐合作不仅没有给巴基斯坦带来反恐收益，反而增加了安全风险；而在孟加拉国，伊斯兰极端主义正日益成为孟加拉国面临的一大威胁；印度也长期受到跨界恐怖主义的威胁。

在很长时间内，南亚区域合作联盟（南盟）作为一个松散的地区论坛，试图开展成员国间的反恐合作，但这种合作既受资金、意愿和能力的制约，也受突发事件（如印巴关于克什米尔冲突）的影响。目前，中国应通过合作来打击恐怖主义。除了积极启动各种非正式的小三边谈判（如中—巴—阿）外，中国还可将南亚的反恐活动更多地纳入上合框架，从而切实推动多边反恐合作。

与海上丝绸之路建设有关，在南亚另一个需要加强合作的领域便是印度洋。从现有架构看，美国仍是该区域最重要的安全公共产品提供者。但印度作为地区大国的崛起，以及中国对该地区的利益拓展和力量辐射，触发了地区力量格局的变迁。从现实紧迫性看，印度洋（特别是北印度洋地区）非传统安全威胁的上升为各方开展合作提供了可能性，主要包括打击海盗和有组织犯罪、海上通道安全的维护等。中国作为"后来者"，最主要的路径仍是以更加灵活的方式、更多地融入现有的海洋地区合作机制。

在南亚地区未来的安全特征上，跨界河流水资源的合作利用和开发，将是影响中国和南亚能否实现可持续发展的重要议题之一。作为上游国家，当前中国与一些南亚国家合作中出现的问题以及当地媒体的渲染，更凸显了中国与相关流域国开展合作的必要性。在未来，中国可以考虑在保证内部可持续发展和水资源管理的同时，同周边国家建立一系列双边或多边协商合作机制，增进同周边国家的安全互信。这种思路也同样适用于气候变化、环境保护、跨界移民等发展性议题。

人文交流：身份塑造与生活方式学习

"共同体"从哲学意义上讲，更多是一种"心的亲近和互相依靠的感觉"[1]中国—南亚命运共同体建设的根本是"民心相通"，这也是最艰难的任务。从文化传统上看，中华文明的辐射区域集中于东亚，而南亚更多受印度教文化、佛教文化、伊斯兰教文化，甚至是西方殖民文化的影响。对中国而言，印度是既熟悉又陌生的邻国。"中印之间的文化关系，更像是一条单行道。"[2]喜马拉雅山脉和广阔的沙漠，从物理上阻断了曾经辉煌的佛教文化交流，以及以商队为主体的古丝绸之路，而中华帝国固有的"华夷"思想，也使中国从内心层面缺乏了解、开拓南亚的强大动力。

直至当代，新中国才重新发现了南亚的战略价值，这与中国的改革开放及融入国际体系进程密切相关。从1985年邓小平提出"和平与发展"，中国通过出口导向型发展战略，较为成功地融入了东亚分工体系。随着20世纪后半期亚洲"四小龙""四小虎"的群体经济崛起，中国与亚洲国家的经

---

[1] 【英】齐格蒙特·鲍曼：《共同体》，欧阳景根译，苏州：江苏人民出版社，2003年版，序曲第1页。

[2] 【印】师觉月著：《印度与中国》，姜景奎等译，北京：北京大学出版社，2014年版，第163页。

济联系日益增强，并通过自身在 1998 年亚洲金融危机中的表现在一定程度上赢得了某种"可信度"。2001 年，中国加入世贸组织（WTO），并在军控和裁军方面主张维护现存国际裁军、军控和防扩散体系，这表明中国已经全面融入国际体系。2009 年，中国 GDP 首超日本，这在亚洲乃至世界格局中，具有重大的象征和战略意义。

目前，中国已经成为印度、孟加拉、斯里兰卡和巴基斯坦最重要的商品提供者，源源不断地向南亚老百姓提供与日常生活息息相关的商品。与此同时，与中国在这些国家的项目相配套，中国也在向这些国家提供官方发展援助和项目贷款。

然而，需要认识到，基础设施建设本身具有"天然的"敏感性。在南亚国家的领土上进行庞大的基础设施建设，如果处理不当，很容易引发当地人民的质疑。在中国—南亚命运共同体的建设过程中，应更多地尊重与中华文化不同的相关方，礼让对方，并尝试性"熏陶"对方，渐进地去构建中国文化、言辞和行为举止的"软实力"。"在开展民间外交和人文交流时，应注重通过双向的教育交流和人才培养，以'润物细无声'的方式发挥影响。应认识到，中国关于南亚相关邻国的知识、技能、经验和知识储备是欠缺的。唯有扎扎实实做好人文交流，才有可能实现发展经验、生活经验以及生活方式的对接。"[1] 在中国—南亚命运共同体的建设中，切忌只关注经贸、投资，而忽视了文化和"人心"的相通。唯有广泛、深入的人文交流，才有可能实现中国—南亚命运共同体的共建、共有、共管。

挑战：结构制约与信任赤字

在中国—南亚命运共同体建设的进程中，首先需注意南亚作为一个较为独立的战略单元的特性，即"印度中心"问题。在南亚，印度不仅在地理上

---

[1] 时殷弘：《传统内外的当代中国：对外政策与中国特性》，2015 年 7 月 29 日在亚太与全球战略研究院的讲座发言。

处于次大陆的中心，而且在经济和文化上，也长期是南亚的中心。这使印度长期、天然将南亚视为自身战略后院。中国与南亚建立命运共同体，首先要处理的问题是中国与印度在南亚的共存问题。加上中印尚未解决的边界问题，印度对中国的"敏感"和"不信任"是根深蒂固的。

就中国发展对南亚地区的冲击而言，目前以综合力量为基础的力量对比并没有发生实质变化，印度仍然保持着"独大地位"。这主要是由于在中国崛起的背景下，印度也正以长期的、稳健的速度在发展。然而，中国崛起确实使"中国是南亚最重要的邻国之一"[1] 成为现实，而中国与南亚国家的利益交织也使中国更容易被多数南亚国家纳入自身与印度互动的进程，从而在客观上造成"印度中心"的部分稀释。这使中国—南亚命运共同体的建设具有了现实可能性。需认识到，中国崛起的红利可以同时惠及印度和巴基斯坦，从而在客观上有助于印巴关系的正常化。

在此逻辑下，中国—南亚命运共同体建设最后将取决于相关国家如何看待这种共生关系。在2015年的《中国印度联合声明》中，中印双方重申，"中印同时复兴为实现亚洲世纪提供了重要机遇，中印必须在追求各自发展目标和维护安全利益的进程中相互支持。"[2] 这种政治承诺为中国—南亚命运共同体的建设奠定了基础。

在具体外交实践中，中国—南亚命运共同体建设应更关注"一带一路"沿线国家各自的需求；应更充分重视别国的发展经验；应更充分研究别国参与的可能性，特别是加大对沿线国家的语言、文化、宗教和其他基本情势的了解和学习，加强相关的人才培养和知识储备。在整个过程中，应更注重充分的国际协商和双边互动，避免"国内热、国外冷"的被动局面。

（原文发表于《当代世界》2015年第11期）

---

[1] 之一是因为几乎所有南亚国家都会将美国作为第三邻国或特殊邻国，这是由美国的全球霸权地位决定的。

[2] 中华人民共和国外交部网站，《中华人民共和国和印度共和国联合声明》，2015年5月15日，http://www.fmprc.gov.cn/mfa_chn/zyxw_602251/t1264174.shtml.

论蒙古永久中立对"一带一路"建设的影响

储 殷　国际关系学院副教授

2015年10月20日,蒙古国外长普日布苏伦在记者会上表示,蒙古国成为"永久中立国",对蒙古国的外交政策,包括与中俄两个邻国的外交政策,不会产生影响。这是继2015年9月,蒙古国总统额勒贝格道尔吉公开表示蒙古将逐步成为"永久中立国"后,蒙古再次就这一问题向外界释放信息。目前,除了众所周知的瑞士,奥地利、哥斯达黎加、土库曼斯坦等国家也先后宣布成为永久中立国,并获得了国际社会的普遍承认。此次蒙古国宣布谋求"永久中立国"地位,不仅是蒙古自冷战之后对外政策持续转型的必然结果,而且也将对中国"一带一路"倡议下的中蒙俄走廊产生深刻的影响。

蒙古谋求"永久中立国"具有高度政策连贯性

蒙古国自独立以来,受到苏联的影响极深,曾被称为"苏联的第16个加盟共和国"。冷战时期,蒙古国对苏联采取了"一边倒"的追随政策,在

2015年9月18日，第201列郑欧班列驶出二连浩特火车站。这列由郑州始发的国际列车，将经由蒙古国、俄罗斯、白俄罗斯、波兰，在约13天后抵达目的地德国汉堡。自2011年3月19日正式开行以来，中欧班列已经超过800列。

政治、经济、军事安全等方面全面倒向并依附苏联。这种"一边倒"的直接后果一方面造成了蒙古国在内政外交上基本丧失了自主权，成为苏联在东北亚的"卫星国"。另一方面，则造成了蒙古高度依附苏联，产业结构严重失衡、高度依赖外部援助的发展模式。1988年，蒙古对外贸易中，94.3%来自于同经互会国家的贸易，对苏联贸易更是占到81.8%。

随着苏联的解体，蒙古国的政治经济发生了巨大变化，进入转型期的蒙古社会对于冷战时期蒙古的内政外交进行了全面的反思。无论是执政党还是反对派，在对外政策方面都主张完全抛弃过去单方面依靠苏联的对外政策，发展全面均衡的对外关系。在这样的社会共识之下，1994年，《蒙古国对外政策构想》和《蒙古国安全战略构想》先后出台。这两份文件集中反映了蒙古的精英阶层对于全面倒向苏联时代的深刻反思，同时也标志着蒙古国对外政策调整与转型的开始。

《蒙古国对外政策构想》重新确立了蒙古国外交的战略原则、战略目的和战略手段。将对外战略的表述修改为"和平、开放、自主、多支点"。这一文件正式以立法的形式确定了蒙古国冷战后"多支点外交"的基本外交战略。所谓多支点外交，指的是蒙古在保持"同俄罗斯与中华人民共和国保持友好关系"这一蒙古国对外政策主要目标的同时，在保持自身独立和发展的前提下，发展与更多国家和地区的关系。"多支点外交"战略跳出了传统的在中国和俄罗斯"选边站"的思维惯性，转而试图构建新的对外政策框架。

对于中国和俄罗斯，蒙古不再采取"一边倒"，而是开展"等距离外交"。"等距离"指的是蒙古在中俄两方之间坚持中立的外交政策，不与其中任何一方结盟，亦不与任何一方对抗。在"等距离外交"政策下，蒙古同中俄两国几乎同步地开展了一系列合作。1993年，蒙古国与俄罗斯签署了《友好合作条约》后，第二年中蒙之间就签订了类似内容的条约。2000年，普京访问蒙古，蒙俄宣布建立睦邻友好合作关系。2003年，胡锦涛访问蒙古，宣布了两国建立睦邻互信伙伴关系。2009年8月，蒙古与俄罗斯建立战略伙伴关系，2011年中蒙也建立了战略伙伴关系。蒙古在各个方面都注意中俄两国之间的平衡，不过分亲近或依赖任何一方。在推行"等距离外交"的同时，蒙古同其他大国和地区积极开展合作，这一积极展开合作的策略被称为"第三邻国外交"。

2011年，蒙古国大呼拉尔在新版《对外政策构想》中将外交政策最终确定为"爱好和平、开放、独立、多支点的外交政策"。这意味着蒙古竭力避免在大国之间站队的危险选择，而试图采取更为灵活、平衡的外交战略。在近几年中，蒙古国的对外关系基本实现了《对外政策构想》中"多支点"的外交布局，除了与中俄两国关系紧密发展之外，包括美国、日本、韩国、欧盟、欧安会、北约等国家和国际组织都成为蒙古国重要的"第三邻国"。现实性和平衡性已经成为蒙古对外关系的鲜明特点。在这种情况下，继续保持同各方的合理距离，避免过于接近某个伙伴国家而影响对外关系的平衡，采取中立态度甚至构建"永久中立国"地位就成为合乎情理的选择，因为它让蒙古既能够避免卷入大国在区域内的安全博弈，又能够同时获得与各个大国发展经济关系、提振国内经济的合作机会。

在乌克兰危机之后，为了确保在中、美、俄、日之间游刃有余，也为了避免由于走近美、日，引起俄罗斯的警惕与干涉，"永久中立"演变为具体情境之下的政策选择。这是蒙古在俄罗斯与西方关系日益紧张、对抗加剧的现实情境下，为维护国家安全与独立所做的战略性选择。蒙古认为，永久中立不仅将极大地缓解蒙古的安全困境，而且也将有利于缓解俄罗斯对蒙古近年来日益增加的顾虑，并进而促进东北亚地区的和平、稳定与发展。

蒙古的永久中立对"一带一路"建设的积极影响

蒙古的永久中立着意于蒙古将更加侧重于以全面开放来推动经济发展，可能对中国的"一带一路"倡议带来积极的影响。一方面，蒙古的永久中立将极大地有助于缓解俄罗斯由于远东地区地广人稀而产生的安全焦虑，从而使得俄罗斯有更多的积极性来与中国、蒙古两国推动中蒙俄走廊的建设。蒙古目前在国内设置了三大自由贸易区：阿勒坦布拉格自由贸易区、扎门乌德自由贸易区以及查干诺尔自由贸易区。其中在地理位置上与俄罗斯的 Khiagt 港口十分临近的阿勒坦布拉格自由贸易区，是蒙中、蒙俄贸易的中枢所在。长期以来，该自由贸易区由于俄方在基础建设联通、贸易政策沟通上积极性不高，而一直处于不温不火的状态。蒙古的永久中立，能够促使俄罗斯有关方面进一步打开心结，从而以更为主动的姿态来谋求中蒙俄三方的共同发展。

另一方面，蒙古的永久中立将让蒙古在国家战略设计中，更加看重经济因素，从而更加愿意将国家发展战略与中国的"一带一路"倡议对接。长期以来，蒙古对中国持有复杂的心态，既希望能够拥抱中国机遇，又担心中国对其构成威胁。这种摇摆的心态造成了中蒙关系在安全与发展两个维度上的紧张。蒙古的永久中立，将极大地缓解蒙古的安全焦虑，从而让发展成为国家战略中的重心，这无疑将有利于蒙古与经济上更为强大的中国建立起密切的联系。自 1999 年起，中国就取代俄罗斯成为蒙古国最大的贸易伙伴，中蒙两国的贸易总额十年累计增长了十倍，中国已经成为蒙古国的最大投资国，最大出口国和第二大进口国、中国在资源、能源、畜牧业等多方面的投资正在成为蒙古发展国家经济的强劲动力。目前，蒙古的经济因其产业结构因素，在国际经济整体下行的情况下，遭遇了巨大困难。2015 年 1—9 月，蒙古国财政收入同比降幅高达 6.2%，财政赤字达到 2014 年同期的 5.4 倍，进出口总额同比下降超过 20%。在这样的情况下，蒙古急需国外大量的投资资金和基础设施建设援助，而中国的"一带一路"倡议已经成为蒙古寻求经济发展的唯一选择。中国当前的"一带一路"倡议在经济影响力上远大于安全影响力，因此一个地方越是和平，越是重视发展，中国的相对优势就越大，"一带一路"倡议就越容易得到欢迎。

必须指出，中国的"一带一路"倡议与蒙古国的国家发展战略具有天然的契合性。2014 年，蒙古国提出了"草原之路"计划，旨在通过修建连接中俄的 997 公里高速公路、1100 公里电气铁路、扩展跨蒙古铁路、天然气管道和石油管道等五个项目来为本国带来更多投资并带动产业升级。其最主要的内容就是建设公路、铁路、口岸等基础设施，而这也是中国在"一带一路"建设中最为擅长的道路联通。由于蒙古相比中俄两国在军事实力上相对弱小，在蒙古未成为永久中立国之时，蒙古国内部分群体对于道路联通非常敏感，甚至担心道路畅通会威胁到蒙古的国家安全。在蒙古成为永久中立之后，这种顾虑显然将会大幅降低，推进道路联通的阻力也会相应减弱。

蒙古永久中立可能对"一带一路"造成的挑战

蒙古的永久中立，一方面确保了蒙古不会在多方势力中选择一方站队，而威胁其他各方的利益；另一方面也让各方势力都丧失了成为蒙古"最"亲密伙伴的机会。这种等距离、多支点且敏感度降低的局面，将让各方在蒙古的竞争变得更加激烈。长期以来，蒙古国围绕"多支点外交"和"第三邻国外交"的对外战略，在保证同中俄两国关系平稳发展的同时，积极引入第三方力量，同美国、日本、欧盟、韩国等国家和国际组织的关系都获得了较大的提升。这些中俄两国之外的"第三邻国"很有可能会对"一带一路"的推进造成新的挑战。

首先，蒙古的永久中立将很可能强化蒙古与美国的联系。在永久中立政策下，蒙古仍然需要外在安全保障，由于这种外界安全保障必须在某种意义上构成对于中、俄两大国的制约，因此美国是蒙古高度看重的"第三邻国"。蒙美两国自1991年美时任国务卿贝克访问蒙古并提出"第三邻国"概念以来，就发展得极为迅速而全面。一方面，在小布什总统访问蒙古后，蒙美两国正式确定了"第三邻国"外交关系，两国在政治互信、军事交流、经贸往来等方面发展迅速。2003年起，蒙古同美国定期举办"可汗探索"联合军演，2006年开始这一军演拓展为多国联合军演，由美国太平洋舰队司令部和联合国支持维和基金联合主办。另一方面，美国还在蒙古国的民主化进程中发挥了重要作用。美国从各个方面支持与援助蒙古的民主化，包括为政党提供资金支持、提供精英培训计划为蒙古培养政治人才、提供各类经济援助等。虽然蒙古不会让美蒙关系威胁中蒙关系，但是在美国"亚太再平衡"的大背景下，美蒙关系也符合美国在东北亚区域的战略布局，而这个战略布局很可能会在某些方面对中国的"一带一路"造成消极影响。尤其是中蒙俄走廊，联通中国与俄罗斯，在安全上具有极为重要的意义，美国在蒙古的布局不可能不考虑到这一点。

其次，蒙古的永久中立会打消一些域外国家在蒙古投资的顾虑，从而强化相关国家在蒙古的经济竞争。从目前的情况来看，日本、韩国很有可能会借着蒙古永久中立的机会，加大对蒙古的投资，从而构成对中国"一带一路"倡议的竞争与对冲。在蒙古目前的经济发展中，中、日、韩三国的地理优势让他们与蒙古国的合作拥有很大便利，也因此三国对蒙古国都高度重视。虽然从对蒙古的投资总量而言，韩、日两国无法与中国相提并论，但是相比于中国投资70%以上集中于采矿业，韩国和日本目前对蒙古的投资主要集中于贸易与公共服务、轻工业、银行业、电信业等领域。其中韩国在通讯电信领域具有较高的优势，而日本在银行、教育等领域占有相对优势。这种投资结构相比于中国的投资结构不仅更为均衡，而且也更不易受大宗交易物品价格波动的影响，从而更为安全。

韩国对蒙古的投资，主要集中在规模相对较小的电信、物业、酒店及零售行业。其中，贸易和公共服务是直接投资的主要部门，占其总投资额高达51%的比重，位居第二的轻工业占18%，电信业和银行业紧随其后，分别占总量的12%和11%。韩国投资的合资企业如天阅酒店有限责任公司、联合电信公司和蒙古电信等，是蒙古的主要电信运营商，目前拥有的股权价值自1990年以来创造了超过1100亿韩元的经济效益。此外，在建筑领域，作为1990个韩国投资的合资公司之一的首尔公司，股权价值超过5000万美元，为该领域的主要参与者。值得一提的是，随着蒙古城市化的加速，韩国已经开始在房地产与清洁能源、环境治理等方面进行广泛的投资以寻求进一步增大在蒙古的影响力。2011年8月，蒙古和韩国将双边合作关系升级到"全面伙伴关系"。在这种伙伴关系的影响下，两国同意在发展能源和自然资源方面实行中期行动计划，通过建立十万个住宅单位扩大韩国在蒙古的基础设施和建筑部门的投资，并加强对火力发电，发展可再生能源、绿色燃料和自然资源勘探的技术交流，共同设立造林项目以防止蒙古土地荒漠化。

日本对蒙古的主要投资集中于电信业、银行业和房地产业。早在1999—2005年期间，日本对蒙古电信行业的投资就超过了5000万美元。其主要投资企业MobiCom已经成为目前蒙古最大的移动运营商，拥有超过130万的用户。除此之外，日本的泽田控股公司已成为投资并控制蒙古国商业部门的最大企业，其在可汗银行拥有的股份价值超过700万美元。日本的财务投资者对蒙古首都和金融市场表现出了极大的兴趣，蒙古国也在试图为其提供一个合适的和稳定的投资环境。必须指出的是，除了投资之外，日本也是对蒙古援助最多的国家。在蒙古社会的不同发展阶段，日本一直有效调整着对蒙古的援助政策。近年来，更是将援助深入到蒙古的社会底层，并参与促进蒙古宏观经济的健康发展，提供制度建设和人才培养方面的援助；为缩小地方与城市的差距，援助地方开发实现可持续发展，提供环境保护；为振兴外贸产业，支持基础设施及政策决策等多方面事务紧密相连。坦率而言，日本已经在争取蒙古人心方面取得了很大的进展，而这种人心上的亲疏，很显然会成为将来影响"一带一路"在蒙古落地的重要因素。

总体而言，蒙古的永久中立有其国家发展的必然性，在蒙古经济下滑明显的具体情境下，这种"中立"将会对中国推进"一带一路"倡议产生积极的影响。但是任何事物都有其两面性，永久中立在稳定蒙古安全局势的同时，也让域外美、日等国，在一定程度上放开手脚，加大对蒙古的投入。这一点无疑是蒙古希望看到的，也无疑会对"一带一路"的推进形成一定的挑战。

（原文发表于《当代世界》2016年第2期）

"一带一路"倡议与中俄印三边关系

涂志明　江西师范大学马克思主义学院

2013 年，中国国家主席习近平在访问中亚与东南亚国家期间，先后提出建设"丝绸之路经济带"与"21 世纪海上丝绸之路"的倡议（即"一带一路"倡议），并受到国际社会广泛关注。俄印是"一带一路"沿线的两个重要经济体，两国对"一带一路"倡议的理解和态度对中俄印三边合作具有重要影响。新形势下，中俄印三国需加强彼此区域发展战略对接，继续推动国际格局向多极化方向发展。

冷战后中俄印三边关系的发展

伴随着冷战后经济全球化的推进，主要发展中国家纷纷抓住机遇，实现了国家实力的不断提升。俄罗斯经过 20 世纪 90 年代"休克疗法"的震荡期后，在普京的领导下，逐渐恢复了国家的整体实力，外交执行力显著加强。中国在改革开放的进程中实现了和平发展，一跃成为世界第二大经济体。印度、

2015年5月，中俄共同发表了《关于丝绸之路经济带和欧亚联盟建设对接合作的联合声明》。图为2016年6月29日，中欧班列（南京—莫斯科）首班列车从南京北站驶出。

南非以及巴西等都在同一时间段内实现了显著的实力增长。众多新兴市场国家的涌现，导致世界权力格局发生明显变化，也使得包括东亚和南亚地区在内的中国周边总体地缘战略环境发生了很大变化。

一、中俄印三对双边关系稳步发展

中俄关系方面，1989年5月双方在北京举行会谈，两国政府宣布双边关系正常化。苏联解体以后，中俄关系继续向前推进，但由于俄罗斯成立初期奉行向西方"一边倒"的外交政策，在对华关系方面并没有取得实质性进展。随着以美国为首的北约加强了对俄罗斯的战略挤压，加上俄国内对亲西方外交政策的批评，俄于1996年调整外交政策，实施全方位外交，其对华关系开始出现实质性进展。1996年俄总统叶利钦访华，中俄两国宣布建立平等信任、面向21世纪的战略协作伙伴关系，这对中俄关系发展具有重要意义。普京上台后更加重视发展对华关系，2014年5月，习近平主席和普京总统签署联合声明，推动中俄全面战略协作伙伴关系进入新的发展阶段。2016年6月，普京总统访华，将中俄关系的战略价值推上新的台阶，访问期间，两国元首共同签署了三份政治文件[1]，夯实了双方平等互信的战略基础。同时，两国还就"一带一路"倡议与欧亚经济联盟对接问题开展了深入交流，并对维护《联合国海洋法公约》和东北亚地区事务进行了沟通。

俄印关系方面，2000年10月和2002年12月普京先后两次访问印度，推进了两国关系的发展。2002年普京访印期间，俄印签署了战略宣言，同意在战略伙伴关系层面举行年度峰会，同时，双方在联合声明中指出，两国的战略伙伴关系致力于在新的合作安全秩序基础上建立多极化世界。2003年，印度总理瓦杰帕伊访问俄罗斯。他指出，印俄战略伙伴关系与合作是无限制的，两国的友好关系在变化的世界舞台上会成为一支稳定的力量；宣称印俄两国在反对"单边主义"层面有着"共同利益"，强调双方推动国际社会多极化的必要性。2015年12月，印度总理莫迪访问俄罗斯，参加第16次俄印双边峰会，进一步巩固俄印关系的发展基础。

中印关系方面，1988年12月印度总理拉吉夫·甘地访问北京，标志着中印关系出现了转折。经过十多年的发展，2003年6月，印度总理瓦杰帕伊访华，双方签署联合宣言并强调要在"长期建设性合作伙伴关系"基础上发展新型中印关系。近年来，在经济相互依赖、推动全球治理体系转型等多方面共同利益驱动下，两国合作水平得到稳步提升。2014年9月，中国国家主席习近平访问印度期间用"三个伙伴"定位中印关系，即"更加紧密的发展伙伴、引领增长的合作伙伴、战略协作的全球伙伴"，从而为中印关系的发展注入了新的活力。2015年5月，印度总理莫迪受邀访华，中印双方就经贸、投资等领域合作进行了深入磋商，并就中方发起的"一带一路"倡议进行了协调。

---

[1] 这三份文件分别是《中华人民共和国和俄罗斯联邦联合声明》《中华人民共和国主席和俄罗斯联邦总统关于加强全球战略稳定的联合声明》和《中华人民共和国主席和俄罗斯联邦总统关于协作推进信息网络空间发展的联合声明》。

二、美国是中俄印三边关系形成的关键条件

尽管中俄、中印、俄印三对双边关系的发展为中俄印三边关系的形成奠定了基础，但"9·11"恐怖袭击以及美国在欧亚大陆反恐战略的调整，才是中俄印三边关系形成的关键条件。三国在反对美国霸权，推动世界多极化和建设国际政治经济新秩序方面具有共同利益。美国在中亚、南亚以及东亚地区日益增强的军事和外交影响力，推动中俄印加强了三边的战略合作。可以说，对单极霸权及单边主义的反对是中俄印三边关系的动力之一，三国都接受基于互信的安全观。

早在1998年12月，俄总理普里马科夫访问印度时便提议建立中俄印三边关系，对美国不受约束的权力进行制衡。2002年9月，中俄印三国首次举行外长会晤。2005年6月，中俄印三国外长举行第四次非正式会晤，在三国发表的联合公报中，三国外长重申了在21世纪全球发展方面的共同利益，并强调在国际关系民主化方面要构建一个基于国际法、相互尊重、合作与多极化的世界秩序。[1] 2015年2月，中俄印三国外长在北京举行第13次三边会晤，三方除了一如既往地强调推动国际关系民主化和多极化的发展外，还突出了构建合作共赢的新型国际关系的重要性，同时，三国还将中东与乌克兰危机等地区热点问题纳入协商范畴，并强调了对"一带一路"倡议的支持。[2] 2016年4月，中俄印三国外长在莫斯科举行了第14次会晤，三国外长就全球和地区的重要问题进行了磋商，表示要加强国际法和集体应对共同挑战，同时，会议还对中东、北非地缘局势、阿富汗与乌克兰危机给予特别关注。结合中俄印三国外长举行会晤的时间背景以及他们对多极化的反复重申可以发现，当下许多国际和地区问题离不开美国的影响，恰恰是美国对欧亚大陆权力渗透使中俄印三国具备了三边合作的动力，从而推动了三边关系的发展。

---

[1] PTI News Agency, 0732 gmt, 2 June 2005, reproduced as "Text of Joint Communique of Indian, Russian, Chinese Ministerial Meeting," in BBCMIR, 2 June 2005.

[2] Joint Communiqué of the 13th Meeting of the Foreign Ministers of the Russian Federation, the Republic of India and the People's Republic of China, http://www.fmprc.gov.cn/mfa_eng/wjdt_665385/2649_665393/t1233638.shtml.

另外，随着中俄印周边非传统安全问题的日益凸显，这种三边关系又摆脱了单纯地制衡美国单极霸权的框架，走向了合作应对地区问题的全方位合作模式。特别是中国出台的"一带一路"倡议，为中俄印三边合作提供了新的增长点。

俄印两国对"一带一路"倡议的反应

在权力转移和国际格局重组的大背景下，"一带一路"倡议的出台将对欧亚大陆地缘政治格局产生重要影响，特别是中俄印三边关系也将受到某种程度的影响。在此情势下，俄印两国对待"一带一路"倡议的态度也会成为中俄印三边互动的重要变量。

其一，俄罗斯对"一带一路"倡议的反应由担忧转变为参与。从地缘战略的角度来看，俄罗斯作为欧亚地区的大国，对中国在中亚地区日益上升的影响力心存疑虑，担心"一带一路"倡议的实施会对自己主导的欧亚经济联盟构成竞争。早在2013年，俄罗斯就对中国提出的加强"一带一路"与欧亚经济联盟进行对接的倡议表现出暧昧态度。俄罗斯甚至有人认为，政府应该对中亚国家施压，阻止其参与到中国主导的地区合作项目中去。2015年5月8日，在俄罗斯的主持下召开了欧亚经济委员会，就欧亚经济联盟成员国与中国的贸易和投资协定进行磋商。同时，俄罗斯还将寻求在"丝绸之路基金"项目下获得来自中国的基础设施投资。[1]俄罗斯谋求与中国在中亚地区进行分工，由中国负责地区内的经济发展问题，俄方则负责在集体安全条约组织的框架下提供地区安全。尽管中俄之间存在某种程度的观念分歧，但是在维护地区稳定和促进经济发展方面，两国仍然存在高度共识，这也是俄罗斯与中国试图使"一带一路"倡议和欧亚联盟实现对接的关键。

---

[1] Alexander Gabuev, Eurasian Silk Road Union: Towards a Russia-China Consensus?, June 5, 2015, http://carnegie.ru/2015/06/05/eurasian-silk-road-union-towards-russia-china-consensus/i9kt.

其二，相比俄罗斯，印度对"一带一路"倡议的态度比较模糊。印度不仅担心中国会利用"一带一路"倡议扩大在南亚地区的影响力，而且还担心中方会通过这一计划把斯里兰卡、孟加拉等国连接起来，对印度构成战略包围。[1] 尤其是印度国内那些对中国持批评态度的决策者，对于中国的地区倡议并没有很高热情，他们主要的关注焦点还是"一带一路"倡议给印度带来的安全影响。有观点认为，中方可能会凭借这一战略扩大在南亚地区的影响，扩大在印度东北部地区的存在，特别是在中印两国有领土争议的地区。此外，中巴经济走廊作为"一带一路"倡议的一部分，需要经过巴基斯坦控制下的克什米尔地区，这也可能会给印度造成过激的反应。[2] 当然，印度国内也有观点认为，即使中国会借助"海上丝绸之路"进入印度洋，但是如果印度能够强化经济实力，也能从这一倡议中获得重大收益。可以说，印度对"一带一路"倡议的看法基本上源自竞争的视角，认为中国的"海上丝绸之路"服务于两个目的：一是通过海军外交重振与邻国的关系，二是应对美国的"亚太再平衡"战略。[3] 正是基于这种谨慎的心态，印度总理莫迪提出了"印度制造"的口号，鼓励为其制成品扩大出口市场。而且早在2014年6月印度就提出了自己的地区性发展规划——"季节计划"。此外，印度还积极致力于国际南北运输走廊的建设，其中就涵盖了伊朗恰巴哈尔（Chabahar）深水港的建设，这有助于印度进入中亚市场。[4] 总之，随着2015年印度总理莫迪

---

[1] 林民旺：《印度对"一带一路"的认知及中国的政策选择》，载《世界经济与政治》，2015年第5期。

[2] GeethanjaliNataraj and RichaSekhani, "China's One Belt One Road Initiative": Analysis from an Indian Perspective, 17 March 2016; http://china-trade-research.hktdc.com/business-news/article/One-Belt-One-Road/China-s-One-Belt-One-Road-Initiative-Analysis-from-an-Indian-Perspective/obor/en/1/1X000000/1X0A5J3C.htm.

[3] Dr Rahul Mishra, What China MUST do to get India on Silk Route, September 17, 2014. http://www.rediff.com/news/column/what-china-must-do-to-get-india-on-silk-route/20140917.htm.

[4] Shreya Upadhyay，'One Belt, One Road' and India's strategic autonomy, 5 August 2015，http://www.policyforum.net/one-belt-one-road-and-indias-strategic-autonomy/.

的成功访华，中印两国在地区问题领域内的合作关系会迈上一个新的台阶，从而有助于推动双方在发展战略对接问题上形成共识。

总之，虽然俄印对"一带一路"倡议存在不同的理解和应对，但是地区问题的外溢效应和全球化背景下相互依赖的深化，使得俄印两国在地区合作的认同方面逐步形成共识，这也为"一带一路"倡议下的三国合作提供了有利契机。

"一带一路"倡议与中俄印三边合作

尽管俄印两国都有自身的地区发展战略规划，但是鉴于"一带一路"倡议的开放性和包容性，加上欧亚大陆大多数发展中国家在基础设施建设等领域存在巨大需求，因此"一带一路"倡议预期可为中俄印在欧亚大陆乃至更广泛的国际舞台开展三边合作提供巨大机遇。中俄印三国应抓住机遇，拓展和深化合作空间，努力推动国际关系民主化和多极化。

首先，进一步深化"一带一路"倡议与俄印两国区域发展战略的对接。中国与俄印两国并不存在结构性矛盾，欧亚大陆以及各自的国内市场需求为三方发展战略对接提供了广阔的空间。在区域发展战略对接方面，中国的"21世纪海上丝绸之路"与印度的"季节计划"有重叠之处，包括两大区域发展战略所覆盖的国家以及各自开展的项目等。中印两国可以以项目为支撑，强化在沿线第三国市场的合作。在"丝绸之路经济带"与欧亚经济联盟方面，2015年5月，中俄共同发表了《关于丝绸之路经济带建设和欧亚联盟建设对接合作的联合声明》，指出双方在地区发展问题上互相支持，在中俄地区战略规划对接的框架内，推动区域经济稳定增长，促进地区经济一体化。关于"一带一路"的对接主要包括三个方面：战略对接、制度对接以及优先合作领域的对接。[1] 总之，通过将"一带一路"倡议与印俄两国的区域发展战略对接，不仅可以深化中俄印三边合作，而且还会为欧亚大陆区域经济合作开辟新的起点。

其次，加强中俄印三国战略合作，推动全球治理体系转型。中俄印三国都是国际格局多极化和国际关系民主化的重要推动力量。强化"一带一路"倡议与俄印两国区域发展战略对接，不仅是要通过互利共赢的合作来提升彼此国家实力，更重要的是通过这种合作提升亚洲大陆整体以及广大发展中国家在国际体系中的地位和作用，从而改变二战结束以来所形成的不平等的国际政治经济结构，即要着力推动全球治理体系的转型。事实上，中俄印在推动全球治理体系转型方面已经做出了卓有成效的合作，三方都是金砖国家组织以及上海合作组织的重要成员国。三国加强战略合作，对推动这两大新型国际组织的深化发展具有重大意义。三国之间的战略共识，对发出发展中国家的集体声音至关重要。例如，针对西方发达国家在国际经济领域的主导地位，金砖国家近年来会利用峰会机制重申对 G20 的支持，并认为 G20 是推动国家宏观经济合作的重要论坛，有利于全球经济复苏和金融稳定。此外，在 2016 年 4 月的第 14 次中俄印三国外长会议上，三国主张提高发展中国家在全球经济金融治理中的发言权和代表性。鉴此，中俄印三国在推动发展战略对接的同时，需进一步丰富三国外长会晤机制的内涵，提高在金砖国家、上海合作组织以及二十国集团等多边框架下的战略协调与合作，进一步推动全球治理体系转型。

最后，着力深化中俄印三方在非传统安全领域的合作。"一带一路"倡议与俄印区域发展战略的对接离不开有利的安全环境。然而，恰恰是在中俄印都具有重要战略利益，且各自区域发展战略都有所覆盖的中亚地区存在严重的非传统安全问题。恐怖主义、民族分裂主义和宗教极端主义三股势力交

---

[1] Vladimir Svedentsov, The Eurasian Economic Union and the Silk Road Economic Belt-prospects for cooperation, 27.08.2015, 来源：http://en.riss.ru/analysis/18639/；人民网：《让欧亚联盟与"一带一路"对接》；http://world.people.com.cn/n/2015/0609/c157278-27122823.html。

织在一起，导致中亚地区的安全形势极为复杂。近来，极端恐怖势力"伊斯兰国"的崛起，也引发了其溢出效应对中亚地区的负面影响。在此背景下，对中俄印三国战略安全都至关重要的中亚地区的安全需求日益上升。中俄印三方互动应顺应该地区安全需求上升的现实，通过深化合作共同提供安全公共产品。特别是，三方要充分利用好外长会晤机制、上海合作组织等多边平台，为区域安全治理提供解决方案，为三国区域发展战略对接创造良好的安全环境。

总体而言，中俄印三边互动正日益超越应对美国单极霸权这一传统范畴，三方合作的内涵和外延在不断拓展。特别是中国提出的"一带一路"倡议，涉及俄印两大经济体，三方彼此发展战略的对接可进一步丰富中俄印三边合作的内涵。中俄印三方合作应本着互利共赢的原则，突出战略引导取向，积极推动全球治理体系转型。

（原文发表于《当代世界》2016年第12期）

"一带一路"倡议的区域发展示范机制探析

陈松川　北京建筑大学经济管理学院

"一带一路"倡议自提出以来之所以在国际社会引发关注，不仅仅在于它是中国发展转型期的产物，还在于它丰富的区域发展内涵。相对于国际战略与经济发展方面的热议，目前在"一带一路"倡议的具体区域发展内涵，特别是区域发展机制方面深入挖掘得还不多，迫切需要加强这方面的工作。

世界经济动力不足，"一带一路"倡议亟需理清其区域发展内涵

一、现有经济治理机制缺陷导致世界经济整体动力不足，世界经济期待引入新的发展思路、治理理念并注入新的活力

当前世界经济之所以长期低迷，一个重要的原因是现有经济治理机制和架构的缺陷逐渐显现，导致世界经济整体动力不足。现有经济治理机制总体上仍然延续的是20世纪中期二战后形成的结构，虽然随着国际经济形势的变动也经历了几次重大的修补，但是进入21世纪以来，世界经济治理机制

的变革速度已经大大落后于经济形势发展的现实态势，既无法体现当前国际经济体系的力量结构，也不能适应国际经济体特别是发展中国家发展的需要，对当前经济发展的推动力减弱、制约性增加，全球治理体系变革正处在历史转折点上。世界经济的要素随着发展在不断被赋予新的内涵，以国际经济的主要内容贸易为例，当今的国际贸易内涵已经远远超出了贸易本身的目的，成为发展和减少贫困的一个重要工具。因此，"有必要对全球治理体制机制进行相应的调整改革。这种改革并不是推倒重来，也不是另起炉灶，而是创新完善"[1]，这种创新完善的一个具体途径就是引入适应新发展的治理新理念、新思路，唤起现有经济治理机制的潜在活力。

二、国际社会对"一带一路"倡议的具体发展内涵还缺乏深入了解，"一带一路"倡议包含的治理内涵将是中国对国际发展和治理的重要贡献

无论西方社会还是发展中国家对"一带一路"都有这样的印象，"人人都在谈论'一带一路'倡议，但似乎没人确切地知道其含义"[2]。当前国内外对"一带一路"的研究主要有两大方面，一个集中在宏观层次上的战略分析和产业布局，一个集中在微观层次上的企业发展和项目推进。作为中国整体转型过程的一个标志，"一带一路"倡议毫无疑问具有重要的战略意义。同时，作为一种新的世界经济合作模式，在推出之初也确实需要从理念层次上廓清思路。但是，目前无论在国内还是国外战略层次的分析很多都把侧重点放在了话语权、规则主导权的争夺上，这样的解读角度不免有失偏颇，因为从价值导向上讲，赤裸裸的权力争夺不符合中国一贯秉持的对外行为逻辑模式，也不符合国际社会的发展趋势；从具体内容上看，"一带一路"倡议更重要的还是与之直接相关的经济合作内涵。另外，"一带一路"倡议之所以应者云集的根本原因是对沿线国家加快发展需求的回应，特别是它背后所

---

[1]《坚持构建中美新型大国关系正确方向，促进亚太地区和世界和平稳定发展》，载《人民日报》2015年9月23日。

[2] 菲利普·斯蒂芬斯:《中国正创立自己的俱乐部?》，载《环球时报》，2015年6月2日。

近年来，宁波舟山港坚持海陆统筹双线发力，全力打造"一带一路"物流大通道。图为 2017 年 2 月 17 日，超巨型原油轮"泰欧"号停泊在宁波舟山港大榭港区实华二期 45 万吨原油码头。

内含的深层次区域发展治理内涵，这些治理内涵和发展机制是对 30 多年来中国改革开放成功经验的总结和共享，是中国贡献的完善全球治理方案。也就是说，通过理念倡议、价值引领、机制创新和责任落实，中国积极提供全球公共产品，大力推动全球公共治理的发展与完善。

"一带一路"倡议中的示范发展机制

一、"一带一路"倡议中的示范发展机制是国内"试点——推广"机制在区域发展治理层面的延伸和拓展

"示范"机制作为中国治理实践中所特有的一种政策测试与创新机制，是中国式政策执行的一种核心机制。在针对中国发展的研究中，包括科斯

(Coase)、诺思 (North)、斯蒂格利茨 (Stiglitz) 等一大批著名经济学者都一致认为，以政策创新、地方试验、经验推广为主要内容的示范机制是推动中国发展奇迹和政治适应性发展的重要制度基础。示范机制主要包含试点和推广两个层面。其中，"试点"更侧重于探索性，"推广"是对不断"试点"基础上取得的比较成熟的经验的模仿，"试点"的目标就是为了"推广"。从更深的层次来讲，"试点"展示的是中国发展治理体系所蕴含的自主学习能力，而"推广"反映的是中国发展治理体系以改造社会为己任的目标。"试点""推广"所构成的示范机制的完整过程是一个通过探索不断凝聚共识，透过模仿学习不断扩散的过程。在这个过程中，起决定性作用并贯穿始终的因素是来源的广泛性和要素整合的尺度，并以二者对示范主体自身的适用性作为是否成功的标准。"一带一路"倡议中的示范机制是国内"试点——推广"机制在双边及多边国际经济合作中的延伸和拓展，不同之处在于它更突出试点和推广在整个过程中融合在一起的综合作用。一方面相对于国内的经验来讲是推广，另一方面相对于落脚的沿线国家来说又具有试点的性质。"一带一路"倡议中的示范机制分为两个阶段，第一个阶段是构建阶段，第二个阶段是扩散过程，从这个意义上说"一带一路"倡议中的示范机制是一种区域发展治理的扩散机制。

二、"一带一路"倡议中示范机制的内涵

"一带一路"倡议中的示范发展机制虽然脱胎于国内的"试点——示范"政策过程，但又不是对它的简单复制，在机制的要素、作用模式上有自己的基本逻辑。"一带一路"倡议的示范发展机制由七个要素组成。"根据'一带一路'走向，陆上依托国际大通道，以沿线中心城市为支撑，以重点经贸产业园区为合作平台"，"海上以重点港口为节点"[1]，点出了示范发展机制的支撑、平台；全球经济最理想的状态是世界范围内都能实现无障碍互联

---

[1] 国家发展改革委、外交部、商务部：《推动共建丝绸之路经济带和21世纪海上丝绸之路的愿景与行动》，北京：人民出版社，2015年，第22页。

互通，这对推动经济增长、提振经济活力都有很大作用。"一带一路"倡议把基础设施互联互通作为建设的优先领域，就在于它带来的交通便利性给区域发展创造的机会提供了示范机制的动力源。节点城市的重点项目引入是示范发展机制的作用媒介，随着项目引入产生的、以吸引和再配置为核心的要素整合是示范发展机制内在的核心变迁工具，通过项目在节点城市或经济走廊的不断复制造成的产业链分工优化是示范发展机制的结构化（固化）形式，它所带来的整个区域的大规模要素重新集聚形成区域竞争能力的提升是示范机制的目标和结果。不难看出，在示范发展机制的作用过程中，基础设施互联互通和重点项目引入这两个要素一起构成了诱发因素，它与要素整合、产业链分工、竞争力提升四位一体、相互作用构成了示范发展机制所特有的"菱形"作用模型。这样在"一带一路"的沿线城市，以基础设施互联互通带来的便利性为契机，通过重点产业园区构建发展平台，推动示范项目的引入，引发一系列的要素重新整合，发展成为优势产业结构，最终形成具有特色的发展模式。发挥示范效应，吸引邻近或类似地区的模仿\复制，根据自身的实际情况进行改进，形成适合自身特点的新的发展模式，沿着"园区—节点城市—所在国—经济走廊—区域"的扩散路线，构成了"一带一路"示范发展机制的整个过程。

三、"一带一路"倡议中示范机制的构建过程

"一带一路"倡议的示范发展机制的构建过程是一个单项突破的生命周期过程，它更多地侧重于示范机制的底层机理，为后一个阶段做铺垫。政府间合作谅解备忘录或双边合作规划对接的形成标志着进入构建过程的预备期，这一阶段最重要的要素是重点示范项目，核心工作是示范项目的筛选，"共同确定一批能够照顾双多边利益的项目，对各方认可、条件成熟的项目"[1]，具体的标准是有需求、有共识、基础好、影响大的务实合作项目，如巴基斯

---

[1] 国家发展改革委、外交部、商务部：《推动共建丝绸之路经济带和21世纪海上丝绸之路的愿景与行动》，北京：人民出版社，2015年，第22页。

坦瓜达尔港项目、中哈（哈萨克斯坦）连云港物流合作基地、中白（白俄罗斯）工业园、中马（马来西亚）钦州产业园、马中（马来西亚）关丹产业园、中印尼（印度尼西亚）综合产业园等园区建设、中老（老挝）磨憨——磨丁经济合作区等。重点合作项目本身就内涵了中国在国内或者双边合作中的实践经验，是一个树典型、立样板的过程。随着确定的单体项目的开始实施，标志着构建过程进入扎根期，这一阶段的核心是要素整合，"对来自现有制度框架的内外、上下等多个渠道的各种各样的要素进行广泛吸收，重新排列组合"[1]。群体项目的开始是进入构建过程成长期的标志，项目的复制过程不断累积推动要素整合的力度和程度，最终形成适合本地特色的成熟要素整合机制，产业链分工的优化也随之完成。在中国与巴基斯坦边境地带的喀喇昆仑公路对当地的作用，不仅提高了商业、旅游等行业的活力，甚至对当地的教育都有提升。以项目群和产业链分工优化的完成为标志进入构建过程的形成期，优化的产业链分工的规模化带动了成熟的产业园区成型，形成了具有特色的发展模式，带来了当初所不具备的竞争力，这是构建过程的导向目标，由此完成了示范发展机制由起点项目微结构向园区中层结构建构的整个过程。

四、"一带一路"倡议中示范发展机制的扩散过程

作为国际间"双边合作"的示范发展机制，就是通过"推动共建一批合作示范项目，让双边合作沿着'一带一路'驶向更加科学化、规范化的'快车道'"[2]。这里的科学化、规范化的"快车道"说的就是示范机制的扩散过程，如果说构建过程的功能是为后续的发展扫除障碍，那么扩散过程就是由单项突破向体系发展、形成规模效应的过程，示范机制的效用更多地体现在这一过程。扩散过程的实质是一个模仿、复制、改进的横向学习过程，这个过程

---

[1] 周望：《中国"政策试点"研究》，天津：天津人民出版社，2013年，第119页。

[2] 国家发展改革委、外交部、商务部：《推动共建丝绸之路经济带和21世纪海上丝绸之路的愿景与行动》，北京：人民出版社，2015年，第38页。

的重点是蕴含在各个要素互动中的模仿和创新。示范园区的成功构建带来的区域竞争力提升，诱发（吸引）邻近或相似区域的模仿冲动，随着模仿冲动转化为模仿行动，示范园区的模式开始在其他区域被复制，标志着示范发展机制进入了第二个阶段——扩散过程的模仿期，这一阶段的核心要素同样是重点项目的筛选，这一环节的质量决定着模仿的成败与效率。重点项目的实施与示范园区的成规模建设，在引发新的要素整合的同时，也引发了这种复制是否适应当地实际的问题，对这一问题的反思引导着扩散过程进入了改良期，同时由于这一阶段的模仿是在较大的区域范围内的模仿，它所造成的要素整合也是区域范围内的要素整合，更具广度和深度，所带来的规模效应也更大。示范园区发展为自由贸易园区，扩散过程进入以区域产业链分工优化为主的提升期，以区域产业链优化为依托的自由贸易园区群的成型构成了更具规模的区域经济走廊。经济走廊的形成标志着区域发展模式开始逐步成型，扩散过程也进入了最后的阶段——定型期。定型期是示范机制由中层结构到宏观的区域结构的升级阶段，它的完成以区域的自由贸易区网络形成为标志。这样沿着"沿线中心城市重点经贸产业园区"——"（国内）自由贸易区"——"经济合作走廊"——"区域自由贸易区网络"的路径，示范发展机制完成了一个形式上模仿与内容上创新的扩散过程。

示范发展机制的意义及前景

示范发展机制是"一带一路"倡议中的一个重要内容，它是中国改革开放发展实践与传统文化成功结合的一个范例。作为在中国土生土长起来的一项治理策略和方法论工具，示范发展机制首先体现的是中国价值观所特有的道德取向，这种道德取向的核心是模仿榜样的学习思维，从这个意义上说树榜样、立样板的学习模式是中国社会的一贯做法；其次，示范发展机制在中国引进国外先进发展经验的实践过程中被进一步证明很有效率，体现的是吸收外来一切合理因素的开放思维。"一带一路"倡议及其中的示范发展机制是中国发展转型的自然"溢出效应"，它呈现的是中国推动自身发展、治理经验向区域化发展机制转变的规范化过程,通过理念倡议、价值引领、机制创新和责任落实,中国积极为国际社会提供公共产品和服务,推动全球公共治理向前发展。

(原文发表于《当代世界》2017年第4期)

第四章 "一带一路"倡议与跨国合作

"一带一路"倡议作为中国提出的重大国际合作战略，旨在以"共商、共建、共享"的原则推动与丝路沿线国家的跨国合作。"共同性"是"一带一路"倡议的基本属性，中国会与各国共同商量、共同建设、共享成果。"一带一路"建设过程中，国家是关键行为体。丝路沿线国家对"一带一路"倡议的基本认知和态度，丝路沿线国家的发展战略、区域合作战略与"一带一路"倡议的契合度，丝路沿线国家的安全形势等对"一带一路"倡议的顺利推进和建设发挥着至关重要的作用。本章主要探讨了中国与印尼、印度、巴基斯坦、蒙古、泰国、德国、希腊、太平洋岛国、非洲等国家和地区在"一带一路"框架下的跨国合作，有助于深入理解"一带一路"倡议在丝路沿线国家的推进现状和发展前景。

"一带一路"与"全球海洋支点"：
中国与印尼的战略对接及其挑战

张 洁 中国社会科学院亚太与全球战略研究院副研究员

顺利推进"一带一路"倡议，中国在自身谋篇布局的同时，必须准确把握沿线国家的发展需求，做好战略对接。印尼扼守"21世纪海上丝绸之路"（下文简称"一路"）的战略通道，又是东南亚国家的领头羊，必然成为"一路"建设中的重点合作国家。实现与印尼的战略对接，需要中国在历史与文化情境下，从政治、经济、安全等多维度理解印尼的"全球海洋支点"战略，以海洋为核心，开展经济合作，维护地区安全，管控双边的潜在冲突，最终实现互利共赢。

海洋对印尼国家形成与经济发展的重要性

海洋对印尼国家形成和民族复兴具有特殊意义，这由天赋的自然条件与悠久的历史经验所决定，同时也是新近印尼提出的"全球海洋支点"战略的深厚基石。正如印尼总统佐科在就职演说中强调,"我们必须兢兢业业,重塑印尼作为海洋大国的辉煌。大洋大海、海峡海湾是印尼文明的未来。我们疏忽海洋、海峡和海湾已经太久了。现在,到了我们恢复印尼'海上强国'称号,像祖辈那样雄心壮志,'称雄四海'的时候了"。[1]

印尼是世界上最大的群岛国家,作为主权独立与领土统一的现代国家,印尼的现代版图经历了漫长的历史过程。早在西方殖民者到达之前,印尼群岛就已经出现了诸多的强大王国。这些国家中,一类是爪哇岛上以传统灌溉农业为经济基础的政权;另一类是海上商业大国,如室利佛逝、满者伯夷以及后期的亚齐王国等。它们利用得天独厚的地理位置,从事海上商业活动,以港口经济为重要支撑,国际贸易成为国家税收的充足来源。正如马六甲苏丹曼苏尔在1468年写道:"我们已经认识到,为了掌握绿色的海洋,人们必须从事商业和贸易活动,即使他们的国家是贫困的……祖祖辈辈的生活从来没有像今天这样富裕过。"[2]

但是,从16世纪初开始,印尼进入了长达四百多年的殖民地时期。随着王国的式微与殖民统治的建立,殖民者为了获得高额利润,严格控制印尼群岛的自然资源和海上贸易,群岛原有的贸易网络被破坏,港口城市衰落。正如西方学者在研究中指出,根据1677年的报告,爪哇人"除了对于海的全然无知以外,现在根本没有他们自己的船只"。[3] 到20世纪初,印尼的经济活动主要以橡胶、蔗糖、咖啡等种植业为主,曾经引以为豪的航海精神被

---

[1] 《印度尼西亚建设"世界海洋轴心"战略和对南海争端的态度》,载《南洋资料译丛》,2015年第1期。

[2] 《致琉球群岛国王的信》,1468年9月1日,引自小叶田笃和松井田光五:《琉球群岛与朝鲜和南海国家的关系》,东京,1969年,第111页。转引自尼古拉斯·塔林主编:《剑桥东南亚史》(第一卷),昆明:云南人民出版社,2003年版,第397页。虽然马六甲现在属于马来西亚,但是在当时,马六甲作为东南亚海岛地区的贸易中心,与印尼各岛的港口建立了密切的贸易联系,是包括印尼群岛在内的整个东南亚地区海上贸易王国类型的代表。

[3] B·舍赫利克:《印度尼西亚社会研究》,海牙,1955年,第1卷,第79页。转引自尼古拉斯·塔林主编:《剑桥东南亚史》(第一卷),昆明:云南人民出版社,2003年版,第405页。

逐渐淡忘。

1945年独立后，印尼对海洋重拾关注与当时争取印尼领土领海统一和捍卫主权的努力密切相关。[1] 从苏加诺到苏哈托时期，印尼政府努力让国际社会承认印尼作为群岛国家的法律地位。为此，印尼修改了1939年荷兰殖民政府颁布的《领海和海域条例》，发表了《1957年12月13日声明》并于1960年以国内法律形式加以确认，从而将领海的计算方式从过去的3海里改变为12海里，使印尼的领土面积从过去的200万平方公里增加到520万平方公里。面对美国、英国、荷兰和新西兰等国家的反对，印尼展开了国际斗争，最终随着《联合国海洋法公约》的制定，印尼的主张获得了国际承认。对此，印尼前总统苏哈托曾表示，"印尼是岛国，有自己的特点和风格。因此必须制定特殊的条例来具体规定领土范围，因为这项政策涉及印尼国家民族的统一和团结问题……在确定群岛国家的概念时，我们强调了统一领土、统一民族和统一国家的原则"。[2]

虽然海洋问题在政治上取得了成就，但是在海洋经济开发方面，印尼却长期处于落后状态，海上安全问题也没有得到很好的解决。海洋经济包括渔业、造船业、油气开发、海洋旅游等诸多方面。据统计，印尼海洋蕴含的经济潜力可以达到年均1.2万亿美元，而目前已经被开发的资源不足10%。[3] 印尼的海洋捕捞能力有限，渔业生产设备较为陈旧，技术水平相对很落后。此外，造船业也有待进一步发展，目前生产的500吨位左右的船只居多，使用的船只多为旧船和进口二手船，急需提高高吨位船舶制造能力。作为世界

---

[1] 许利平等著：《从贫民窟到总统府：印尼传奇总统佐科》，北京：社会科学文献出版社，2015年版，第116页。

[2] 《苏哈托自传：我的思想、言论和行动》，北京：世界知识出版社，1991年版，第240—241页；许利平等著：《从贫民窟到总统府：印尼传奇总统佐科》，北京：社会科学文献出版社，2015年版，第116—117页。

[3] Tulus, Warsito, "Geostrategi Maritim Indonesia Dalam Perspektif Diplomasi",Jalan Kemandairian, Jakarta: Kompas Gramedia, 2014,him. 149-156, 转引自许利平等著：《从贫民窟到总统府：印尼传奇总统佐科》，社会科学文献出版社，2015年版，第112页；吴崇伯：《中国—印尼海洋经济合作的前景分析》，载《人民论坛》，2015年第1期。

上最大的海岛国家，印尼有1324个港口和码头，但基础设施陈旧，限制了进出口吞吐量的增长。同时，国内岛屿间缺乏联接。印尼东部的一些岛屿，如马鲁古和北马鲁古，还处在相对自给自足的半孤立状态，没有从全国生产和分配中受益。而且由于商品运输成本增加，以至于商品在国内的成本高于直接进口。例如，中国的橙子、大蒜和澳大利亚的牛肉等都比本土产品便宜。印尼最东部省份巴布亚的水泥售价是爪哇岛的十倍。[1] 而计划中兴建中的一些国际港口，则工程耗资庞大，无法靠国家财政拨款完成。因此，印尼内外联通的商业运输航道急需打通。此外，在海上安全方面，印尼长期面临走私、非法捕捞、海盗等非传统安全问题，主要的海上力量也多用于治理各种非传统安全挑战。因此，加强海洋经济开发，加快海上通道建设，以及强化海上力量建设，成为印尼新总统面临的当务之急。

印尼国家新战略："全球海洋支点"

虽然印尼是世界上最大的群岛国家，但是国家整体发展方向长期偏重于陆地。佐科担任总统后，提出建设海洋强国和"全球海洋支点"战略，是对印尼发展方向的大调整。这一战略的定位是打开区域和全球经济发展的大门，主要内容包括重树海洋文化，维护和管理海洋资源，构建海上高速公路，发展海洋外交，以及加强海上防卫能力五个方面。

"全球海洋支点"战略的形成是渐进的，至今还在完善之中，一些提议仍缺乏具体的阐述。[2] 2014年5月，在总统选举辩论中，佐科首次提出有关构想，即将印尼最西端的岛屿——苏门答腊岛的巴拉宛与最东端的岛屿——巴布亚的梭隆连接起来，以促进物资交流。当选总统后，佐科宣布成立新的

---

[1] 《印尼基础设施发展情况分析》，2012年6月20日，参见中国商务部网站，http://www.mofcom.gov.cn/aarticle/i/jyjl/j/201206/20120608193636.html。

[2] René L Pattiradjawane，" South China Sea Disputes:Sovereignty and Indonesian Foreign Policy "，RSIS Commentary, No.116,May 2015.

佐科担任总统后，提出建设海洋强国和"全球海洋支点"战略，是对印尼发展方向的大调整。图为2014年10月20日，印尼当选总统佐科·维多多在就职仪式上讲话。

海事统筹部，统筹四个相关部门：海事与渔业部、旅游部、交通部、能源及矿业部，以提高国内渔业生产量，并协助240万渔民发展。印尼学者廖建裕认为，"全球海洋支点"战略包括了经济、政治、外交、军事、文化等多个维度，其中又以两个层面为主，一个是经济，另一个是政治及军事。尤其是经济层面，新成立的海事统筹部下属的四个部门都与经济有关。[1]

笔者认为，"全球海洋支点"战略是印尼在原有经济发展规划基础上的增量改革。事实上，在2011年印尼政府宣布《2010—2025年加速与扩大印

---

[1] 廖建裕：《佐科的海洋强国梦》，载《联合早报》，2014年11月7日。

尼经济建设总规划》中，就提出了印尼未来15年加快经济建设的三大纲领，[1]并且以建设六大经济走廊为重点，根据经济走廊计划，印尼将在国内主要岛屿上建立经济和商业中心群，以带动和发展当地经济。经济走廊主要分布在各岛海岸线上，通过高速公路连接起主要岛屿的经济中心。其目的是通过经济走廊建设，集中起各自优势，以形成整体经济发展合力。从2010—2030年，经济走廊基建工程共需投入资金约9327亿美元，主要用于建设铁路、公路、港口、发电站、自来水工程以及连接运输道路等。

"全球海洋支点"战略延续了原有的经济发展规划，但更加突出强调海洋的重要性，在基础设施建设方面优先规划海上基础设施，如海上高速公路、深海港、航运业和海洋旅游业等。佐科政府推出了一项名为"Nawacita"的计划，列出了未来五年基础设施建设的优先项目，包括在全国范围内建设2000公里的道路，维修和升级苏门答腊、爪哇、加里曼丹、苏拉威西及巴布亚五大岛屿的道路，建设十个机场、十个港口、十个工业园区。佐科还推出一项扩充港口设施的计划，以改善物流成本过高的问题。[2]

印尼国内对于"全球海洋支点"战略有赞成也有反对。赞成者认为，这是发展印尼的大好机会，可以减少国内经济发展不平衡问题，使东部落后地区获益，从而平息东部地区的不满。反对者则认为，发展海运不一定能降低物价，政府应该将重点放在改善陆路交通。此外，印尼船只不足，资金短缺，不适合发展海上之路。[3]

印尼的新战略本身具有内向性，以关注国内经济和海洋利益为主，但其影响会不可避免地外溢。[4]迄今，已经引起国际社会，尤其是周边国家的

---

[1] 《印尼出台多项措施促进经济增长》，参见 http://www.cafta.org.cn/show.php?contentid=75435.

[2] 吴崇伯：《印尼新总统面临的挑战与政策趋向分析》，载《厦门大学学报》（哲学社会科学版），2015年第1期。

[3] 廖建裕：《佐科的海洋强国梦》，载《联合早报》，2014年11月7日。

[4] Aaron Connelly, "Sovereignty and the Sea: President Joko Widodo's Foreign Policy Challenges", Contemporary Southeast Asia, April 2015, No.1, Vol.37, pp.1-28.

不同反应。一方面，印尼的战略需要资金、技术等方面的外援，但是选择中国、日本、美国还是其他国家，则耐人寻味。迄今大国博弈的影子若隐若现。2015年3月，佐科总统访问了日本，日本同意增加在印尼的投资。美国海军部长马布斯也对印尼的新战略表示欢迎，并愿意与印尼加强海上合作。此外，一些学者还认为，新战略的实施会加强印尼与周边国家的关系，因为印尼若要融入世界贸易链条，必须加强与周边国家的合作。但是，另一方面，周边国家对印尼强化海上权益和提升海上防御能力表示担忧，尤其是佐科政府"沉船政策"（sink the vessel policy），重拳打击非法捕鱼活动。[1] 在2014年11月至2015年3月期间，印尼海洋渔业部炸沉了18艘来自越南、泰国、马来西亚、巴布亚新几内亚以及菲律宾的非法渔船。2015年5月，印尼官方在数个港口同时炸毁41艘据称在印尼海域非法捕鱼的外国渔船，其中有5艘来自越南，2艘来自泰国，11艘来自菲律宾，1艘来自中国，从而引发了一轮地区外交风波。[2]

"一带一路"与"全球海洋支点"：中印尼的战略耦合与对接

印尼的"全球海洋支点"战略引起中国国内的广泛关注，并作为与中国提出的"一带一路"倡议的战略对接，写入了2015年3月发布的《中国与印尼关于加强两国全面战略伙伴关系的联合声明》当中，而学术界和媒体也对"全球海洋支点"战略开展了连续性的研究和报道。[3]

中国对印尼新战略的重视主要有两大原因。第一，中国对印尼的认知和

---

[1] Sunan J. Rustam, A legal review of the 'sink the vessel' policy, Jakarta Post, Dec 06, 2014.

[2] 《印尼海军炸毁41艘外国渔船》, http://news.xinhuanet.com/world/2015-05/22/c_127829140.htm.

[3] 刘畅:《重新重视海洋：印尼全球海洋支点愿景评析》, 载《现代国际关系》, 2015年第4期；吴崇伯:《中国—印尼海洋经济合作的前景分析》, 载《人民论坛》, 2015年第1期。瞿崑:《中国与印尼：共同推进海上全球互联互通》, 载《世界知识》, 2014年第23期；肖欣欣:《海洋战略到产能合作：中国与印尼打造利益共同体》,《21世纪经济报道》, 2015年5月29日。

定位发生了新变化。自复交以来，中国与印尼双边关系发展稳定。2005 年，两国建立了战略伙伴关系。近年来，两国首脑会晤频繁，继 2012 年 3 月时任印尼总统苏西洛访华后，2013 年 10 月习近平主席访问印尼，中印尼双边关系提升为全面战略伙伴关系。2014 年 11 月，印尼总统佐科参加 APEC 会议并与习近平主席进行了会晤。2015 年 3 月，佐科再次访华。最重要的是，关于建设"21 世纪海上丝绸之路"的倡议正是习近平主席在 2013 年访问印尼时首次提出的，这充分体现了中国在周边外交中对印尼的高度重视。

第二，印尼的"全球海洋支点"战略与中国的"一带一路"倡议存在高度对接的可行性。中国的"一带一路"倡议将基础设施互联互通作为建设的优先领域，在海上以重点港口为节点，共同建设通畅、安全、高效的运输大通道。尤其是"21 世纪海上丝绸之路"重点方向是从中国沿海港口过南海到印度洋，延伸至欧洲；从中国沿海港口过南海到南太平洋。而如上文所述，印尼的"全球海洋支点"战略也是以海上基础设施建设为重点，并且提出在未来五年，将投资约 58 亿美元建设 24 个海港，并扩建现有的雅加达丹戎不碌港。为筹措建设资金，印尼鼓励外国投资者参加港口基础设施建设，并且表示将向中国设立的丝路基金和亚洲基础设施投资银行等寻求融资支持。[1] 此外，中国与印尼在产业投资、重大工程建设等领域存在巨大的合作空间，政府间已经达成推进海洋经济、海洋文化、海洋旅游等领域务实合作的意向，同意携手打造"海洋发展伙伴"。[2]

中印尼战略对接面临的挑战与应对之策

在推动中国与印尼战略对接的同时，也要充分认识对接存在的挑战与风

---

[1] 吴崇伯：《印尼新总统面临的挑战与政策趋向分析》，载《厦门大学学报》（哲学社会科学版），2015 年第 1 期。

[2] 《中国和印尼关于加强两国全面战略伙伴关系的联合声明》，http://www.gov.cn/xinwen/2015-03/27/content_2838995.htm。

险。首先，印尼国内的不确定性。佐科内阁是一个少数党政府，新政府面临"朝小野大"的困境，新政府的施政很可能遭到反对派的阻挠，未来在立法推动改革时，势必面对反对派的刁难。同时，佐科在民主斗争党内还得面对党主席梅加瓦蒂的掣肘，在内外夹攻下，佐科的计划可能会碰到很大的阻力。[1]其次，大国平衡战略或许会使中印尼合作出现曲折。印尼试图在对外关系中平衡中国、美国、日本等国，这样既可以保持本国外交政策的独立性，也可以争取更多的外交空间。印尼的大国平衡战略增加了中国对印尼投资的竞争性与复杂性，并有可能影响中印尼关系。例如，2015年3月，佐科在访问中国之前，先访问了日本，分别与中、日两国签署了有关海上合作、基础设施建设投资等合作协议。不仅如此，佐科在访日期间，还明确表示中国主张的南海断续线不符合国际法。紧接着，印尼财政部长又声称，印尼要争取成为亚洲基础设施投资银行地区总部所在地。

再次，南海问题或将对中国与印尼关系构成潜在挑战。在与中国对低调处理两国在南海专属经济区的争议达成默契的同时，印尼声称在南海问题上保持中立并积极充当调停者。印尼采取这样的立场至少出于两方面的考虑，一是因为东盟是印尼的外交基石，虑及维护东盟团结，印尼试图协调东盟立场，以共同的声音和力量与中国对话。二是鉴于中国海上实力的迅速增长，印尼也希望通过促成中国与东盟签订《南海行为准则》，在南海问题上约束中国。

值得注意的是，印尼国内对于南海问题存在不同声音，尤其是军方对中国还是具有相当的疑虑。2014年10月，印尼武装力量总司令在新加坡的一场演讲中表示，中国不断增加的军事力量将会影响东南亚地区的稳定。[2] 2015年7月，印尼宣布计划兴建一个新的军事基地，以维护靠近南中国海的

---

[1] 吴崇伯：《印尼新总统面临的挑战与政策趋向分析》，载《厦门大学学报》（哲学社会科学版），2015年第1期。

[2] "China welcomes Indonesian offer to help resolve South China Sea disputes", Janes's Navy International, March 26, 2015.

边境地区的安全。[1] 此外，印尼意识到中美竞争对本地区安全的影响，还积极发展多边与双边防务外交，建立了广泛的军事合作网络关系。例如，印尼在 2015 年 3 月与日本签署了防务合作协议，内容包含与日本自卫队在"搜救行动、人道援助及网络防御"等方面的合作。

那么，面对以上挑战，中国与印尼如何才能实现发展战略的对接与互利共赢呢？

其一，中国应充分理解印尼的海洋情怀与民族独立性，在处理与印尼关系中要有战略定力与耐力。除上文所述海洋对印尼的重要性外，中国在处理印尼关系时还需要理解，印尼具有强烈的民族独立性。万隆精神是理解印尼外交政策的一把钥匙，这点对于中国理解印尼对华政策的多面性尤为重要。印尼外交政策具有明显的独立自主性，奉行不结盟，在处理大国关系中，力图保持平衡战略。印尼尤其以东盟领导人自居，力图为自身和东盟争取最大化的外交空间和利益。虽然在长达三十多年的苏哈托时期，印尼政府在意识形态上倾向西方，但是也从来没有成为美国军事同盟的一员。印尼对领土与主权的独立性与完整性尤为敏感。前苏联曾主张马六甲海峡"国际化"和"通行无阻"，印尼和马来西亚则分别宣布把领海从 3 海里扩大到 12 海里，以确保对马六甲海峡的主权。2004 年，美国借口安全问题，试图派兵进入马六甲海峡，对此印尼和马来西亚都表示了坚决反对。

对中国来说，在处理对印尼关系时要学会换位思考，理解印尼从强调自身国家利益和维护东盟团结出发，既与中国积极合作，也存在一定防范的心理。尤其是近年来，中国战略界和学术界加强了对印尼的研究，强调印尼作为中国周边外交中"战略支点"国家的重要性。但是，中国同时需要充分理解和尊重印尼的国家独立性，只有从历史的维度客观认识和准确把握印尼的外交特性，才能实现中印尼关系平等、稳定发展。

其二，处理好继承与发展的关系。加强发展战略的耦合与对接，并非是

---

[1] 《印尼要新建军事基地 加强南中国海防卫》，载《联合早报》，2015 年 7 月 12 日。http://www.zaobao.com/news/sea/story20150712-501960.

另起炉灶、从头做起,而是应该把中印尼两国已有的合作项目落实到位,稳步推进。近年来,中国与印尼的经济合作进展顺利,中国已是印尼最大的贸易伙伴国和最大的非油气产品出口市场。此外,尽管中国对印尼的投资存量还比较小,但是直接投资成倍增长。面对目前出现的"一带一路"投资考察热潮,中国应该慎重表态,认真落实已经签署的投资项目,避免过度商讨或承诺投资项目,损害中国对外投资的信誉度,也避免盲目投资带来更多的风险。

其三,加强对印尼的国别研究,在合作中加强管理,防范投资风险。2014年10月,中国农业部办公厅发布了关于加强印尼远洋渔业项目管理的通知,意在进一步规范中印尼两国捕捞渔业合作秩序。[1] 应该说,这也是针对印尼新政府采取强硬措施打击非法捕捞的一个回应,即在对外维护本国渔民合法权益的同时,对内也要做好自我管理与约束工作。此外,印尼的国内政策法规众多,据不完全统计,仅涉及渔业的法规就有二十多部,包括法律、政府条例、总统条例、总统令等多种。在具体规定当中也具有印尼的本国特色,例如,根据《水产法31/204》第73条,渔业公务员、海军军官和海上警察都有权对渔业违法犯罪活动进行调查处理。该法第69条还规定,渔业公务员、渔业执法船可以配备武器。[2] 因此,在对外投资中,要充分预估印尼存在的许多不确定因素,如过于激进的改革、狭隘的民族主义情绪、既得利益集团的反对、长期存在的社会军警化问题、渔业执法的公平效率问题等,从而趋利避害,减少投资风险。[3]

(原文发表于《当代世界》2015年第8期)

---

[1] 《农业部办公厅关于加强印尼远洋渔业项目管理的通知》,2014年10月14日,中华人民共和国农业部公报,2014年。

[2] 刘新山等:《印尼渔业行政管理机构及其渔业法律制度》,载《中国渔业经济》,2010年第4期。

[3] 同上。

"一带一路"战略的南亚方向与印度的选择

赵干城　上海国际问题研究院亚太研究中心主任，研究员

　　"一带一路"战略自 2013 年由中国国家主席习近平首倡后，经过一年多的规划，于 2015 年 3 月在博鳌亚洲论坛上正式发布了由国家发改委、外交部和商务部共同拟定的《推动共建丝绸之路经济带和 21 世纪海上丝绸之路愿景与行动》文件（下称"愿景与行动"），中国的国家战略进入了全面实施阶段。由于中国巨大的经济体量和日益上升的国际地位，这项国家战略得到了众多国家的积极回应，也引发了热烈的讨论。与该战略相关的其他机制和机构的发展，例如"亚投行"的筹办和建立，更产生了大量国际互动，成为 2015 年的一件国际大事，说明中国的"一带一路"战略是顺应国际潮流之举。

　　"一带一路"战略推进路径从一开始就是陆海分明的，"一带"聚焦在欧亚大陆，"一路"主要重点在东南亚及由此延伸至波斯湾和西亚北非，两者都有着强烈的历史传统和路径。另一方面也同样值得思考的是南亚路径。南亚是中国的西南周边，与中国被内陆紧锁的边疆省份山水相连。在"一带

2015年5月，印度总理莫迪对中国进行了上任以来的首次正式访问。图为5月14日，中国国家主席习近平在西安会见印度总理莫迪。

一路"战略提出初期，南亚的关联性并不是很清楚，这主要是由于南亚的地理位置正处于"一带一路"发展路径之间，北上与中亚相连，南下接通广袤的印度洋，历史上南亚亦因这个特殊的地理位置而在古丝绸之路的交集中发挥重要的影响。事实上，早在 2013 年 5 月李克强出任总理后首次出访印度与巴基斯坦两国时就已经分别提出建设中巴经济走廊和孟中印缅经济走廊的倡议，这或可视为"一带一路"战略的先声。

"一带一路"战略的南亚发展路径

南亚次大陆虽然有上述地理上的便利，在"一带一路"战略的两个方向都具有发展的巨大潜力，但在目前的地缘现实中，因阿富汗问题的变局，以及伊朗仍然受制于西方主要国家的制裁，使得南亚自身在陆路这一方向的发展上受到较大制约。由于"一带一路"战略的关键是"贯通"，即以基础设施建设为主推进中国与邻国的互联互通，因此相关国家的稳定是决定性的。南亚在北上和西进的两方面都存在较大变数，尽管南亚自身有广袤的发展空间。从这个角度观察，在"一带一路"战略的推进中，南亚可能成为一个独立的变量，即在多大程度上南亚将与该战略发生关联性可能取决于中国与相关南亚国家的互动。例如，与南亚的互联互通将主要是在中国与南亚国家的对接，其他外部因素的影响可能相对较小。这从中国发布的"愿景与行动"文件的行文措辞中也可得出类似的结论。如文件指出，在丝路经济带计划中，依托的是中国—中亚—西亚、中国—中南半岛等国际大通道，海上丝路计划则强调中国沿海港口过南海到印度洋延伸至欧洲，中国沿海港口过南海到南太平洋。虽然文件也指出了"中巴、孟中印缅两个经济走廊与推进一带一路建设关联紧密，要进一步推动合作，取得更大进展"，但从上述两大主要设想的路径来看，欧亚大陆方向并不与南亚对接。即使是海上，"到印度洋延伸至欧洲"的路线其实也无需依托南亚。因此，南亚作为独立的变量，在该战略的实际推行中，将发挥辅助或助推的作用。

尽管如此，这并没有降低南亚在"一带一路"战略中的地位。因为南亚同为中国的重要周边，而且是中国近年来经营较好的周边，形势相对稳定，部分地区的动乱局面总体上也向着较良性的方向发展，包括长期遭受战乱的阿富汗。鉴于"一带一路"战略是中国周边战略重要组成部分，其发力的逻辑起点也是中国的周边地区，因此发展相对比较稳定的南亚主要国家有理由成为该战略的重要推进区域。这也部分解释了为何李克强担任中国政府总理后于 2013 年 5 月首访选择印度和巴基斯坦，在那里正式宣布中国有意推进中巴和孟中印缅两个经济走廊的建设，这实际上早于中国正式宣布"一带一路"战略。2015 年 4 月，习近平主席同样将该年的首访选在巴基斯坦，双方随后发布的联合声明亦强调了中巴经济走廊是"一带一路"战略的重大项目。中国与南亚主要国家的这些互动显示了中国高度重视南亚的地缘经济作用，希望通过共商、共建、共享的原则，与周边国家紧密合作，打造和谐共赢的新周边。南亚因各方面条件，或也有可能创造中国周边战略的新范式。

印度对中国"一带一路"战略的应对

印度是南亚的核心大国，居于次大陆中心地位，其特殊的地理位置造就了南亚特有的地缘政治格局，即印度和所有其他南亚国家都交接相邻，而这些国家相互之间大部分都不接壤。在所有南亚国家中，印度与中国有着最长的陆地边界。作为中国西南边疆最重要的邻国之一，印度如何应对丝路战略有着重要意义。

在丝路战略推进中，与印度关系密切的是孟中印缅经济走廊（即 BCIM 倡议）。该倡议事实上早在 20 世纪末就由云南的学者提出，并据此建立了与相关国家在学术层面的讨论。进入新世纪后，随着中国西部大开发战略的实施，该倡议因其对云南的潜在战略意义而得到高度重视。所谓潜在意义，显然是因为该倡议的地缘政治与地缘经济的双重含义，但也正因为这双重意义，在新世纪以来的地缘政治现实中，该倡议进展比较缓慢，甚至几度陷于停顿。这里所谓地缘政治与经济的双重含义，主要是指相关国家之间在政治上尚不具备充分信任的条件，由此导出的一系列从政治猜疑到安全担忧的问题，以及经济上，由于中国的快速发展和急剧成长的经济实力，使得相关国家对由此产生的地缘经济扩展意义的认识亦不易达成一致。在这些考量中，印度都居于突出的位置。

印度虽然从未正式反对 BCIM 倡议，但该倡议始终停留在二轨讨论层面而无法成为政府间的协商行动反映了一个基本的事实，即在政府层面该倡议并没有得到一致支持。现在的问题是当这个倡议成为政府的正式建议，是否有助于消除这种不一致呢？李克强总理 2013 年 5 月访问新德里时正式提出孟中印缅经济走廊设想，印度做出了积极回应，并表示印度外交部将成立相应的工作小组，以便就这个设想的进程开展协商。同年 10 月，印度总理辛格再次访问中国，双方再次就这个问题进行了讨论。但值得注意的是，10 月 24 日辛格总理应邀在中央党校发表演讲，提到中印合作的八个领域和七项原则，没有提及中国在几个月前提出的经济走廊开发设想。由此或可判断，印度仍然没有对此做出全面的积极回应，尽管印度外交部确实为此成立了工作

缺乏足够的相互信任历来是中印关系的一大问题，但双方关系发展的历史经验表明两国并不是在相互信任建立起来后才合作的。图为2014年11月17日，在印度浦那的奥恩德军营，中印两国的参训官兵在"携手—2014"中印陆军反恐联合训练开训仪式上敬礼。

小组。

  2014年印度大选，执政十年的国大党黯然下台，取代它的是莫迪领导的人民党政府。莫迪因其对印度民众的经济承诺而获得压倒性胜利，反映了印度公众对经济发展的期望。2014年9月，中国国家主席习近平对新德里进行正式访问，中印发表的联合声明提到了这条经济走廊建设，"双方注意到在推进孟中印缅经济走廊合作方面取得的进展。双方忆及孟中印缅经济走廊联合工作组第一次会议，同意继续努力，落实会议达成的共识"。声明提到的第一次工作会议是2013年12月在昆明举行的，2015年1月在孟加拉的库科斯巴扎举行第二次会议，第三次则预定2015年底在加尔各答举行。从程序上看，关于该走廊建设的讨论已经走上第一轨道，但似乎仍停留在讨论层面，实际推进仍然有限。笔者2016年1月访问新德里，与印外交部有关官员及智库学者讨论，明显感觉到印度的犹疑和忧虑，大致可概括为以下几点。

首先是安全方面的担忧。孟中印缅经济走廊的一个标志性推进是所谓"K to K"，即从昆明到加尔各答通道，通过这两点将四国连接，需要基础设施和通信设施的建设，并在此基础上引入产业投资，造福地区工业和民众就业，等等。这个巨大的项目在印度将最终涉及其东北部地区。[1] 在印度看来，该地区是国家安全的敏感区域，不但和中国有边界纠纷，而且该地区其他邦亦存在较多反政府武装力量。印度前总理辛格曾经表示，这些地区的反政府武装力量是对印度国家安全的最大威胁。由于上述问题都无解决的时间表，印度对开放边境地区自然心存疑虑。

其次，相比较印度本土地区而言，东北部地区与其他经济发达地区的联系较弱。由于地理原因，东北部与印度本土通过一条狭窄的走廊相连接，陆路交通极其不便，这使得印度联邦政府对该地区的管辖相对较弱，发展严重滞后。20世纪末，印度政府意识到这点，制定了"边境地区发展计划"（the Border Areas Development Program），但收效有限，该地区仍然是印度最落后的地区之一。近年来，出于种种考虑，印度政府在东北部地区基础设施建设有所加强，但主要是用于军事目的，而非民生建设。至于这最终是否同样助力经济发展，现在还不确定，但印度政府要加强对该地区控制的意图还是很明显的，看不出这种加强会有利于展开地区性的国际合作。

再次，印度莫迪政府虽然视经济发展为施政重点，但在捍卫自身利益方面并不含糊，其中也包括在竞争中保护印度的产业和就业等，因此在和竞争能力更强者展开合作时当然很警惕。在印度学界，将"一带一路"战略视为中国经济扩张的看法并不少见。

最后，印度地方政府在经济上的自主权较大。在任何地区国际合作中，地方政府因利益不同就会不愿实施联邦政府的主张和法令，甚至制造各种障

---

[1] 这里讨论的印度东北部地区系指印度东北部阿萨姆等六个邦，不包括所谓的"阿鲁纳恰尔邦"，即我藏南地区，这是两国尚未解决的边界领土争端的主要部分，中印边界问题非本文讨论主题。特此说明。

碍阻止合作的进行。这样的戏码在印度一再上演，对"一带一路"战略的实施亦可能产生消极影响。

尽管存在这些因素，但印度对中国提出的"一带一路"战略总体是积极的，特别是印度早在2012年就首先提出的"金砖"发展银行倡议，现已进入实施阶段。虽然该银行总部将设在上海，但总裁将由印度人担任。中国倡议的"亚投行"，印度亦积极加入，是首批创始成员国，且有可能成为仅次于中国的第二大出资国。此外，对丝路基金等与"一带一路"有关的金融安排，印度都持积极态度。印度充分认识到亚洲新一轮开发计划已在路上，印度自然要赶上这趟车，从而既成为这一波开发的贡献者，更要成为受益者。

莫迪政府的经济优先政策与中印关系

继习近平主席2014年成功访问印度，印度总理莫迪亦于2015年5月对中国进行了上任以来的首次正式访问。莫迪因去年大选而刮起的旋风在上台一年后基本已经褪尽，与很多分析一致，印度新一届政府的施政重点确实是经济发展。莫迪总理虽然有非常积极的大国外交，但从莫迪发表的言论来看，大国外交的地缘纵横似乎并非是重点，他更强调的大都是对印度投资环境的赞美，突出印度的经济增长新趋势，希望更多外国直接投资青睐印度的意图十分明显。应当说，印度式的以经济发展为首要的方针与中国的"一带一路"倡议是可以对接的，也完全可以为两国间"发展的伙伴关系"注入新的内容。

莫迪访问中国是在"一带一路"战略进入全面推行的时候进行的。根据中印两国达成的协议，中国承诺未来五年对印度投资200亿美元（这和奥巴马访印承诺的40亿美元投资形成鲜明对比），并且中国也愿意积极参加印度铁路的系统升级和高铁建设，业已派出相当规模考察团进行实地调研。尽管中国对印度未来可能的投资和铁路方面的合作并不直接与丝路倡议挂钩，但印度作为对基础设施建设需求最大的亚洲国家之一，显然可以成为正在形成的以"一带一路"倡议为核心的亚洲地区合作的伙伴。事实上，印度也启动了自己的环印度洋合作计划，希望促进以其为中心的地区合作进程。就孟中印缅经济走廊开发而言，虽然印度对中方的主张存有疑虑，但印度对该地区包括其东北部地区各邦的发展，以及与孟加拉国和缅甸的合作，是持有强烈意愿的。印度对印缅公路和印孟边境合作都有投入，说明印度对地区合作并不持对立态度。从这点出发，中国提出的"一带一路"倡议亦是一个契机。莫迪此次访华，与中国领导人讨论这方面的合作是题中应有之义。相信只要是有利于印度经济发展的项目都会得到印方认真对待。

缺乏足够的相互信任历来是中印关系的一大问题，但双方关系发展的历史经验表明，两国并不是在相互信任建立起来后才合作的。由于种种原因，导致中印缺乏信任的一些问题尚未解决，也没有时间表，但早在近20年前中国国家元首访问新德里时就强调，一些问题没有解决并不妨碍两国发展正常的国与国关系，也不影响双方在其他领域的合作。这个方针的正确性为新世纪以来中印关系的发展所证实，迄今仍然是中国对印政策的总体思路。中印两国在诸多可以合作的领域已经建立起各种机制，经贸更是有蓬勃发展的势头，这客观上为双方建立互信创造了条件。

"一带一路"倡议的实施是中国新一届领导人推出的重大战略举措，旨在以"亲、诚、惠、容"的方针推动与周边国家的合作共赢进程。印度是中国重要的周边国家之一，寻求与印度的合作也是中国这项战略的题中应有之义，其关键可能是双方在印度洋的交集。因为"一带一路"战略的南亚方向是与印度洋的互联互通联系在一起的。中印间在这方面目前仍缺乏互信，但双方恐怕还是要循着利益汇合点的轨迹寻求合作的可能，在此过程中逐渐提升互信。历史可以照亮现实，也可能遮蔽愿景。莫迪政府以发展为己任，应有充足的理由与中方携手推动中印"发展的伙伴关系"再攀新高。

（原文发表于《当代世界》2015年第6期）

"一带一路"与中德产业合作新亮点

张建平　国家发展和改革委员会对外经济研究所研究员

2013年9月和10月，中国国家主席习近平分别提出建设"新丝绸之路经济带"和"21世纪海上丝绸之路"的重大倡议（简称"一带一路"）。"一带一路"贯穿亚欧大陆，一头是活跃的东亚经济圈，一头是发达的欧洲经济圈，中间广大腹地国家经济发展潜力巨大。

"一带一路"也连贯中德两国。2014年3月，习近平主席访德期间指出："中德两国位于丝绸之路经济带两端，是亚欧两大经济体和增长极，这种合作利在两国，惠及欧洲和世界。"2014年10月签署的《中德合作行动纲要》表明，两国将着眼"工业4.0"开展更具系统性和战略性的合作，更有利于区域平衡发展，而两国人民秉承着共同的发展理念，量入为出，制造为本，勤俭生活，也为中德合作提供了更好的合作基础。自"一带一路"提出以来，中德产业合作不断升级，现今已有不少亮点可以总结。

2014年10月10日，中德经济技术论坛上，中国国务院总理李克强将一精巧的鲁班锁送给默克尔。他说，这是访前天津中德职业技术学院师生共同创作的作品，希望我送给默克尔总理。解开鲁班锁是解决一道难题，相信中德之间合作能不断创新，共同破解世界性难题，开启美好的未来。

围绕转型工业化的产业合作升级

一、中国制造业转移

当前，中国制造业占GDP比重逐年下降，制造业利用外资比重也在下降，2014年降为35%，中国的制造业产业表现出由中国向其他发展中国家及发达国家转移的趋势。

在高端制造领域，受科技创新、国际金融危机等多重因素的影响，发达国家纷纷实施"再工业化"和"制造业回归"战略，高端制造领域向发达国家回流的"逆转移"趋势显现端倪。美国积极推动国家制造业创新网络建设，期盼以技术创新的先发优势继续保持其全球领先地位。德国也积极制定高科技战略，确定了五大领域的关键技术和十大未来项目。

表一：德国工业4.0 VS 中国制造2025

		工业4.0	中国制造2025
共同点	战略使命	为了迎接新一轮科技革命和产业变革的到来。	
	核心理念	都把推进信息技术与制造技术的深度融合放在第一位。	
不同点	发展基础	德国是世界制造业强国和领先的工业制成品出口大国，技术优势明显。	中国是制造大国，但还不是制造强国，发展基础较为薄弱。
	产业阶段	顺利完成"工业1.0""工业2.0"，基本完成"工业3.0"之后，提出的发展战略，是自然的"串联式"发展。	尚处于"工业2.0"和"工业3.0"并行发展的阶段，必须走"工业2.0"补课、"工业3.0"普及、"工业4.0"示范的"并联式"发展道路，更加复杂艰巨。
	战略任务	主要聚焦制造业的高端产业和高端环节。	对制造业转型升级的整体谋划，不仅要提出培育发展新兴产业的路径及措施，还要加大对量大面广的传统产业的改造升级力度，同时还要解决制造业创新能力、产品质量、工业基础等一系列阶段性的突出矛盾和问题。

而在制造业中的低端，中国人口红利正在消失，务工人员薪资大幅提高，从2004年的4.35美元时薪涨到2014年的12.47美元；汇率不断上升，2004—2014年，人民币对美元的汇率升了35%；能源成本提高，天然气成本从5.8美元每百万英热单位升到13.7美元，涨幅达138%，企业成本增加，开始向人力和物力成本更低的地区转移。同时，印度、巴西、越南等国也开始积极地寻求加入全球产业分工体系中，这一类制造业有很明显的从中国向外转移的倾向。2015年8月8日，全球最大的代工企业、中国台湾的富士康在印度签约，它到印度投资设厂的计划变为现实。

二、中国制造业转型开放

进入新世纪以来，以信息通信技术深度应用为显著特征的新一轮科技革命和产业变革越来越清晰地展现在我们面前，与德国推出的工业4.0相对应，2015年5月8日，国务院发布《中国制造2025》，这是中国制造强国建设"三步走"战略第一个十年的行动纲领（表一）。

三、德国高附加值制造业在中国有发展空间

德国制造业技术先进、附加值高,是世界上最具竞争力的制造业之一,在全球制造装备领域拥有领头羊地位。目前,在机床制造领域处于世界前十位的都是德国企业,如德国通快集团、吉迈特公司、舒乐集团等。其中通快集团看好中国市场的良好发展前景,自 2000 年开始在中国投资,已经先后在江苏、广东等地建立七家子公司。

这样的高附加值企业在中国恰恰是有发展空间的,原因有以下两点。

其一,技术是德国企业生存的关键,成本优势是很多企业考虑在中国建厂的主要原因,但是随着社会的发展,中国的人力成本和人力素质都在提高,成本导向的企业将会迁往劳动力价格更低的地方,而技术型导向的德国企业,正需要这些素质不断提高的劳动力。

其二,中国市场尚未深挖和精分,具有很大的挖掘潜力,对专注的德国企业来说很有吸引力。中国的消费市场巨大,只要认真地在一个细分市场里做好自己的产品,营业额自然就会很高。目前,德国政府在江苏太仓建立了全球第八个、中国第三个德国中心,为德企在华投资添砖加瓦。

四、中德制造业合作双向特征

经过长期的交流合作,中德两国在制造业领域已经形成了良好的合作态势,中国已成为德国企业最重要的市场和利润来源地,然而我们也要注意到,中德制造业互补性强,合作特点正由单向投资制造转为投资合作、研发合作、产业链合作。

(一)投资合作

近年来随着中国经济的成长,投资活动不再是一边倒,中德双边投资合作渐渐驶入快车道。截至 2014 年 10 月,中国在德累计投资 40 亿美元,2000 多家中国企业落户德国,三一重工、华为、中兴等一些中国企业已渐渐融入当地经济生活。根据主要负责吸引投资的德国联邦外贸与投资署(GTAI)数据,中国对德投资增长最快,已经超越美国成为在德投资第一国,中国企业的投资重点是机械制造、信息通讯技术和电子领域等制造业。从政策面来

2014年10月签署的《中德合作行动纲要》表明,两国将着眼"工业4.0"开展更具系统性和战略性的合作,更有利于区域平衡发展,也为中德合作提供了更好的合作基础。2014年9月24日,正在德国2014柏林轨道交通展览会上参展的中国参展单位举行"中国馆日"。图为中国南车展厅利用立体大屏幕展示科技成果。

看,2014 年 10 月公布的《中德合作行动纲要》中也强调要继续鼓励和支持双向投资,为双向投资创造公平、透明、积极、友善的政策和公共环境,相信未来双边投资合作会进一步加深。

(二)研发合作

中国在从制造大国向制造强国的迈进过程中,科技研发与创新是必不可少的一环,德国作为制造领域的传统强国,中国有很多可以学习的地方,而中国近些年在某些科技领域也已达到国际领先水平,双方的研发合作是互利共赢的。在 2015 年 5 月 11 日,中德轨道交通技术联合研发中心在德国东部城市德累斯顿正式成立,该联合研发中心将以轨道交通装备的新技术、新结构、新材料为切入点,开展技术合作与研究,在欧洲建立起高端轻量化材料研究的开放式创新平台,中德研发合作将会进一步加深。

（三）产业链合作

中德两国制造业的比较优势具有明显的差异性和互补性，在经济全球化时代，恰好可以通力合作，形成一整条完整的产业链。比如，德国中小企业产品的优势为领先技术、专业设计、高品质、工艺精湛及可靠耐用，在专业应用领域具有很强的竞争力。而中国中小企业的产品则以适用性、通用性及高性价比取胜，主要定位于大批量的经济型市场。两国中小企业之间可以加强产业内的分工与协作，围绕各自的比较优势，建立互补共赢的产业合作模式，形成全产业链的竞争优势。

围绕转型城镇化的产业合作亮点

中国目前的城镇化率是54.7%，按中央规划，中国的城镇化率将在2020年达到60%，而地产大亨任志强近日在易居沃顿研修班开班第一课的演讲上提出，中国的城镇化率将在2030年达到70%，这15个百分点意味着中国城镇化有着巨大的发展空间。德国的城镇化率为88.96%，是世界城镇化率最高的国家之一，城镇化发展均衡，有很多值得中国借鉴的地方，围绕中国城镇化的转型，中德产业合作有巨大的空间。

一、城市规划与实施

在中国的城镇化发展进程中，城市规划是十分重要的问题，德国是一个特别重视城市规划的国家，空间结构比较科学先进，中德可以在城市规划的全产业链上进行合作，例如，三线四线城市的规划设计、建筑业等。

德国城市规划坚持均衡发展的原则，强调在不同地区创造"等值的生活条件"，在空间布局上按主城区、副城区和分散小城镇的模式进行，独特之处在于大城市不大，小城镇星罗棋布。而且小城镇的规划也十分合理，除了规模、作用和影响范围不及大城市，一般的基础设施和生活水平大同小异，真正实现了城乡一体化。

二、节能环保产业

中国在经过了 30 年的经济快速发展之后,对节能环保的需求也开始大幅攀升,根据券商测算,未来几年环保投资需求大概在 8—10 万亿元,这大大超过了"十一五""十二五"期间的全国环保投资。据中金公司测算,"十一五""十二五"期间的全国环保投资分别为 2.2 万亿元、4.1 万亿元。

德国的环保产业已经成长为支柱产业。2012 年 1 月 31 日,德国环境部发布的《德国环保产业报告》显示,德国环保产业年产值达 760 亿欧元,占世界环保产业贸易额 15.4%,就业人数近 200 万,近 80% 的环保产业生产领域为研究和知识密集型。

中国的巨大市场和德国先进的节能环保产业使中德在节能环保产业上有很好的合作机会。

三、产城融合

产城融合是指中国在城镇化进程中,将产业与城镇建设融合起来,从整体上进行规划,是一种新型的城镇化发展模式。德国在这方面做得非常好,产业、生活、生态都在同一个小城镇里完成。通过中德合作,可以更好地推进中国的城镇化及产业转型升级。

位于广东省揭阳市揭东区玉滘镇的中德金属生态城,2012 年 11 月正式成立,致力于建设成为中德合作、全产业链、绿色循环、宜业宜居的新型产业生态新城。金属产业是揭阳的支柱产业,占 GDP 的 20% 以上,但比较分散,所以要产业集聚也难,要污染治理也难。通过与德国公司合作,借鉴德国先进的规划理念与生产技术,揭阳将金属产业聚集起来,统一规划,环保先行,产业升级,提升产品质量,打造绿色、高科技的新兴生态产业园区。

围绕可持续消费的产业合作

一、可持续消费

可持续消费是指提供服务以及相关的产品以满足人类的基本需求,提高生活质量，同时使自然资源和有毒材料的使用量最少，使服务或产品的生命周期中所产生的废物和污染物最少，从而不危及后代的需求。核心理念是绿色、适度、文明、健康。

在近年来发生的欧洲经济危机中，德国不仅受到影响最少，还成为引领欧洲经济复苏的主要力量。德国经济取得的成就主要是得益于有效的经济政策，可持续消费政策就是其中之一。

根据联合国环境规划署（UNEP）《可持续消费的政策因素》报告，从终端消费者的角度来看，一些北欧国家收入较高的消费者，崇尚健康可持续的生活方式，他们不仅仅满足于日常的吃穿住行，而是注重生活的品质，这些人被称作"乐活族"。全球乐活市场价值5000亿美元。在德国有大约3000万人是乐活族。

可持续消费者注重生活的品质，往往愿意多出一些钱来选择无毒、健康的绿色食品，于是在消费者的驱动下，产生了可持续消费的相关产业，并且该产业的市场会随着可持续消费者的增加而不断扩大。

在美国、德国、意大利、荷兰等国分别有77%、82%、94%、67%的消费者在选购商品时会考虑生态环境因素，而在中国，可持续消费大众化虽已起步，但比例仍不足20%，且这类消费品市场比较混乱（假冒伪劣泛滥）。这也说明中国还有很大的可持续消费人群的发展潜力。

2015年8月8日，"2015年绿色可持续消费宣传周"在京启动，活动为期两周，北京、上海、广州、深圳、杭州等93个城市的超过六百家连锁门店向消费者倡导可持续消费理念，并通过系列活动让消费者体验时尚环保的生活和消费方式。

可以预想，中国将是一个拥有巨大可持续消费人群的市场，而德国在可持续消费上走在前面，中国与德国在可持续消费上的产业合作是有发展潜力的。

二、生态标志

环境标志是由政府部门或独立机构依据一定的环境标准，向申请者颁发的一种特定标志，获得者可将它贴在商品上，向消费者表明该产品与同类产品相比，在生产、使用、处理等整个过程或其中某个过程，符合特定的环境保护要求。1978年世界上第一个环境标志出自德国——"蓝色天使"，从那以后，环境标志制度作为一种环境管理手段风行世界。1992年，为鼓励在欧洲地区生产及消费绿色产品，欧盟出台了生态标识体系。有了这些生态标识，消费者可以清楚地分辨出哪些是可持续消费产品，更有利于可持续消费产业的发展。

中国希望能在国内推广可持续消费，在生态标志系统上也有很多可以与德国合作的地方，从而更好地发展中国的可持续消费产业。

三、绿色旅游

中国国土面积广袤，历史悠久，不论是自然景观还是人文历史景观资源都十分丰富，然而2014年全年旅游服务贸易逆差1079亿美元，占到同期中国服务贸易逆差的56.2%，这说明中国旅游业还有很大的发展潜力。

德国开展生态旅游业已有20年，生态旅游资源丰富，吸引了大批游客前往德国体验绿色旅游。德国旅游着力突出一个特点：与生态、环保挂钩，以绿色为主题。德国人有很强的环保意识，政府在多个领域提出征收环保税。绿色旅游还可以与可持续消费结合起来。

那么中国与德国合作，通过对旅游基建的改善，生态旅游业的发展，可以吸引国外游客，改变当前旅游贸易逆差的局面。"国之交在于民相亲"，积极发展绿色旅游，也有助于与友邦民心相通。

总体来说，中德可以在产品、产业、援助、金融投资多个领域上全面合作，中德合作只有升级版，没有终极版。这种合作在不断推动着"一带一路"的发展以及双边区域的发展，中德双方都从合作中受益匪浅。

（原文发表于《当代世界》2016年第1期）

丝路经济带与欧亚经济联盟的对接：
以能源共同体的构建为基石

吴大辉　清华大学国际关系学系教授，
　　　　中俄全面战略协作协同创新中心首席专家
祝　辉　中共新疆维吾尔自治区委员会党校政治学教研部

　　2015年5月8日，中国国家主席习近平和俄罗斯总统普京在莫斯科共同签署并发表了《关于丝绸之路经济带建设与欧亚经济联盟建设对接合作的联合声明》。依照该声明，"俄方支持丝绸之路经济带建设，愿与中方密切合作，推动落实该倡议。中方支持俄方积极推进欧亚经济联盟框架内一体化进程，并将启动与欧亚经济联盟经贸合作方面的协议谈判。双方将共同协商，努力将丝绸之路经济带建设和欧亚经济联盟建设相对接，确保地区经济持续稳定增长，加强区域经济一体化，维护地区和平与发展"。该联合声明进一步明确了两大机制对接的原则，即"双方将秉持透明、相互尊重、平等、各种一体化机制相互补充、向亚洲和欧洲各有关方开放等原则，通过双边和多边机制，特别是上海合作组织平台开展合作"。

2015年4月21日，中共中央政治局常委、国务院副总理、中俄能源合作委员会中方主席张高丽在北京与俄罗斯副总理、俄方主席德沃尔科维奇举行中俄能源合作委员会双方主席会晤。

该联合声明的签署意味着中国首倡的"丝绸之路经济带"与俄罗斯主导的欧亚经济联盟正式启动了战略对接的进程。结合联合声明中所提出的双方优先合作领域，本文尝试从中俄双方构建丝路能源共同体的角度，探讨丝路经济带与欧亚经济联盟对接应优先启动的基础性工作。

一、构建丝路经济带能源共同体的迫切性

始于2014年的国际油价下跌再次暴露了当今能源政治领域迫切的现实问题，即作为世界级的能源生产和出口国的俄罗斯、中亚国家和伊朗，作为世界级的能源进口和消费国的中国和印度，缺乏世界油气的话语权，即国际能源价格（特别是油气价格）仍然受制于美国和欧佩克国家。换言之，世界油气价格市场的指挥棒依然掌握在美国的手中。

乌克兰危机的爆发使欧洲对俄罗斯能源需求发生转变，大批俄罗斯金融

能源公司无法在西方市场获得融资和金融服务，很多至关重要的开发项目陷入困境，加上美欧对俄罗斯的制裁逐步升级，美国通过外交、军事、经济等多种途径操控油气价格，削弱俄罗斯对国际油气市场的影响力，这对以能源行业为支柱的俄罗斯经济产生了巨大冲击。俄联邦海关署数据显示，2014年俄罗斯天然气出口收入总额为547亿美元，同比下降18.6%；天然气出口量为1726亿立方米，同比下降12.1%。2014年俄石油出口收入总额为1539亿美元，同比下降11.4%；石油出口量为2.23亿吨，同比下降5.6%。这些困境客观上将长期存在，俄罗斯在世界油气市场所占份额将随时面临着美国与欧佩克国家的联手冲击。

尽管石油价格的下跌暂时有利于中国的能源进口，但是作为中国原油主要进口地区的中东和非洲并不太平，这两个地区的动荡无疑会威胁中国的石油安全。不争的事实是，中国石油的地理边界将长期处于中东和非洲的"动荡弧"上。更为关键的是，在目前的世界能源运行体制的框架下，作为世界最大的能源进口国，中国在世界能源市场"靠天吃饭"的弱势话语权地位很难迅速得到改善。据中国石油大学国际石油政治研究中心预测，2020年前中国经济保持7%—7.5%的增速，进口原油日均830万桶，自产原油420万桶（年均2.1亿吨），2020年年均消费石油6.25亿吨，对外依存度将达到66%。

另一个石油天然气资源相对贫乏的大国印度和中国面临着同样不堪的境遇。印度的石油天然气储量分别仅占世界储量的0.3%和0.7%。由于国内能源资源储存和产量严重不足，印度油气对外依存度不断走高。印度权威机构预测，到2030年，印度90%的石油和天然气将来源于国外，确保能源安全成为印度对外战略的重中之重。向北获取俄罗斯油田开采权，向西建立伊朗到印度的能源安全通道，是印度能源战略的重要体现。因此，中亚、俄罗斯、伊朗丰富的油气资源是中国和印度寻求能源进口多元化、确保能源供应安全的重要基础，是这一地区打造能源共同体的现实依据。

摆脱这样被动局面的可行性选择就是建立丝绸之路经济带能源共同体，即在丝路经济带沿线国家已有的双边和多边能源合作的基础上，构建包括上海合作组织成员国、观察员国、对话伙伴国和欧亚经济联盟成员国，涵盖能源上游、中游和下游合作领域的多边战略协调机制，进而在此基础上打造北美、欧洲、亚洲三大市场之外的第四大原油交易市场——欧亚市场，并在西德克萨斯原油、北海布伦特原油、中东产迪拜原油之后推出自己的价格指标原油——欧亚原油。

二、丝路经济带沿线国家的不同的能源禀赋优势和现有的油气合作是建立能源共同体的基础

在丝路经济带的沿线上，俄罗斯、哈萨克斯坦和伊朗是世界级的油气生产和出口大国，有中亚"水塔"之称的塔吉克斯坦是颇具潜力的水电大国，中国和印度则是世界级的能源消费大国。上述国家理应获得与其能源身份相符合的国际话语权，而这种国际能源话语权的获得显然需要上述相关国家的共同努力——建立丝路经济带能源共同体恰逢其时。这同时将使大欧亚地区各国能源储量丰富的优势以及油气管道和电力传输管网的潜力得以充分发挥，并进一步密切相关国家间的经济互利合作。

在打造丝路经济带能源共同体的过程中可以借助构建中的上海合作组织能源俱乐部机制。2007年8月，上合组织元首峰会提出"能源机制"的概念，确定了合作的开放性原则。2011年9月，中国、俄罗斯、塔吉克斯坦和吉尔吉斯斯坦四国发表《西安倡议》，建议成立上合组织能源俱乐部。2012年6月，上合组织北京峰会强调，成员国将努力"加强本组织的能源合作""保障本地区能源安全"。2013年9月，习近平主席在上合组织第十三次峰会提出了"成立能源俱乐部，建立稳定供求关系，确保能源安全"的政策主张。

事实上，能源合作始终是上海合作组织重要的合作领域，其历年元首峰会都强调能源合作的重要性，并将其置于优先发展的地位。这说明，虽然上合组织能源俱乐部常设机制并未启动，但是能源俱乐部已经实际开始运作。2006年，上合组织决定成立的能源合作的国家间专门工作组承担着能源俱乐部的角色，并不断推动成员国能源合作的深入发展。2012年5月，俄罗斯外交部长拉夫罗夫在上合组织成员国外交部长会议上表示，通过各成员国能源

部门的努力，在上合组织框架内实际已建立"能源俱乐部"，成为就能源合作重大问题进行对话的开放平台。该"能源俱乐部"对于上合组织观察员国和对话伙伴国也具有很大吸引力。同时，俄方也期待乌兹别克斯坦能尽快加入。如果作为上合观察员国的印度和对话伙伴国的土耳其也能够加入上合能源俱乐部，无疑将增进该合作机制的覆盖区域和国际影响力，并最终成为丝路经济带能源共同体的启动平台。

中俄近年来能源合作的实质性进展为丝路经济带能源共同体的构建奠定了坚实的基础。2013年3月，中俄两国政府签署了《关于扩大原油贸易合作的协议》，中国石油天然气集团公司（简称中国石油）与俄罗斯石油公司签署了《扩大原油贸易的框架协议》及有关预付款的条款。2013年6月，在第十七届圣彼得堡国际经济论坛全体会议上，俄罗斯总统普京宣布，未来25年俄罗斯每年将向中国供应原油4600万吨，总价值高达2700亿美元。在论坛开幕前，中国石油与俄罗斯石油签署了长期增供原油合同。根据增供协议，俄罗斯将在现有中俄原油管道（东线）1500万吨/年输送量的基础上逐年增加出口供应量，到2018年达到3000万吨/年，增供合同期25年，可延长5年；通过中哈原油管道（西线）从2014年1月1日开始向中方增供原油700万吨/年，合同期25年，可延长5年。

中俄的天然气合作的谈判在2014年5月也取得重大突破。根据2014年5月中俄签署的4000亿美元的《中俄东线管道供气购销合同》，30年内每年从中俄"东线"管道对华供应380亿立方米天然气。2014年11月，俄罗斯天然气工业公司和中国石油天然气集团公司签署了《关于沿西线管道从俄罗斯向中国供应天然气的框架协议》，协议规定未来俄罗斯通过中俄西线天然气管道向中国供气的基本技术经济条款，确定供气规模300亿立方米/年、供气量渐增期为4—6年、供气期限30年的合作框架以及下步工作计划等。

中国同中亚国家的油气合作也在不断扩大。中哈原油管道是中国第一条陆路进口跨国原油的管道，也是哈萨克斯坦唯一不经过第三国直接输送到终端消费市场的原油外输通道。自2006年5月中哈石油管道正式通油以来，中哈原油管道进口原油量以年均20%的速度递增，截至2015年3月11日，累计向中国输油超过 7700 万吨。中国中亚天然气管道于 2009 年 12 月正式向中国输气。2015 年 1 月 3 日 09 时 58 分，中亚天然气管道霍尔果斯计量站在线计量仪表显示，中亚天然气向国内"西气东输"二、三线管道输气达到 1000 亿立方米、7131.53 万吨。中国中亚天然气管道 D 线[1] 也于 2014 年 9 月 13 日动工。这条管道在线路上首次途经塔吉克斯坦和吉尔吉斯斯坦两个国家，与已建成的连接土库曼斯坦、乌兹别克斯坦、哈萨克斯坦的 A、B、C 线一道，将形成中国—中亚天然气管道网，把中亚五国与中国紧密相联，进一步加深了中国与中亚国家的能源合作，是落实丝路经济带"五通"的具体实践。

三、丝绸之路的资金融通机制可为丝路经济带能源共同体的构建提供资本支撑

2015 年 3 月，中国政府发布《推动共建丝绸之路经济带和 21 世纪海上丝绸之路的愿景与行动》，倡议指出，基础设施互联互通是"一带一路"建设的优先领域。它包括"加强能源基础设施互联互通合作，共同维护输油、输气管道等运输通道安全，推进跨境电力与输电通道建设，积极开展区域电网升级改造合作"。

2014 年 11 月，习近平主席在 APEC 会议上宣布，中国将出资 400 亿美元成立丝路基金；2014 年 12 月，丝路基金有限责任公司完成工商注册，目前中国丝路基金注册资本已经超过 600 亿元人民币。2013 年习近平主席提出筹建亚洲基础设施投资银行（亚投行）倡议，并得到世界各国的响应。亚投行主要服务于基础设施的互联互通建设，其中也包括油气管道和电力管网的建设。《筹建亚投行备忘录》规定，亚投行的法定资本为 1000 亿美元，初始认缴资本目标为 500 亿美元左右，中国出资 50%。也就是说，初期，中国将会认缴 250 亿美元。此外，2014 年 9 月，上海合作组织成员国元首峰会发

---

[1] 中国—中亚天然气管道 D 线全长 1000 公里，其中境外段 840 公里，设计年输量 300 亿立方米，气源地为土库曼斯坦复兴气田。

表的《杜尚别宣言》指出，将加快成立上合组织发展基金（专门账户）和上合组织开发银行的工作。上述资金融通机制的组建可以为丝路经济带能源共同体的建设提供资金融通的重要平台。

我们也应清醒地看到，打造丝路经济带能源共同体也面临一些障碍性因素。例如美国、中东、欧洲等国家和地区对世界能源交易平台的垄断局面一时难以打破；俄罗斯在欧亚经济联盟当中一直想占据主导地位，力图控制中亚能源富集国家，不愿意这些国家实现能源独立；该区域目前尚缺少现成的能源交易经验；印度对待丝绸之路经济带的态度不够积极，并在能源投资和贸易上同中国存在竞争等。但正视障碍，我们才能找到更加客观的合作可能。

综上所述，建立丝路经济带能源共同体是大欧亚地区相关国家发挥各自能源禀赋优势、维护自身能源战略利益、促进彼此间互利经济合作的现实需求。上海合作组织能源俱乐部机制的启动和丝路基金、亚投行及上合发展基金（专门账户）和上合开发银行的建立，将为"丝路经济带"能源共同体的建设提供重要的基础平台和资金支撑。尽管打造丝路经济带能源共同体会遇到诸多障碍，但是只要未来丝路经济带沿线国家始终秉承"和平合作、开放包容、互学互鉴、互利共赢"的丝路精神，坚持以上海合作组织和欧亚经济联盟的合作为核心，丝路经济带能源共同体的构建并非遥不可及，并将推动丝绸之路经济带与欧亚经济联盟的战略对接。

（原文发表于《当代世界》2015年第6期）

中蒙俄三国互联互通的建设与合作

朴键一 中国社会科学院亚太与全球战略研究院研究员，
当代蒙古研究中心主任

三国互联互通倡议的提出

一、中国的"丝绸之路经济带"与"一带一路"倡议

2013年9月在哈萨克斯坦，中国国家主席习近平提出了与中亚国家等共建"丝绸之路经济带"的倡议。同年11月在印度尼西亚，习近平主席又提出了同东南亚国家等共建"21世纪海上丝绸之路"的倡议。

对此，中国周边的东北亚、中亚、西亚、南亚、东南亚等所有次区域的绝大多数国家，[1] 以及东欧、中欧、西欧、东非、北非的一些国家，先后表示了参与其中的积极态度。并且，这些国家根据本国所处的地缘位置，以及

---

[1] 关于中国周边的定义，详见朴键一《朝鲜半岛问题与中国周边安全环境》，北京：中央民族大学出版社，2014年12月第1版，第1—34页。

第四章 "一带一路"倡议与跨国合作　201

2015年7月9日，国家主席习近平在乌法同俄罗斯总统普京、蒙古国总统额勒贝格道尔吉举行中俄蒙元首第二次会晤。

历史上"丝绸之路"和"海上丝绸之路"的走向，自觉地对号入座，把自身定位于"丝绸之路经济带"或"21世纪海上丝绸之路"的共建范围。

二、蒙古国的"草原之路"、俄罗斯的"跨欧亚大通道"与中国的"中蒙俄经济走廊"倡议

中国北方的两个重要邻国——蒙古国和俄罗斯，很快都把本国看作是"丝绸之路经济带"倡议的直接涉及对象，对这一倡议表现出了极大的热情和关注。

进入2014年后，蒙古国政府立足于国内讨论已久的"新千年计划"，开始具体构思旨在与"丝绸之路经济带"对接的"草原之路"倡议。俄罗斯政府则经过国内的充分议论，听取中国方面的多次详尽解释，开始在本国推进的"外贝加尔——远东发展战略规划"和"欧亚联盟"基础上，构思旨在与"丝绸之路经济带"对接的"跨欧亚大通道"倡议。

同年9月,在塔吉克斯坦首都杜尚别举行的首次中蒙俄首脑会晤中,蒙古国总统额勒贝格道尔吉表示,"希望同中俄加强合作,拉动交通基础设施互联互通和跨境运输"。俄罗斯总统普京则表示,"三方要把各自发展计划结合起来,在能源、矿产、交通基础设施建设等领域建立长期稳定合作关系"。对此,习近平主席提出,"可以把'丝绸之路经济带'同俄罗斯'跨欧亚大铁路'、蒙古国'草原之路'倡议进行对接,打造'中蒙俄经济走廊',加强铁路、公路等互联互通建设,推进通关和运输便利化,促进过境运输合作"。[1]

另一方面,随着旨在支撑"一带一路"的"亚洲基础设施投资银行"和丝路基金等的筹建工作扎实推进,"一带一路"倡议由务虚走向务实,中国国内研究界对共建"一带一路"的目的逐渐清晰。共建"一带一路"并非针对某些大国对中国的围堵,而是为了中国经济社会的均衡可持续发展,实现"两个一百年"战略目标。为此,必须与广大的周边国家结成"命运共同体",走合作发展、共同繁荣的道路,继而推动建立全面公正合理的国际经济政治秩序。因此,"一带一路"对国内外具有双重意义,它对于国际社会来讲是一项宏大的倡议,而对国内来说是一项长期发展战略。

三、复兴"万里茶道"的设想与主张

与此同时,步入经济社会"新常态"的中国各地,根据中央政府共建"一带一路"的战略部署,从自身的地缘条件和历史记忆中努力搜寻融入"一带一路"战略的新发展机遇,纷纷提出了可赋予"一带一路"更多内涵的设想和主张。其中,一个最引人注目的是,根据2013年3月习近平主席在俄罗斯莫斯科国际关系学院演讲提出的复兴近代时期"万里茶道"的设想和主张。

复兴昔日的"万里茶道",可以在"五通"的意义上,连接当今中国的

---

[1] 《把丝绸之路经济带同俄跨欧亚大铁路、蒙古国草原之路倡议进行对接——习近平出席中俄蒙三国元首会晤》,新华网,2014-09-12,http://news.xinhuanet.com/world/2014-09/11/c_1112448718.htm。

八个省区（福建、江西、湖南、湖北、河南、山西、河北、内蒙古），蒙古国的六个省市（东戈壁、戈壁苏木贝尔、中央、乌兰巴托、达尔汗、色楞格），俄罗斯的 18 个州、市、边疆区和共和国（布里亚特、伊尔库茨克、克拉斯诺亚尔斯克、克麦罗沃、新西伯利亚、鄂木斯克、秋明、斯维尔德洛夫斯克、彼尔姆、乌德穆尔特、鞑靼斯坦、楚瓦、下诺夫哥罗德、弗拉基米尔、莫斯科、特维尔、诺夫哥罗德、圣彼得堡），即中蒙俄三国共计 32 个一级行政区。

2013 年 9 月，在中国内蒙古二连浩特市举行的第二届"'万里茶道'与城市发展中蒙俄市长峰会"期间，来自中蒙俄"万里茶道"沿线 31 个城市的代表，就城市发展、城市间相互合作、发展共赢等方面，签署了《"万里茶道"沿线城市旅游合作协议》。同时，中蒙俄三国达成"'万里茶道'是珍贵世界文化遗产"的共识，签署了《"万里茶道"共同申遗倡议书》。[1]

"中蒙俄经济走廊"视域下的蒙古国"草原之路"

一、蒙古国"草原之路"：从"倡议"到"计划"

2014 年 9 月中蒙俄首脑首次会晤之后，蒙古国的"草原之路"由"倡议"改称为"计划"，见诸报端并准备实施。其主要内容是投资约 500 亿美元，实施五个项目，包括：修筑连接中国和俄罗斯长达 997 公里的高速公路；铺设 1100 公里电气铁路；扩展跨蒙古国铁路；铺设俄蒙中天然气输送管道；铺设俄蒙中石油输送管道。其目的是，通过过境运输贸易振兴国家经济，并以此吸引更多投资，带动能源和矿产等行业的产业升级。[2]

同年 10 月，蒙古国大呼拉尔（议会）通过决议案，决定在位于同中国内蒙古接壤之南戈壁省的本国最大炼焦煤矿塔温陶勒盖和该省对华过境口岸

---

[1] 程佳：《"万里茶道"：从武夷山到圣彼得堡》，载《中国文化报》，2014 年 10 月 16 日第 11 版。

[2] 【蒙】《乌兰巴托邮报》，2014 年 9 月 24 日。转引自中国驻蒙古国经商参处：《蒙古国启动"草原之路"计划以振兴经济》，http://china.huanqiu.com/News/mofcom/2014-09/5153109.html。

复兴中蒙俄"万里茶道",最重要的是沿线各地带各具特色的茶饮文化的广泛交流和相互学习。图为2013年拍摄的"万里茶道"起点武夷山下梅古民居。

嘎顺苏海图/甘其毛道之间,以及在位于另一个同中国内蒙古接壤之东方省的大煤矿霍特和同样与中国内蒙古接壤的苏赫巴托尔省对华过境口岸毕其格图/珠恩嘎达布其之间,铺设与中国铁路轨距相同的标轨铁路,以提高矿产品出口的运输能力,降低运输成本。与此同时,"草原之路"计划中有关铁路和公路修筑项目的其他内容,也通过各种新闻媒体透露出来。

二、对蒙古国"草原之路"计划的解读

项目一为修筑连接中国和俄罗斯长达997公里的高速公路。这就是,南联中国内蒙古二连对蒙公路口岸、北接俄罗斯布里亚特恰克图对蒙公路口岸的高速公路,这条高速公路紧邻现有从南到北连接中俄两国的铁路线。项目二为铺设1100公里电气铁路。其中包括如下三条铁路:长600多公里的南戈壁省塔温陶勒盖——东戈壁省首府赛音山达——东方省霍特——首府乔巴

山铁路；长240多公里的塔温陶勒盖——嘎顺苏海图/甘其毛道对华口岸标轨铁路；长160多公里的霍特——毕其格图/珠恩嘎达布其对华口岸标轨铁路。项目三为扩展跨蒙古国铁路。其中包括：鄂尔浑省首府额尔登特——库苏古尔省首府木伦——阿尔茨苏尔/查冈托尔戈依对俄口岸铁路，长度超过1100公里，它与正在建设的俄罗斯克拉斯诺亚尔斯克边疆区库拉基诺——图瓦共和国克孜勒铁路，以及计划建设的克孜勒——艾尔津——查冈托尔戈依/阿尔茨苏尔对蒙口岸铁路相接，并与西伯利亚大铁路连接在一起；东方省霍特——该省对华苏木贝尔/阿尔山边境口岸铁路，长约430公里。这两条铁路修成后，就会在蒙古国境内，以中蒙之间四个铁路过境口岸为起点，形成4组各3种共12种连接中国和俄罗斯的跨蒙古国铁路线路组合。项目四和项目五为铺设俄蒙中天然气和石油输送管道。目前，这两个项目还在议论之中，付诸实施尚待时日。

即便如此，仅从项目一、二、三的布局，便可清楚地看到目前蒙古国实施的"草原之路"计划的目的。目前蒙古国正在建设、计划建设、有望建设的铁路线，以现有的南北向伸展的中蒙俄铁路线为主轴，集中分布于矿产资源蕴藏非常丰富的东南部对华边境一带，以及西北部对俄边境一带，而且都有铁路线向对华和对俄过境口岸延伸。新建铁路网的这种布局，的确具有非常明确的实用目的，即通过过境运输贸易振兴国家经济，并以此吸引更多投资，带动能源和矿产等行业的产业升级。

"中蒙俄经济走廊"视域下的"草原之路"与"万里茶道"

一、"中蒙俄经济走廊""草原之路"和"万里茶道"的关系

综合以上内容，辨析"一带一路"倡议的发展过程，可以厘清"中蒙俄经济走廊""草原之路"和"万里茶道"之间的关系。

2013年3月习近平主席在莫斯科国际关系学院提及"万里茶道"，无疑是同年9月、11月先后提出"丝绸之路经济带""21世纪海上丝绸之路"的前奏。可以认为，"万里茶道"概念在形成"一带一路"倡议的"互联互

通"关键词、"五通"的广泛内容，以及"中蒙俄经济走廊"建议的过程中，与"丝绸之路""海上丝绸之路"一道，发挥了重要作用。

继谈及"万里茶道"之后提出的共建"丝绸之路经济带"倡议，在提出"21世纪海上丝绸之路"倡议之前，就开始催生了旨在与之对接的蒙古国"草原之路"和俄罗斯"跨欧亚大通道"倡议。历史上，"草原之路"一词即渊源于"万里茶道"，指的就是穿行于蒙古高原的"万里茶道"。因此，"丝绸之路经济带"倡议一面世，蒙古国专家们就马上回应说，"丝绸之路"蜿蜒于蒙古高原的那部分，就是"万里茶道"的"草原之路"。

显然，蒙古国专家们所关心的，并不是丝绸之于"丝绸之路"、瓷器之于"海上丝绸之路"、茶叶之于"草原之路"和"万里茶道"的具体贸易商品，而是寄托于"丝绸之路""海上丝绸之路""草原之路"和"万里茶道"的亚欧大陆东西两端之间及其沿线地带的商品贸易和文化交流。

正因为如此，当蒙古国和俄罗斯正式回应以"草原之路"与"跨欧亚大通道"倡议，以期与"丝绸之路经济带"倡议对接时，中国不拘泥于"丝绸之路"的具体称谓，在蒙俄两国倡议的基础上，进一步提出了共建"中蒙俄经济走廊"的新构想。"中蒙俄经济走廊"建议对接了"丝绸之路经济带""草原之路"和"跨欧亚大通道"，不仅强调加强铁路和公路等交通运输设施的互联互通，而且主张进一步推进通关和运输便利化，促进过境运输合作。

二、"中蒙俄经济走廊"和"草原之路"与"万里茶道"的衔接汇融问题

目前，在"中蒙俄经济走廊"框架内，三方合作已经步入了首先由中国方面制定原则性规划草案，再由蒙古国和俄罗斯方面对其进行研究判断，并提出各自的修改补充意见的阶段。这一阶段结束后，将是中蒙俄三方共同协商，确定最后的规划方案，并付诸实施的新阶段。

因此，根据目前蒙古国主动推进"草原之路"计划的实际情况，基本上可以认为，以"互联互通"为关键词，以"政策沟通、道路联通、贸易畅通、货币流通、民心相通"的"五通"为广泛内容的"中蒙俄经济走廊"建设，

在运作上必然会具有比目前"草原之路"计划更大的规模、更多的内容和形式，从而将较快地成为与中日韩合作相呼应的东北亚地区合作新平台。

在此意义上，复兴中蒙俄"万里茶道"将在"五通"，尤其是在"民心相通"方面，发挥巨大的作用。"万里茶道"在承载近代中国茶饮文化的一个重要传播通道功能的同时，渗透了当时包括蒙古高原在内的亚欧大陆各种气候地带的交通运输文化，更反映了当时农耕地区和游牧地区各种饮食文化对同一种茶饮文化的各自取舍。

因此，中国茶饮文化通过"万里茶道"传播的过程，也是以晋商为主的近代中国商人主动、虚心地了解沿线各地带文化，按照当地的饮食文化特点，赋予中国传统茶饮文化以新内容和新形式的过程。至今在蒙古高原盛行的砖茶和奶茶，俄罗斯人称之为"自煮"的茶壶等各具特色的茶饮文化表现形式，都说明了这一点。

同样，复兴中蒙俄"万里茶道"，最重要的首先是沿线各地带各具特色的茶饮文化的广泛交流与相互学习。在相互尊重对方茶饮礼仪和习俗的过程中，各民族可以相互交流和学习吃、穿、住、行等方面的各种文化，从文化深层上加深相互间的了解、尊重和信任，达到通过"民心相通"促进"政策沟通、设施联通、贸易畅通、资金融通"的最高境界。通过复兴"万里茶道"，不断有力地助推综合性的"中蒙俄经济走廊"建设。

（原文发表于《当代世界》2016年第3期）

"一带一路"与"2063年愿景"
中非发展合作迎来新机遇

舒运国　中国亚非学会副会长，上海师范大学非洲研究中心主任

　　2015年是中非合作论坛成立15周年，在约翰内斯堡召开的中非合作论坛峰会是首次在非洲大陆举办的中非峰会。中非合作论坛已成为中非集体对话的重要平台和促进务实合作的有效机制。

　　2013年5月，非洲联盟第21届首脑会议提出了"2063年愿景"发展战略；同年9月和10月，习近平主席在出访哈萨克斯坦和东盟国家时，提出了"一带一路"发展战略。中国的发展战略与非洲的发展战略在同一年里提出，两者有着实质性的有机联系。

　　第一，剖析两个发展战略，其实质是世界上最大的发展中国家与世界上发展中国家最集中的地区，为了加快发展而制定的发展战略。由于具有发展中国家的共同属性，这两个发展战略在本质上都是为了实现民族复兴。中国"一带一路"发展战略，是为了顺应当今世界经济、政治、外交格局的新变

化,通过新"丝绸之路",有力推动实现中华民族伟大复兴的中国梦。而"2063年愿景"则明确指出:"愿景体现了我们共同繁荣兴旺和幸福安康的愿望,盼望团结融合,渴望公民自由,期望前途光明的非洲大陆"。因此,"2063年愿景"同样为了实现非洲各国的非洲梦。毫无疑问,"一带一路"和"2063年愿景"是中国人民和非洲人民在实现"中国梦"和"非洲梦"的进程中所制定的发展战略,具有互联互通和相互支持的基础。

第二,"一带一路"提出的合作领域对于实现"2063年愿景"的总体发展目标具有十分积极的意义。众所周知,"一带一路"提出了政策沟通、设施联通、贸易畅通、资金融通、民心相通五大合作重点,而"2063年愿景"明确指出其目标是:"一个统一的、繁荣富强的以及和平安宁的非洲"。"一带一路"的实施,将进一步推动中非合作,有助于"2063年愿景"的实现。

首先,中非关系的实践已经证明,中非之间的政策沟通、设施联通、贸易畅通、资金融通、民心相通,已经极大推动了中非关系的发展。今天,中非合作论坛已经成为双方政策沟通的平台,有力推动了中非的全方位合作;中国在非洲修建大量基础设施,有力促进了非洲大陆的一体化;中非贸易飞速增长,推动了双方经济的发展;中国多次向非洲提供优惠贷款,在很大程度上缓解了非洲大陆资金的短缺;频繁的高层和民间交往,沟通了彼此民心,中非成为"命运共同体"。

其次,"一带一路"将积极推动"2063年愿景"的实现。比如,"2063年愿景"指出:"到2063年,必要的基础设施将会促进非洲一体化、技术转移、贸易增长和经济发展。基础设施包括高铁系统、公路、航运、海空联运以及完善的信息通讯技术和数字经济。"李克强总理2014年5月访问非洲,提出"461"中非合作框架,以及"三网一化"的合作重心,实际上把"一带一路"与"2063年愿景"具体结合起来。2015年初,中国与非洲联盟签署一项长达48年,覆盖几乎非洲全境的交通运输开发备忘录,涉及高铁、高速公路、航空和工业化基建等所有相关设施。此外,除了基础设施建设外,中国大量优质产能转移到非洲,将有力推进非洲大陆的工业化进程。这说明"一带一路"与"2063年愿景"的融合在推动非洲大陆社会经济发展方面已经、并且日益发挥重大作用。

　　非洲国家已经做好准备，以积极的态度欢迎"一带一路"进入非洲。加纳官员认为，"一带一路"战略在非洲不是个新鲜事物，古代的时候就有郑和下西洋，到达了非洲海岸。非洲国家纷纷表示，中国"一带一路"发展战略的实施，会给非洲带来新的机遇，促进非洲国家的发展。乌干达驻华大使则认为，"一带一路"有助于加强中国与乌干达之间的经贸往来。

　　总之，"一带一路"和"2063年愿景"均属发展中国家为实现民族复兴而制定的发展战略，两者具有共同和相通之处。随着"一带一路"和"2063年愿景"的逐步落实和不断融合，中国和非洲大陆的社会经济发展将提升到一个新的水平。

（原文发表于《当代世界》2015年第12期）

中非产能合作助推非洲工业化和经济一体化

贺文萍　中国社会科学院西亚非洲研究所研究员

第二届中非峰会于 2015 年 12 月 4—5 日在南非约翰内斯堡召开，此次峰会是在中国经济呈现结构调整"新常态"以及非洲经济一体化进程不断加快的大背景下召开的，中非产能合作成为中非领导人在峰会上的热议话题之一。

毋庸讳言，中国经济在经过了过去持续 30 多年高速发展的长周期后，如今进入了以调整经济结构和消化富余产能为主要目标的中高速增长"新常态"阶段。相比过去高速增长对原材料的强劲需求，虽然中国现今对原材料以及油气等大宗商品的需求有所下降，但凭借长期以来在工业化方面积累的丰富经验、成熟适用的技术和性价比很高的装备，以及傲居世界第一的充裕外汇储备，中国经济在对内调整结构的同时，对外经济合作也在从以往的"商品输出时代"向更为高级版的"资本输出时代"转型升级。近年来，中国企业的海外投资并购势头强劲，对外投资总量 2014 年已突破 1000 亿美元。中国从贸易大国向投资大国转型有利于中非经贸合作关系的结构调整，中非经济合作也有望从以往的原材料与工业制成品间的贸易互补关系升级为制造业和新能源、新环保产品开发、海洋经济开发等产业结构互补互助型的经济合作关系。

中非产能合作符合中非发展的现实需要，也具备发展的强大基础。经过30多年的改革开放，中国到了工业化中后期，产生了大量产能富余，而大多数非洲国家则处在工业化起步阶段，对钢铁、水泥等产品需求旺盛，基本全部依赖进口，因此渴望引进这些产能，加快工业化步伐。非洲有丰富的人力和自然资源，中国则拥有资金、设备、技术、管理经验。中非产能合作历史性对接的条件已经成熟。

另外，中非产能合作还具备来自政府及企业的强大意愿和动力。中国国家主席习近平及总理李克强分别于2013年和2014年访问非洲，提出了推动非洲建设"三网一化"（即助力非洲的铁路网、公路网和区域航空网络等"三大网"及非洲工业化建设）的发展目标。非洲国家也热情期望在中国新一轮产业结构调整的大潮中加强与中国的产业合作，在承接中国的优质与富余产能的过程中推动非洲的工业化发展和技术进步。如非盟峰会在2015年通过的"2063年发展规划"及其第一个十年规划中就将加速非洲工业化和实现可持续发展列为首要目标。因此，引领未来中非合作的旗舰项目将更多是跨国、跨地区的非洲大型基础设施建设项目以及带动非洲制造业发展的工业化项目。另外，将与以往主要由中国大型国企投资于非洲的能源矿业领域并承接大型基础设施建设项目形成有益补充的是，未来中非产能合作的大军中将出现更多中国私营企业的身影。特别是中国私营企业在轻工业领域的丰富生产经验和较高技术水平将使其成为中国轻工业"走出去"的主要力量。

如在坦桑尼亚，该国作为第一批加入中国国际产能合作进程的非洲国家，已于2015年4月28日由中国国家发改委与坦总理府草签了关于产能合作的框架协议。坦正在制定的五年规划的核心也是工业化，以便与中国的产能合作相对接。从2009年起，坦桑尼亚开始启动出口加工区的建设，希望通过发展出口导向型工业，达到吸引外资、扩大出口、增加就业、提高生产技术和经济管理水平的目的。目前已有来自中国的12家企业入住其出口加工区。

中国民营企业"河北壮大玻璃公司",在坦桑尼亚多多马市建设了年产60万重量箱玻璃项目,预计2015年将投产。

最后,中非产能合作还可助推非洲经济一体化的进程。如由东非共同体、东南非共同市场和南部非洲发展共同体等三个非洲次地区经济组织合作而成的非洲最大自由贸易区宣布于2015年5月顺利启动,而自贸区建立的第一阶段就将高度关注基础设施建设、产业发展和市场一体化等三个领域,而这三个领域都与中非关系当前和未来的发展战略蓝图(如"三大网建设"和"产业对接"等)高度契合。2015年年初,中国还与非盟签署了中非关于基础设施建设合作的谅解备忘录,根据备忘录,中国将在非洲"2063年愿景"战略框架内,加强与非洲国家在铁路、公路、区域航空及工业化领域的合作,促进非洲国家一体化进程。

(原文发表于《当代世界》2015年第12期)

收购希腊比港对"一带一路"建设的重要意义及风险预估

刘作奎　中国社会科学院欧洲研究所中东欧研究室主任，研究员

中远公司成功收购希腊比雷埃夫斯港

在"一带一路"布局欧洲的进程中，希腊的比雷埃夫斯港发挥了重要作用，它是计划修建的"一带一路"建设工程——中欧陆海快线的关键节点。随着匈塞铁路塞尔维亚段修建工作从 2015 年 12 月开始启动，中欧陆海快线建设步入快车道。

中国企业在比港有成功的开发经验，自 2009 年中国中远太平洋集团在当地的分支机构从比雷埃夫斯港务局获得了希腊比港 2 号、3 号集装箱码头 35 年特许经营权后，比港逐渐从一个规模较小、运转效率不高的港口变成地中海区域发展最快的港口。随着中远集团持续加大投入，预计 2021 年比港吞吐量将增长到 720 万标准集装箱，从而使其成为地中海地区最大的货物中

据联合国难民署和国际移民组织统计,2015年经由地中海和陆路前往欧洲寻求庇护的难民和移民总数超过100万,其中约80%从土耳其出发经过爱琴海抵达希腊。图为2016年3月4日,在希腊北部边境的伊多迈尼,难民站在临时安置点的帐篷外。

转中心。[1] 中远集团的投资也实现了多方共赢:其所属公司已经开始收到来自中东欧(如匈牙利、斯洛伐克和捷克)经铁路运输而来的回程货物,并由比港集装箱码头通过海运运到国内。受物流聚集效应影响,中国企业中兴、华为以及国际知名电子制造商索尼开始利用中远集团所属公司经营的中东欧铁路货运服务向欧洲国家供应产品。戴尔、思科、三星和 LG 电子、起亚汽车和现代汽车也计划在比港建立分拨中心。中国企业投资及其产生的附加效应可能为希腊整个 GDP 做出约 10% 的贡献,并解决很多就业问题。中国企业也想借此扩大对比港股权的收购,扩展业务经营范围,但收购活动经历了

---

[1] Economist Intelligence Unit, Piraeus' promising future-under threat? Country Report, Greece, January 30th, 2015.

较多的波折。

2016年1月21日，希腊共和国资产发展基金正式发表声明，同意中远（香港）集团公司以3.68亿欧元的出资收购比港港务局67%股权。根据希腊共和国资产发展基金的声明，中远最后的报价相当于4.02亿美元、每股22欧元。而出面收购比港港务局股权的公司也从中远太平洋改成了中远香港（集团）公司。更改交易主体原因在于比港港务局的业务范围很广，除了其管理的集装箱码头业务外，还涉及修船、轮渡和物流等业务。出售比港港务局股权的交易将分"两步走"：中远首先支付2.8亿欧元获得比港港务局51%股份，此后五年内如果中远投资达到规定的数额才能再支付8800万欧元获得剩下的16%股权。希腊资产发展基金发布的新闻稿称，这笔交易还包括中远需在未来十年内总共投资3.5亿欧元、到2052年特许经营权到期前需支付总计4.1亿欧元收入，以及特许经营权到期前的分红和利息收入。在得到67%这一超过三分之二的股权之后，中远将对比港未来的发展规划拥有更大话语权。[1]

收购比港意义重大

比港收购对于中希双边关系、"16+1合作"和"一带一路"倡议（主要是中欧陆海快线建设）在欧洲布局意义重大。

首先，协议的达成进一步打造了中希合作"命运共同体"，推动了双边关系的进一步发展，并树立与"一带一路"沿线国家合作的典范。中国和希腊于2006年缔结全面战略伙伴关系，双边关系发展顺利。在中东地区发生危机时，希腊政府多次施以援手，协助中国的撤侨工作。2009年底以来希腊深陷主权债务危机，自2010—2015年，国际货币基金组织、欧元区多次对希腊展开救助。中国政府也从物质和精神上对希腊提供了力所能及的援助。李克强总理2015年6月29日访问欧盟总部时表示，中国一贯支持欧洲一体

---

[1] 详细情况见《希腊批准中远集团购买比雷埃夫斯港股权》，http://www.cgw.gr/news/16012109253020.html。

化进程，希望看到一个繁荣的欧洲、团结的欧盟、强大的欧元。中方愿意见到希腊留在欧元区，希望国际债权人和希腊尽快达成协议，使希腊和欧盟都能度过这场危机，中国愿为此发挥建设性作用。

包括英国经济学家情报社等多个国际评估机构仍认为希腊未来仍可能退出欧元区，因其财政状况未得到有效缓解。因此，对于投资者来说可能面临投资损失的巨大风险。而中国现有的购买比港模式是将企业自身的发展与希腊命运联系在一起，是真正意义上的"命运共同体"。因为中国先期收购了比港51%的股权，并将在未来几年陆续加大投资，看好希腊的发展前景，笃定与希腊共同度过财政危机并避免其退出欧元区。

其次，它将会很好发挥"16+1合作"的示范效应。匈塞铁路、中欧陆海快线、三海（亚德里亚海、黑海、波罗的海）港区合作是"16+1合作"布局中东欧乃至欧洲的一系列重要工程。比港是中欧贸易的重要连接点和前哨，以比港为基础，通过修建匈塞铁路，进一步将贸易链延展到欧洲内陆，逐步打造中欧陆海快线，以此开展三海港区建设，促进中国和中东欧国家之间更大范围的互联互通，使"16+1合作"蛋糕做大，这也势必推进双方产能合作的进一步发展，从而形成更大的示范效应。另据最新消息，中远集团继成功中标比港股权私有化后，还准备对希腊的铁路网络提出收购报价，继续推进建立欧洲转运枢纽的计划。买下希腊铁路公司TRAINOSE及比港后，中远将拥有连接苏伊士运河的海上通路，及连接至巴尔干半岛、中欧、东欧的铁路网。随着中国对中欧陆海快线建设财政支持力度的持续增加，"一带一路"倡议在欧洲建设的前景看好。

再次，将进一步盘活中欧关系发展这盘棋，推动中欧在"一带一路"倡议合作上走向深入，推进中国货物远通欧洲和北非。中欧陆海快线将通过海陆联运实现中欧贸易的彻底贯通，减少了运输和物流成本，丰富了中欧贸易运输的选择。在中欧贸易出现持续下降的背景下，从物流通道建设上促进贸易便利化将有利于巩固双边贸易，实现更多互利共赢。在欧洲难民危机持续恶化的背景下，中国加大对中欧交通枢纽的投入，本身就是对欧洲市场和欧盟未来发展抱有巨大信心的表现，有利于推动双方的战略互信，互利共赢。

总而言之，中欧之间在"一带一路"倡议下的对接有了一个实实在在的抓手，可以进一步推动双方的大项目合作。

最后，中欧陆海快线建设也将成为推进与第三方合作的成功典范，推动了"16+1合作"在欧洲更好的布局。"16+1合作"积极推进同希腊等国的第三方合作，打造了中国和中东欧国家合作的新亮点。以此为契机，"16+1合作"将在推进中欧互联互通方面扩展更大范围的第三方合作，让德国、法国等凭借其先进技术共同参与进来，打造中欧合作更多的新通道。

积极做好"一带一路"在欧洲布局的风险预防

与此同时，必须认识到"一带一路"倡议在欧洲布局仍是个长期的过程，比港的收购具有重要战略价值，但也面临不少挑战。

一、希腊局势并不稳定，其退出欧元区的可能性依然存在

收购比港后，中国也成为希腊最重要的利益相关者之一。在这种背景下，一方面要预防其退出欧元区的风险对中国投资可能造成的冲击。希腊"退欧"疑云对市场信心的影响不容低估。同时，希腊仍处于国际救助阶段，对外部依赖性较高。随时需要外部的审查来确定下一轮救助方案以及外国债权国对其做出的减债承诺。这样，希腊的命运已经不能由自己掌握。更不容忽视的是，中国对希腊的"国际责任"可能被抬升。欧盟、国际货币基金组织、美国等都参与到对希腊的救助，在某种程度上从救助希腊中得益的中国当然无法逃避国际责任，这些国际行为体势必也会向中国施加道德压力，要中国付出更多的救助努力。这些均加大了中国经营比港的边际成本，需要提前做出预防。

二、难民危机可能长时间困扰希腊乃至巴尔干地区

虽然欧盟努力解决这一问题，但难民从土耳其登陆希腊的局面难以阻止，对希腊造成持续的压力，也严重影响到了希腊的社会稳定。难民大多来自中东地区，尤其是叙利亚。难民潮不仅使希腊等国不堪重负，而且也将"不安

定因素"输入到希腊,给希腊等国家和地区安全带来很大的冲击。据联合国难民署和国际移民组织统计,2015年经由地中海和陆路前往欧洲寻求庇护的难民和移民总数超过100万,其中80%从土耳其出发经过爱琴海抵达希腊。2015年,一些欧盟成员国和若干邻国批评希腊未能有效管控边界来防止难民涌入欧盟。2016年2月12日,欧盟成员国通过建议书,敦促希腊在三个月内采取措施加强外部边境管控。控制手段包括针对外来移民登记程序、海洋边境巡逻、边检、风险分析、人事调度和培训、设施建设和国际合作等领域采取措施。如果希腊未能按期解决这些问题,欧盟的其他申根区成员国将获准采取例外措施,在申根区之内实施最长可达两年的边界管制措施。欧盟现在已经考虑停止申根签证两年的可行性。鉴于希腊国内因难民问题产生的动荡局势,企业经营也势必会受到某种程度上的冲击。2016年2月,北约应希腊、土耳其等国要求,陈兵爱琴海地区,旨在对爱琴海附近海域难民的行动展开监控,遏制人贩集团和恐怖分子的行动。但这一行动能否缓解目前难民危机对希腊造成的窘境,值得关注。

三、恐怖主义在巴尔干乃至欧洲地区日趋活跃,影响到当地的社会稳定

伴随难民潮的是恐怖主义借助巴尔干通道进入欧洲,开展了一系列杀伤性活动。大范围的人口流动以及难民的悲惨境遇,为恐怖主义思想的滋生和蔓延提供了温床,中东难民已经成为恐怖主义组织招募的主要对象。极端组织"伊斯兰国"的武装人员或恐怖分子可能混在偷渡船上进入希腊并借助希腊进入欧洲,他们一旦进入欧洲领地(包括巴尔干半岛),就可能制造更大程度的混乱,巴黎恐怖袭击就是一个缩影,也表明恐怖势力已经进入欧洲。他们为了完成组织的使命,可能有计划地偷渡到欧洲并在欧洲本土发动袭击。因此,中国企业在进入"多事之秋"的巴尔干经营将面临更多的风险。

四、极端思潮在欧洲蔓延,影响到中国企业的投资和经营环境

近年来,欧洲政治极端化趋势增强,民族主义和极端思潮开始抬头。左翼和右翼民粹力量呈现增长的趋势。希腊激进左翼联盟在2015年1月的选

举中获胜，其获胜的口号就是反紧缩、提高福利。除此之外，欧洲多个国家政治版图也受到左翼和右翼激进力量的蚕食。2010年上台的匈牙利青民盟以其鲜明的民族主义色彩引人瞩目。2015年4月芬兰人民党、2015年6月的丹麦人民党、2015年10月瑞士人民党以及波兰的法律与公正党表现抢眼，尤其是波兰的法律与公正党，得以单独组阁执政。左翼民粹政党反对社会分配不公和贫富分化，反对欧盟的紧缩政策。右翼民粹政党积极煽动民族排外主义情绪，限制移民，主张将新移民拒之门外。欧洲的经济和社会环境未来几年并不令人乐观，经济困局使得希腊等左翼国家表现出更多的反欧盟色彩，社会情绪日益保守和封闭，影响到了投资环境和企业的经营环境。

就希腊来说，其社会氛围不容忽视。总体来讲，希腊民众对中国并不了解，双方人文相通的水平还比较低，目前在希腊只有一个孔子学院，中希双方虽互设了文化中心，但希腊文化和高等教育机构对中国的研究严重不足，它们对亚洲的研究仍只限于土耳其和西亚地区。在步入债务危机后，更难有余力发展中国学研究。比较活跃的希腊工会等仍对中国公司收购港口活动有所猜忌，社会舆论中保守倾向严重，他们希望中国公司的投资能够给希腊带来更多的工作岗位，而不是引入更多的中国劳工。

五、全球贸易不景气导致海上运输行业发展存在压力

中欧之间航海运输业务目前面临不少困境，主要集中在两点：一是中国对欧产品出口的下降，这一点直接冲击到海上运输的盈利空间。据商务部的最新统计数据，2015年中国对欧洲国家贸易出口下降3.9%，进口下降12.1%。目前，这一状况未有缓解的苗头；二是海运业务的激烈竞争及集装箱运输产能过剩，导致运输价格走低，挤压了企业的盈利空间。

曾经是比港私有化潜在竞标方的全球最大集装箱航运公司马士基（Maersk）的CEO尼尔斯·安德森（Nils Andersen）表示，2015年全球贸易增长陷入停滞导致该公司大规模净亏，目前面临的环境比2008年金融危机时期更糟糕。2015年向欧洲、巴西、俄罗斯和西非的出口量都在下滑（较大部分来自中国的出口），严重影响了运输业。据统计，2015年集装箱运输业产能增长 8%，但货物数量却在下降。全球航运业面临窘境，中国进口需求疲软及船舶供应过剩令运送煤炭及其他干散货大宗商品的船舶盈利大受影响。2016 年以来，干散货运输价格暴跌。继 2015 年 12 月和 2016 年 1 月一再刷新历史新低后，有大宗商品"风向标"之称的波罗的海干散货指数（BDI）2016 年 2 月初再创新低，跌破 300 点关口，跌至 298 点，几乎仅相当于上月的一半，全球贸易的不景气直接冲击着海上运输业。

总结

比雷埃夫斯港是中国"一带一路"倡议在欧洲布局的关键节点之一，中远公司对比港的成功收购，积极推进了中欧之间的互联互通，实现了多赢的效果，对中国希腊关系、"16+1 合作"、中欧关系发展影响深远。它是中国企业参与"一带一路"建设的典范之一，对中国企业在欧洲的投资形成了一定的带动效应。这种战略性投资对企业的风险预防和地区及全球局势（如周边国家政局、欧洲面临的复杂局势、全球贸易发展走向等）的研判能力提出了较高的要求。收购比港之后如何创新性经营好码头和物流业务，变挑战为机遇，不断扩大收益，无疑需要做好顶层设计。总而言之，收购比港并不是一种简单的投资行为，它对企业全方位、一揽子解决"走出去"面临的问题提出了较高要求，也会为众多中国企业海外投资提供宝贵经验。

（原文发表于《当代世界》2016 年第 4 期）

"一带一路"与中巴经济走廊建设

陈利君　云南省社会科学院南亚研究所研究员

2013年9月和10月习近平主席在分别访问中亚和东南亚国家时提出了共建"丝绸之路经济带"和"21世纪海上丝绸之路"的伟大构想。同年5月李克强总理访问巴基斯坦时提出共同建设中巴经济走廊的倡议。中巴经济走廊作为"一带一路"的六条国际经济合作走廊之一,一经提出就对中巴两国及国际社会产生了巨大影响。经过三年多的推进,中巴经济走廊建设已取得明显成效,但由于各种因素的影响,还有许多问题需要克服。今后双方要进一步加大力度,加快推进中巴经济走廊建设,以便让其产生更大效益,造福中巴及地区各国人民。

中巴经济走廊是"一带一路"建设的重要抓手

"一带一路"是中国同沿线各国分享中国发展机遇、实现共同繁荣发展的重要举措。推动"一带一路"建设需要寻找"抓手",以促进经济融合,

近年来，中资企业深耕希腊市场，或投资兴业，或开拓市场，在自身发展壮大的同时，带动了当地经济的发展，取得了耀眼的成绩。图为2016年4月27日拍摄的中国远洋海运集团经营的希腊最大港口比雷埃夫斯港集装箱码头。

推动经济增长。

自 2013 年以来，"一带一路"已成为中国继续扩大开放和不断推动世界经济增长的新倡议和总抓手，并在世界相关国家引起了强烈反响。从国内来看，中国不仅成立了"一带一路"建设领导小组，先后召开多次会议，而且在 2015 年 3 月 28 日国家发改委、外交部、商务部联合发布了《推动共建丝绸之路经济带和 21 世纪海上丝绸之路的愿景与行动》，全面勾勒了"一带一路"建设路线图。同时，中央各个部门及各省份制定了贯彻落实意见及各自参与"一带一路"建设的实施方案。从对外来看，中国不仅倡议和推进了"亚投行"和丝路基金的成立，而且在与相关国家、国际组织领导人会晤和会谈时也积极倡导推进"一带一路"建设，还主办或与相关国家、组织共同举办"一带一路"研讨会等。这使得"一带一路"建设从无到有、由点及面，进度和成果超出预期。[1] 目前，已有 70 多个国家和国际组织表达了合作的意

---

[1] 《习近平谈"一带一路"这三年：超出预期》，http://news.21cn.com/domestic/yaowen/a/2016/0912/09/31533875.shtml。

愿，中国已同 30 多个沿线国家签署了共建"一带一路"合作备忘录或具体合作协议，同 20 多个国家开展了国际产能合作，一批有影响力的标志性项目逐步落地。

中巴经济走廊是"一带一路"共商、共建、共享的六条国际经济合作走廊之一，是"一带一路"建设的重要组成部分，也是"一带一路"建设的重要抓手。"一带一路"提出的"政策沟通、设施联通、贸易畅通、资金融通、民心相通"符合中巴两国的共同需求。加快建设中巴经济走廊，具有十分重要的战略意义，不仅有利于中巴经济联动，凝聚合力，拓展开放共享空间，打造中巴命运共同体、责任共同体和利益共同体，而且有利于维护两国能源安全，促进两国参与全球化和市场化进程，同时还有利于带动两国经济发展，维护两国边疆社会稳定以及促进地区互利共赢、共同发展。因此，建设中巴经济走廊，利在中巴、惠及南亚及周边，对整个地区的和平稳定和经济融合都会产生深远影响。

中巴经济走廊建设进展

自 2013 年以来，中巴经济走廊建设取得了显著成绩，双方建立了良好的沟通协调机制，签署了一系列合作框架与协议，一批有影响的项目逐步落地，经贸合作日益广泛开展，越来越多的企业和个人受惠于这一走廊建设。总体看，中巴经济走廊建设符合甚至超出预期，并日益成为中巴共享发展机遇的重要载体。

一是高层互访不断，完成顶层设计。2013 年 5 月中巴发表《联合声明》提出要共同研究制订中巴经济走廊远景规划后，两国各层面不断推进其建设。同年 7 月巴基斯坦总理谢里夫访华时表示将把中巴经济走廊置于优先地位，中巴双方还签署了《中巴经济走廊合作备忘录》，并同意成立联合合作委员会研究制定经济走廊规划。8 月 16 日，谢里夫总理在巴主持召开会议，研究讨论了中巴经济走廊建设规划的路线走向、资金需求等问题。2014 年 2 月巴基斯坦总统侯赛因访问中国，中巴签署了一系列协议推进走廊建设。2014 年

11月谢里夫总理访华，与中国签署了19项合作协议和备忘录。2015年4月习近平主席访问巴基斯坦，将中巴关系提升为全天候战略合作伙伴关系，双方又签署了50多项合作文件，其中30多项涉及中巴经济走廊。同时，习近平主席还提出"以中巴经济走廊建设为中心，以瓜达尔港、交通基础设施、能源、产业合作为重点，形成'1+4'经济合作布局,实现合作共赢和共同发展"。2016年1月，巴基斯坦政府成立了中巴经济走廊建设指导委员会，由总理谢里夫亲任主席，并在指导委员会下设立了办事机构，专门负责协调走廊建设中的各省工作，实现信息共享。

二是总体规划已基本完成对接。中巴经济走廊是"一带一路"的旗舰项目，自2013年提出后，得到了巴基斯坦的广泛支持，两国迅速成立了中巴经济走廊联合合作委员会、联合经济委员会、联合投资公司，开展了货币互换协议、金融和银行业等领域的合作。[1]2013年8月27日两国在伊斯兰堡召开了首次"中巴经济走廊远景规划联合合作委员会会议"（简称联委会），共同制定和实施中巴经济走廊建设远景规划和项目。自2013年至今，联委会共召开五次会议，达成诸多共识。目前，中巴经济走廊建设已确定了重点合作领域以及早期收获项目和中长期项目[2]，以推动经济走廊持续快速开展。2016年8月29日在伊斯兰堡举行的中巴经济走廊峰会暨走廊博览会上，巴基斯坦总理谢里夫指出，该走廊是南亚地区21世纪最重要的经济发展倡议，也是中国"一带一路"倡议与巴基斯坦"2015年远景规划"的完美结合。[3]

三是互联互通建设加快。2015年4月20日中巴双方发表的《关于建立全天候战略合作伙伴关系的联合声明》中提出了一大批互联互通和基础设施

---

[1] Pakistan suits Chinese companies going global as destination of choice : Ambassador Masood Khalid，http://www.pakbj.org.pk/newsdetails/321，Beijing, 9th Oct. 2014.

[2] 中巴经济走廊是一项长期工程，巴方学者一般将其划分为四个阶段：2014—2017年为早期收获阶段，2018—2020年为近期收获阶段，2021—2025年为中期收获阶段，2026—2030年为建成阶段。

[3] 《中巴经济走廊峰会暨走廊博览会在伊斯兰堡举行》，http://news.xinhuanet.com/fortune/2016-08/30/c_129261350.htm.

项目。[1] 在公路建设方面，2014年12月，由中国葛洲坝集团公司承建的与喀喇昆仑公路连接的巴基斯坦哈桑阿卜杜勒—赫韦利扬高速公路 E35 高速公路项目开工。2015年8月巴基斯坦经济协调委员会决定，将喀喇昆仑公路二期工程塔科特—赫韦利扬段（120公里）和白沙瓦—拉合尔—卡拉奇高速路木尔坦至苏库尔段（392公里）交给中方企业设计、施工和建设。2015年12月中国铁建二十局集团有限公司与查希尔汗·兄弟建筑工程公司(ZKB)组成的联合体中标巴基斯坦拉合尔—阿卜杜哈基姆段（为卡拉奇—拉合尔高速公路第Ⅲ标段）。2015年12月，中国建筑股份有限公司与巴基斯坦国家公路局签署了迄今为止巴最大的公路建设项目卡拉奇至拉合尔高速公路项目（苏克尔至木尔坦段）总承包合同，2016年5月6日正式开工建设。2015年12月，中国交通建设股份有限公司与巴国家公路局签订了喀喇昆仑公路升级改造二期（哈维连至塔科特段）总承包合同。2016年8月13日，亚洲基础设施投资银行（亚投行）在巴基斯坦的首个投资项目——巴基斯坦 M4 高速公路（绍尔果德至哈内瓦尔段）举行开工仪式。在铁路建设方面，2015年4月习近平主席访问巴基斯坦期间，双方签署了《中巴关于开展1号铁路干线(ML1)升级和哈维连陆港建设联合可行性研究的框架协议》，该铁路干线全长1726公里，从卡拉奇经拉合尔、伊斯兰堡至白沙瓦；中国兵器工业集团公司与巴基斯坦旁遮普公交公司签署了拉合尔轨道交通橙线项目总承包合同。2015年12月21日，中国进出口银行与巴经济事务部签署了拉合尔城市轨道交通橙线项目贷款协议。2016年3月中铁一局中标巴基斯坦拉合尔地铁项目轨道工程项目。在航空方面，2015年10月中国国际航空公司开通了北京—伊斯兰堡航线。在港口建设方面，2015年1月巴基斯坦经济委员会通过了由中国交建承建的瓜达尔港国际机场建设计划，中方企业拟定了对瓜达尔港区的投资。2015年11月，巴向中国海外港口控股有限公司移交了瓜达尔自贸区300公顷土地，开发使用权为43年。在管道建设方面，中石油正与巴基斯坦协商

---

[1]　《中华人民共和国和巴基斯坦伊斯兰共和国关于建立全天候战略合作伙伴关系的联合声明（全文）》，http://news.xinhuanet.com/2015-04/21/c_127711924.htm。

建设从瓜达尔港到信德省白沙瓦的长约 700 公里的天然气管道，管线建造成本约 20 亿美元。

四是产能合作不断推进。在农业方面，中国在巴基斯坦信德省、俾路支省和旁遮普省推广的杂交水稻种植面积不断增加，一些企业还在巴设立了农机、化肥、食品加工及包装厂。在工业方面，2014 年 8 月中国三峡集团旗下的中国水利电力对外公司与巴基斯坦国家输配电公司达成协议，建设位于克什米尔地区的科哈拉水电站。2014 年 10 月，中材节能公司与巴帝吉翰水泥股份有限公司签订了帝吉翰水泥厂 30MW 燃煤自备电站项目合同。2015 年 4 月 20 日，中国电建与巴基斯坦签署了承建卡西姆港燃煤电站项目的《实施协议》和《购电协议》。2015 年 7 月，中国华能集团山东如意公司承建的旁遮普省萨希瓦尔燃煤电站项目（2×66 万千瓦）开工。由中国机械设备工程股份有限公司等承建的塔尔煤电一体化项目，包括塔尔煤矿二期 650 万吨煤矿开采及 4×33 万千瓦发电站，已于 2015 年 12 月在北京签署融资协议。2016 年 1 月，中国三峡集团承建的卡洛特水电站开工建设。2016 年 8 月，中国电力国际有限公司和巴基斯坦胡布电力公司共同投资的卡拉奇胡布燃煤电站（2×66 万千瓦）开工建设。另外，中国水电顾问集团国际工程有限公司承建的大沃 5 万千瓦风电项目、中国特变电工新疆新能源承建的旁遮普省真纳太阳能园区 10 万千瓦太阳能光伏电站项目、东方联合能源集团承建的信德省吉姆普尔 10 万千瓦风电项目（一期）、中国电建承建的萨恰尔 5 万千瓦风电项目等也相继开工建设或建成，国家电网等企业也直接参与了巴输变电项目。据中国驻巴基斯坦经参处资料，截至 2015 年底，中国企业在巴累计签订的承包工程合同额达 454.48 亿美元，营业额达 330.79 亿美元；中方对巴非金融类直接投资存量达 39.47 亿美元，巴累计对华直接投资项目 510 个，金额为 1.11 亿美元。

加快推进中巴经济走廊建设的对策建议

尽管目前中巴经济走廊建设具有工作效率高、建设速度快等特点，但也面临巴安全形势不佳、资金短缺、基础设施薄弱、地缘因素影响大等诸多困难和挑战。为了进一步加快中巴经济走廊建设，中巴双方还需从以下几个方面作出努力。

一是继续深化战略合作。由于中巴经济走廊建设战略意义重大，双方都希望将其打造成"一带一路"建设的旗舰项目和样板工程。但由于投资巨大、建设周期较长，因此遇到的问题可能会越来越多。为解决规划、项目、资金等方面的问题，促进两国发展目标契合，需要双方继续保持高层频繁互访和会晤，加强战略沟通与协调，把中国倡议的"一带一路"与巴国内经济发展规划及发展进程更加紧密结合，以帮助巴实现国家经济发展的目标，从而把两国高水平的政治关系优势转化为实实在在的务实合作成果，造福两国人民。

二是强化舆论引导。中巴经济走廊作为当前两国推动的重大合作项目，需要得到中巴两国、两国人民及国际社会的理解和认同，才能更加有效地推进。目前，虽然巴政府部门、议会、军方以及各智库机构普遍对中巴经济走廊给予积极支持，但在长期合作过程中难免会出现一些问题和不同意见。其一，大量巴基斯坦人对走廊建设抱有过高期望，认为走廊建设会改变巴国家命运，各方面都会得利甚至发大财。这虽然可以调动更多人的积极性，但一旦项目进展不顺，或不能在项目中获得更多利益，或中资企业难以承担太多社会责任，就难免有不同声音。其二，经济走廊建设会产生巨大效益，巴国内各省份、地区、党派乃至部落、企业集团之间会存在一定竞争，一旦利益分配不合理，往往引起不满和矛盾。其三，巴资金短缺，但在合作中又希望占有较大份额，如果其要求或利益不能满足或不能完全满足，有人就可能认为没有实现"共赢"。其四，在目前中巴贸易中，巴方出现较大逆差，经济走廊建设后，一些人担心中国商品会大量"倾销"到巴基斯坦，影响一些企业生存和发展。其五，巴国内政治局势复杂，相互掣肘。反对党、各省份、部落等会因为自身利益与执政党、中央政府及相关部门、地区、个人进行政治斗争和利益博弈。其六，外部因素突出。一些域外国家习惯于传统地缘政治观念，对中巴经济走廊建设持不同态度并不断制造麻烦。在此背景下，中巴双方要不断巩固传统友谊，加强舆论引导，排除干扰，深化务实合作，既坚定信心，使双方对走廊建设保持巨大热情，充分发挥中巴经济走廊的引领作用，又要看到建设的长期性和艰巨性，深入进行各层面沟通协调交流，推动两国关系不断迈上新台阶。

三是加强安全合作。经济走廊建设面临的最大挑战是安全问题。近年来，巴方虽然积极打击各种恐怖主义和极端主义，并取得显著成效，但由于巴基斯坦地理位置的特殊性及各种矛盾、社会势力的复杂性，巴的安全问题仍然十分突出，且在短期内无法根本改变。随着中巴经济走廊建设加快，其安全压力将增大。特别是俾路支省的分裂势力及塔利班，给走廊建设带来了巨大安全隐患。这需要中巴进一步加强安全反恐方面的合作，共同严厉打击"三股势力"，防止其蔓延，以便为走廊建设提供更加安全稳定的社会环境。

四是提升基础设施和互联互通水平。基础设施和通道是建设经济走廊的基础。目前，巴基础设施落后，公路、铁路、航空、港口布局失衡，运输能力较差，每年基础设施瓶颈给巴带来的经济损失占 GDP 的 4%—6%。尽管中国已有许多企业参与了巴以交通为重点的基础设施项目，努力实现互联互通，但仍然有待进一步推进。今后中巴要继续完善合作机制，协调各方利益和矛盾，加快推进公路、铁路、油气管道、光缆"四位一体"的通道合作，努力改善交通运输条件，增强吸引力和带动力。

五是深化产能合作。尽管中巴经贸合作发展良好，但投资合作较少。今后要加大投资合作力度，广泛开展优势互补的产能合作。其一，要推动经济走廊与巴城镇建设、港口建设、工业园区建设、经济特区建设等相结合，形成产业布局合理、优势特色明显的互补性产业体系，推动巴潜在优势向现实优势转变。其二，深入推进经贸合作。继续用好两国签署的自由贸易协定，加强互利合作，不断拓展经贸往来，促进优势互补，让双方人民得到更多实实在在的利益。其三，加快瓜达尔港区建设。进一步扩大瓜达尔港集装箱吞吐能力，加快建设连接港口区的交通系统，建设瓜达尔物流和能源基地，延伸产业链，带动更多地区发展。其四，拓展产能合作空间。要进一步发挥市场的作用，让更多企业参与中巴产能合作，促进产能合作方式多样化，不断拓宽产能合作范围，提升合作效果。

六是加强金融领域的合作。建设经济走廊，需要有足够的资金支持。但目前巴基斯坦发展资金短缺，金融业相对落后，难以满足经济走廊建设需求。我国工商银行等金融机构虽然在巴基斯坦设立了分支机构，巴基斯坦也有三家国有银行在北京设立了代表处，但覆盖范围仍然有限。为了更好推进走廊建设，必须加强双方的金融合作，创新融资方式，多渠道筹集建设资金。同时鼓励有实力的中资银行到巴设立更多分支机构，为中巴经济走廊提供全方位的金融服务。

（原文发表于《当代世界》2017年第1期）

"季节计划"与新形势下的中印文化合作

陶 亮　云南大学历史系

2014年6月21日,印度文化部与英迪拉·甘地国家艺术中心(IGNCA)正式颁布了题名为《季风:海上航线与文化景观》(Mausam/Mawsim: Maritime Route and Cultural Landscapes, Project Mausam,简称"季节计划")的计划。该计划宣称未来要加强印度与印度洋地区国家在人文交流上的合作和相互了解,增进相互关系。"季节计划"出台后在印度引起广泛讨论,而讨论者多把"季节计划"与中国的"21世纪海上丝绸之路"联系在一起,将二者视为竞争关系。本文认为,中印两国可依托"21世纪海上丝绸之路"和"季节计划"深入开展文化交流与合作,并与第三方开展多边文化合作,由文化互信促进多国间的政治互信,从而构建和谐稳定的地区环境。

"季节计划"的内容与目标

2014年6月,在多哈举行的世界遗产委员会第38届大会上,印度代表

瑜伽是印度文化的象征，而莫迪就是一个瑜伽高手。他不论在访问期间还是休息时期，都不忘练一套瑜伽动作，推介瑜伽。图为2015年6月21日，在印度新德里，印度总理莫迪（前）与瑜伽练习者一同做瑜伽。

关于加强印度洋沿岸国家在文化遗产保护与开发方面合作的提案引起了印度洋地区国家的兴趣，"季节计划"的基本理念正源于此。印度文化部与印度各方协商讨论"季节计划"，印度外交秘书苏加沙·辛格(Sujatha Singh)与文化秘书拉温德拉·辛格（Ravindra Singh）也参加了具体讨论。6月21日，印度文化部公布了"季节计划"。该计划的历史依据是古代印度洋地区的人们利用印度洋季风气候进行海上航行，促进了相互间的移民、文化交流、商贸往来和宗教传播，形成了"印度洋世界"的边界，构建了一个从非洲到东亚旅行和"朝圣"的文化传播与商贸往来的交通网。[1]

---

[1] Ministry of Culture, Government of India, Mausam/Mawsim: Maritime Route and Cultural Landscapes(Project Mausam), pp.2-5. http://www.ignca.nic.in/PDF_data/Mausam_Concept.pdf.

根据"季节计划",印度将联合印度洋相关国家对东非、阿拉伯半岛、印度次大陆、斯里兰卡和东南亚群岛地区开展历史考古研究,展示印度洋地区商贸、文化和宗教的多样性与统一性,为联合国教科文组织(UNESCO)保护和开发人文自然景观提供帮助。同时,印度洋地区国家举办各种跨学科的国际研讨会,出版研究著作,以加深在更广层面上对文化与历史共性和个性的理解。[1]

在具体目标的实施上,"季节计划"提出了四个层次的目标。一是重新恢复印度洋沿岸国家的文化历史联系,建立"印度洋世界"共同的文化价值和经济纽带。二是整合印度洋地区的世界遗产保护点,建立一个各方合作与交流的平台。三是重新认识"文化景观"的内涵,通过系统地对现存文化和自然遗产种类进行重新认定,从而全面了解沿岸国家的关系。四是建立多个国际性的世界文化遗产项目,实现旅游业持续发展,加强遗产的保护和开发。[2]

"季节计划"首先要重启古代印度洋的贸易航线,即恢复克拉拉邦具有两千年历史的"海上香料之路"。历史上,欧洲人急需的香料主要由印度尼西亚群岛经印度洋运到波斯湾或红海上岸转陆运,当中印度是中转集散的枢纽,印度文化也由此得到了传播。"海上香料之路"把古代印度洋主要国家连接了起来。重新启动这条古商路的重要意义不言而喻,它不仅限于历史文化层面。印度文化部认为该计划更深层面的内容有待去研究[3]。"季节计划"还列举了具体研究内容,涉及古建筑群、香料之路及衍生的文化产品、宗教传播与朝圣等,也包括与此相关的诗歌传说等文学作品。[4] 印度将成立一个

---

[1] Ministry of Culture, Government of India, Mausam/Mawsim: Maritime Route and Cultural Landscapes, p.6.

[2] Ministry of Culture, Government of India, Mausam/Mawsim: Maritime Route and Cultural Landscapes, p.7.

[3] Ministry of Culture, Government of India, Mausam/Mawsim: Maritime Route and Cultural Landscapes, p.8.

[4] Ministry of Culture, Government of India, Mausam/Mawsim: Maritime Route and Cultural Landscapes, p.10.

专门研究组织，负责组织印度洋地区国家间的各种文化活动。[1]

　　在具体项目实施上，除了印度的主导作用外，"季节计划"还特别指出要密切与联合国教科文组织的合作，以《世界文化遗产公约》为依据。印度此举可能意在打消其他国家对印度的疑虑。

　　印度文化部最后称，"季节计划"是一个令人激动的项目，它将重新唤起印度洋沿岸国家对自己曾拥有的辉煌历史的记忆，亚非国家也能从自己的视角肯定它们是世界历史发展当中重要的一员。

　　"季节计划"覆盖了印度洋地区39个国家，范围覆盖从东非到印度尼西亚的印度洋、南中国海等区域。"季节计划"的形成是印度在新形势下，历史与现实结合并让历史服务于印度对外战略的体现。

　　古代，从东南亚到非洲东海岸广阔的印度洋地区都曾受到印度文明的强大影响，印度教、佛教、印度移民和海上贸易是印度文化最为重要的传播内容和方式。英属印度时期，英国殖民者又曾招募数量庞大的印度劳工到印度洋沿岸英属殖民地，在当地形成了庞大的印度文化圈。印度洋也是一个"伊斯兰世界"，而印度也有相当规模的穆斯林。"季节计划"正是依托印度文明过去和现在在印度洋地区的强大影响力，推行印度的文化外交，富有海洋文化内涵的"海上香料之路"则成为其符号。2014年11月，"季节计划"第一次全国性的研讨会在"海上香料之路"重镇喀拉拉邦科钦举行，民间学者、政府官员和海军人士参加了研讨。

从"季节计划"看莫迪政府文化外交

　　近年来，随着印度经济的强劲增长和国力的增强，印度在实施其"大国战略"的过程中，追求"软实力"在外交中占据越来越重要的位置，而悠久的印度文明则是印度"软实力"的核心内容。因此，"文化"逐渐成为了印

---

[1]　Ministry of Culture, Government of India, Mausam/Mawsim: Maritime Route and Cultural Landscapes, p.11.

度外交中极具特色的内容。文化外交在促进民众间的相互理解、增进国家间互信与合作等方面具有事半功倍的效果，它有助于国家在实现对外战略目标时以较小的成本换来更大的长远收益。

莫迪执政后，文化外交仍然是印度外交的主要内容之一，但与前任相比，也有了明显的变化，"季节计划"正是莫迪文化外交新理念的具体体现。

第一，更加注重周边邻国。莫迪执政后把加强印度与周边邻国关系作为其外交的重中之重，其中，文化外交在周边外交中被莫迪放在了重要的位置。莫迪的周边文化外交不仅仅限于印度向其他国家展现什么，输出什么，或一般的人文交流，它更强调印度与这些国家过去和现在共同拥有的历史文化，并主张重现曾经的文化联系，并以此为基础来达到强化印度与这些国家的关系。"季节计划"正是基于这样的理念。2014年11月26日，云南省与印度西孟加拉邦经济合作论坛第十次会议签署《2014昆明声明》，双方倡议在云南民族大学和印度相关大学分别建立中印文化交流中心和印中文化交流中心，此后双方开展了一系列的实质性合作。

第二，实施内容和方式更加多样。"季节计划"几乎包含了人类文明的各个方面和不同文明遗产。不但印度文明、伊斯兰文明、基督教文明等历史文化遗迹属于印度文化外交的内容，而且重要的自然遗产也被纳入了实施范围。莫迪文化外交的这种新变化不再像过去那样一味注重印度文化的展现和输出，而是尊重其他文化，把其他文化放在与印度文化同等的地位进行合作。印度这样做有助于打消小国的疑虑，赢得小国的好感，便于文化外交的实施。

莫迪以"文化氛围"建立与外国领导人的私人关系。习近平主席访印首站在莫迪家乡，也是玄奘曾经求经的重要地方，这是莫迪文化外交的一大特点。此后，其他国家领导人访印，参观感受印度传统文化成为了印度外交活动必不可少的内容。

同时，莫迪文化外交在实施层次上也更加多样。除了一般的官方交往外，更注重民间的合作与交流。与前任相比，莫迪政府对民间文化交流与合作提供了更多的便利，包括签证和资金支持。

第三，莫迪政府在推进印度文化走向世界方面显得更具主动性。莫迪本人不会放过任何一个展现印度文化的机会。瑜伽是印度文化的象征，而莫迪就是一个瑜伽高手，他不论在访问期间还是休息时期，都不忘练一套瑜伽动作，推介瑜伽。2015年5月，莫迪访华前开通中文新浪微博账号，主动与中国网民沟通，几乎每天都发布瑜伽动作图片，并配以中文解释。同时，印度在华第一所瑜伽学院在云南民族大学建立，印度文化关系委员会派出瑜伽教师，预计2015年9月份招收本科生。同时，莫迪还不忘在公共场合穿戴印度传统服饰，宣扬印度文化。印度还在世界各地举办宝莱坞电影展和印度传统文化文艺表演，展现印度文明的辉煌。

"季节计划" "21世纪海上丝绸之路" 与中印文化合作

中印两国要增进互信，把双方悠久的友好文化交流作为切入点是优先选择之一，这可以引发两国民众的共鸣，也已成为两国共识。"季节计划"和"21世纪海上丝绸之路"正好为中印文化交流与合作提供了新的契机和平台，以及新的文化合作潜力和可能性。

第一，中印深化文化合作的可能性。从"季节计划"与"21世纪海上丝绸之路"实施的范围看，"季节计划"包括了东非、西亚、南亚到东南亚的濒印度洋—西太平洋的主要国家，而这些地区同样是"21世纪海上丝绸之路"所覆盖的重要区域，都曾受到中印两大文明的影响。这条由西太平洋通往印度洋的海上通道从古至今既是重要的商贸通道，也是重要的文明交流与传播的渠道。对沿途国家而言，无论从文化还是经济角度看，与中印两大国积极合作是它们最想看到的。如果两大国为各自目的展开竞争或对抗，不但妨害两国相关项目的顺利实施，而且会引起沿途国家的疑惧。从这一角度来讲，"季节计划"与"21世纪海上丝绸之路"普遍会受到这些国家的欢迎。

第二，中印深化文化合作的潜在内容。一是"季节计划"的海上"香料之路"和中国"海上丝绸之路"由于覆盖诸多相同的国家和地区，近似的历史内涵，中印两国可以以这两个"文化符号"为基础，共同与西太平洋—印度洋沿岸相关国家开展海上文化之旅、沿岸文化遗迹的修复保护与研究、文化旅游产业的开发等系列活动。中国为纪念郑和七下西洋，将每年 7 月 11 日定为"中国航海日"。郑和七下西洋，从印度尼西亚、斯里兰卡到肯尼亚留下大量的文化古迹和传说，中国完全可借此与相关国家举办各种文化活动，这不但赋予"21 世纪海上丝绸之路"更多内涵，也有利于中国"软实力"的构建。类似这样的文化项目与印度的"季节计划"并不冲突，多为其所涉及的对象，可以相得益彰。

二是佛教与佛教文化。印度婆罗门教和佛教经"香料之路"和"海上丝绸之路"传播到了东南亚和东亚。佛教是斯里兰卡、缅甸和泰国等国的国教，而印度、越南、中国、韩国和日本等国拥有数量庞大的佛教徒，由佛教形成的佛教文化成为很多国家民族文化的重要组成部分，也是西太平洋—印度洋沿岸国家进行文化交流的基础，当然也是中国文化外交的重要组成部分。相关国家可就沿途佛教文化古迹的保护开发和利用、佛经的译播与研究等开展合作。因为中国相比这些国家珍藏有比较完备的佛教典籍。另外，中国珍藏的释迦牟尼的"佛牙舍利"，已成为世界上众多佛教徒朝圣的对象。这枚"佛牙舍利"曾在缅甸、斯里兰卡等国展出，受到了佛教徒的狂热崇拜，成为中外文化交流的象征。中国可与相关国家将类似的文化活动常态化、制度化、项目化，以增进各国间的文化合作。

三是伊斯兰—阿拉伯航海文化。"季节计划"包含了伊斯兰—阿拉伯文化项目，而阿拉伯航海文化则是其中极为重要的一项。在西方殖民者侵入印度洋之前，伊斯兰—阿拉伯商人是印度洋到西太平洋主要的海上贸易者，这条航线同样与"海上丝绸之路"和"香料之路"重合。伊斯兰—阿拉伯商人从东非到中国广州留下了大量的文化古迹，也传播了伊斯兰教。这是中国与其他相关国家进行双边或多边合作的基本内容。

第三，中印深化文化合作的方式。就深化文化合作的方式来讲，中印两国与相关国家可以共同开展考古、古迹保护与开发、相关科技人员的培训、文化与自然遗产的申遗等多样化的合作内容；共同举办古文化学术研讨会，建立常设性论坛，出版相关学术刊物，还可以尝试成立一个海上文化保护与开发的基金。

第四，就合作的层次而言，即可采取双边模式，也可采取多边模式，当然前提是不损害其他相关国家的利益。这样的合作层次在于灵活性，即中国有可能与某一国就某一合作内容率先进行合作，当合作的益处凸显时可以吸引其他相关国家加入，走向多边合作。另外，在实施主体上可官民并存，充分发挥民间交往的力量。

新的文化合作内容和实施方式可以依托中印间现存的文化合作项目。如中印互派留学生项目，中印文化年等，可将佛教与佛教文化的学习和研究作为这些项目当中的重要内容。佛教虽然源于印度，但是绝大多数的佛教徒在印度以外，佛教典籍中国较全，各具特色的佛教文化遍及亚洲各地。印度人，特别是年轻人对中国的佛教文化很有兴趣。这样的方式当然不仅仅限于中印两国。

结束语

"季节计划"作为印度加强与印度洋地区国家文化合作与交流的项目，其目的是促进印度与这些国家的关系，对此，我们不应过分解读，相反，它提供了一个推进中印文化合作交流的新契机。"季节计划"与"21世纪海上丝绸之路"相同或相似的文化内涵决定了两者在文化上开展更深层次合作的可能性、潜力和可操作性。全方位、多层次地推动中印文化合作与交流，不但有助于两国加强互信，也有利于推动中国与其他国家发展更深层次的多边文化合作与交流，增信释疑，构建和谐稳定的周边地区环境。

（原文发表于《当代世界》2015年第9期）

"一带一路"倡议下中印能源合作前景浅析

冯乃康　对外经济贸易大学国际关系学院
李　扬　对外经济贸易大学国际关系学院

在以无政府状态为基本特征的国际政治舞台上，大国间围绕国家利益竞争、合作与冲突属常态。中印同为能源消费和进口大国，能源竞争不可避免，而平衡竞争与合作关系更显得十分重要。"一带一路"倡议对实现中印能源基础设施互联互通意义重大，同时也从优化能源合作环境、深化能源合作层次、拓展能源合作范围、推动能源合作制度化等方面为加强中印能源合作开辟了新机遇。

中印能源安全问题

中印同属亚洲两个具有世界影响力的崛起中的大国，也是全球人口数量最多、发展潜力最大、经济增速最快的新兴经济体。伴随着经济的崛起，能源供求矛盾以及由此暴露的能源安全隐患日益成为两国发展的阻碍。两国在

作为同在亚洲的两个新兴大国,中国与印度不仅在能源方面,还应在其他方面开展全方位的合作。图为2015年5月15日,中国总理李克强同印度总理莫迪在北京人民大会堂共同出席首届中印地方合作论坛。

现有的能源分配格局中亦处于相似地位,面临类似困境。

首先,缺口大、自给少、对外依存度高且进口来源单一是中印面临的主要能源安全隐患。中国是世界头号石油进口国及第三大天然气消费国,高达52.1%的进口原油来自中东。[1]根据《BP 2035 世界能源展望(2015版)》预测数据,到 2035 年,中国消费能源的进口依存度将从 15% 跃升到 23%。这意味着未来 20 年内中国对外油气依赖持续增大的局面难以扭转。[2]相比中国,

---

[1] 石宝明等:《2014 年我国石油市场特点及 2015 年展望》,载《当代石油石化》,2015 年第 1 期。

[2] 《BP 2035 世界能源展望(2015 版)》。

印度的石油难题更加突出。2014 年印度石油需求增长速度已超越中国[1]，2035 年之后，全球能源消费增长的主要推动力将由中国转向印度。[2] 当前印度近 80% 的消费石油来自进口，仅中东一地就占 61%。[3] 高依存、低自给、来源集中的问题难以避免将成为印度崛起道路上的绊脚石。

其次，运输方式和航线单一引发的运输安全风险同样不容忽视。中国目前 80% 以上的原油进口要经过马六甲海峡。狭长拥塞的马六甲海峡既是国际政治中的敏感地区，又是海盗猖獗的多事之地。如何确保并提升能源运输安全性已成中国能源安全问题的关键。印度的能源对外依存度极高，运输通路有赖于印度洋水道和孟加拉湾，且长期缺乏稳定、安全的陆上通路。尽管印度提出过几套不同的陆上路线方案，但均因受制于地区局势不稳、周边关系不睦等负面因素而进展缓慢。

中印能源竞争与合作的现状

能源利益之所以成为国家利益的重中之重，盖因能源安全事关国计民生。中印之间固然存在能源竞争，但在确保能源安全、维持可持续发展层面却诉求一致。如双方能从战略高度正视竞争中的矛盾、加强合作并有所作为，变龙象之争为龙象共舞则可望可及。

一、中印能源竞争

油气资源的重要性、敏感性与稀缺性注定了中印能源竞争不可避免。并且这种竞争将贯穿于中印两国的崛起过程中、其范围遍及全球，形式表现为

---

[1] 《美媒：印度石油需求增速超过中国》，环球网，2014 年 9 月 2 日，http://finance.huanqiu.com/view/2014-09/5125919.html.

[2] 《IEA2020 年后印度将引领全球石油增长》，新华网，2013 年 11 月 18 日，http://news.xinhuanet.com/politics/2013-11/18/c_125719007.htm.

[3] 彭俊勇：《印度的石油难题》，载《新金融观察》（N），2015 年 6 月 29 日，第 10 版。

以下两个方面。

第一、国家战略竞争。为获取海外能源，两国各自展开了旨在强化与能源大国及周边邻国关系的能源外交，目标集中于伊朗、缅甸、俄罗斯、哈萨克斯坦、尼日利亚、委内瑞拉等地，区位重叠加剧了竞争的激烈程度。以天然气储量丰富的缅甸为例：中国为强化两国关系为其提供了8400万美金的经济援助，双方于2009年3月就建设中缅输油管道达成协议。而印度随即投入更多资源以增强其在缅甸的影响力以示存在。2010年3月，印度与缅甸签署了一份价值13.5亿美元的油气开发协议，并向缅甸海上A1和A3油田项目区块追加投资。同年6月，中缅石油天然气管道工程开工。

第二、石油公司竞争。近年来，两国大型国有石油公司在海外市场对同一能源项目竞购及投资的案例屡见不鲜，如2005年对加拿大能源公司位于厄瓜多尔的原油和管道资产的竞争、2008年对在伦敦上市的俄罗斯帝国能源公司的竞争、2010年对乌干达阿尔伯特湖盆地油田区块开采权的竞争等。[1]在2005年为收购哈萨克斯坦石油公司展开的竞价中，中方以41.8亿美元的高价击败印方购得。虽然凭借强大的资本实力中国企业最终占得上风，却也为此付出了近6亿美元的溢价。这样的恶性竞争只会强化中印双方固有的猜忌，损及共同的利益，提高获取国际能源的成本和风险，恶化能源环境，哈萨克斯坦石油公司的竞购案例就是惨痛教训。

二、中印能源合作

为克服激烈竞争所导致的不利后果，中印亟须加强能源协作与沟通，尽早达成谅解与共识。目前，两国在能源合作方面已取得部分进展。

首先，两国政府在双边及多边框架下的合作共识不断增进。2005年时任总理温家宝访印期间，两国共同发表了《中印联合声明》，表达了双方在能源安全和节能领域开展合作的意向。2006年，两国相关部门签署了"加强

---

[1] 李蕾：《全球能源格局变革下的中印能源竞争与合作》，载《南亚研究季刊》，2014年，第3期。

石油与天然气合作"备忘录，提出了建立联合工作委员会、展开定期对话的制度化构想，从而为两国在能源勘探、生产、开采、存储以及研发等领域的全面合作奠定了法律基础。2007年两国于上海召开"中印能源对话"国际研讨会，与会政府官员、专家学者、企业代表就如何推动两国能源合作展开深入对话。2008年印度总理辛格访华，双方又签署了中印《关于21世纪的共同展望》，就约束两国能源竞争、鼓励两国企业海外能源合作方面达成原则性共识。2015年印度总理莫迪访华，双方签署包括能源项目在内的总额高达220亿美元的合作协议。此外，两国也积极利用世界能源大会、亚太经合组织、东盟、上合组织等机制，在多边框架内开展合作。例如，2008年5月，中国、印度、俄罗斯、巴西四国外长针对能源安全问题，发布了旨在促进协调能源生产国、过境国和消费国之间关系的联合公报。

其次，两国在企业层面开展了一系列务实合作，在联合竞购、联合开发方面亦有所突破。2005年中石油与印石油首次联合以5.73亿美元的价格购得加拿大石油公司在叙利亚阿富拉特油田38%的股份；2006年，中石化与印石油联手，收购了哥伦比亚石油公司Omimex de Colombia 50%的股份，双方各持股25%；2007年印石油与中国燃气控股有限公司在百慕大注册成立合资公司"中印能源公司"，进一步深化了两国在天然气中下游领域的合作。与此同时，中国石油天然气管道局还承建了印度东气西输管道工程。该工程东起安德拉邦的卡基那达市，西止古吉拉特邦的巴鲁奇市，全长约1366千米，是两国迄今为止最大的能源合作项目。[1]

诚然，中印在政府协商、联合竞购、共同开发等领域取得了一定进展，但两国合作的实际效果仍然有限。中国崛起改变了既有地缘政治形态，无形中提高了印度对冲中国的战略地位。美日俄等国家均有意拉拢印度牵制中

---

[1]《印度东气西输项目》，中国石油新闻中心，2012年1月16日，http://news.cnpc.com.cn/system/2012/01/16/001361883.shtml。

国[1]，使中印深化互信备受困扰。加之战争阴影、边界争议、西藏问题、巴基斯坦问题[2]、大国心态等历史和现实矛盾，中印能源合作的复杂性不言而喻。"一带一路"倡议的提出一定会有利于克服中印能源合作中的制约因素，为双边能源合作创造条件。

"一带一路"倡议下中印能源合作前景

"一带一路"倡议是美国战略东移、美俄关系恶化、中美结构性矛盾凸显背景下，中国提出的一项旨在扩大对外开放、促进亚欧大陆"腹地国家"共同发展的区域经济合作倡议，兼具政治经济双重考量。促进能源跨区域合作是"一带一路"倡议的重要内容，该战略的提出对推动中印能源合作意义重大，具体表现在秩序创立（order）、制衡创设（balance）、机遇创造（opportunity）和制度创新（regime）四个方面。

一、秩序创立（Order）

无论中国的愿望如何，在现有的区域秩序下中印能源合作的上限有限。创立一个更有利于合作的区域秩序对深化合作十分必要。国际关系中的秩序意味着一种分配的过程和结果，包括权力分配、利益分配、观念分配和责任分配。以"五通三同"为主要内容的"一带一路"倡议，无疑是创立更有利于区域合作新秩序的初步尝试。

"五通"指政策沟通、设施联通、贸易畅通、资金融通和民心相通。"三同"指利益共同体、命运共同体和责任共同体。不通不同、因通而同、促通求同，通是同的前提，同是通的归宿。打造利益共同体有利于凝聚共存利益；打造命运共同体有助于培育共享观念；打造责任共同体是为了分担共同责任。

---

[1] 唐世平：《中国—印度关系的博弈和中国的南亚战略》，载《世界经济与政治》，2000年第9期。

[2] B. M. Chengappa, "India — China Relations: issues and implications", Strategic Analysis (New Delhi)Vol. 16. No. 1(April 1993).p.39.

"五通三同"从利益、观念和责任三个方面重塑了原有的分配格局,有利于创立一个更有利于中印能源合作的新秩序。

二、制衡创设(Balance)

能源是具有政治属性的特殊商品,能源合作与地缘政治密切相关。一国对具有潜在威胁的邻国进行制衡[1]是地缘政治的必然逻辑。中国多发展同对印度具有制约力的中亚、南亚中小国家的关系,延伸在中亚、南亚地区的地区影响,增加谈判利益筹码,与其说是中印竞争的手段,毋宁说是中印合作的条件。

"一带一路"倡议不但在能源供给和运输方面提升了中国在能源领域的权力,也增加了两国能源合作的可能。印度若积极参与中国"一带一路"倡议必将有益于实现两国能源政策的联动统合,从积极的方面促进合作;即使印度另做打算,中巴经济走廊也能从消极方面提高印度不合作的成本,使合作成为选项。印度洋是印度在能源合作中的优势砝码,中国在巴基斯坦获得印度洋出海口将极大地增强相互依赖中的不对称性,以此为基础再去同印度谈陆上通道合作,进行战略利益捆绑[2],会有事半功倍之效。合作不等于和谐[3],合作建立在互有所求的基础上。缺少牵制便难言互有所依,以制衡促合作应成为当前中国对印关系的主要思路。

三、机遇创造(Opportunity)

近年来,"页岩气革命"与"乌克兰危机"分别从供需两端颠覆了世界

---

[1] 本文中的"制衡"指的是国家政策本身,不意味着"围堵",更多的是预防性的威慑。

[2] 《高柏:在一带一路上如何打理中印关系》,共识网,2015年7月24日,http://www.21ccom.net/articles/world/zlwj/20150724127218_3.html.

[3] Robert O.Keohane, After Hegemony: Cooperation and Discord in the World Political Economy, Princeton, New Jersey: Princeton University Press, 1984, pp.51-55.

能源市场的原有格局[1]，生产重心西移与俄罗斯战略重心东移已不可逆。"一带一路"倡议的提出适逢国际能源市场巨变之际，客观上为处于动态秩序之中的中印俄抑或更大范围内的能源合作创造了良机。

覆盖了世界主要能源生产与消费市场的"一带一路"倡议客观上实现了中印与俄罗斯的战略对接，有助于形塑中印俄协作共赢的愿景。2014年中国自俄罗斯进口原油大幅增加35.5%，达3310.8万吨，所占份额由2013年的8.7%增至10.7%。[2] 从能源安全角度看，对保障能源进口来源稳定、减轻对马六甲海峡的依赖、改善油气投资环境、推动海外油气投资健康发展意义深远。同时，"一带一路"倡议还改善了能源合作的资本、技术和基础设施条件，有利于打造一个涵盖开发、加工、炼化、消费、服务等不同环节的国际化能源合作网，不仅可充分释放亚欧大陆的资源潜力，也将为包括中印在内的沿线国在非传统能源、新能源和可替代能源领域合作搭建起交流平台、提供技术支持，为新一轮新能源革命注入动力。

四、制度创新（Regime）

合作需要制度保障，"一带一路"倡议是对新型区域合作的模式探索和制度创新。新制度将为中印及亚欧范围内的能源合作提供丰富的形式选择和广阔的开发空间，并对稳定供求关系、能源价格、市场格局和地区秩序发挥积极作用。亚洲基础设施投资银行的建立是中国在"一带一路"倡议下进行制度创新的尝试。长期以来，由美欧主要发达国家主导的全球金融机构受资源所限，难以为发展中国家的基础设施项目提供充足的金融支持，而亚洲基础设施投资银行则提供了一种新型的南北金融合作形式，其强有力的融资能力势将为区域能源合作提供更多金融支持。与此同时，"一带一路"倡议也为进一步深化多边框架内区域能源合作指出了制度完善与创新的方向。建立

---

[1] 富景筠：《"页岩气革命""乌克兰危机"与俄欧能源关系》，载《欧洲研究》，2014年，第6期。

[2] 《中国能源统计年鉴2014》，北京：中国统计出版社，2014年版。

一个以政府间协议作保、以本地区货币计价结算、以能源投资自由化便利化为向导、允许供需双方直接交易的整合统一的亚洲能源资源交易市场，无论是对推动区域能源合作还是对提高亚洲国家的整体话语权而言，都值得期待。

结语

中印间利益关系复杂，矛盾与共识缠织。正视竞争、夯实合作是惠及两国25亿人民的战略决策。"一带一路"倡议以国家之力，兼顾以竞争为导向的地缘权力政治观与以合作为导向的地缘经济发展观，创立秩序、创设制衡、创造机遇、创新制度，其不但为两国能源合作搭建了广阔平台，也展现了中国作为一个大国应有的担当和胸怀。诚然，"一带一路"倡议的布局不可能一蹴而就，效果也未必立竿见影，但我们有理由期待，它必将为中印能源合作撑起一个宏阔的平台。

（原文发表于《当代世界》2015年第11期）

中泰合作共建"海上丝绸之路"战略支点

凌胜利　外交学院国际关系研究所

"一带一路"作为新时期中国的一项重要战略，将起到重塑周边地缘环境的积极作用。不过由于推行过程的复杂性、不确定性、多元性，其未来实施也将面临诸多困难与挑战，这就使得重点打造几个战略支点极为必要。在"一带一路"倡议中，泰国地处"带"与"路"交汇点，地缘优势明显。更为重要的是，在美泰联盟和"中泰一家亲"之间，"一带一路"谋求缓解经济和安全双重压力的战略效应将得到更好的检验。

泰国：战略支点的五大优势

泰国是东盟重要国家，对华相对友好，中泰两国经贸关系密切，政治互信良好，人文交流频繁，将泰国打造成"21世纪海上丝绸之路"的战略支点，具有较好的基础，主要体现在五个方面。

一是泰国具有重要的国际地位。在东盟十国当中，泰国是其中最为重要

2015年12月19日，中泰铁路合作项目启动仪式在泰国大城府隆重举行。这是在泰国大城府邦芭茵县清惹克侬站举行的中泰铁路合作项目启动仪式上展出的中泰铁路沙盘模型。

的国家之一。泰国位于东盟的核心地带，是东盟物流、贸易和金融的中心。与此同时，泰国也是中南半岛实力最为雄厚，地区影响最大的国家。中泰两国通过"一带一路"合作，可以打造"一带一路"建设的示范效应，实现"双边促多边"的积极影响，推动湄公河次区域合作和"21世纪海上丝绸之路"的良好发展。

二是泰国的投资环境。在东盟各国当中，泰国投资环境相对不错。泰国实行的是市场经济，注重对外开放和进行对外贸易，经济发展平稳。根据世界银行2016年世界营商环境报告，泰国在东盟国家中仅次于新加坡和马来西亚，属于营商环境较好的国家。[1] 泰国的公路、铁路、航空、电力等基础设施具有一定的基础。泰国工业化水平较高，具有较强的产业对接能力。此外，泰国社会的包容性和适应性较高，有助于降低合作中的潜在社会风险。

---

[1] "2016年世界营商环境报告"，世界银行网站，http://chinese.doingbusiness.org/rankings.

上述因素都使得泰国的投资环境在东盟当中脱颖而出。

三是两国经贸合作密切。近年来，中泰经贸关系稳定发展，为两国继续深化合作添砖加瓦。2014年，中泰双边贸易额达到726.7亿美元，中国企业在泰国新签对外承包工程、劳务合作和设计咨询合同额17.8亿美元，完成营业额18.4亿美元。目前，中国是泰国第一大贸易伙伴，泰国则是中国在东盟的第四大贸易伙伴。从双方贸易结构来看，两国具有一定的互补性，在农产品、机电产品等方面互补明显。

四是两国政治互信较高。自1975年建交以来，中泰双边关系发展良好。两国高层始终保持着密切交往。两国之间没有边界或海域的纠纷，不存在重大的历史遗留问题。这也使得两国关系发展比较稳定，即便泰国政局时有动荡，但两国关系总体保持良好发展。泰国是第一个同中国签署关于21世纪合作计划的联合声明、推进战略性合作、实现蔬菜和水果零关税安排、建成中国文化中心、建立防务安全磋商机制并进行两年联演联训的国家。这么多的第一离不开中泰政治互信的支撑，也是"中泰一家亲"的真实写照。[1]

五是两国人文交流频繁。中泰两国地理邻近，文化相似。泰国社会，上至皇室，下至普通民众，对华都比较友好。泰国王室重要成员对中国的访问达60多次，足以显示泰国王室与中国的深厚友谊。据统计，泰国社会中华人的数量超过700万，占全国人口总数的11%。[2] 与东盟其他国家相比，泰国华人华侨融入较好，参政积极，使得他们成为推动中泰关系发展的重要力量。

---

[1] 李克强：《让中泰友好之花结出新硕果——李克强总理在泰国国会的演讲》，中国外交部网站，http://www.fmprc.gov.cn/web/gjhdq_676201/gj_676203/yz_676205/1206_676932/1209_676942/t1088118.shtml。

[2]【泰】刘琪：《泰国视角的中泰两国友好关系之因探》，载《华侨大学学报（哲学社会科学版）》，2014年第4期，第16-17页。

"一带一路"框架下的中泰合作领域

泰国是东南亚的枢纽国家，希望在东盟地区合作中发挥中心作用，从而提高其在东盟的地位和影响力。不过受限于基础设施落后，其优越的地缘作用尚未充分发挥，中国提出"一带一路"与泰国在互联互通上存在巨大的利益交集，这也使得泰国对于参与"一带一路"兴趣强烈。对中国而言，通过中泰合作，可以促进中国与中南半岛合作的加强以及中国—东盟关系的深化。基于"一带一路"战略实施，中泰两国可在五个方面展开合作。

一是基础设施建设。受限于交通等基础设施落后，中泰之间的人员往来还有很大的发展空间。泰国铁路总里程仅 4000 余公里且绝大部分为单线，运行速度低且事故不断。由于市场狭小、融资困难，以及技术与人才储备不足等客观因素影响，泰国的铁路建设很难在缺乏外力支持的情况下启动相关建设。[1] 2011 年 12 月，中泰两国政府签订了《关于可持续发展合作谅解备忘录》，将铁路列为中泰可持续发展四大合作项目之一。2014 年 12 月，中泰签订了《中泰铁路合作谅解备忘录》。2015 年 12 月，中泰铁路正式开工。2016 年 3 月，泰国单方面宣布缩短中泰铁路减少里程并调整出资方案。尽管中泰铁路建设可谓一波三折，但中泰铁路合作对于两国关系大局而言利大于弊，主要分歧在于若干细节，两国铁路建设合作毕竟已经开启，应该会在不断磨合中逐渐发展。

二是金融合作。"一带一路"是一项系统工程，金融合作是其中的重要环节。中泰两国金融合作开展较早。2001 年 12 月，中泰签署了双边货币互换协议。此后两国在反恐问题上也实现了金融合作。随着双边贸易与投资不断增长，两国开展本币结算的合作日益迫切。2014 年 12 月，两国央行签署《关于在泰国建立人民币清算安排的合作谅解备忘录》，并续签《双边本币互换协议》。2015 年，泰国也积极参与亚投行建设，这些都非常有利于人民币国

---

[1]【泰】黄斌：《加快泰国铁路建设，打造东盟交通枢纽》，载《星暹日报》，2014 年 12 月 22 日。

际化战略。借"21世纪海上丝绸之路"建设的东风,中泰金融合作可更上一层楼。"一带一路"建设需要大量的资金,除了政府资金投入外,也应鼓励企业、个人积极参与。华人在泰国经济地位优越,如能吸引泰国华人资本加入到两国的"一带一路"建设当中,对双方而言都将大有裨益。

三是战略对接。"一带一路"建设秉持共商、共建、共享原则,实现中国与沿线国家的战略对接十分重要。中泰两国的战略对接已具有一定的基础。2011年12月,中泰两国签署了《中华人民共和国政府和泰王国政府关于可持续发展合作谅解备忘录》,就铁路、能源、教育和人力资源发展等方面合作达成共识。2012年4月,中泰两国建立了全面战略合作伙伴关系,双边战略对接进一步加深,签署了《经贸合作五年发展规划》。2013年,两国签署了《中泰关系发展远景规划》,在经贸、投资、交通等领域达成了合作共识。基于中泰战略合作的良好基础,在"一带一路"框架下两国应该深化战略务实对接,如目前泰国也积极推出新的经济发展战略与"一带一路"实现战略对接,设立边境经济特区,通过边境口岸贸易,不断实现泰国与中国"一带一路"的战略对接。[1]

四是产业园合作。产业园合作模式将成为中泰经贸合作的新探索。在"一带一路"战略实施当中,中泰经济合作可以力抓重点,树立典范。正如李克强总理所言,中泰双方可充分利用地理毗邻的有利条件,兴建跨境经济合作区,特别是在新建铁路沿线设立工业、技术和产业园区。产业园合作模式具有基础设施共享、规模效应突出等优势。[2] 中泰产业园合作潜力巨大。目前,泰中罗勇工业园是中国首批境外经济贸易合作区之一,也是首家在泰国创建

---

[1] 王天乐、丁子:《泰国发展战略对接"一带一路"》,载《人民日报》,2015年7月20日。

[2] 李克强:《携手开创睦邻友好包容发展新局面——在大湄公河次区域经济合作第五次领导人会议开幕式上的讲话》,中国外交部网站,http://www.fmprc.gov.cn/web/gjhdq_676201/gj_676203/yz_676205/1206_676932/1209_676942/t1221315.shtml。

的中国工业园，进驻中国企业约 60 家。[1] 在"一带一路"的框架下，中泰可积极发展产业园合作，打造合作亮点，树立示范效应。

五是次区域合作。中泰合作极具地区示范作用，可以通过中泰双边合作促进大湄公河流域次区域合作。近年来，中国与湄公河次区域国家间合作日益发展。不过由于各国发展差异较大、战略对接不够，使得湄公河次区域合作的发展受限。通过"一带一路"框架下的中泰合作，强化两国的澜沧江—湄公河合作机制，将有利于激发次区域的合作潜力，实现中国—中南半岛合作的深入发展。

合作风险分析

中泰基于"一带一路"合作基础良好、潜力巨大，但也存在一些可能产生的潜在风险。

一是泰国政治稳定性和政权连续性较差。泰国政治受军人集团影响较大，军事政变时有发生。此外，政党斗争，互相倾轧，议会解散、提前选举也是屡见不鲜。"一带一路"主要立足基础设施建设，存在周期长、收益慢等特点，沿线国的国内政治动荡将会酿成负面影响。所幸由于泰国的官僚制度较为成熟，政治动荡对社会和经济发展的影响有限，但在与泰国进行合作时对此应该未雨绸缪。

二是美泰联盟的影响。冷战后，美泰联盟一度松散、漂移。不过随着美国"重返亚洲"政策的实施，美泰联盟有所回暖并实现强化。2012 年，美泰双方签署了新的军事合作协议，实现了新时期美泰联盟的再定位。美国对中国"一带一路"战略持怀疑与警戒态度，不愿其盟友因此与中国走得太近而疏远美国。不过泰国与美国其他亚太盟友有所不同，由于在安全上对美国需求不大且中泰关系向来不错，泰国主要实施大国平衡战略，在中美之间寻求

---

[1] 李颖、明大军：《"一带一路"上的中企"出海潮"：泰国篇》，载《国际先驱导报》，2015 年 11 月 24 日。

平衡，这使得中泰合作在一定程度上也会受到美泰联盟影响。

三是泰国对华存在一定的负面认知。尽管泰国对华相对友好，但对华存在以下负面认识：一是中泰经济合作将危及泰国经济独立、影响泰国就业；二是中国技术水平较低、产品质量较差，无法与美日相提并论；三是中国公民赴泰旅游形成双重效应，部分中国游客的不良行为为泰国民众感知，影响中国国家形象。四是"中国威胁论"的存在，泰国朝野对中国在东南亚的战略和政策仍有疑虑。

合作的深远影响

在"一带一路"框架下积极推进中泰战略合作，对于提升双边关系，深化中国—东盟合作等具有多重深远影响。

一是提升中泰双边关系。近年来，中泰关系发展良好，但增速有所放缓，合作潜力因基础设施落后、大国竞争等因素受限。在"一带一路"框架下加强中泰两国互联互通建设，打造产业园合作模式，拓展边境口岸贸易，加强两国战略对接，对于夯实双边全面战略伙伴关系，提升两国关系具有积极意义。

二是形成合作示范效应。泰国地处中南半岛的枢纽地带，是"一带一路"的陆海交汇点，也是湄公河次区域和东盟地区合作的重要成员。通过积极推动中泰两国在"一带一路"框架下的项目合作、战略对接，可以发挥泰国作为"21世纪海上丝绸之路"的战略支点作用，促进湄公河次区域合作和东盟合作深入发展。

三是平衡中美泰三方互动。中国政府倡行"一带一路"主要是为了实现陆海地缘统筹，促进周边地缘经济、政治与安全的融合，破除"二元格局"的不利局面。泰国既是美国的盟友，又是中国的好邻居、好伙伴。泰国与中美两国的利益密切相关，一旦中美发生冲突，泰国则面临着在中美之间选边站队的困境。为了避免这一困境，泰国积极和中美两国同时强化关系。2012年4月，中泰建立了全面战略合作伙伴关系，同年11月，泰国与美国签署了《泰美防务联盟共同愿景声明》,强调建设地区安全伙伴关系,升级了美泰军事关系。由此表明,泰国在平衡地加强与中美两国的关系,这也难保中泰合作不受美泰联盟影响。随着中泰基于"一带一路"合作的发展,美泰关系也有可能迎来新的发展,以平衡中泰关系。

(原文发表于《当代世界》2016年第6期)

"一带一路"倡议与中国—太平洋岛国合作

宋秀琚　华中师范大学印尼研究中心副教授
叶圣萱　华中师范大学印尼研究中心

太平洋岛国泛指南太平洋中除了澳大利亚、新西兰之外的其他岛屿国家，具体包括斐济、萨摩亚、汤加、巴布亚新几内亚、基里巴斯、瓦努阿图、密克罗尼西亚、所罗门群岛、瑙鲁、图瓦卢、马绍尔群岛、帕劳、库克群岛和纽埃等国家。太平洋岛国多数国家国土面积狭小，人口稀少，国力羸弱。21世纪以来，大国之间围绕太平洋岛国的战略博弈日趋复杂和激烈。美国、澳大利亚、新西兰、法国、日本和俄罗斯等域内外大国出于地缘政治考量，纷纷调整自身战略，加大对该地区的影响和渗透，大力巩固和扩展在南太平洋地区的战略利益。[1]

中国与太平洋岛国关系历史久远，传统友谊深厚。新中国成立后，于20

---

[1] John Henderson & Benjamin Reilly, "Dragon in Paradise: China's Rising Star in Oceania", *The National Interests*, Summer 2003, No. 72, pp.94—97.

斐济纳武阿医院由中国政府援建，距首都苏瓦约30公里。项目于2012年9月28日开工，2014年5月30日竣工。医院每天可接诊150人次，担负周边约2.5万名居民的医疗服务。

世纪70年代中期开始与太平洋岛国建立正式外交关系。到目前为止，共有大小不等的八个太平洋岛国与中国建立了正式外交关系。[1] 在平等互利、合作共赢的原则下，中国与太平洋岛国关系迅速发展，在国际及地区经济、安全、政治和文化等领域，中国与太平洋岛国保持密切沟通与合作。2014年11月，习近平主席访问太平洋岛国地区，中国与太平洋岛国建立了相互尊重、共同发展的战略伙伴关系，双方关系迎来前所未有的历史机遇期。习近平主席在同太平洋岛国领导人集体会晤时表示，中方提出了建设"21世纪海上丝绸之路"倡议，我们真诚希望同岛国分享经验和成果，真诚欢迎岛国搭乘中国发展快车。中国与太平洋岛国政府和人民对彼此有着深厚的感情和友谊，中国

---

[1] 中国与太平洋岛国的建交历史如下：1975年，与斐济、萨摩亚建交；1976年与巴布亚新几内亚建交；1982年与瓦努阿图建交；1989年与密克罗尼西亚建交；1997年与库克群岛建交；1998年与汤加建交；2007年与纽埃建交。

提出的"一带一路"倡议得到了太平洋岛国的积极响应。在新的历史时期，中国大力发展与太平洋岛国战略伙伴关系，积极践行"亲、诚、惠、容"周边外交理念，在"一带一路"倡议下，有效促进和巩固与太平洋岛国的务实合作，扩大了中国在南太平洋地区的影响力和辐射力，中国的周边外交布局日臻完善。

中国与太平洋岛国共建"一带一路"的战略对接

为应对新形势下太平洋地区所面临的挑战和促进区域合作与一体化，太平洋岛国积极推动实施"太平洋计划"，即通过地区主义来促进地区经济增长、可持续发展、良治以及安全。[1] "一带一路"倡议提出以来，太平洋岛国积极响应，以此为机遇对接发展战略，推进务实合作，致力于实现共同发展。通过将"一带一路"倡议与"太平洋计划"对接，中国与太平洋岛国双方利益交汇，并迎来广阔的合作空间。具体而言，通过将太平洋岛国纳入中国的"一带一路"框架，为双方政治互信、经济融合、文化交流注入了新的动力。

其一，政治互信。一方面，中国和太平洋岛国同属发展中国家，加强与太平洋岛国在"一带一路"框架下合作具有重要的政治意义。基于共同的历史遭遇、共同的发展任务和共同的战略利益，中国与太平洋岛国在政治上相互尊重、平等相待，在国际事务上彼此支持。作为世界上最大的发展中国家，中国长期重视与广大其他发展中国家关系，并将其视为外交关系的基础，而太平洋岛国作为发展中国家的属性将成为中国在世界舞台上担当大国责任的重要政治依托。[2] 另一方面，加强与太平洋岛国在"一带一路"框架下的合作，对于岛国坚定支持"一个中国"原则具有积极推动作用。南太平洋地区是台

---

[1] 鲁鹏、宋秀琚：《浅析太平洋岛国论坛对区域一体化的推动作用：兼论太平洋计划》，载《国际论坛》，2014 年第 2 期，第 30 页。

[2] 汪诗明、王艳芬：《论习近平访问太平洋岛国的重要历史意义》，载《人民论坛·学术前沿》，2015 年第 24 期，第 56 页。

湾当局"邦交国"的集中地,南太平洋地区外交关系情势变化及中国与太平洋岛国关系发展直接关涉到中国的和平统一大业。通过"一带一路"战略对接,促进双方政治互信,对于中国实现两岸和平统一,建立与太平洋岛国更深入、广泛的联系具有积极的推动作用。

其二,经济融合。借助丰富的渔业、林木、矿产和旅游资源,太平洋岛国为"一带一路"带来世界第一大洋,第一大金枪鱼产量,价值几十亿美元的石油、天然气和海底矿产资源储备及广受欢迎的旅游目的地。[1] 太平洋岛国尽管拥有面积广阔的海洋专属经济区和丰富的海洋资源,但在经济发展中,面临资金不足、技术和经验落后的困境。通过在"一带一路"框架下的合作,将中国所具备的资金、技术和人才等优势与太平洋岛国资源丰富、资金匮乏、技术落后的现实进行对接,中国与太平洋岛国将加深双方利益融合,实现互利共赢和共同发展的良好局面。正如斐济国家战略规划和发展部常务秘书皮塔·瓦什(Pita Wise)等所言,"中国发展与太平洋岛国的经贸关系,进一步推动了南太平洋地区的经济一体化。从规模上看,太平洋岛国都很小,缺乏足够的技术和资金完成整个地区的经济发展和融合。但与中国的伙伴关系,使太平洋岛国建立信息共享、科技交流网络成为可能,让太平洋岛国在世界舞台上更具竞争力。"[2]

其三,文化交流。自19世纪中叶开始,来自中国华南沿海地区的华人开始在太平洋岛国定居,他们在当地创办华侨学校,积极弘扬中华文化,在一定程度上促进了中国与太平洋岛国间的文化交流与发展。[3] 2012年太平洋岛国首家孔子学院在斐济建立,从而为斐济和太平洋岛国人民学习中文、了

---

[1] Kalafi Moala, "What China's 'Belt and Road' initiative means for the Pacific", Pacific Institute of Public Policy, November 4, 2015, http://pacificpolicy.org/2015/11/what-chinas-belt-and-road-initiative-means-for-the-pacific/.

[2] 皮塔·瓦什、瓦登·纳塞:《"向北看",斐济寄望于中国》,载《人民日报》,2014年11月25日,第3版。

[3] 郭又新:《南太平洋岛国华侨华人的历史与现状初探》,载《东南亚研究》,2014年第6期,第89页。

解中华文化提供了场所。在新的历史时期，中国与太平洋岛国将在"一带一路"合作中加强文化交流，推动中华文化与太平洋岛国文化的互学互鉴。另外，太平洋岛国教育水平相对落后，民众文化知识较为匮乏。通过双方之间的文化交流与合作，中国帮助太平洋岛国深入挖掘自身岛国文化，并提高岛国人民知识文化水平，推动双方更加深刻的认识与了解。

概言之，中国"一带一路"倡议与太平洋岛国谋求发展繁荣的战略愿景高度耦合。在政治、经济、文化等领域，双方战略对接基础稳固，合作潜力巨大。作为太平洋岛国的主要经济和发展合作伙伴，中国通过与太平洋岛国携手共建"一带一路"，为促进太平洋岛国的稳定、发展和繁荣做出了巨大贡献，从而大力充实和丰富了双方战略伙伴关系的内涵，同时也推动了南太平洋区域的和平和稳定发展。

中国与太平洋岛国在"一带一路"框架下的合作进展

在"一带一路"倡议下，中国本着"共商、共建、共享"的原则，与太平洋岛国携手努力，在农林渔业、矿业、旅游业、基础设施建设、人文交流等领域开展密切合作。通过发挥各自优势和潜能，中国与太平洋岛国积极开展务实合作，扎实推进政策对接、利益对接、发展战略对接，"一带一路"倡议迅速在南太地区落地生根。

首先，加大基础设施建设，促进太平洋岛国互联互通。太平洋岛国贸易与投资专员署驻华贸易专员大卫.莫里斯认为，"一带一路"建设包括交通设施的互联互通，通信网络的融合，为发展中国家提供了一个与中国市场融合的重大经济合作机会。由于地理原因，太平洋岛国远离主要市场，任何能促进空中、海上及通信联系的机会都弥足珍贵。[1] 在"一带一路"倡议推动下，

---

[1] 大卫·莫里斯：《太平洋岛国真诚欢迎中国崛起》，载《环球时报》，2015年10月15日，第15版。

中国政府通过无偿援助、优惠贷款等形式支持太平洋岛国的基础设施建设。例如在斐济优惠贷款项目纳布瓦鲁公路、汤加弗阿阿莫图社区道路项目、萨摩亚法雷奥罗国际机场升级改造项目、瓦鲁阿图卢甘维尔国际码头扩建项目建设中，中资企业为太平洋岛国互联互通做出重要贡献，从而对太平洋岛国的交通运输、贸易、物流、旅游便利化等起到积极推动作用。

其次，加强贸易往来，推动太平洋岛国经济发展。自 2006 年"中国—太平洋岛国经济发展合作论坛"建立以来，中国与太平洋岛国的贸易额年均增幅 27.2%，直接投资年均增长 63.9%，双方在经贸领域的互利合作呈现蓬勃发展的势头。[1] 2014 年习近平主席在访问太平洋岛国时宣布，中国为太平洋岛国最不发达国家 97% 税目的输华商品提供零关税待遇，并承诺中国对太平洋岛国的投入只会增加不会减少。在"一带一路"倡议下，太平洋岛国积极考虑通过亚洲基础设施投资银行等进一步拓宽融资渠道，并主动来华推介优势项目，寻求经贸合作。2015 年 4 月在深圳举办的太平洋岛国（深圳）投资贸易推介会成为"一带一路"倡议下双方贸易合作不断加深的具体实践。在"一带一路"倡议推动下，太平洋岛国将搭乘中国发展快车，实现自身经济快速发展，从而造福岛国人民。

再次，夯实教育文化合作，实现与岛国的民心相通。2014 年 11 月，中国国家主席习近平与太平洋岛国领导人集体会晤时提出，未来五年中国为太平洋岛国提供 2000 个奖学金和 5000 个各类研修培训名额，并继续派遣医疗队到有关岛国工作，鼓励更多中国游客赴岛国旅游；另外，中国还将在斐济设立中国文化中心（2015 年 12 月 15 日揭幕），从而大力促进中国与太平洋岛国人文交流。2016 年 5 月，中国（深圳）国际文化产业博览交易会上，太平洋岛国风情展览馆展示岛国独特的艺术风情，其中主要对巴布亚新几内亚艺术家的油画以及木雕工艺品进行了介绍，从而增进了"一带一路"倡议下中国与太平洋岛国文化间的交流合作。通过扩大双方间留学生规模，加强旅

---

[1] 《背景资料：中国与建交的太平洋岛国的关系》http://news.xinhuanet.com/2014-11/22/c_1113361513.htm.

游、卫生、文化、媒体等领域交流，中国与太平洋岛国关系将奠定坚实的民意基础。

最后，增进非传统安全合作，推动太平洋岛国可持续发展。2015年10月，中国宣布出资200亿元人民币建立"中国气候变化南南合作基金"，从而以此为框架，在能力建设、政策研究、项目开发等领域为包括太平洋岛国在内的广大发展中国家应对气候变化提供更多支持。近年来，中国在太平洋岛国地区实施了小水电、示范生态农场、沼气技术等项目，向有关岛国提供了节能空调、太阳能路灯、小型太阳能发电设备等绿色节能物资，资助太平洋区域环境署开展应对气候变化项目，为岛国应对自然灾害提供物资援助和人员培训。[1] 另外，中国积极援助斐济抗击"温斯顿"风灾，向遭受厄尔尼诺旱灾影响的密克罗尼西亚联邦伸出援助之手，协助巴布亚新几内亚政府防控疟疾疫情。这些行动展现出在"一带一路"建设中，中国携手太平洋岛国共同应对非传统安全威胁，有效维护了岛国的安全与稳定，为南太地区的发展与繁荣提供了坚实保障。

总体而言，南太平洋地区是"21世纪海上丝绸之路"南向的自然延伸。在"一带一路"框架下，中国与太平洋岛国在基础设施建设、贸易投资、文化交流、应对气候变化和自然灾害等方面拥有广泛的合作前景。通过携手共建"一带一路"，中国与太平洋岛国之间的利益纽带、发展纽带和命运纽带更趋紧密，双方关系进入全方位合作的新时期。

中国与太平洋岛国在"一带一路"框架下合作面临的挑战与应对之策

在推进"一带一路"建设过程中，越来越多的中国企业和公民走出国门，随之而来的现实和潜在的风险与挑战也会逐渐上升。对此，中国与太平洋岛

[1] 《杜起文特使出席第27届太平洋岛国论坛会后对话会的发言》，http://pg.china-embassy.org/chn/xwdt/t1298263.htm。

国应提前共同对相关风险进行综合分析和研判，并在落实"一带一路"倡议过程中预防和管控风险，保证其顺利实施。

首先，以美、日为首的西方大国影响和干扰"一带一路"建设。长期以来，中国积极加强与南太平洋区域内外国家的合作，以实现互利共赢与协调发展。但是，二战后在该区域形成的以美国、澳大利亚、新西兰和法国为主导的较为稳固的权力架构不易打破，日本目前虽然仍处于太平洋岛国区域权力格局边缘地带，但它挤进该地区权力格局、充当美澳伙伴的几率非常大。美国、日本等西方大国以防范和竞争的心态看待中国对太平洋岛国的外交战略，并大力牵制中国在南太地区日益上升的影响力。[1] 这势必给中国在南太地区的"一带一路"建设带来消极影响。

其次，太平洋岛国自身对中国的崛起还存在疑虑。尽管中国与太平洋岛国同属发展中国家，双方关系基础稳固，在国际社会上有着共同的利益诉求。然而，部分太平洋岛国对中国快速崛起还无法完全适应，在发展与中国关系时担心过于依赖中国而丧失了发展的自主性。[2] 相反，太平洋岛国希望在参与和处理南太地区事务中，大国能够相互平衡彼此力量，从而为太平洋岛国自身发展创造最有利空间。

最后，中国对太平洋岛国仍然缺乏深入的研究。目前，中国在南太平洋领域研究尚处于起步阶段，成果较零散，不够深入，且相关研究往往关注的并非太平洋岛国，而是亚太关系及亚太区域化等大国政治问题。[3] 面对落实"一带一路"倡议的新形势，我国在针对太平洋岛国所进行的科学系统的国别研究方面还略显不足，尤其是对太平洋岛国的历史文化背景、经济社会发展、政治外交关系等研究仍较为薄弱。国别研究的不足直接导致中国对太平洋岛

---

[1] 宋秀琚、叶圣萱：《浅析"亚太再平衡"战略下美国与南太岛国关系的新发展》，载《太平洋学报》，2016年第1期，第57页。

[2] 徐秀军：《中国的南太平洋周边安全环境与南太平洋外交》，载祁怀高等著《中国崛起背景下的周边安全与周边外交》，北京：中华书局，2014年版，第361页。

[3] 《以平等心态研究太平洋岛国文化》，http://www.npopss-cn.gov.cn/n/2014/0421/c219468-24920220.html.

国无法形成清晰、深刻、系统的认知,这对于中国在南太平洋地区进行精准战略定位,顺利推动与太平洋岛国共建"一带一路",进行高效、务实合作构成了一定制约。

针对上述情况,中国未来在参与南太地区事务,推动与太平洋岛国共建"一带一路"时可做如下考虑。

一是加强与域外大国间的沟通和协调。中国应与美、日等西方国家在南太地区加强战略沟通与政策协调,在解决南太地区问题上展开积极合作。中国与美、日等西方大国在南太区域的战略追求不尽相同,中国注重民生领域的合作及共同发展;美国看重南太区域的地缘战略价值,积极构筑"亚太再平衡战略"的安全利益链条;日本则试图将太平洋岛国区域纳入其"大国战略""海洋战略"的轨道,挟太平洋岛国以捞取国际资本。尽管如此,中、美、日三国在诸如应对南太地区气候变化威胁、开发清洁能源、保护海洋生态资源、打击跨国犯罪和恐怖主义等领域仍然存在共同利益,有广阔的合作空间。通过有效的沟通协调机制,中国可以与美、日等国家保持坦诚对话,消除误解和猜忌,减少在南太地区不必要的纷争和摩擦,同时还可以增进美、日等国家对"一带一路"倡议的了解,并对中国发展与太平洋岛国合作形成正确认知,从而共同将南太平洋打造成和平之洋、合作之洋和发展之洋。

二是建立中国与太平洋岛国领导人会晤机制。自 1997 年以来,日本与太平洋岛国每三年举办一次"日本与太平洋岛国领导人会议"(the Japan-Pacific Islands Leaders' Meeting,简称 PALM),至今已召开七届。2003 年起,法国为加强与太平洋岛国联系,建立起"法国—大洋洲峰会机制"(France-Oceania Summit)。在此背景下,中国也应考虑加快建设与太平洋建交岛国领导人集体会晤机制。中国与太平洋建交岛国领导人举行定期会晤,可以加强沟通、加深友谊,增进双方间的相互了解和信任,消除太平洋岛国对中国快速崛起的疑虑。同时双方领导人进行机制化的定期会晤,有利于不断探讨新的合作方式和领域,进一步扩大双方政治、经济和文化等领域的合作,从而深入推动双方在"一带一路"合作进程中互利共赢的友好关系。

三是加强太平洋岛国国别研究。为了服务于国家战略发展形势和现实需求，我国应加大对太平洋岛国研究的投入力度，提高太平洋岛国国别研究的水平和质量，为"一带一路"倡议下中国与太平洋岛国合作关系的开展、南太地区外交关系的运筹提供智力支持。目前，我国对太平洋岛国的历史文化、社会形态、对外关系、政情体制、经济贸易等领域亟待进一步加强研究。在此基础上，中国在南太地区推动和实施"一带一路"倡议时，可以深入细化对沿线对象国的具体工作，进一步明确每个太平洋岛国的利益诉求，从而有针对性地进行资源投入和项目援建，实现与太平洋岛国开展合作中公共产品供给与需求的有效对接。

（原文发表于《当代世界》2016年第8期）

警惕"一带一路"的投资风险
——希腊政局变化对"一带一路"在欧洲布局的影响

刘作奎 中国社会科学院欧洲研究所中东欧研究室主任,研究员

自 2013 年 9 月,国家主席习近平在哈萨克斯坦纳扎尔巴耶夫大学讲演中提出打造"丝绸之路经济带"的战略构想,2013 年 10 月访问印度尼西亚时提出致力于同东盟国家共同建设"21 世纪海上丝绸之路"以来,"一带一路"建设工作逐渐铺开。在"一带一路"筹建过程中,有关沿途国家的风险问题(包括政治风险和经济风险)一直是人们关注的话题。这一关注随着"一带一路"建设持续推进而显得愈发突出。2015 年 1 月,希腊激进左翼联盟甫一上台就表示将停止出售该国最大港口比雷埃夫斯港 67% 股权计划,直接影响到中国"一带一路"在欧洲的布局。

中国在欧洲"一带一路"建设布局的基本情况

中国"一带一路"建设在欧洲布局主要有两条线,即北线和南线。北线

是以欧亚大陆桥为主要通行线路，它从中国内陆省份和西部出发，途经新疆、中亚、俄罗斯到欧洲（大部分行经中东欧）的线路。这条线路已开通了多趟班列，如重庆至德国杜伊斯堡的"渝新欧"国际货运班列、武汉至捷克布拉格的"汉新欧"货运班列、成都至波兰罗兹"蓉欧快铁"、郑州至德国汉堡的"郑新欧"货运班列、义乌至西班牙的"义新欧"货运班列等。

南线是由中国南部沿海城市出发，经过海运线路到地中海至希腊的比雷埃夫斯港（以下简称"比港"）。比港是希腊最大港口，被称为"欧洲的南大门"。以往中国的货物要想进入欧洲，都需要穿过印度洋、绕行非洲南端的好望角，再纵向穿越整个南大西洋、路经西非海岸，几经辗转抵达欧洲。而通过比港，中国货轮可以直接穿过红海、苏伊士运河在比港卸货，经由希腊—马其顿—塞尔维亚—匈牙利铁路直接运送到欧洲腹地。这条全新线路开辟了中国到欧洲距离最短的海运航线，使中国货物抵达欧洲的海运时间缩短了 7—11 天。它目前已成为近两年中国决策层力推的欧洲"一带一路"建设工程。2014 年 12 月李克强总理访问塞尔维亚时，与相关各方会商，确定了以上述线路为基础建立中欧陆海快线的规划。

欧洲"一带一路"建设，比港成布局关键

那么，中国为什么将在欧洲的"一带一路"布局重点放在希腊的比港呢？这主要是基于下列四点。

首先，中国企业在比港有成功的开发经验，且已经将该港口做大做强，中希双方为此均获得收益，从而成为中国企业在欧港口物流建设成功的典范。自 2009 年中国中远太平洋集团在当地的分支机构从比雷埃夫斯港务局获得了希腊比雷埃夫斯港 2 号、3 号集装箱码头 35 年特许经营权后，比港逐渐从一个规模较小、运转效率低下的港口变成地中海区域发展最快的港口。港口的基础设施得到升级，吞吐量从 2010 年的 87.8 万标准集装箱提高到 2014 年约 370 万标准集装箱。随着希腊议会批准比雷埃夫斯港务局和中国中远太平洋集团在当地的分支机构达成的长期友好协定，中远将另投资 2.3 亿欧元用

来扩大和升级比港3号码头西段的基础设施。预计2021年比港吞吐量将达到720万标准集装箱,从而将成为地中海地区最大的货物中转中心。[1] 中远集团通过优化运输线路而从中欧贸易中获益不菲,同时,其所属公司已经开始收到来自中东欧(即匈牙利、斯洛伐克和捷克)经铁路运输而来的回程货物,并由比港集装箱码头通过海运运回国内。通过一系列谈判,中远集团所属公司已经把电子制造商索尼拉入进来,索尼将利用中远集团所属公司经营的中东欧铁路货运服务向欧洲国家供应产品。其他国际大公司也纷纷跟进,包括戴尔、思科、三星和LG电子、起亚汽车和现代汽车也表达了在比港建立分拨中心的兴趣。据估计,如果上述业务能够成行,将为希腊整个GDP做出约10%的贡献,而且解决了很多就业问题。[2] 毫无疑问,在中国企业的积极经营下,比港成为真正的名副其实的希腊数十年来最成功的私有化项目。

其次,该条线路将有力提升沿线各国互联互通,加速实现人员、商品、企业、资金、技术交流,拉动沿线国家的经济发展,并且有助于深化中国同沿线国家的互利合作。尤其是对中欧关系发展,其价值不容低估:一方面,通过完善中欧陆海快线建设,中欧双方将从这一便捷和高效的运输网中获得更多、更便宜的产品;另一方面,中国中东欧合作的匈塞铁路建设,正是欧盟泛欧交通运输走廊重点项目,是欧盟推动整个欧洲东西向和南北向互联互通的十大项目工程之一(见下图)。它不但对欧盟具有战略意义,也对于匈牙利和塞尔维亚两国交通运输和商业网络融入欧洲具有战略意义。[3] 因此,这一项目是中欧之间可以互相借力和双赢的项目,有利于推动中欧务实合作。

再次,中欧贸易产品的实际特点和北线陆上运输不足,注定了在很长一

---

[1] Economist Intelligence Unit, Piraeus' promising future-under threat? Country Report, Greece, January 30th, 2015.

[2] Economist Intelligence Unit, Piraeus' promising future-under threat? Country Report, Greece, January 30th, 2015.

[3] Dragan Pavliêeviê, Dragon on the Doorstep: The Challenges and Opportunities of China's Engagement of CEE, Policy Papers from Eastern Asian Center of Nottingham University of UK, 2013.

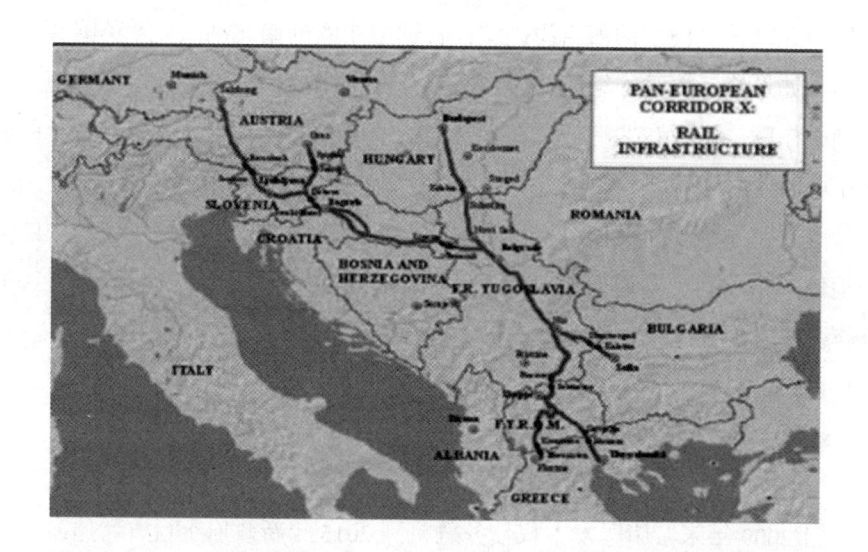

段时间海上运输仍是中欧贸易互联互通的主要方式。目前，中欧贸易货物产品主要集中在手工产品、电子和通讯产品、办公设备等，从运输方式上讲，海运是最经济实惠的运输载体之一。目前，约80%以上的中国货物仍需经海运抵达欧洲。陆上运输虽然可以承载上述货物产品到欧洲，但仍处在起步阶段，且营运状况均不够理想，要整体实现常态化、盈利化和效率化仍需要时间。[1] 比港则有效融合了上述优点，通过优化线路，缩短海运距离和时间，利用欧洲陆上运输的合理布局，提高了运输效率，在某种程度上扩展了中欧双方贸易运输的潜力。

最后，比港项目具有较好的延展性。2015年2月3日，斯洛伐克副总理兼外交与欧洲一体化事务部长米洛斯拉夫·莱恰克在社科院演讲时就盛赞中欧陆海快线，并认为可以继续北延至斯洛伐克和波兰，使其发挥更大的效用。[2] 匈牙利近现代中国问题研究基金会主席、前匈牙利驻华大使叶桐认为，项目

---

[1] 刘作奎：《中东欧在丝绸之路经济建设中作用》，载《国际问题研究》，2014年第3期。
[2] 斯洛伐克副总理兼外交与欧洲一体化事务部长米洛斯拉夫·莱恰克在中国社会科学院演讲，2015年2月3日。

可以向北延伸到波罗的海沿岸国家，打通中东欧的南北动脉。[1] 英国智库则认为，如果货运运输网络能够得到有效开发，比港有望成为跨国公司把产品运到中东欧、中东和非洲一个有吸引力的选择，推动其成为该区域重要的分拨中心。[2]

上述基本事实，突出了比港在中欧贸易运输和"一带一路"建设中的突出地位。中欧新贸易通道的建设不仅推动了新的互联互通，而且双方人民能够享受更加便捷、快速和有效的运输服务，是一个多方共赢的工程。

希腊新政府为何叫停比港私有化

自 2009 年末希腊爆发主权债务危机到 2015 年新政府上台，希腊政府两次更迭，历经了五任总理。2014 年 12 月 17 日、23 日、29 日希连续三次选举新总统均流产，2015 年 1 月 25 日希腊提前举行大选，由齐普拉斯领导的坚持反紧缩的激进左翼联盟赢得了 36.3% 的选票，齐普拉斯担任总理。

持续的政治波动对中希合作造成了一定的冲击，尤其是涉及大项目合作上，不同党派的吸引投资政策和私有化目标并不一致，导致政策缺乏连续性。混乱的政治局势也削弱了国家的行政功能和效率，导致并不理性的政治杂音得以登堂入室。2015 年 1 月 26 日，在新总理就职当天，希腊便叫停了向中远集团及其他四家竞购者出售比雷埃夫斯港 67% 股份计划。

新政府叫停私有化项目有多重原因，但概括起来大致有下列几点。

首先，迎合民意的要求。希腊人对中国参与比港私有化一直意见不一。尽管私有化为希腊带来丰厚利润，但希腊工会一直批评中国运营商规定的"中世纪劳动条件"缺乏公平性和社会责任。希腊码头工人多次举行抗议活动，

---

[1] 任鹏：《中欧陆海快线：开拓新时期的"琥珀之路"》，载《光明日报》，2014 年 12 月 22 日，第 8 版。

[2] Economist Intelligence Unit, Piraeus' promising future-under threat? Country Report, Greece, January 30th, 2015.

第四章 "一带一路"倡议与跨国合作　271

2009年，中远集团获得了希腊比雷埃夫斯港2号、3号集装箱码头35年特许经营权。如今，比港已经成为地中海最先进的集装箱码头之一。图为比港中远集装箱3号码头一景。

包括聚集在雅典议会门前高举着"中远回家"的标语牌进行抗议。2013年希腊工人还举行了大罢工，反对政府打算向中国人出售比雷埃夫斯港和塞萨洛尼基港的控股权。正是这些抗议活动使得政府对港口完全私有化迟迟难以下决断，一些政党为了获取实际利益逐渐开始迎合民意。

在这一点上，激进左翼联盟很好地利用了民意。激进左翼政党倡导增加福利和就业补助，淡化私有化和市场化，"战略性国有资产"不会被私有化。这些政策内容使其具有明显的"民意党"性质，它们也因此获得了选举胜利。

其次，部分政客认为希腊港口被外国人控股太多不划算，且有国家利益流失的风险。这些政客认为，过快私有化将使绝大部分收益流入到控股人手里，希腊本身却不是最主要的受益人。基于此，希腊应该在港口经营和开发上保持自主权。这集中体现在希腊负责海运和港口业务的部分官员身上，他们坚持在有条件的情况下希腊港口应自主经营。而地方市政当局更是在其中发挥了重要作用。地方官员莫拉雷斯就是典型代表。自2014年5月当选比雷埃夫斯市市长后，他就极力反对出售整个比埃雷夫斯港务局67%的股份。按莫拉雷斯的说法，这个城市的命运与港口紧密联系在一起，国家和地方政府应保留多数的股权并与各私人投资者签署对国家和地方政府有利的长期租赁协议。莫拉雷斯认为，比港的发展应该遵循本国的国家利益，与该国新的、外向型的经济增长模式联系在一起，由此应该把比港变成一个国际船运中心和国外投资者的一个重要港口及旅游中转站，政府应吸引以出口为导向的、以船运或船运业务相关的公司，而不是服从于像中远这样的大公司的利益。

最后，还有一些原因虽未经证实，但值得重视。即希腊政府想在新一轮的私有化项目谈判中占据有利地位，获得谈判的筹码，包括在私有化项目上雇佣更多的希腊工人、拿到更多项目投资回报率等。

现状及应对方案

事实上，新政府自宣布终止比港私有化之后，就释放了许多不同的声音，也表明了政府内部对于私有化的完全不同的态度，这些态度博弈的结果某种程度上会决定中欧陆海快线的发展前景。其中，希腊财政部官员的态度较为理性，而负责比港具体业务的官员和地方政府则表现得较为激进。总理则在迎合民意和挽救国家经济上进行巧妙地平衡。财政部最清楚希腊经济所面临的窘境，现在最需要的是钱，在未彻底走出危机之前，希腊难以有什么筹码和能力来掌控本国的私有化进程，而且私有化并不是洪水猛兽，与国家利益并不相悖。而比港事务官员则仍以利益最大化为由，认为港口事关国家利益，不能因为经济困难而出卖国家重要战略资产。

希腊多个政府官员的表态也印证了上述事实。2015年2月2日，希腊财政部长瓦鲁法基斯在接受外媒采访时表示，希腊新政府认为中国的投资是希腊升级基础设施、增强竞争力的希望源泉。中远在比港的投资对希腊具有非常积极的意义。叫停已开始的且有中远公司参与的比港港务局私有化项目并不明智。2月9日，财政部一位高级官员说，我们非常赞成并鼓励比雷埃夫斯港私有化。然而，在向议会报告政府项目时，负责海运的常务副部长索佐里斯·兹里察斯坚持认为，要停止比雷埃夫斯和塞萨洛尼基港口的私有化项目，来确保国家港口的公有属性。[1] 当初宣布此项消息的希腊经济、基础设施、航运和旅游部部长乔治·斯塔萨基斯的态度更值得玩味，他表示该部将可能会评估与中远的合作事宜，但并没有说是否会与中远重新谈判，同时强调与中国的合作仍大有前景。该部常务副部长兹里察斯表示："对于希腊上一届政府同中远达成的协议，是已经获得希腊议会批准的，而且三号码头的扩建已经开工；我们（新政府）会尊重相关的协议，并且切实履行协议中所规定的义务，绝不会单方面地修改协议。"[2]

希腊新政府决策的不确定性会对中国"一带一路"在欧洲的布局带来冲击，这使得中国不得不考虑应对希腊选举后对中国投资带来的政治和经济风险问题。如果希腊政府将"激进"路线进行到底，终止私有化项目，中远将遭受直接经济损失，其后续影响将更为广泛，会极大阻碍该港口的升级改造扩容进程，从而影响"一带一路"的布局。基于此，中方应有如下应对政策：

首先，中方应积极发挥各方资源，协商推动希腊政府收回成命。这一点中国政府在各方面都做了不少工作。2015年2月11日下午，国务院总理李

---

[1] http://www.fmprc.gov.cn/ce/cegr/chn/mbtd/t1234868.htm.

[2] http://www.gov.cn/xinwen/2015-01/31/content_2812769.htm.

克强应约同希腊新任总理齐普拉斯通电话。齐普拉斯表示,希腊正处在重振和发展经济的重要阶段,需要中国的支持和帮助。希腊愿同中国扩大海洋、海运等合作,同时开展基础设施建设、金融等一揽子合作。中远比港项目对希腊经济发展十分重要,是两国合作的"龙头"项目,希方将给予更多重视和支持。[1] 这种交流和沟通是必要的,也会为各级官员的会面创造条件。

从实际情况分析来看,中国推动希腊政府收回成命还是具有较大可能性的。激进左翼所宣称的"战略性国有资产"不会被私有化,在实际兑现时面临很大问题。新政府上台执政,面临巨大的偿债压力,私有化仍是主要方向之一。私有化是欧盟和国际金融机构的要求,违背这些要求对希腊来说代价非常高昂。希腊2015年将有约200亿欧元的到期债务,其中第一季度需要偿还约43亿欧元。事实上,在新政府上台后,希腊在国际市场上融资难度飙升,救助贷款和加大吸引外部投资几乎是仅存的指望。但要接受救助和吸引投资,必须接受欧盟和国际金融机构加大私有化这一条件。即使是地方政府包括比港务局想自主经营港口,在较长一段时间也面临严重的资金困难。比雷埃斯夫市过去20年累计欠债1.39亿欧元,市长也正寻求贷款解决问题,最终会认识到,私有化是一个各方都能获得利益的选择。

其次,从长远看,中国投资者仍面临与投资国利益共享问题。中国的企业在投资和并购过程中是否要在每个项目上都要做绝对控股权,还是可以适当做些让步,考虑一些互利共赢的措施?如果适时引入一些利益攸关的合作方,不但可以缓解国际社会对中国收购战略的猜疑,降低投资风险,而且也可能解决企业责任和经营管理的本土化问题。希腊问题给中国提了个醒,在以后的私有化谈判上还需妥善处理上述问题。

最后,在"一带一路"建设的宣传和介绍上应秉持开放态度,避免偏狭,给外界以"一带一路"是中国对外战略的新标签的印象,从而觉得是中国人在海外搞自己的工程而未顾及他国利益。事实上,"一带一路"就是一个多元、开放、兼容并包的工程,不设定主导方,不牵扯政治战略动机,而是一

---

[1] http://www.mfa.gov.cn/mfa_chn/zyxw_602251/t1237053.shtml。

种贸易便利化为主要目标的政策。同时，应多兼顾欧盟和其他利益攸关方的工程设计考虑并多做宣传，使当事国认识到，中国愿意和国际社会一道，共同改善该国的营商环境。

（原文发表于《当代世界》2015年第4期）

第五章 "一带一路"倡议与软环境建设

自"一带一路"倡议提出以来，中国已实现与沿线 60 多个国家的合作共赢，在共同发展中寻求各方利益的最大公约数。不过，丝路沿线国家在政治制度、经济发展水平、社会条件、宗教文化等方面存在很大差异，在此背景下，如果深入推进跨国合作，以政策沟通和民心相通为主要标志的"一带一路"软环境建设便显得尤为重要。在跨文化交流合作中，需强调"产品和服务"要面向全球市场，根据沿线国家不同的国情、社情和民情，提出因地制宜的软公共产品解决方案，提高对外传播的针对性和有效性，实现沿线国家之间的合作共赢和文化互鉴，共同打造政治互信、经济融合、文化包容的利益共同体、命运共同体和责任共同体。本章主要探讨了"一带一路"倡议的软环境建设，涉及海外安保机制、国际舆论环境、决策系统以及丝路沿线国家和地区文化属性等软环境对"一带一路"倡议的影响。

推进"一带一路"战略
要注重沿线环境的"伊斯兰属性"

侯宇翔　北京第二外国语学院阿拉伯学院副院长

"一带一路"是中国在新一代领导集体指引下提出的最为重要的战略创新。"一带一路"战略既是汲取中国传统文化营养的历史继承,也是把握中国经济社会发展脉络的现实考量;既是中国仔细分析国内改革、发展和稳定大局后作出的顶层设计,也是中国认真研判国际格局和世界秩序后形成的全新举措。《推动共建丝绸之路经济带和21世纪海上丝绸之路的愿景与行动》发布后,中国的"一带一路"战略全面定性,不仅为国内在全新阶段的发展提供了政策依据,同时也为国际社会尤其是周边国家注入了新的发展活力。

中国在"一带一路"战略推进过程中应该也必须认知、理解沿线国家在地域状况、民族构成、政治制度、经济模式和文化风俗的不同,从而寻求该战略的适应性落地路径。伊斯兰国家在沿线国家的构成中占据较大比例,包括战略支点国家巴基斯坦、哈萨克斯坦、印度尼西亚等。因此,梳理和廓清

瓜达尔港位于巴基斯坦西南部俾路支省，是印度洋沿岸的一座天然深水良港，也是中巴经济走廊的南端起点。2013年2月，中国海外港口控股有限公司开始接管瓜达尔港的运营。4月20日，中巴两国在伊斯兰堡签署并发表《中华人民共和国和巴基斯坦伊斯兰共和国关于建立全天候战略合作伙伴关系的联合声明》，双方将以中巴经济走廊建设为中心，以瓜达尔港、交通基础设施、能源、产业合作为重点，形成"1+4"合作布局，实现合作共赢和共同发展。图为2015年5月11日，巴基斯坦瓜达尔港码头的货运工人正在装运饲料。瓜达尔港为当地民众提供大量的工作机会。

"一带一路"战略推进中"伊斯兰因素"的构成和影响是十分重要的基础性工作，也是保证该战略落地对接后发挥可持续效应的重要基础。本文拟从历史、现实、机遇、挑战等四个方面阐述，力图证明"伊斯兰因素"已成为"一带一路"战略落地对接过程中不可忽视的重要内容。

"丝绸之路"推动了伊斯兰教的东向传播和本地融合

西汉张骞通西域的"凿孔之旅"为古代陆上"丝绸之路"的形成奠定了基础。随着中亚、西亚"蕃客"的东向经商侨居，很多阿拉伯人、波斯人、突厥人通过陆上"丝绸之路"了解、认识并融入中国。唐永徽二年（公元651年前后），伊斯兰教传入中国，开启了伊斯兰教发展的一个重要时代。走出阿拉伯半岛的伊斯兰教在中国找到了新的生存土壤，并通过陆上"丝绸之路"开始向东亚、东南亚传播，例如9世纪朝鲜半岛就已经开始有伊斯兰遗迹。古代"丝绸之路"作为商贸、安全之路，客观上促进了伊斯兰教的东向传播。反之，伊斯兰教的东向传播也使得"丝绸之路"在一定意义上呈现出"伊斯兰属性"。同时，阿拉伯人、波斯人等西亚、中亚地区居民通过"丝绸之路"不断同中国内地的汉族等民族群体相互融合，形成了中国回族。同时，中国回族在历史发展过程中不断吸收中华民族传统文化中的"和合思想"和"中庸精神"，在伊斯兰本土化的道路上走出了一条令世界惊叹赞许的"回族之路"。可以说，回族的形成和发展是伊斯兰教在非阿拉伯半岛地区本地化的成功样板。除了回族之外，中国的维吾尔、哈萨克、塔塔尔、撒拉等九个少数民族也通过"丝绸之路"开始全民信仰伊斯兰教，在保持中国传统民族本色的同时吸收伊斯兰信仰体系，成为伊斯兰教传播过程中东方本土化的重要部分。因此可以说，"丝绸之路"在促进伊斯兰教向东传播及其与中国社会相适应方面起到了巨大的推动作用。

"一带一路"沿线环境具有差异化的"伊斯兰属性"

2015年"一带一路"整体定性以后，《推动共建丝绸之路经济带和21世纪海上丝绸之路的愿景与行动》勾勒出"中国—中亚—东欧—西欧"和"中国—东南亚—南亚—非洲"两条主线，这两条主线复合了经济发展、人文交流和安全合作等多重功能。与此同时，"一带一路"沿线国家的基本地理范畴已经基本廓清，这些国家的社会风俗也各不相同，正确认识沿线国家的相同点和差异性对于"一带一路"战略推进和对接沿线国家发展战略具有重要意义。沿线国家众多相同点中，"伊斯兰属性"是大部分国家的重要特征，甚至是主要特征或核心特征。"伊斯兰属性"是指与伊斯兰教相关的民族、社会和国家特点，这一属性包含两个主要方面：宗教信仰方面信仰伊斯兰教教义；世俗生活方面实行伊斯兰教法等。全球一共有 57 个伊斯兰国家，其中大部分都集中在"一带一路"沿线，主要集中在中亚、西亚、东南亚、北非和中非。这些国家在宗教信仰和世俗生活两个方面都或多或少的具有"伊斯兰属性"，其中过半国家将伊斯兰教奉为国教，由伊斯兰教衍生出来的"伊斯兰属性"和"伊斯兰精神"也就深刻地影响着国家的政治制度、经济发展和文化类型。但是，这些伊斯兰国家在教派归属、教法阐释和教俗关系上又呈现出多样性，甚至有些国家在上述几个方面分歧严重、根本对立。因此，大部分国家的"伊斯兰属性"和差异化的"伊斯兰属性"为中国"一带一路"战略推进孕育了机遇，也滋生了挑战。

中国和"一带一路"沿线伊斯兰国家在精神文化和发展需求上相互适应

沟通的难易在一定程度上取决于沟通双方在文化上的差异程度，语言习得和民俗感知表现最为明显。中华文化和伊斯兰文化本质上都是东方文化的组成部分。同时二者也是世界几大文化体系中具有重要且独特地位的"集体认同型"文化，可以说"东方性"和"集体性"是这两种文化的共同特点，例如崇尚集体主义、包容无意识错误、关注人际关系、重视家庭伦理等。因此，两种文化趋同特征在一定程度上吸引着秉承这两种文化的人群相互借鉴和交流。

现实中，中国是世界上最大的发展中国家，"一带一路"沿线伊斯兰国家大多是发展中或不发达国家，甚至还有很多国家徘徊在发展道路研判和选择的艰难境地。因此，共同的发展意愿使得中国和这些伊斯兰国家倾向于选择并肩前行，希望保证国家政治稳定、经济发展和保护文化本色。中国虽然已经形成了比较完善的国民经济产业类型，但产业结构的严重不合理和产能发展的严重不均衡使得当前的中国必须完成优势产能转移和结构供给侧改革的历史重任。而大部分"一带一路"沿线的伊斯兰国家的工业化和产业化水平比较低，甚至有些国家依靠外国援助艰难前行，尤其是在基础设施建设方面。因此，中国与沿线国家实现产业互融、优势互补不谋而合。

除此之外，国际政治波谲云诡。奉行现实主义的西方国家越来越频繁忽视和践踏"一带一路"沿线伊斯兰国家的发展现状、政治环境、经济阶段和文化认同，这些西方国家强加"西式民主"、强硬改变制度、强力撕裂社会的做法制造了越来越多的国际热点和世界难题，集中表现就是叙利亚乱局的形成。与此同时，虽然经济社会发展饱受西方恶意堵截、政治制度频遭西方恶意否定、人权状况常被西方恶意批评，中国积极奉行"正确义利观"和"中国道义"，得到了国际社会越来越多的认可。这些理念和实践在叙利亚、伊拉克、朝鲜等问题上发挥了重要作用。因此，"一带一路"沿线伊斯兰国家开始在长期政治实践和国际合作中正确地认识、理解和认同中国的文化传统和制度优越，并表现出了积极合作姿态和意愿。

中国和"一带一路"沿线伊斯兰国家应合作面对极端主义的挑战

近年来，随着中东局势持续动荡，伊斯兰极端主义迅速发展蔓延，对地区安全稳定构成巨大威胁。伊斯兰极端主义往往滋生于伊斯兰国家或非伊斯兰国家的穆斯林集聚区，形成一定规模后向全球扩张。在发展过程中，伊斯兰极端主义开始过分强调伊斯兰教义中关于暴力的内容，演变为暴力恐怖主义表现形式，造成极大的人员和经济损失。同时，近年来，伊斯兰极端主义呈现出"理论来源庞杂、实践形式暴力、政治诉求强烈、免疫重建迅速"等新特点。伊斯兰极端主义理论认为忍耐已经无助于问题的解决和伊斯兰的传播，因此在一定程度上刺激了较强的政治诉求。这一政治诉求的运动过程表现为从穆斯林日常的生活方式和宗教义务入手，以引导穆斯林回归传统生活方式和宗教仪轨为表面目的，以在推进过程中与政府和有关机构的摩擦和纠纷为切入点向政治伊斯兰过渡，提出看似基于社会生活层面的政治诉求。但这一诉求受到硬性和软性打压时，可以迅速利用现实主义教义原则隐藏起来，从而形成新的免疫体系，寻求新的传播机会。我国境内的伊斯兰极端主义理论根由往往来自于境外伊斯兰国家，其中包括许多"一带一路"沿线国家。

伊斯兰极端主义思想在我国呈现出较为明显的地域、路径、民族、诉求、阶层方面的变异趋势。因此可以预见：如果不对伊斯兰极端主义传播进行有效的干涉，其发展势头会更加迅猛，对维护我国边疆地区、少数民族地区和外国穆斯林聚集区的稳定发展十分不利。因此，中国和"一带一路"沿线伊斯兰国家共同抵御伊斯兰极端主义和暴力恐怖活动不仅有利于为"一带一路"战略推进营造安全环境，也能为长期抵御伊斯兰极端主义和铲除暴力恐怖滋生土壤提供国家、机构和机制的抓手。

"一带一路"战略是习近平总书记提出的具有重大理论和现实意义的国家战略。认真研判和扎实分析"一带一路"战略的推进条件和推进路径是当前中国战略布局的重要任务。伊斯兰国家是"一带一路"战略推进中不能忽视且必须重视的国家群体，不仅因为这些国家在"丝绸之路"沿线的天然定位，还取决于这些国家在差异化"伊斯兰属性"指导下的外交政策和人文习俗中的"伊斯兰因素"。因此，中国在推进"一带一路"战略的过程中一定要站在历史和现实的双重角度上，积极推进中国与"一带一路"沿线伊斯兰国家抓住机遇，谨慎有效地应对伊斯兰极端主义挑战，实现中国和这些国家真正意义上的"责任共担"和"利益共享"，为建立"一带一路"命运共同体提供可资借鉴的经验。

（原文发表于《当代世界》2016年第6期）

试析中资企业"五位一体"
海外安保机制的建设路径

徐正源　中国人民大学国家发展与战略研究院研究员，
　　　　　国际关系学院副教授
王　昶　中共中央党校

自中国于2000年将"走出去"战略提高到国家战略层面以来，中资企业的对外投资和承揽的海外工程项目已取得令人瞩目的成绩。近年来，中国经济进入转型升级的攻坚阶段，随着"一带一路"战略的推动实施，很多企业通过"国际产能合作"将自身的优势产能向海外转移。这两方面因素进一步加快了中资企业"走出去"的步伐。2000年，中国全年对外投资仅10亿美元；到2015年，该数字已急剧增加到1200亿美元。2015年，在境外注册的中资企业数量已经达到3万家，涵盖多个行业领域，总资产规模超过6万亿美元；劳务输出规模已达102万人。[1]

---

[1]　《2016年中国企业海外安保公司排行榜——<中国企业海外安全管理报告>》，凤凰国际智库，2016年04月14日，http://news.ifeng.com/a/20160414/48459713_0.shtml。

在中资企业"走出去"大潮涌起的同时，这些企业在海外安保方面遭遇的问题也在快速增加。据外交部领事司统计，2015年，中国内地居民出境人数达到1.28亿人次，再创历史新高；全年外交部领保中心和中国驻外使领馆受理的领事保护和协助案件数量达86678件，其中领事保护案件31144件[1]，领事协助案件55534件[2]，共涉及中国公民95860人，造成1928人死亡。[3]其中，涉及中资企业的案件占绝大多数。近年来，从遭遇战事被迫撤出项目所在国，到海盗劫船、恐怖袭击、武装人员袭击骚扰中国企业营地、绑架勒索中方人员，这些问题都给中资企业"走出去"敲响了警钟，加强中资企业海外安保机制建设刻不容缓。

中资企业的海外安保不只是保安，它是一个系统工程，需要建立起完备的海外安保机制，调动企业、个人、行业和社会组织、国家、国际社会等各方面力量，综合运用政治、外交、经济、军事、法律、警务、技术、文化等各类手段，建成"企业是主体、员工是基础、行业是关键、国家是保障、国际合作是助力"的"五位一体"海外安保机制。政府和企业的决策者都应当正视当前中资企业海外安保面临的多元化风险，针对现有海外安保机制中存在的问题和不足，切实加强相关机制建设，更好地为中资企业"走出去"保驾护航。

当前中资企业"走出去"遇到的多元化安保风险

21世纪第二个十年，全球安全形势更加复杂严峻，中资企业"走出去"面临的外部风险更加复杂多元：

---

[1] 领事保护案件指海外中国公民安全和合法权益受到严重威胁或侵害的情况。

[2] 领事协助案件指中国公民在海外因客观原因或自身原因陷入困境，我驻外机构为其提供协助的案件。

[3] 中国领事服务网，《2015年中国境外领事保护与协助案件总体情况》，2016年05月05日，http://cs.mfa.gov.cn/gyls/lsgz/ztzl/ajztqk2014/t1360879.shtml。

2016年5月，中国宏桥集团有限公司参与投资建设的氧化铝冶炼厂在印度尼西亚正式投产，该项目是中国企业到海外投资建设的首个大型氧化铝生产项目。

一是一些热点地区内的国家间冲突频繁发生。中东、外高加索等传统热点地区的冲突没有消退，利比亚战争、叙利亚内乱又使得中东地区的安全形势雪上加霜。2013年爆发的乌克兰危机，造成东欧地区安全局势骤然紧张。

二是部分国家政局动荡加剧。伊拉克、叙利亚、也门等中东国家长期陷于内战，致使中资企业参与的当地项目迟迟无法复工。斯里兰卡内部冲突又起、缅甸政府军与"民地武"重新开战，直接影响到中资企业在当地承建的大型项目的建设。索马里长期处于无政府状态，造成海盗肆虐，给运营相关航线的中资航运企业带来巨大的安保风险。

三是恐怖主义袭击全球蔓延。"伊斯兰国"在中东坐大，并蔓延到非洲和东南亚，使得一些原来安保形势较好的国家也出现恐怖袭击的风险。中国铁建国际集团的员工在马里遭遇恐怖袭击事件就是比较突出的例子。巴黎恐怖袭击事件和布鲁塞尔爆炸案等情况说明，恐怖袭击在欧洲发达国家正呈加速蔓延趋势。这也给中资企业带来额外的安保负担。

与此同时，一些国家针对中资企业和中国公民的刑事案件增多。这一方面与全球经济形势不好，移民问题严重，有些国家失业率、犯罪率急剧上升有关；另一方面也与中国企业在收购兼并时的做法和表现、在安保方面意识和投入不足、以及中国企业和公民喜欢储存和携带现金等因素相关。而有的中资企业不注重社会责任和企业形象建设，没有充分注意当地的宗教和社会习惯、法律、劳工权利保障等因素，也会使中资企业遭到当地人的忌恨，引发刑事案件。

此外，中资企业、尤其是国有企业，还必须承担推广国家战略的责任，这在一定程度上也增加它们的安保风险。西方企业在投资决策时基本是就事论事，在很多项目评估时实行安保一票否决。但中资企业必须"义利兼顾"，有时也了解到在某些国家的某些项目安保情况不容乐观，但为照顾两国关系大局也必须上马。同时，由于中资公司在一些领域的国际市场上都是后来者，利润丰厚、安保形势好的项目早已被发达国家的跨国公司抢先占据，中资公司为了开拓国际市场，有时也不得不承接发达国家跨国公司不敢承揽的项目，形成"西方公司吃肥肉、中资公司啃硬骨头"的局面。这样自然也就增大了中资企业面临的安保风险。

当前中资企业海外安保机制的突出问题

伴随着中资企业加速"走出去"，中资企业海外安保机制建设也从无到有快速建立起来，中国也在国家层面建立了海外公民保护跨部门协调机制，在外交部建立了全球领事保护与服务应急呼叫中心，开通了24小时响应的12308热线。但与发达国家跨国公司的海外安保经验、中国企业面临的严峻安保形势、以及安保短板对国家战略的制约问题相比，中资企业海外安保机制的建设仍面临着诸多问题，主要体现在以下五个方面：

一、中资企业本身的风险意识仍显欠缺、安保投入尚不到位

很多中资企业不了解国际安全形势，也不跟踪项目所在国国内安全局势的发展，将海外项目安保混同于国内项目的安保，对海外项目可能面临的安保风险缺乏深刻现实的认识，存在"不会出事"的侥幸心理，或"出事了找警察就能摆平"的错误期待。有些中资企业不熟悉国家的海外利益保护机制，把中国驻外使馆当成万能良药，项目安保方面的大事小情都想找使馆解决。安保意识薄弱直接导致很多中资企业忽视中国政府在安保投入和管理方面的政策规定，既不组建专门的安保部门和管理团队，也没有聘请专业的安保公司，更没有从"多层面风险评估、多层次情报预警、多维度安全保障"等方面建立起体系化的安保机制。所以一旦出现各种安全问题，中资企业就可能面临巨额的资产损失。

二、中国的海外安保行业建设还任重道远

一是中国本土安保公司与国际先进的安保公司相比，在执行海外项目安保时，在人才、资源、手段、经验等方面都存在很大差距，这成为"中国安保企业走向海外的主要挑战"。目前，中国安保企业至少在三个方面存在竞争劣势：首先是办理护照和签证等出国手续程序繁琐、周期长，无法对海外中资企业遇到的紧急安保问题进行快速反应；同时，中国安保企业员工的主要来源是退役军人。但这些退役军人不懂外语，无法在当地获得有效的安全信息，也很少真正经历过冲突和战争，缺乏相关极端环境下的应对经验；最后，比起国外同行，鉴于中国相关法律的制约，中国安保企业员工也缺乏足够的武器训练和使用技能。二是中国的海外安保行业尚未独立，缺乏精准的行业标准。这导致本土安保公司缺乏准入门槛的限制、鱼龙混杂，实践中缺乏操作依据和评价标准。中国智库也很少开展海外安保方面的研究。这种混乱局面也使得许多中资企业转而聘请国际安保公司，制约了中国本土安保公司依托中资企业快速成长的海外项目市场迅速壮大的潜力。三是保险等中介行业对海外项目安保的保障相对滞后。许多保险公司并未开设与海外项目相关的险种，造成中资企业无法通过保险分散海外项目的安保风险。

三、中资企业海外项目员工的安保培训滞后

受经济发展水平、国际市场比较优势等因素的制约，目前中资企业的大型海外项目都集中在建设施工、油气矿产采掘等劳动密集型领域。这一方面造成这些项目的员工多，安保难度大；另一方面又不得不面临员工结构方面的问题，许多员工系从农村招来且首次出国务工，语言不过关、法律知识匮乏、安保意识欠缺是普遍问题。中资企业必须经过大量的培训才能解决上述问题，但遗憾的是，目前很多中资企业对员工安保培训的力度都很欠缺。

四、国家在海外安保方面的举措还有待改进

一是中国目前在领事保护方面面临着人力不足的突出问题。中国外交部领事司副司长、领保中心主任翟雷鸣表示，中国领保人员每个人要负责20万人次的领保工作，而美国这一比例为1:5000左右，日本则大约是1:12000。由于领保人员缺乏，工作负担重，顾此失彼，难以实施精细化保护。二是一般领事保护都是以事后保护为主，缺乏在犯罪或袭击发生之时进行第一时间有效保护的相关手段，最终也只能依靠项目所在国的力量解决问题。而撤侨等大规模行动也只能在极端情况下才能启动。三是中国在便利海外项目安保方面，比如合法持枪等问题还面临一些法律政策方面的障碍。

五、对国际安保合作的利用还很不充分

中资公司一般不重视海外安保的国际合作，即便有些公司重视此事，也只重视与项目所在国的安保合作，普遍忽视了地区合作和多边合作。在地区安全论坛中，很少出现中资公司或中方安全行业协会的身影，更难听到中资公司的声音和诉求。中资公司和安全行业协会也很少利用国际刑警组织、国际海事组织等安全领域国际组织的巨大资源为自身服务；召开相关国际会议时，中资公司和安全行业协会也很少出席发声；中方也很少主办过相关国际会议。这就使得海外中资企业面临的安全问题无法得到上述相关地区和国际安全机制的有效关注和支持，与相关国际组织建立常规性的安保合作更无从

谈起，进而在危机发生时无法向其进行紧急求助和沟通，这极大地限制了关键时刻中资企业自我保全的力度。

中资企业"五位一体"海外安保机制的建设路径

针对中资企业海外安保机制现存的突出问题，参照发达国家跨国企业海外安保的经验，结合国际安全形势以及中资企业"走出去"的新特点，中资企业的海外安保机制应从目前"中资企业—项目所在国—中国"三级安保机制，转向企业、员工、行业、国家、国际合作共同发力的"五位一体"机制。在这个机制中，执行海外项目的中资企业是落实安保措施的主体，海外项目相关员工是提高安保水平的基础，中国海外安保行业是组织安保活动的关键，国家是提供海外安保相关支持的保障，开展海外安保国际合作可为加强安保提供助力。

要顺利实现这一转变，我们必须立即采取措施、切实补齐海外安保机制存在的短板，其中要重点加强以下五个环节。

第一，中资企业要主动担当。执行海外项目的中资企业要切实落实在安保方面的主体责任，要将安保作为与招投标、设计、建造、质量控制、品牌、营销等环节同等重要的工作来经营。从事大型海外项目的企业，必须设立专门主管海外安保工作的部门，组建精干高效的团队，利用好内外资源，做好安保工作的规划和落实。开展中小型海外项目的公司，也要设立负责海外安保事务的专员，同时聘请专业安保公司负责相关项目的安保。企业要把安全评估作为海外项目可行性论证的重要内容，严格把关，主动放弃一些安保风险高的项目，不能见利忘险，火中取栗。中资企业还应密切跟踪项目所在国的安全形势发展，做好安保预案并及时更新，加强与当地军警部门的联系和合作。此外，中资企业还应主动承担社会责任，与项目所在地周边民众搞好关系，树立正面的公共形象，得到当地民众的理解和配合，防范安保问题的发生。

第二，企业员工要充分培训。任何好的制度都要落实到人才能发挥作用。

因此，执行海外项目的员工才是做好安保的基础。2008年12月17日，上海振华港机公司的货轮"振华4号"在亚丁湾海域航行时，遇到了两艘海盗船的威逼和袭扰。危急时刻，船长带领30名中国船员沉着应对，一面拆除连接主甲板同驾驶舱的楼梯，并用消防水龙头、自制燃烧弹防止海盗靠近，一面同马来西亚的反海盗中心和国际海事组织保持有效联系，积极待援，化险为夷。这充分证明，有安全防范意识、经过充分安保培训的员工是企业安保的重要力量，对员工进行安全风险防范和安保实践的全面培训十分关键。

第三，安保行业要大力发展。应高度重视本土安保公司的建设，鼓励它们积极开拓海外安保业务，出台措施推动相关龙头公司做大做强，尽早做到能与国际安保知名公司同台竞技。要推动早日组建海外安保行业协会，加快制定相关行业标准，积极参与相关国际合作，发挥行业合力。要推动建立相关智库，或鼓励现有智库开展海外安保方面的研究，梳理中方的利益和诉求，在国际场合发出中方的声音。此外还要大力发展涉外安保保险等中介业务，必要时可参照远洋运输、航天发射等行业的经验，创立海外工程项目安保的再保险业务。

第四，国家层面要积极作为。中国政府及外交部、公安部等相关职能部门应加大海外利益保护的投入，加强领事保护方面的人力和资源配备，推动外交部领事保护中心积极加强海外安保预防性措施。要将警务合作扩大到适用于中资企业在海外特大型项目的保护，可考虑借鉴对我使领馆实施武警护卫的模式，对中资企业重点项目实施类似保护。要切实加强政策法律建设，对执行海外安保任务的公司和个人在使用武器方面给予灵活变通措施，以求取得加强保护的实效。

第五，国际合作要全力推进。要推动开展全方位的国际安保合作。在双边层面，中资企业应明确项目所在国在安保方面的首要责任，加强与相关国家政府和执法部门的沟通和联系，争取与更多国家签订司法互助协定，开展警务合作。尤其是对出于双边关系大局考虑而实施的安保风险高的项目，一定要督促项目所在国做好项目安保工作。在地区层面，要推动区域安全合作，净化区域安全环境，推动共同打击恐怖主义，积极开展地区反恐演练和联合警务行动。在多边层面，要加强相关国际法规建设，推动联合国对重大国际冲突的干预和维和；将有滋扰中资企业和中国公民的历史、甚至是威胁对中资企业和中国公民进行袭击的恐怖组织和分子名单提交国际刑警组织，严重的可要求国际刑警组织颁布红色通缉令；加强与国际海事组织和国际民航组织在增进船舶和飞机安全方面的合作；积极参与或主办相关国际会议，推动达成实质性合作成果。

通过上述努力，可推动形成和完善以"企业是主体、员工是基础、行业是关键、国家是保障、国际合作是助力"为特征的中资企业"五位一体"海外安保机制，为中资企业"走出去"提供强大的立体式安全保障网络，使它们更安心地为贯彻国家相关战略服务。

（原文发表于《当代世界》2016年第8期）

中东商业文化环境
对"一带一路"的影响及建议

姜英梅 中国社会科学院西亚非洲所副研究员

中东位于亚、非、欧三大洲结合部,素有"三洲五海之地"之称,拥有丰富的石油、天然气资源和苏伊士运河战略要地。历史上就在东西方的经济、政治和文化等诸方面交流起到枢纽作用。

如今中东地区的位置恰在"一带一路"的交汇点,也是共建"一带一路"的关键节点。2014年6月,中国国家主席习近平在中阿合作论坛第六届部长级会议开幕式上的讲话中提出中阿共建"一带一路"和"1+2+3"的合作格局,打造中阿利益共同体和命运共同体。2016年1月,习近平主席出访中东三国,作为构建中国新型大国外交战略的重要一环,明确了中东在"一带一路"建设中的关键地位。习主席在阿盟总部全面系统阐释了中国新时期的中东政策,倡导以政治对话促和平,以建设促稳定,以稳定促发展,以互利合作促共赢,为中东国家实现和平稳定与发展带来新思维和新机遇,并规划未来发展蓝图。

中国与中东国家是共建"一带一路"的天然合作伙伴

中东地区历史文化悠久、宗教和文明多样性突出，资源禀赋独特，发展潜力巨大。第二次世界大战后，在发展民族经济的过程中，中东国家出现了形形色色的经济发展道路，但至今未能解决经济发展问题，沦为全球化的边缘地带。2010年底，中东国家发生了以民生和发展为内在诉求的"阿拉伯之春"，然而，在国内外各种势力的角逐和干预之下，"阿拉伯之春"之后的中东地区地缘政治格局严重失衡，相关国家进入漫长而痛苦的政治、经济和社会转型期，缺资金、少技术，面临促进就业、改善民生、实现稳定的严峻挑战。美国战略收缩和欧盟经济乏力，都无暇顾及中东。石油出口国在国际油价屡跌不休之际，经济受到严重冲击，迫切需要加快经济多元化步伐，寻找稳定的能源出口市场，这与中国打造能源共同体的需求高度契合。

中东阿拉伯世界失业人口约2200万，"一带一路"带来的投资，将帮助其增加就业、改善民生。中东国家工业基础薄弱，"一带一路"产能合作和技术转移，有助于中东国家实现工业化和现代化。中东国家基础设施落后，"亚投行"和丝路基金以及中国庞大的基建能力成为改善中东基础设施环境的新契机。当前中东乱局严重威胁地区和世界稳定，中国作为一支和平力量出现在中东，有助于中东局势趋稳，将为中东国家带来资金、技术和发展经验，成为地区和平、稳定与发展的新机遇。

从国家战略的角度来看，中国构建开放共赢的新型国际关系与中东国家的对外开放战略高度契合，中东国家"向东看"与中国"向西开放"相向而行，双方取向和目标一致。从经济结构的角度来看，双方产业结构不同，互补性强，中国是中东国家的第二大贸易伙伴，中东是中国的主要能源供应地和第七大贸易伙伴，这是双方构建"一带一路"的良好基础，有利于打造能源安全共同体。从国家发展战略角度来看，中东国家自主探索符合本国国情的发展道路，致力于推进工业化进程，努力扩大就业和改善民生，从而提出一系列的发展战略和规划，这与中国应对经济新常态，全面深化改革，促进产业转型升级，从"中国制造"转向"中国创造"的中国梦不谋而合。此举既能帮助中东国家促进就业、实现工业化和经济多元化，还有利于中国产能转移、产业合作和扩大海外工程承包市场。从全球化的角度来看，中东国家作为"一带一路"的交汇点，中国与中东国家实现互联互通、合作共赢将产生广泛的辐射效应，成为打通欧亚非经济大动脉，促进区域经济一体化的关键一环。

中东商业文化环境对"一带一路"的影响

商业文化环境是商业企业赖以生存和发展的重要条件，它体现了一个国家和民族的文明水平和精神风貌。商业文化环境对企业在经营活动影响深远，主要有政治文化环境、社会文化环境和市场竞争环境等方面的因素。

一、中东地区政治文化环境：风险高

一国经济政策的制定和实行是一个"真实"的政治过程。[1] 政治文化环境是指企业面临的外部政治形势，分为国内政治环境和国际政治环境。

国际政治环境即地缘政治环境。中东地缘政治风险高，在大国势力的干预下，地区教派冲突、民族矛盾复杂多变。"阿拉伯之春"导致中东剧变以来，中东动荡长期化和常态化，一些国家还陷入内战；转型国家进入痛苦的政治、经济和社会转型期；原有的地区秩序崩塌，新的秩序尚未建立；地区恐怖主义势力猖獗，危及地区和国际安全。尽管倡导"对话与发展"的中国方案切中中东要害，中国和平稳定的柔性外交政策能够最大可能地避开中东复杂的矛盾冲突，但是，中国积极介入有"帝国坟墓"之称的中东，仍然面临极大的地缘政治风险。中国"一带一路"倡议还需应对美国"新丝绸之路"和俄罗斯"欧亚经济联盟"的对冲和挑战。

从内部政治环境来看，中东民族国家建立以后，军事政变、社会动乱导

---

[1] 王正毅：《国际政治经济学通论》，北京：北京大学出版社，2010年版，序言第9—10页。

2016年6月17日晚埃及首都开罗的汗·哈里里市场的斋月之夜。市场人声鼎沸，人们在咖啡馆和餐厅相聚，享受美食。

致政权频繁交替；家族或个人长期执政导致政治体制僵化和专制独裁；议会往往成为当权者的摆设；人民选举权形同虚设；司法体系与社会生活受到传统伊斯兰教的影响，世俗政权不时受到宗教合法性的挑战；政治和社会现代化发展滞后缓慢。这些特点构成了中东现代政治的基本框架。民族、宗教矛盾剪不断理还乱，在外力干预下冲突不断、热点频发。政治发展滞后导致政府治理能力低，表现为有限的民主、有限的公民自由和政治权利、非透明政府、官僚主义、体制僵化、腐败盛行效率低下、政府政策不透明，从而致使"一带一路"建设面临较高的政治稳定性风险以及政策性风险。

二、中东地区社会文化环境：偏保守

由于缺乏三次工业革命的洗礼，中东从传统农业社会向现代工业社会的转变缺乏应有的经济基础，社会经济发展滞后缓慢。中东社会组织中，家族、部落结构牢不可破，建立在血缘、地缘基础上的部落成为中东最稳定的社会结构。中东大多数执政者和统治集团都有自己庞大的家族背景、宗教联系、亲信朋友等利益集团。国家机器，尤其是经济部门就控制在与统治集团密切相关的利益集团手中。在中小城市及乡村，政府政令往往并不有效，部落首领和酋长可谓一言九鼎，在地方事务中发挥举足轻重的作用。在庞大复杂的现代化进程面前，部落家族结构表现出两面性：一方面，家族间的团结、资助、互助对经济发展有积极作用；另一方面，家族结构使得生产经营扩大不太容易，也不利于各部落的融合与混合[1]，庞大的利益集团不可避免导致腐败、官僚主义和低效率。中东社会文化深受伊斯兰文化、波斯文化、奥斯曼土耳其文化、犹太文化以及游牧文化的影响。中东人民热情好客，伊斯兰教尊商崇商的理念和经商传统，形成了中东商人精明细致的性格特点。中东地区经济生活深受伊斯兰教影响，时间观念也不是很强，因此与阿拉伯人打交道要有足够的耐心。阿拉伯企业以家族为纽带，喜欢结成紧密、稳定的部落集团，在商业谈判中追求团体利益和个人利益，有讨价还价的习惯，还善于利用对方行业之间的竞争，从而达到谈判目的。相比欧美等西方发达国家，中国与中东国家双方企业对彼此政治、经济体制、社会、文化及投资环境等情况了解不够。历史上，中东与欧洲有着千丝万缕的联系，崇尚欧盟标准、西方品牌和技术，对中国企业和品牌则相对陌生。中东保守主义思想较重，开放度不够，法律不健全，且受伊斯兰教法影响。中东国家对"一带一路"倡议亦有质疑之声，他们最关心"一带一路"能给他们带来什么，是否需要在中美之间选边站队，能否改变全球化的不公等。

三、中东地区市场竞争环境：竞争力弱

经过一系列的改革和调整，中东阿拉伯国家市场环境正在从原有的特权

---

[1] 王三义：《传统社会诸因素对中东现代化的影响》，载《西北大学学报（哲学社会科学版）》，2004年第3期。

垄断向自由竞争转变，[1]企业进入市场的壁垒和成本逐渐降低。然而，受政治、经济和传统文化的影响，中东阿拉伯国家还没有形成公平有序、充满竞争力的市场环境，其在国际上的竞争力也比较弱。根据世界银行《2016年营商环境报告》，中东地区的改革步伐略有加快，但是中东经济体仍然不能方便或是有效率地经商，在一些领域仍面临巨大的挑战。例如，企业创办成本为当地人均收入的26%，远高于经合组织的3%。中东地区改革力度仍然低于全球平均水平，还有较大的改进空间。中东企业面临的首要问题是融资困难，部分原因是由于该地区缺乏完备的征信机构，从而很难获取相关资料评估贷方信用。其次是跨境贸易、破产程序、保护投资者权益以及履行合同方面也存在很大障碍。[2]

根据世界经济论坛发布的《2015—2016年全球竞争力报告》，中东国家的全球竞争力指数排名在中偏后的位置。在全球140个经济体中，海合会国家和以色列、土耳其排名比较靠前。伊拉克、叙利亚、也门和利比亚由于深受战乱冲突之苦并没有列入排名。[3]此外，根据国际评级机构对中东国家的主权信用评级，大部分国家的信用评级介于中等或投机水平。

中东国家科技水平滞后，国内对科技投入有限。根据彭博新闻社发布的报告显示，中东国家（以色列除外）对科技投入均低于其国内生产总值的1%。根据2015年全球创新指数排名，大多数中东阿拉伯国家排名靠后。[4]根据瑞士苏黎世理工大学经济研究所发布的KOF全球化指数排行榜，大多数中东阿拉伯国家排名较低。[5]

总体来说，中东国家商业文化环境缺乏活力与竞争力，保守主义思想浓

---

[1] World Bank, From Privilege to Competition, MENA Development Report, 2009.

[2] World Bank: Doing Business 2016-Middle East and North Africa, October, 2015.

[3] World Economic Forum, the Global Competitiveness Index 2015-2016, September 2015.

[4] 中国驻科威特大使馆经济商务参赞处："科威特全球创新指数排名第77位"，2016年2月15日。

[5] 中国驻科威特大使馆经济商务参赞处："科威特经济全球化指数排名落后"，2016年2月15日。

厚，从而导致私营部门发展滞后，经济开放不足，外国投资流入减少，获得国际信贷不容易。缺乏活力与竞争力的市场环境必将导致中国企业走向中东时面临更高的交易成本和更多不确定性因素。科技水平滞后、创新力不足也将对"一带一路"产能合作、技术转移造成不利影响。

对策和建议

中国要做中东和平的建设者、中东发展的推动者、中东工业化的助推者、中东稳定的支持者、中东民心交融的合作伙伴，做好"一带一路"交汇点大文章，就必须做到知己知彼，针对中东地区特殊的商业文化环境，提出自己的应对之策。

第一，风险防范至关重要。为应对较高的地缘政治风险、政治稳定风险、政策性风险以及交易风险，中国企业必须做足功课，做到攻守有度，加大对相关国家政治风险、公共安全风险以及国内政策的分析，充分了解对象国的商业文化环境和财政、税收、法律体系，建立应对政治风险、政策风险、商业风险、法律风险和金融风险等多种风险防范机制。为保护海外企业财产和人员安全，中国安保公司和海外安保公司应加强合作。海外企业应聘用当地律师和国际律师，依法治企。中国政府和企业应充分利用中非峰会和中阿合作论坛，推动中国标准规范适用于中东地区。与欧美客商相比，阿拉伯人不太注重合同的严肃性，合同的订立和履行往往出现分离。阿拉伯人还善于利用贸易结算支付手段来逃避未来可能出现的交易风险，因此，与阿拉伯人订立合同，一定要坚持信用证付款，或者预付金与托收相结合，降低支付风险[1]。利用对外援助推动人民币国际化进程，在一些国家以人民币结算，促进贸易和投资便利化。

第二，求同存异，互利共赢。丰富的能源和战略地位导致中东历来是兵家必争之地。当前，美国战略收缩，对中东主导能力下降；欧盟经济乏力，

---

[1] 毛小明：《中东商业文化对贸易影响分析》，载《企业经济》，2006年第9期。

无暇顾及中东；俄罗斯高调重返中东，但力不从心。中国与中东国家共建"一带一路"，势必与其他强国，尤其是美国、欧盟等西方国家的中东政策和中东利益产生冲突。这就要求我们求同存异，寻求与这些国家的共同利益和合作机会，实现互利共赢。以叙利亚危机为抓手，构建中美合作的新平台。

第三，讲好"中国故事"，实现民心相通。中国并不缺少软实力，关键是如何发挥软实力。做好宣传，讲好"中国故事"，政府在这方面做得不够，企业也应持多做少说原则。无论是政府高层、企业、智库还是民间层面，都应加大宣传，消除疑虑，切实照顾地方关切和地方利益。中国与中东国家应在战略上相互依靠、彼此扶持，共同捍卫我们共同的制度利益和经贸利益。人文交流与软实力同步推进，现阶段人文交流更重要，从留学生、旅游、语言媒体舆论、宗教交流上下功夫，淡化官方色彩。中国企业走向中东，可以雇佣通晓当地语言和宗教的翻译或者直接雇佣两国留学生，甚至可以聘请熟悉伊斯兰教法教义的中国穆斯林或者专家学者作为企业顾问，从而与政府、部落首领和酋长都能建立良好的沟通关系，营造良好的企业经营环境。挖掘古丝绸之路历史文化，加强民间宣传交流，将"一带一路"培养成双方话语。加强智库学者之间的交流合作，做好实地调研，避免研究过程的空洞化和泛化。

第四，因国制宜，分类施策。中东国家国情不同，经济发展水平各异。未来还要继续宣传中阿合作论坛等多边合作平台，实际操作中则要淡化多边，重点国别。"一带一路"是多元的、复杂的，需要脚踏实地，分类施策，因国制宜，突出重点国家和优先项目，充分考虑对方需求，以具体项目产生示范效应。"一带一路"有八个领域的合作，对接就要加强国别调研，关注优先发展领域，不是所有国家都能搞工业化，都能承接中国的产能转移和合作。具体问题要具体对待，且要与时俱进。与能源丰富的国家建立能源安全共同体和能源密集型企业，例如产油大国；与资本雄厚的国家加强资本合作和资本密集型企业及高新技术企业，例如海合会国家；与人力资源充足、有一定工业基础的国家建立产能对接，以工业园区模式承接中国劳动密集型产能，例如伊朗、土耳其和埃及。与政局稳定、具有战略视野的小国建立相关培训中心和服务中心，例如约旦、突尼斯。与科技发达创新力强的以色列开展高新技术领域合作。对于那些处于战乱与动荡的国家，中国则应尽力劝和促谈，与不同派别和地方酋长保持沟通，以便在今后的国家重建中占据一席之地。

第五，发挥政府主导作用。中国外交部、商务部、金融机构及行业协会应发挥宏观指导作用，建立协调机制，进一步完善在财税、融资、保险等方面的支持力度，在相当长一段时期，中国政府和国有企业甚至应该发挥主导作用，成为中国企业的坚强后盾。"一带一路"是百年大计，构建"一带一路"最终要以市场为导向，以企业为主体。企业应建立人才储备，大力培养既懂政治、经济又熟悉当地宗教、语言的复合型人才。企业切忌有暴富心理和一哄而上，避免无序竞争。

（原文发表于《当代世界》2016年第9期）

美国智库建言美慎重应对"一带一路"和亚投行
——兼论如何对美讲好"一带一路"

龚　婷　中国国际问题研究院美国研究所

近期,以战略与国际问题研究中心(CSIS)为代表的美国智库界发表一系列政策报告,指出以"一带一路"和亚投行为标志的中国"新经济外交"正在挑战国际经济规则和秩序,对美日同盟构成风险。

为应对这一问题,美国智库界提出:第一,美国亟需出台更为全面的"亚太经济战略",并联手日本等在该地区的盟国,从加快批准 TPP、加强在亚太基础设施建设和互联网治理领域等方面的合作,以应对中国的竞争;第二,美日应该联手加大在欧亚大陆上及沿海的战略协作,抵消中国这些"战略"的影响以保持欧亚大陆上的力量平衡,通过保证中俄存在分歧、中亚保持开放、美日在印度洋维持主导地位,减少中国"新丝绸之路"给美日同盟带来的风险。美国智库主要观点如下。

美国智库建言，美国在加强美日同盟的同时应加强与印度的合作。图为2016年6月7日，美国总统奥巴马会见到访的印度总理莫迪。

认为"一带一路"和亚投行挑战国际经济秩序、对美日构成威胁

第一，中国"一带一路"新经济外交致力于增加中国在全球经济体系中的作用[1]，亚投行表面上是对大量基础设施提供信贷融资，实质上却有着更深刻的国家目标，特别是增强地缘政治影响力等[2]。

第二，中国是世界上第二大经济体，多年来拓展在地区的贸易和投资关

---

[1] Matthew P. Goodman & William E., Simon Chair in Political Economy of CSIS, U.S. Economic Opportunities and Challenges in the Asia Pacific, Statement before the House Committee on Foreign Affairs Subcommittee on Asia and the Pacific, February 26, 2015.

[2] Matthew Goodman & David Parker, Eurasia's Infrastructure Rush: What, Why, so What?, Global Economics Monthly of CSIS, Jan 2016.

美专家呼吁美改善与俄罗斯关系。图为2016年9月10日,在瑞士日内瓦,美国国务卿克里(中)、俄罗斯外长拉夫罗夫(右)和联合国秘书长叙利亚问题特使德米斯图拉出席联合记者会。

系挑战亚太地区已建立的区域经济秩序。[1] 中国显然在追求制定国际经济规则和标准,以期拥有更大的发言权,这对美国带来风险:首先,中国推动"一带一路"建设将加强中国与欧洲、中东、中亚及东南亚等地的经济联系。其次,中国推动低标准的区域全面经济伙伴关系(RCEP),将使美国在地区的商业利益处于劣势。再次,中国倡导建立亚投行和丝路基金为"一带一路"提供资金。这一方面扩大了人民币在海外的使用范围以减少中国企业"走出去"的商业风险,努力构建自身在地区金融体系中的中心地位;另一方面,这种方式会削弱布雷顿森林体系几十年来建立的规则。因此,美国必须在中

---

[1] Matthew Goodman & David Parker, Eurasia's Infrastructure Rush: What, Why, so What?, Global Economics Monthly of CSIS, Jan 2016.

国偏离国际规范的时候向其发出挑战，表明开展竞争的意愿[1]。

第三，中国的"新丝绸之路"对美国和日本构成新挑战。具体而言，西部大开发和"新丝绸之路"打造一系列海上通道和港口，形成横跨欧亚大陆的战略网络。[2]这一网络由能源管道、公路和高速铁路组成，将确保中国获得亚洲、中东、欧洲和非洲的商品和市场，把"一带一路"沿线国家的经济利益捆绑在一起，为建立中国的区域势力范围、形成以中国为中心的生产—销售体系乃至经济秩序奠定基础。进一步而言，"新丝绸之路"是中国对冲美日同盟、确保亚洲和地中海的航行自由的地缘政治手段，是替代 TPP 的大陆国家计划。因此，美国和日本如果不想面对中国的区域主导地位，那么在欧亚地区积极抗衡中国必须成为美国同盟地缘政治议程的一部分及重要安全目标。

建言亟需出台更全面的"亚太经济战略"及四大优先步骤

美方认为[3]，美在亚洲实现更广泛的政治和安全目标取决于持续的经济交往，其盟友和伙伴也希望美出台新的倡议、塑造地区经济规范和规则，因此美亟需出台更为全面的"亚太经济战略"，以确保在这一地区未来几十年的利益。该战略的要点包括：

第一，坚持美国历届政府关于"亚太经济战略"的三大目标。一是促进经济增长和就业，二是维护和更新国际经济秩序的规则，如推动 TPP 旨在对地区市场活动建立新规则，三是持久支持美国在该地区的长期存在，如推动

---

[1] Ernest Bower, Matthew Goodman and Scott Miller, Beyond TPP: Shaping an Economic Strategy in Asia, Global Forecast 2016 of CSIS.

[2] Peter G. Cornett, China's "New Silk Road" and US-Japan Alliance Geostrategy: Challenges and Opportunities, Pacific Forum CSIS Issues & Insights Vol. 16-No. 10, June 2016.

[3] Ernest Bower, Matthew Goodman and Scott Miller, Beyond TPP: Shaping an Economic Strategy in Asia, Global Forecast 2016 of CSIS, 以及 Matthew Goodman & David Parker, The United States and Japan: From Unnatural Intimacy to Natural Allies, Global Economics Monthly of CSIS, Feb 2016.

美韩自由贸易协定有利于安抚美国在亚太的盟友、增加在该地区的繁荣和安全。第二，战略的着力领域不仅需要覆盖贸易和投资，还应该包括金融、发展和能源等领域。第三，战略涵盖对象必须包含亚洲主要经济体，并与美国在地区的地缘政治战略相连接。第四，战略的核心是建立开放、公平、以法治和市场为基础、可持续的跨太平洋经济秩序，以推进亚太地区的繁荣和开放。

接下来，应在四个优先领域推动"亚太经济战略"。首先，尽快推动美国国内批准 TPP。推动 TPP 旨在建立高标准体系、建立公平的竞争环境，这一方面能够保卫美国的商业利益，另一方面能为盟友及伙伴产生积极的外溢效应。

其次，积极推动 TPP 扩员。美日关系下一阶段优先议程是尽快批准 TPP，美菲关系的下一步应该是在 TPP 问题上对表[1]。韩国、菲律宾和中国台湾等亚洲几个重要经济体已表达了加入 TPP 的浓厚兴趣。应以创新方式通过双边和多边的方式将中国、印度和印度尼西亚纳入这一进程。

再次，美国和日本应该将双边经济合作提升到更高的战略高度，出台"联合经济方略"。在亚太局势更加动荡、中国实力不断上升的背景下，美日应在亚太地区促进建立自由、公正、透明和基于市场经济的经济秩序。美日在以下领域拥有共同利益，应加强合作：一是推动亚洲地区高质量投资，建立一致标准和保障措施，并促进区域联通；二是将互联网治理转化为双边合作的优先事项，帮助易遭网络攻击的东亚和东南亚国家加强能力建设。

第四，美国应该重新重视亚太基础设施建设的重要性，并联手日本共同应对。当前，欧亚大陆正掀起一股基础设施建设热，重塑欧亚大陆互联互通利害攸关，美国政府应该有更多重视。美日应在地区基础设施建设领域加强协调，联手帮助亚洲国家政府提高他们项目评估、采购及税收管理的能力，

---

[1] Ernest Bower &Conor Cronin, Seizing the Moment: Preparing for Obama's Trip to Manila, Southeast Asia from Scott Circle of CSIS, October 29, 2015.

近年来，福建省泉州市全力推进"21世纪海上丝绸之路"先行区建设。图为2016年1月21日拍摄的中化泉州公司青兰山码头30万吨级原油泊位及停靠的成品油轮。

满足区域基础设施建设的需求，保证公平的竞争环境[1]。

  美国应积极发挥在基础设施发展中的领导作用。美政府对于这一领域的支持相对有限，主要通过千年挑战公司（Millenium Challenge Corporation）、海外私人投资公司（Overseas Private Investment Corporation）、美国国际发展署（USAID）、美国贸易和发展署、美国进出口银行等机构对项目进行融资和支持，其有限性主要体现在：一是未能如中国等国家一样对基础设施建设提供协调性的、战略性的支持；二是多年来在基础设施建设的直接融资上缺位严重，现状很难快速改变；三是是否应该由政府提供基础设施融资在政治上存在很多分歧；四是对支持何种基础设施设置种种限制。同时，美国政府通过世界银行、泛美开发银行、非洲开发银行、亚洲开发银行等多边机构参

---

[1] Matthew Goodman & David Parker, Eurasia's Infrastructure Rush: What, Why, so What?, Global Economics Monthly of CSIS, Jan 2016.

与多边融资，这使得其在制定战略方向、批准项目和出台政策等领域拥有很大的话语权。下一阶段，在多边层面应在基础设施建设领域形成战略伙伴关系、与日本加强在亚洲开发银行中的协作等，在美国政府层面应加强对基础设施融资的战略规划、促进国会对关键机构进行长期授权、加强对相关机构的资金支持等[1]。

提出美日应联手加大在欧亚战略协作以应对中国

美方认为，美日应该加大在欧亚大陆及沿海地区的战略协作，抵消中国"新丝绸之路"战略的前景以保持欧亚大陆力量平衡，进而减少中国给美日同盟带来的风险。[2] 具体而言，美日应联手确保以下三个目标：

第一，美日应与俄罗斯改善关系，确保欧亚大陆上三大力量（中国、俄罗斯及欧盟）存在分歧、防止三者中的任意两大力量结成安全联盟。俄罗斯和中国在中亚都有重要的利益，因此，美日应致力于改善与俄关系，重视约束中国的影响力。一方面，近期日俄就南千岛群岛举行会谈，日应适当妥协，并且尝试在能源出口和基础设施开发合作上给予俄优惠条件。另一方面，美国应该淡化关于俄罗斯在叙利亚造成风险的言辞，缓解中东局势。同时，美日同盟不应该忽视欧洲和中国的关系，更不应该低估欧洲对中国"新丝绸之路"的支持。中国的"新丝绸之路"通过加大经济依存拉近了同欧洲的距离。进一步而言，欧俄这两股力量会更加不愿意与中国抗衡，这使得美日同盟更加难以制衡中国。

第二，美日应该联合印度推进联合发展战略，确保中亚的开放性和竞争

---

[1] Daniel F. Runde, Conor M. Savoy & Charles F. Rice, Global Infrastructure Development: A Strategic Approach to U.S. Leadership, Project on Prosperity and Development of CSIS, March 2016.

[2] Ernest Bower, Matthew Goodman and Scott Miller, Beyond TPP: Shaping an Economic Strategy in Asia, Global Forecast 2016 of CSIS, 以及 Matthew Goodman & David Parker, The United States and Japan: From Unnatural Intimacy to Natural Allies, Global Economics Monthly of CSIS, Feb 2016.

性，加强印度与中亚的互联互通以制衡中国、防止垄断，并合力拉近与伊朗的关系。具体而言，美日应通过支持伊朗港口恰赫巴哈尔助力印度与中亚的互联互通，相关手段包括提供日本制造的高速铁路基础设施、利用美国和印度的经济援助进行补贴。这不仅出于改善美日同俄罗斯关系的考虑，而且出于伊朗在丝绸之路的重要地位，恰赫巴哈尔港是美日印进入中亚的最直接途径。

第三，美日同盟应保持在海洋领域的军事主导地位，阻止中国的海上突围。具体而言，西部大开发和基础设施项目为中国提供了通过从陆海两个方向包抄美日同盟的手段，中国海军力量已经进入巴基斯坦瓜达尔港，并在吉布提建造新的海军基地，这些基地在保护中国海上航线的同时，也"威胁"到美日同盟。巩固在印度洋的海上主导地位、保持印度洋的海上通道开放和反击中国的海上力量是美日同盟的关键利益。因此，美日同盟应该推进建设强大的美日印三边关系及海上力量以反击中国的海上力量，并将其推进到美日印澳四边合作关系中。

兼论如何对美讲好"一带一路"

美国不仅是中国处理大国关系主要对象，也是影响中国周边环境最重要外部因素。无论在亚太方向还是欧亚方向，美国都将对中国推进"一带一路"倡议产生突出影响。当前来看，美国智库界有相当一部分力量已对"一带一路"和亚投行产生忧虑、怀疑。围绕"一带一路"和亚投行对美增信释疑，势在必行、刻不容缓，有必要从以下几个方面对美政策界讲好"一带一路"：

第一，中国没有意愿、更没有能力挑战美国的主导地位。在未来很长一段时间内，美国的绝对国力仍将雄踞世界首位。中国是现存国际经济秩序的支持者和维护者，无意挑战甚至推翻之，也无意将美国排除在亚洲之外。"一带一路"将成为亚欧大陆发展振兴的一个有力倡议，亚投行将对地区和国际多边金融机制形成有益补充，开放包容是"一带一路"和亚投行的核心精神和共建原则。

第二，"一带一路"和亚投行是开放包容、互利共赢、非排他性质的合作倡议，不是零和博弈和对抗游戏，更不是对已有合作倡议的排斥、挤压和替代。围绕亚太和欧亚地区的发展愿景，中国与俄罗斯、美国、印度、欧洲等主要大国和行为体，以及联合国、世界银行、亚洲开发银行等国际和地区组织，可以在各自倡议下进行对接，形成良性互动的氛围，在主动寻求利益契合点和合作面的同时不回避分歧和竞争面，但没有必要夸大各方利益的对立和冲突。在具体项目合作上，中国与相关各方可以营造多方参与的氛围，并充分发挥现有机制和倡议的多边合作延展效应。

第三，亚太地区及广大的欧亚大陆国家不仅是中国推进"一带一路"倡议的重要合作伙伴，也是美国推进地区合作的重点对象，中美积极探索在这一地区经贸领域良性、互不排斥的合作，有着现实的必要性和可能性。中美应避免排斥性竞争，努力实现开放、良性、互不排斥的互动和合作，以进一步开拓双方利益交汇点的增量领域、实现互利共赢，这对于两者而言都是至关重要的。

中美在亚太及欧亚地区经济合作的开放化上拥有诸多共同利益：一是地区互联互通程度升级不仅符合地区国家利益，也符合中美两国利益；二是无论采取什么制度和途径，最终实现亚太自贸区有利于促进区域内的投资和自由化；三是包括亚投行、亚洲开发银行、世界银行等在内的地区多边发展机构在项目联合融资上存在合作的可能性和必要性。

第四，将中美经贸关系的"压舱石"效应扩展到第三方，有助于稳定"中美+"三方关系，避免零和博弈，实现多赢局面。近年来中美双边经贸关系相互依存度进一步加深的同时，两国在政治、安全等领域的竞争态势愈发加剧。如果两国在亚太及欧亚地区围绕经济合作的零和博弈加剧，则意味着双方在广大的欧亚大陆都将被卷入全面竞争的态势，这显然不符合双方的利益。

更进一步而言，无论是中国提出的"一带一路"和亚投行倡议，还是美国和其他相关方倡导关于地区发展的愿景，本质上都致力于全方位提升欧亚大陆的经济和社会发展水平、缩小整体发展差距。若双方彼此加深疑虑，则必将增强彼此竞争甚至内耗的态势，于中国、美国及第三方都无益。

第五，中美应该推动多边融资机构的合作，特别是亚投行和世界银行的合作，亚投行与亚开行、欧洲复兴开发银行等机构也已开展的联合融资合作可以提供示范效应。

这样做的必要性在于：第一，包括亚投行、世界银行和亚洲开发银行在内的多边融资机构，任何一方都无法单独满足亚洲地区日益增长的基础设施和发展融资需求，这几方的关系应该是合作互补而非相互排斥。亚洲开发银行的研究显示，2010—2020年亚洲地区基础设施投资总需求约为8.28万亿美元[1]，亚洲经济体自身融资或现有多边发展机构融资都无法满足这一需求。第二，提高亚洲地区基础设施及互联互通水平符合中美共同利益。2015年9月中国国家主席习近平访美期间双方领导人确认，"美方欢迎中方不断增加对亚洲及域外地区发展事业和基础设施的融资支持"[2]。

这样做的可能性在于：2016年以来亚投行与亚开行、欧洲复兴开发银行等机构已针对欧亚地区相关国家（巴基斯坦、塔吉克斯坦等）的基础设施建设开展联合融资[3]，这些合作可以为亚投行与世界银行进一步推进合作提供积极的示范效应。

（原文发表于《当代世界》2016年第12期）

---

[1]　Asia Development Bank, Infrastructure for a Seamless Asia, September 2009.

[2]　《习近平主席对美国进行国事访问中方成果清单》，新华网，2015年9月26日，http://news.xinhuanet.com/world/2015-09/26/c_1116685035.htm.

[3]　根据公开信息：2016年5月，亚投行方面透露已与亚开行就共同融资项目展开讨论，首批项目预计将包括巴基斯坦旁遮普省高速公路；6月，欧洲复兴开发银行透露参与亚投行首批项目融资，双方联合为从塔吉克斯坦首都杜尚别到与乌兹别克斯坦边境的公路改善项目提供5500万美元贷款。

"一带一路"建设面临的国际舆论环境

孙敬鑫　中国外文局对外传播研究中心副研究员，
　　　　传播战略研究室主任助理

"一带一路"倡议提出至今，已在国际社会引起强烈反响。根据商务部近期透露的消息，在沿线涉及的 65 个国家中，已有五十多个国家明确提出要和中国建立制度性的安排，共建"一带一路"。不仅沿线国家政府普遍给予支持，各国智库、学者和媒体也表现出较高的研究热情和报道热情。全面分析"一带一路"面临的国际舆论形势，具体梳理外界的观察视角和代表性观点，有助于我们做好针对性回应，从而增进外界对它的认识和了解，并最终为"一带一路"建设营造良好的舆论环境。

"一带一路"建设引起国际舆论持续关注

经过领导人在国内外的多次阐释和呼吁，并随着中国与相关国家在具体项目上的持续推进，"一带一路"建设正在吸引越来越多的国际目光。

2014年12月3日，丝绸之路"哈土伊铁路"土伊路段顺利接轨。图为2013年5月，土库曼斯坦和哈萨克斯坦路段宣告竣工，打通了从中国连云港，通过新疆到哈萨克斯坦，再到土库曼斯坦的铁路线。

一是成为境外媒体报道的热点话题。通过专业数据库进行统计，2013年9月至2015年2月期间，海外媒体有关"一带一路"的英文报道共2500余篇。沿线国家的媒体，如印度报业托拉斯、菲律宾新闻社、《印度时报》、新加坡《海峡时报》等，成为报道的主力。西方媒体中，路透社、法新社、美国《华尔街日报》、日本《外交学者》网站等，也发表了不少报道评论。日本《外交学者》网站有文章在梳理南亚地区2014年十大事件时，甚至把中国提出"一带一路"并巩固与南亚国家的关系排在第三位，仅次于印度大选和阿富汗大选。[1] 同一时期，海外媒体的中文报道共有1000余篇。新加坡《联合早报》、马来西亚《星洲日报》、台湾"中央社"、马来西亚《南洋商报》、哈萨克

---

[1] Alyssa Ayres, The Top Ten Stories in South Asia, 2014 , http://thediplomat.com/2014/12/the-top-ten-stories-in-south-asia-2014/.

国际通讯社（中文网）等周边媒体的报道量位居前列。经初步分析，这些文章 80% 左右为事实性或消息性报道，基调也相对客观。

二是成为海外图书出版的重要选题。通过亚马逊英文网站进行统计，2013 年 9 月以来，海外已经出版的以"一带一路"为主题的英文图书有三十余种，选题涉及地缘政治、合作路线图、沿线历史文化、旅游线路、沿途饮食、沿线风光等。代表性著作有：《丝绸之路：新的历史》《重新发现丝绸之路：印度及中国公司如何通过赢得对方市场在全球崛起》《务实的新丝绸之路路线图：连接南亚欧洲市场的南北通道》《古丝绸之路路线》《丝绸之路日志》《丝绸之路植被》《丝绸之路》《中国和中东：从丝绸之路到阿拉伯之春》《丝绸之路：中亚、阿富汗和伊朗的通道竞争》《丝绸之路沿线的生活》等等。这些图书对人们重新发现和进一步了解丝绸之路，有重要意义。

三是成为国际智库研究的重点课题。2013 年年底以来，美国战略与国际问题研究中心、美国詹姆斯敦基金会、欧盟战略安全研究所等十多家海外知名智库共发布了二十余篇专门研究"一带一路"的报告或评论文章，它们从地缘政治、经济、外交、军事等多个角度对"一带一路"进行了深入分析。有影响力的报告包括：欧盟战略安全研究所发布的《中国的选择：新丝绸之路》，美国战略与国际问题研究中心发布的《重新审视中国的"珍珠链"战略》，莫斯科国际关系学院发布的《北京的新外交政策》等等。此外，美国布鲁金斯学会、印度观察家基金会、印度国防问题分析研究所、韩国峨山政策研究院等机构，也通过在其自办网站或者刊物上发表相关文章，加入到这一话题的研究中。与之相关的另一个现象是，不少海外中国问题专家，如美国战略与国际问题研究中心的克里斯托弗·约翰逊，俄罗斯远东研究所副所长谢尔盖·卢贾宁，印度尼赫鲁大学东亚研究中心中国问题研究教授谢钢，新加坡国立大学学者郑永年，已经将"一带一路"作为其研究新选题。他们近期较为频繁地发表文章、接受采访、参加研讨会，发表看法。在这些智库研究报告和专家学者的评论中，不乏有建设意义的独到分析，但也存在某种程度的误读和误判，需要我们加以引导。

对"一带一路"的认识存在多元视角和声音

随着人们对"一带一路"了解的日益增多，其正在发挥和将会产生的正能量，已经得到国际社会的很高评价。外界主要从以下几个角度来分析"一带一路"发挥的积极作用。

一是彰显中国外交政策转型和创新。不少媒体和学者从新一届中央领导集体外交创新的角度去评价"一带一路"倡议。他们认为，上任两年来，除了必须出席的大国峰会外，习近平主席和李克强总理出访目的地几乎都与宏伟的"一带一路"有关。在这个过程中，中国传统的外交手段——大熊猫和足球场，已经被数目庞大的资金、人力和专业技术所取代。俄罗斯人民友谊大学教授尤里·塔夫罗夫斯基也认为，"一带一路"构想是中国争取更广阔的发展空间、融入全球经济的战略创新，是中国梦的延伸。[1]

二是将帮助中国巩固世界强国地位。外界普遍认为，崛起中的中国雄心勃勃地提出了"一带一路"战略。该战略的提出，是基于中国现阶段发展的需要，极大改变了中国先前过度重视国内问题、缺乏与其大国地位相配套的清晰对外战略的状况。中国正在设计这条古老贸易路线的未来，通过编织从阿斯塔纳到杜伊斯堡的巨型欧亚商业网，将帮助中国巩固世界强国地位。

三是将有利于沿线国家经济发展。金融危机以来，欧美等发达经济体复苏历程艰难曲折，而中国经济则整体保持了平稳较快发展。在此背景下，"一带一路"沿线国家普遍希望搭乘中国经济发展快车。例如，新加坡《联合早报》就有专栏文章认为，在实施新丝绸之路战略方面，中国所具备的一些特殊优势，可以协助新兴市场国家有效克服其经济发展的瓶颈，激发其潜在成长动力。[2]

四是将对地区稳定产生重要影响。众所周知，"一带一路"沿线地区，

---

[1] 冯巍、程国强：《国际社会对"一带一路"倡议的评价》，载《中国经济时报》，2014年7月14日。

[2] 郑永年：《中国实施丝绸之路的优势》，载新加坡《联合早报》，2015年1月20日。

尤其是在"丝绸之路经济带"沿线，正面临比较严峻的安全挑战。作为地区大国，中国的表现让人期待。日本《外交学者》副主编扎卡里·凯克发表文章认为，"三股势力"（暴力恐怖势力、民族分裂势力、宗教极端势力）的目的之一就是搅乱中国与中亚、欧洲等地的经济合作，而中国"一带一路"倡导的道路基础设施建设，如穿越中国新疆，经哈萨克斯坦、乌兹别克斯坦等中亚国家的铁路，将中国与欧洲相连，促进中国与中亚各国的经贸联系，为维护与促进地区稳定与和平发挥重要作用。[1]

五是将进一步促进沿线人文交流。长期以来，古丝绸之路总是与人文交流密切相关，历史上涌现出很多文化使者，并孕育了丝绸之路的人文精神。新时期建设"一带一路"，也必然会发扬这一传统。印度和平与冲突研究所高级研究员辛格评价说，"21世纪海上丝绸之路"可以被看作中国和东南亚国家关于历史记忆的纽带。土耳其安卡拉德兹大学汉学家古莱在接受专访时也说，中土两国渊源深厚，古代丝绸之路将双方连在了一起，"一带一路"建设不仅会加强中土经济合作，也将促进历史与文化交流，增进两国人民的互信。

受历史文化差异、现实利益冲突、外部环境干扰等因素影响，外界在看待"一带一路"时，也出现了很多误解和担心。比如，误认为"一带一路"是"中国版马歇尔计划"，或者是"中国版珍珠链战略"，抑或是美国"跨太平洋伙伴关系协定"（TPP）的替代品。有不少俄罗斯和日本的学者则担心，"一带一路"会挑战现有区域乃至全球经济体制，会排挤其他国家的既有利益。部分东南亚、中东等沿线国家的当地企业和社会组织对中国的企业和项目存有抱怨，担心中国进行"能源掠夺"和"经济控制"。此外，各国之间的利益诉求存在较大差异，还有一些人对"一带一路"的实现前景缺乏必要的信心。

当然，也有很多学者从研究的角度，为"一带一路"建设提出了一些建议。比如，需破解恐怖威胁难题，需改善地区间的"信任赤字"，需"国内

---

[1] 冯巍、程国强：《国际社会对"一带一路"倡议的评价》，载《中国经济时报》，2014年7月14日。

国际两头热",需确保让沿线国家都能从中获益,等等。悉尼大学中国研究中心执行主任凯利·布朗也提醒称,"一带一路"可能是一块难啃的骨头,而非什么浪漫旅途,中国应小心谨慎,切忌操之过急。[1]

有针对性地讲好"一带一路"的故事

总体上看,当前我们推进"一带一路"建设,机遇空前,挑战也前所未有。如前文所述,虽然该倡议已经在国际上引起良好反响,但美国、印度等主要国家还存有担心,沿线国家民众还缺乏了解,一些政要、学者甚至发出诋毁声音。鉴于此,要继续有针对性地讲好"一带一路"的故事,做好"民心工程",凝聚起更多共识和信心。

第一,善用恰当话语体系,讲好各方共建、共享的故事。建议在对外传播"一带一路"时,多使用"倡议""经济合作""文化交流"等软性词汇。在阐释其内涵时,要突出利益共同体、命运共同体、责任共同体的理念,强调开放、平等、包容,突出互惠互利、共同发展。讲好"一带一路"上的传统友谊故事,让历史为现实和未来注入信心和动力。讲好中国践行"一带一路"的故事,把领导人的重要理念、相关部门和地方政府的规划举措、"走出去"的中国企业的行动等,持续对外阐释好、报道好。讲好中外共建"一带一路"的故事,充分挖掘代表性项目、代表性企业和普通个人身上的故事。通过讲好这些故事,传递好中国的理念和态度,塑造好中国是合作共赢的倡导者和实践者的形象。

第二,动员中外各方力量,不断充实讲故事的队伍。充分调动各方讲故事的积极性,形成各有侧重、分工协作、共同推进的局面。一是大力发挥新闻媒体的先锋作用。积极引导主流媒体报刊采取多种形式"走出去",利用网络新媒体和社交媒体等手段,在沿线国家开展本土化传播,并加强与当地

---

[1]　Johan Nylander, The perils of China's Silk Road revival, http://www.aljazeera.com/indepth/features/2014/09/perils-china-silk-road-revival.

媒体的交流合作。二是充分发挥民间机构和团体的作用。民间机构和团体是做好"民心工程"的重要力量。建议动员一些国内有能力、有影响的民间组织，与沿线国家的同类组织开展对话交流活动，并借力对外援助等形式，提升民间层面的了解程度和信心。三是积极发挥华侨华人的作用。在不少沿线国家中，华侨华人比较集中，要重视和充分挖掘他们的巨大潜能，发挥他们参与者、建设者、传播者的重要功能。四是瞄准沿线国家的政坛领袖、社会活动家、智库专家、青年精英等重点群体，主动加强与他们的对话交流，通过"请进来"等形式，不断拓展人脉资源，争取他们的理解和支持。

第三，做好精准传播，讲有差别性的故事。根据沿线国家情况和中国利益所在，对不同国家采取各有侧重的传播策略，不断提升讲故事的针对性和有效性。美国"新丝绸之路计划"在沿线地区具有广泛影响力，应强调中美在倡议所涉及的东南亚、南亚、中东等地，在反对恐怖主义和极端势力、阿富汗问题、能源通道安全及供给稳定、互联互通等领域拥有巨大的合作潜力，强调中国没有与美国一争高下的意愿。对俄罗斯要加强解释工作，针对其担心受排挤的心态，做好说明工作，尤其是对其学界、媒体界与精英阶层，要加强联系和对话，持续沟通协调。针对印度，宜从中印同为重要的发展中国家、新兴经济体、金砖国家成员及互为重要邻国的现实出发，阐明双方在区域经济融合、互联互通、能源资源消费及进口等领域的利益交汇点，适度尊重印度在南亚的特殊地位，在具体合作上为印度留有实惠。针对东南亚，着力做好惠民、利民、便民的实事，建议以交通设施、救援与防灾等低敏感合作领域作为优先项目。针对阿拉伯地区，请中国政府、企业和民间组织分别开展主动回应和说明解释工作，增进各方对"一带一路"规划和一些具体项目的了解，拉近双方民心，巩固传统友谊。

（原文发表于《当代世界》2015年第4期）

推进"一带一路"建设应处理好的十大关系

石善涛 中国社会科学院当代中国研究所副研究员

推进"丝绸之路经济带"和"21世纪海上丝绸之路"(以下简称"一带一路")建设,是党中央、国务院根据世界形势深刻变化,为统筹国内国际两个大局提出的重大战略构想,意义重大。如何让"一带一路"的战略构想在相关国家间形成共识,取得成功,成为合作共赢的典范,需要妥善处理好以下十大关系。

一、处理好中央、部门、地方政府之间的关系

自中央提出"一带一路"战略构想以来,商务部、发改委、外交部等部门和全国各省市区都相继参与。因此,统筹和协调中央、部门、地方政府三者间的关系尤为重要。

首先要加强顶层设计,强化组织领导,完善组织架构。"一带一路"建设工作领导小组统筹协调对内对外两方面工作。要跟踪和研判国内外形势,

2015年4月20日，中国国家主席习近平在伊斯兰堡同巴基斯坦总理谢里夫举行了会谈，会谈后，双方发表联合声明，中巴确立"全天候战略合作伙伴关系"。中巴的合作项目中巴经济走廊是"一带一路"倡议的重大项目，项目的新动态成为外界瞩目的焦点。图为习近平同巴基斯坦总理谢里夫举行会谈。

做好与"一带一路"建设相关的重大规划、重大项目、重大问题等设计与论证工作，要通盘考虑、合理分工、有效配置和整合现有国内外资源，及时出台相关政策和指导意见，指导部门和地方开展工作，有效沟通和协调部门、地方的关系。合理引导地方政府"一带一路"建设，自上而下规范地方行为，谨防国家利益的"地方化趋势"。同时，要建立和完善"一带一路"工作领导小组的组织架构和运行机制，提高工作效率；其次，部门之间要密切配合、通力合作。发改委、商务部、外交部等各有关部门要自觉服从和服务于国家总体战略，要勇于担当，各负其责。加快构建、实施有关磋商和协调机制，积极做好规划、方案和具体事项的推进落实。再次，充分发挥地方政府的积极性，加强各地政府之间的协调。目前，全国几乎所有省份都积极谋划对接"一带一路"建设，并提出各自的建设方案。但有些地方政府对"一带一路"的战略目标理解出现偏差，更多是从"要政策、争项目和拿投资"的角度参与到该战略中来，因此导致这些方案在一定程度上存在着定位重合、项目投入重复、盲目竞争等现象。这就要求地方政府要充分理解和正确把握国家"一带一路"建设的战略意图，找准定位，把中央的战略规划与地方发展有效结合，充分发挥各地优势，加强沟通磋商，分工合作，共同发展，携手推进"一带一路"建设。最后，建立督查评估机制。中央、部门和地方要围绕总体目标和重点任务，制定督查方案和工作计划，层层把关，对政策落实和项目进展情况进行督促检查和综合评估，及时解决推进过程中出现的问题。

二、处理好市场和政府的关系

总的原则是市场运作，政府引导。"一带一路"建设首先是经贸问题，在推进过程中应遵循国际通行规则，充分发挥市场配置资源的决定性作用。同时，"一带一路"建设也是外交和安全问题，必须要服从大局，在政府的统一规划和指导下进行，更好发挥政府作用。

首先，企业是"一带一路"建设的主体，要充分调动和发挥企业的积极性、自主性。通过完善市场机制和利益导向机制，以商业化原则、市场化机制和手段推进重点项目建设。市场能解决的，鼓励企业商业化经营；市场难以解决的，采取政府介入等形式加以解决。要促进沿线国家中小企业的合作，以企业为纽带，将各国利益捆绑在一起，逐步实现市场一体化。其次，政府部门要着力在宏观布局、政策支持、信息传递、平台建设、资金保障、人力资源保障、海外保护等方面起到关键作用。通过减少国内行政审批、推进贸易投资便利化、提高金融服务水平、完善保险机制、加强政府和组织间合作等多种形式为企业提供必要的政策保障，尽可能减少企业对于各种风险的顾虑，切实解决企业面临的实际问题和困难，降低企业风险和成本。第三，注重引入民营资本和民间力量参与，发挥民间外交的推动作用，形成政府主导、企业参与、民间促进的立体格局。

三、处理好中国与世界主要大国、沿线各国的关系

处理好与世界主要大国和沿线重要国家的关系是"一带一路"建设的重要前提之一。积极主动、全面系统地对这一构想做好外宣工作，有助于消除疑虑，增进理解。

（一）俄罗斯是中国最重要的全面战略协作伙伴，是推进"丝绸之路经济带"建设最为关键的一环。我们应充分发挥中俄高层交往的引领作用，扩大中俄在"丝绸之路经济带"的利益融合，提升中俄经贸合作水平，与俄主导的欧亚经济联盟相互促进、共同发展，使其成为"丝绸之路经济带"的重要参与方和推动者，进而带动与之关系密切的中亚各国积极参与到"丝绸之路经济带"的建设中来。在深化中俄关系同时，还应避免给外界尤其是美欧传递中俄结盟对抗西方的信号，减轻不必要的战略压力。

（二）自美方提出"亚太再平衡战略"以来，中国任何深化与周边国家关系的行为均将被美国视为潜在威胁。因此，美国因素将成为影响中国"一带一路"建设成败的重要因素。现阶段看来，美方虽然对中国推进"一带一路"战略的意图存在较大疑虑，对前景的看法也存在诸多不确定性，但反应尚处于初步阶段，客观上也为中方提供了向美方增信释疑、增强双方良性互动的机会。因此，一方面我们应通过各种渠道加强对美政界、学界、商界等开展公共外交，强调"一带一路"建设的开放性、合作性和互利共赢性，淡化零和博弈及对抗色彩。另一方面要在能源、反恐、维护地区稳定等领域探索和加强中美务实合作的基础，使中美关系在亚太地区形成良性互动格局，推动构建新型大国关系。

（三）相对良好的政治关系和互补的经济结构决定了中欧合作前景广阔。我们应继续深化与欧盟的沟通与合作，拓展合作渠道，争取欧洲国家参与"一带一路"建设，把"一带一路"与欧盟投资计划相结合。

（四）由于沿线国家存在着经济水平参差不齐，文化差异性大，有些国

家国内政治的连续性和稳定性较差，国家间关系、民族宗教状况错综复杂，利益诉求多元化等诸多消极因素，势必对"一带一路"建设产生不利影响，解决这一问题的关键在于加强政府间合作。要加强高层互访，建立双边为主、多边为辅的政府间交流机制，把推进"一带一路"建设作为高层互访和双边交流的重要内容，增强政治互信，形成政治推动力；提升双边各领域合作水平，丰富合作内容，深化利益融合，调动沿线国家参与的积极性和主动性；要坚持共商、共建、共享原则，积极与沿线国家的发展战略相互对接，分国施策，不急于大面积铺开，成熟一个，推进一个，通过成功示范，逐步与沿线国家形成共识；要加强对外宣传，尽可能消除沿线国家的安全疑虑；要加大对沿线受援国家的援助力度，发挥援外资金的导向性作用，增强对外援助的战略性和实效性。

四、处理好道义与利益的辩证统一关系，坚持正确的"义利观"

立足于中国传统文化和社会主义核心价值观的"义利观"是新时期中国外交的一面旗帜，是中国处理同各国关系的行为准则。在推进"一带一路"战略过程中，应将义利兼顾的理念融入到"一带一路"建设的方方面面。在政府层面，要秉持公道正义，坚持大小国家平等相待，遵守国际关系基本原则，反对霸权主义和强权政治，反对为一己之私损害他人利益、破坏地区和平稳定。要坚持互利共赢、共同发展，不能唯利是图、损人利己。对外援助要重义轻利、多予少取。要尊重别国的核心利益，坚持不附带任何政治条件，不干涉受援国内政，充分尊重受援国自主选择发展道路和模式的权利。要积极承担力所能及的国际义务，积极推动国际关系民主化的进程，积极参与到世界和平与发展的多边进程中；要理性承担国际责任，坚持责任、权利与能力相一致的原则。在企业层面，要守法经营，不能急功近利，不搞短期行为，特别不能以破坏当地人文和自然环境为代价谋求经济利益。要在驻在国承担更多社会责任，打造与当地政府、上下游企业乃至老百姓牢固的利益、责任和情感纽带，形成"我中有你，你中有我"的高度利益融合，用"义"的感召力获得沿线国家和人民的支持与信任。在坚持正确义利观的同时，还要确保国家核心利益的安全。习近平主席曾指出，"我们要坚持走和平发展道路，但决不能放弃我们的正当权益，决不能牺牲国家核心利益。任何国家不要指望我们会拿自己的核心利益做交易，不要指望我们会吞下损害我国主权、安全、发展利益的苦果。"在尊重各国平等、合理、合法权利的同时，决不放弃正当权益，决不以国家核心利益做交易。

五、处理好经济合作、人文交流之间的关系，坚持经济合作和人文交流共同推进

"一带一路"战略的核心是促进沿线各国经济繁荣与区域内经济合作。同时对于加强不同文明间交流互鉴、促进世界和平具有重大意义。以经济合作为基础，充分发挥沿线各国比较优势。优先推进包括交通基础设施、能源通道建设、跨境光缆等通信干线网络建设等在内的基础设施的互联互通；全面提升包括优化贸易结构，培养贸易新增长点，创新贸易方式，发展跨境电子商务等新的商业形态，建立健全服务贸易促进体系，巩固和扩大传统贸易，大力发展现代服务贸易等内容在内的经贸合作水平；大力拓展产业投资领域，加快投资便利化进程，消除投资壁垒，积极同沿线国家和地区共同商建自由贸易区；促进沿线国家加强在新一代信息技术、生物、新能源、新材料等新兴产业领域的深入合作，推动建立创业投资合作机制；深化金融领域合作，推进亚洲货币稳定体系、投融资体系和信用体系建设。以人文交流为支撑，弘扬和传承丝绸之路友好合作精神。扩大相互间留学生规模，开展合作办学，发挥孔子学院的文化合作交流平台作用，深化沿线国家间人才交流合作；加强新闻媒体对外合作，与沿线国家间互办文化年、艺术节、电影节、电视周和图书展等活动，支持沿线国家联合申请世界文化遗产，共同开展世界遗产的联合保护工作；加强与沿线国家旅游合作，扩大旅游规模，互办旅游推广周、宣传月等活动，提高沿线各国游客签证便利化水平；积极开展体育交流活动，支持沿线国家申办重大国际体育赛事；强化与周边国家在传染病疫情

信息沟通、防治技术交流、专业人才培养等方面的合作，提高合作处理突发公共卫生事件的能力；加强科技合作，共建联合实验室（研究中心）、国际技术转移中心、海上合作中心，促进科技人员交流，合作开展重大科技攻关，共同提升科技创新能力；充分发挥政党、议会、传媒、智库、非政府组织等桥梁作用，夯实"一带一路"建设的民意和社会基础，不断提高中国在沿线国家的政治影响力、经济合作力、形象亲和力，共同打造政治互信、经济融合和文化包容的利益共同体、命运共同体、责任共同体。

六、处理好"一带"与"一路"的关系

"一带"与"一路"各有优势，各有侧重，因此在推进过程中必须要协同发展、相互支撑、相得益彰，最终实现"两翼"齐飞。在现有基础和能力下，要明确主攻方向，突出重点战略。"一带一路"并行推进的同时，战略上要有所选择和侧重。在路线上应确定重点国家和关键项目，分类施策，采取不同合作方式。根据中国与沿线国家具体情况，应由近及远，由易到难，循序渐进，集中力量取得突破，形成示范带动效应。

七、处理好"一带一路"与区域内现有合作机制、合作平台的关系

在"一带一路"战略框架下，对接区域内现有合作机制与平台。首先要强化多边合作机制作用，发挥上海合作组织（SCO）、中国—东盟"10+1"、亚太经合组织（APEC）、亚欧会议（ASEM）、亚洲合作对话（ACD）、亚信会议（CICA）、中阿合作论坛、中国—海合会战略对话、大湄公河次区域（GMS）经济合作、中亚区域经济合作（CAREC）等现有多边合作机制作用。其次应继续发挥沿线各国区域、次区域相关国际论坛、展会以及博鳌亚洲论坛、中国—东盟博览会、中国—亚欧博览会、欧亚经济论坛、中国国际投资贸易洽谈会，以及中国—南亚博览会、中国—阿拉伯博览会、中国西部国际博览会、中国—俄罗斯博览会、前海合作论坛等平台的建设性作用。第三，

要继续探索建立"一带一路"多边合作机制和平台建设工作，促进区域经济一体化。

八、处理好"一带一路"与区域开发开放的关系

要把"一带一路"建设与区域开发开放结合起来，以沿边地区为前沿，以内陆重点经济区为腹地，以东部沿海发达地区为引领，加强东中西互动合作。推动"一带一路"、京津冀协同发展、长江经济带三大战略取得新进展。最终形成东西部联结、南北方贯通的国内互联互通局面，促进人流、物流、资金流在全国范围内大流通，更好地推进区域开发开放。

九、处理好对内宣传与对外宣传的关系，做到宣传到位，内外有别

要加强官方及非官方媒体督导，把握好宣传尺度。用恰当话语体系，准确阐释"一带一路"的战略内涵和重大意义。要全面跟进，及时消除对"一带一路"的种种误读甚至是曲解，营造社会各界积极参与和支持"一带一路"建设的良好舆论氛围。要立足于国外受众，做好外宣工作。通过各种媒介、各类渠道，大力宣传"一带一路"是促进共同发展、实现共同繁荣的合作共赢之路，是增进理解信任、加强全方位交流的和平友谊之路。强调"一带一路"的"共商、共建、共享"原则，突出"一带一路"的开放性、包容性。要慎用西方话语体系，严防意识形态陷阱。要加强文化交流合作，开辟交流途径，创新形式内容，传递好中国声音，讲述好中国故事。

十、处理好"一带一路"战略近期、中期、远期目标的关系

"一带一路"建设是长期性、系统性的对外战略，既要注重近期收获，也要着眼长远。近期目标是夯实基础：应加强与沿线国家的磋商沟通，与部分国家签署地区合作规划与实施方案；在基础设施建设、自贸区谈判、产业

投资、金融、经贸合作、人文交流等领域取得实质性进展;加快贸易投资便利化进程,国内保障体系和协调机制进一步完善;促进沿线国家对共建"一带一路"内涵、目标、任务等方面的进一步理解和认同。中期目标是稳步推进:当前高标准自贸区和国际合作经济走廊骨架初步形成,区域经济一体化向更大范围、更宽领域、更深层次发展;重点领域合作取得重大突破,互利共赢、安全高效的开放性经济新体制全面建成。远期目标是全面实现战略构想:"一带一路"齐头并进,"五通"目标基本实现;以中国为主的亚太自贸区和"一带一路"区域经济一体化新格局基本建立;中国在全球治理结构中的话语权和影响力显著提升;沿线国家形成共同发展、共同繁荣的利益共同体、命运共同体和责任共同体。届时,共建"丝绸之路经济带"和"21世纪海上丝绸之路"的愿景将全面实现。

(原文发表于《当代世界》2015年第5期)

大数据时代下
"一带一路"决策系统的构建

陆　钢　华东师范大学国际问题研究所所长

"一带一路"始于大数据时代

我们生活在一个伟大的时代：一方面是以信息技术为核心的科技革命为人类提供了无限发展的可能，使得我们在新技术的装备下可以超越当下的局限而达到更远的目标；另一方面，中国三十多年的和平发展积蓄了巨大的能量，以至于需要带动周边共同发展才能保持中国经济结构的发展平衡，"一带一路"倡议的提出，为亚洲地区共享中国的发展繁荣提供了具体路径。因此，如何在大数据时代下构建完善的"一带一路"决策系统，成为当下急需思考的重大问题。

大数据时代是信息社会发展的高级阶段，它是指人类处理数据的能力已经突破常规数量级，达到了前所未有的巨额数量级，大数据时代计算机处理的数据单位普遍在拍字节甚或艾字节。[1] 尤其是那些超级网络企业如谷歌、IBM、微软、淘宝、百度和腾讯等，它们的服务器与网络每天所处理的数据就可能达到模拟时代全球数据的总和。[2] 大数据时代是人类技术进步的一次重要飞跃，它对人类社会的思维、工作和学习的影响是空前的。主要发达国家充分认识到大数据时代所带来的重要机遇，纷纷制定大数据战略运用于国家安全保障和国民经济发展，目的在于提高本国在国际社会中的竞争力。是否适应于大数据时代人类思维模式及其工作方法的变革，是衡量中国共产党执政能力的重要指标。

"一带一路"愿景和行动文件是新中国成立以来我国所提出的经济规模最大、地理空间范围最广和涉及领域最多的和平建设倡议。伴随着大量基础设施建设项目，在"一带一路"推进过程中，必然会产生大量的数据。如何面对如此庞大的经济与外交活动数据，如何高效处理和有效利用这些大数据，是摆在中国决策高层面前的一个世纪性课题。可以说，"一带一路"倡议最终是否得以落实，在一定程度上将取决于决策高层及其智库在大数据处理上所表现出来的强大竞争力。通过大数据决策，决策层可以对"一带一路"地区的各种政治经济风险洞若观火，预知沿线国家可能发生的事态变化以及其他突发事件，以便及时地、有针对性地调整具体策略，可以深入地了解"一带一路"沿线国家内部的微观变化，掌握其精英人士、利益集团、宗教部落以及极端主义分子的整体状况与发展动态，从而可以有效化解域内域外各个方面对"一带一路"建设的负面影响与人为干扰。

---

[1] 大数据计算单位，依次为吉字节（G）、太字节（T）、拍字节（P）、艾字节（E）、泽字节（Z）等；后一个单位是前一个单位的1024倍。

[2] 2007年，全球所有模拟数据大约有21艾字节。2011年全球数据总量1.8ZB，每天产生2.8艾字节数据，也就是说8天时间的数据量可以超过人类有史以来模拟数据的总和。参见【英】维克托·迈尔 - 舍恩伯格、肯尼思·库克耶：《大数据时代》，浙江人民出版社，2013年1月，第11-12页；参见张芳曼：《当"大数据"来敲门》，载《人民日报》，2012年12月24日。

随着"一带一路"战略的实施,中国装备制造业加快"走出去"步伐。在大数据的支持下,中国企业更能发挥比较优势,合理评估投资环境,推动国际产能和装备制造业合作不断取得新进展。图为中国海洋石油总公司"海洋石油981"钻井平台的工人在安装水下防喷器控制电缆卡子。

"一带一路"大数据决策系统的构建

"一带一路"大数据决策系统的表现形态是什么？如何进行构建呢？本文根据目前的技术条件与现实情况，分别从大数据决策调研、决策模拟、决策协调以及决策预警等四个方面进行分析，为建立一个有效运行的"一带一路"大数据决策系统提供基本思路。

一、大数据决策调研

在非数字化时代，数据主要依赖社会调查以及其他传统的数据采集方法。中共的历史传统是非常重视社会调查研究的，毛泽东提出了"没有调查研究就没有发言权"的著名论断。我驻外各使馆设立了调研机构，肩负着调研任务，从而保证中央高层在决策的时候能够获得国外的第一手数据。

但由于条件限制，我驻外使馆及其他驻外机构的调研方法一般采用人工收集文字材料和访谈等传统方法，这种方式在小数据时代和外事体量小的情况下是适用的。然而，在知识爆炸时代，信息呈几何级指数增长，每天都会产生海量数据。再者，作为一个大国，中国几乎与所有的国家和国际组织交往，因而会产生大量的外交数据。如果继续采取传统的人工方法进行调查研究和数据处理，是无法适应当前这个变化迅捷的世界，也难以获得全面的知识与正确的判断，因而可能会造成外交决策的失误，给国家造成不必要的损失。

大数据时代的决策调研在数据采集的规模、广度以及速度方面，都是前所未有的。"一带一路"建设中，大数据调研可以成为决策的基础和前提。例如，工程项目以及金融投资是"一带一路"规划中的基础内容，决策高层对这方面的直接数据需求非常迫切，此外还需要间接数据。因为当高铁、高速公路、港口和信息基础设施投入修建时，会涉及沿线国家的宏观环境和微观环境，中央有关部门在做出有关决策之前需要知道大量的间接数据，包括相关国家的经济发展和政治稳定的状况、相关国家的客货流量以及市场容量。他们还需要掌握沿线地区的治安情况、生活习俗和民族风情。有了大数据这个利器，我们可以更好地在"一带一路"开展公共外交，促进地区的人文交流。

二、大数据决策模拟

决策模拟是决策科学中经常使用的一种技术，就是通过模拟博弈各方的决策环境、博弈各方可能采取的策略以及己方的应手，进而展示整个事件可能产生的各种变化，及时发现自己决策方案中存在的漏洞并予以弥补，从而最大限度地降低风险和成本。

然而在工业社会阶段，决策模拟的技术手段极为有限，主要依靠地图、文字和沙盘。进入计算机时代后，人们开始使用计算机进行各类模拟，计算机仿真技术得到广泛应用。[1] 在大数据时代，全世界三年产生的数据已经超过人类有史以来的数据总和。更妙的是，这些数据已经数字化了，可以用于计算机处理。数据形式包括数字、文字、表格、图片和视频。同时计算机的处理能力也是空前增长。因此，大数据决策模拟在技术上完全突破了以前的瓶颈。毫不夸张地说，"一带一路"的大数据决策模拟现在有了可靠的技术保证。

"一带一路"是使用大数据决策模拟的理想领域。一是沿线国家众多，每个国家的经济发展状况各不相同；二是"一带一路"沿线地区的地理状况千姿百态，由此衍生出极为复杂的地缘政治经济格局；三是中国参与"一带一路"的深度和广度也是前所未有。国内几乎所有的省市、行业和大型国企都跃跃欲试，试图参与到"一带一路"的建设上去。另外，"一带一路"已经成为国际关注的焦点。域外国家尤其是西方发达国家的媒体、智库、企业以及政府或非政府组织高度重视"一带一路"的进展。它们撰写各种新闻报道和研究报告，出台各种针对性的政策和措施。凡此种种，构成了巨大的数据链条，为大数据决策模拟提供了强大的政策需求和丰富的数据资源。

三、大数据决策协调

大数据决策协调是指决策高层通过技术机构的辅助，利用大数据对决策相关的部门、事务和政策进行协调，从而避免由于官僚机构职能叠加和决策对象边界模糊而引起的相互踩脚、决策效能抵消和恶性竞争的现象。

当前国内呈现"一带一路"热，是好事，但需要决策高层通过大数据加以引导和协调。在数据缺乏的年代，决策协调是比较困难的，因为高层无法掌握第一手的数据，其决策判断主要依靠自己的知识储备包括经验和常识以及来自一线的情况报告，而这些信息有可能是片面的和滞后的。在大数据时

---

[1] 计算机仿真技术是指利用计算机技术，通过对客观对象的整体或局部属性的建模及动态模仿，逼真地再现事物变化的未来状态。该技术在工业和民用设计中得到广泛应用，如交通安全仿真、汽车设计仿真和教育实验仿真等。

代，资讯高度发达，数据随处可见。但是，问题仍然没有解决。如果缺乏系统整合，这些数据是碎片化的、无意义化的。决策高层既无时间也无可能接触这些数据并进行决策判断。

所以，我们应该对数据进行整合，建立"一带一路"的大数据决策系统，将碎片化的数据镶嵌到系统中去，使之变得有意义和有价值。决策高层就能借助于这个系统统揽全局，对"一带一路"的事务进行全面协调。大数据决策系统在计算机技术的支持下，根据决策需要对数据进行任意组合，既可以叠加构成一个总系统，也可以分离形成各种专题系统；既可以宏观透视预判未来大趋势，知晓沿线国家的政经动态，也可以微观细查洞悉沿线国家某个部落家族的利益纠纷。具体来说，我们可以通过建设"一带一路"云和"一带一路"的地理空间信息系统来实现大数据决策协调。计算机运算速度、存储能力、大数据以及云计算，可为"一带一路"的大数据汇合提供完美的技术配合。而在大数据时代，日趋成熟的地理信息系统将"一带一路"天文般的数据以可视化的形式展示给决策高层和各领域专家，在"一带一路"的虚拟空间里，决策层与专家团队共同推盘，真正实现了大数据的决策协调。正因为通过大数据能够预知"一带一路"的未来风险，能够掌握沿线国家的社会变化以及中国项目进展的细节，决策高层就能协调各方有条不紊地推进"一带一路"建设。

四、大数据决策预警

决策预警是指决策者能预知未来的事态变化尤其是危机事态的来临而做出的一种警告，旨在告知相关机构及个人采取防范措施以免损失。"一带一路"正处于亨廷顿所说的文明冲突地带、文明破碎地带和动荡国家扎堆地带。这里的宗教文明、种族部落和民族国家之间存在较大的差异，发展极为不平衡，因此其矛盾和冲突最为激烈。当前，"一带一路"之箭已在弦上，那么我们就要勇敢面对现实，寻求解决之道。建立"一带一路"的大数据预警系统，可以辅助决策层预先获知"一带一路"地区可能出现的各种风险和变故，使其有充裕的时间应对潜在危机，不至于危机来临之际浑然不知，或者惊慌失措。"一带一路"需要预警的地方很多。例如,国家政权的更替、工程项目合同的变卦、国家性金融危机、自然灾害等。大数据决策预警系统在专家的协助下,结合历史数据和国家正常形态的数据,以建立可以参照的国家健康形态的指标体系。该体系的指标项目根据获取的数据量而定,越详尽越好。下一步则把"一带一路"沿线国家的相关数据输入,与指标体系进行比对,当超过正常阈值,决策预警系统就会发出警报,提醒决策者和专家关注出现的各种问题,以便采取正确的对策。

"一带一路"大数据决策系统的相关问题

"一带一路"大数据决策系统涉及几个关键问题,如果处理不好,就无法正常运行。主要有以下三个问题:数据安全、数据获取和数据处理。

一、数据安全

安全问题始终伴随着计算机信息技术。"棱镜门"事件让人们对信息安全产生了畏惧感。一方面担心信息安全,一方面又不得不使用信息技术。这是摆在政府决策部门面前的一个困境。很多政府决策部门对信息安全采取了非常严格的措施,少数部门索性拒绝使用互联网,通过物理隔离确保信息安全。"一带一路"的决策正好涉及这些敏感的决策部门。大数据决策系统恰好与这些部门的传统工作特点相背离,这正是推行"一带一路"大数据决策系统的一个难题。

笔者的思路是,"一带一路"的大数据决策系统是一个多层级、多板块、可分割和可拆卸的信息系统。首先,它的底层由基础性数据构成。这些数据是公开的、原生态的,又非常庞杂,任何人都可以从网上或线下免费获得,有些数据可以付费获得。就"一带一路"而言,并非所有的数据都需要加密。凡是通过公开渠道获得的数据都不存在信息安全问题。这些数据包括沿线国家社会经济发展的基本统计、主流媒体和社交媒体的公共话题、沿线国家政府企业和机构官方网站的信息以及合法购买的信息资料。大量与"一带一路"

相关的资料被聚集在特定的云层里，研究者在这个云端里进行"一带一路"的数据搜索，显然要比普通搜索引擎更有效率，数据的价值密度更高。

其次，该系统的中层则存储着经过一定程度的加工、具有一定价值密度的数据，其中包括研究者之间的沟通和交流，这些数据记录着研究者对"一带一路"问题的探讨过程。另外，系统也存储着智库对"一带一路"的研究成果以及国内外关于"一带一路"的研究资料。与原生态的底层数据相比，经过加工的中层数据体现了研究者以及研究对象之间差异的个性特征。它不再是沿线国家的笼统性数据，而是包含了沿线国家某个地区、某个项目、某个利益集团的相关数据。对于研究人员来说，这些数据专业性更强，对研究帮助更大。可以通过设置登录口令，以授权的形式予以开放。

最后，该系统的上层会涉及某些保密数据，但仍然属于低度安全数据，更多的是涉及个人机构的隐私而不是国家机密。这些数据包括个人和机构的信用等级、通话记录、地理位置信息、网络商店消费记录等。当然可以提高阅读这类数据人员的资格，只有经过严格程序的审批才可以进入系统。对于以上大数据系统的安全维护，目前的安全技术足以承受。另外，可以在"一带一路"大数据决策系统基础上打造另一个小数据系统。这个小系统与互联网物理隔离，只供相关研究者和决策者使用。

二、数据获取

如何低成本、高效率地获取和更新巨量数据，是建设"一带一路"大数据决策系统的一个关键问题。在国内，地方政府和企业实行电子政务和电子商务，因此可以轻易获得大量数据。但"一带一路"数据源基本上在境外，难以获得。因此，"一带一路"的数据基本上要另起炉灶。解决的方案是，一是采用普遍的数据采集方式，通过机器采集方法，从互联网上抓取，或者合法购买各类相关数据库。二是通过市场运作，主动获取数据，即利用"一带一路"项目开发的机会，有意识地建立和经营一批"数据驿站"。这些"数据驿站"设立在沿线国家境内，通过计算机后台将每天生成的数据自动传输到国内，汇入"一带一路"的大数据决策系统。"数据驿站"的形式多种多样，可以是电商、孔子学院、电信、客运，也可以是连锁酒店、金融支付机构和物流机构等。起初，这些原生态数据的价值密度较低，但经过数据专家和"一带一路"专家的处理，在外交决策和企业决策中将发挥重要的作用。

三、数据处理

当数据获取问题解决后，面对汹涌的海量数据如何提取所需的数据，也是令人苦恼的事情。尽管新技术可以提供数据处理的速度，但低质的"垃圾数据"仍然充斥于大数据的海洋中。决策者不仅无法及时获得有用的数据，反而要为维持庞大的数据流支付高昂的云端空间成本和宽带成本。因此，"一带一路"大数据决策系统的数据处理也必须要有快速提炼高质数据的解决方案。首先要有具体分析目标，然后根据目标要求，选择相关性最大的数据，剔除那些相关性低的数据。那些"垃圾数据"其实并未消失，只不过回流大数据库，需要的时候还可以循环利用。其次，数据预处理。分析目标提供了数据处理的边界。我们不需要漫无边际地盲目收集处理大数据，而是围绕分析目标进行数据分析和归类。经过数据预处理，分析的有效性可大为提高。第三，充分发挥小数据的功能。虽然大数据时代强调全体数据、数据混杂性和相关性，但是在"一带一路"大数据决策系统这个特殊平台上，小数据时代那种随机样本、精确性以及追求因果关系的数据处理特性仍需充分考虑。举例来说，虽然起初我们主要收集"一带一路"沿线国家的基本数据，但以后应将这些数据作为分析背景，而重点应该放在个别重要项目和人物上。对这些项目和人物建立数据档案，尽可能收集其完整的数据。[1]

最后还是聚焦于决策小环境。无论大数据决策系统如何神奇，必须要考虑到决策者与大数据决策系统之间的关系。决策者往往肩负重任，工作繁重，不可能在大数据处理上花费很多时间，但他们必须理解关键的数据并能运用。只有被他们所理解的数据，才会在决策中发挥作用。因此需要辅助机构即智

---

[1] 对特定人物的心理行为方式的模拟研究，正是大数据发挥作用的地方。当特定人物的所有数据汇集并展现在各科专家面前会诊之后，此人的行为及性格特征变得一目了然。

库协助决策者筛选有用的决策数据。智库的大数据处理功能一是核实和考证基本数据;二是理清数据的基本逻辑关系;三是排除"黑天鹅"等小概率可能。简言之,"一带一路"的建设工作将逐步数据化和信息化,尽力避免各种低级的人为错误。决策高层将精力集中于机器无法处理的战略性判断和人际关系洞察。在大数据决策系统的辅助下,他们在"一带一路"建设过程中所做的判断和决定将更为全面、到位和精致,从而将各种风险降到最低,实现决策的效益最大化。

(原文发表于《当代世界》2015年第7期)

关于美国学者对"一带一路"认识的思考

王 欢 中国社会科学院美国研究所副研究员，
美国政治研究室副主任

2015年7月和12月，笔者分别赴硅谷地区和纽约市对部分学者进行访谈，调研美国学界和政府对中国"一带一路"构想的认识。笔者感到，美国学界和政府对"一带一路"的认知总体不足，对"一带一路"的目的、具体内容和政策手段缺乏了解，一些学者对中国推动"一带一路"面临的一些风险以及应该采取的政策举措进行了分析和交流。

美国学界对"一带一路"构想的认知总体不足

第一，美国学界对亚洲基础设施投资银行有较高认知度，但相比而言，他们对"一带一路"构想的认知度较低。一些关注世界政治大局的知名学者，熟知亚投行，却不了解甚至没有听说过"一带一路"。胡佛研究所杰出研究员乔治·舒尔茨（George P. Shultz）表示，亚投行在美国受到很大关注，包括他本人在内的不少人都认为美国政府本来应该欢迎乃至加入亚投行，但是他从来没有听人谈起过"一带一路"，不清楚其内容。包括纽约大学社会科学教授罗素·哈丁（Russell Hardin）院士在内的多位知名学者也都做出类似表示。东西方研究所中国项目主任郭品芬认为，美国人之所以更加关注亚投行而不是"一带一路"，是因为亚投行是个实实在在的项目，而"一带一路"过于宏大，具体实施效果难以评估。

第二，一些对"一带一路"构想有所了解的学者表示美国学界较少讨论"一带一路"问题，但是专门从事中美关系研究的学者对"一带一路"形成了一些研究成果。斯坦福大学弗里曼·斯波利国际研究所（FSI）研究员弗朗西斯·福山（Francis Fukuyama）认为，"一带一路"对于中国来说是个重要议题，但是在美国政策研究界还没有引起太多关注，不是美国政策研究界讨论的热门话题。东西方研究所资深副总裁布鲁斯·麦康奈尔（Bruce McConnell）表示，"一带一路"相关区域商业投资风险太高是美国人关注较少的原因之一，一些美国人有兴趣做进一步了解，但是搞不清楚"一带一路"的具体内容，很难进行讨论。胡佛研究所杰出访问研究员詹姆斯·马蒂斯（James Mattis）上将则表示，大部分美国人并不知道"一带一路"，知道的人看法存在显著差异。就所听到的议论而言，基本上认为它主要是经济发展项目，态度比较正面，但也有少数人从军事安全角度加以怀疑。他认为，美国人对中国经济发展的总体看法上本来就存在明显地区差异，太平洋沿岸地区对中国经济发展的看法更积极，而大西洋沿岸看法相对负面，主要集中在经济透明度和知识产权保护等方面。纽约大学美中关系研究中心主任戴维·德农（David Denoon）教授则表示，专门从事中美关系研究的学者对"一带一路"有较多关注，正在形成一些研究成果。美国国防大学战略研究所中国军事问题研究中心主任孙飞（Phillip C. Saunders）教授在访问北京期间也做出类似表示。

第三，对"一带一路"构想有所了解的学者对"一带一路"的认识差异较大。郭品芬认为，"一带一路"的定位令人困惑，不知道它到底是一项政策、一种战略还是一项动议，尤其是在东海与南海存在紧张局势、中国西部存在

古丝绸之路上的敦煌莫高窟的唐代飞天壁画。

巨大安全风险的情况下,这一倡议看起来非常雄心勃勃。斯坦福大学FSI所长马凯飞(Michael A. McFaul)教授指出,他在访谈前以为"一带一路"主要是进行运输通道建设的项目,类似于美国在中亚地区建设用于阿富汗战争后勤支持的北方配给网。弗朗西斯·福山认为,"一带一路"更多的是一个经济发展项目,是中国在国内工业产能过剩状况下对外寻求投资机遇的经济诉求,这对于一个大国来说很正常。马蒂斯认为,中国经济迅速发展自然需要进行对外投资和经济合作,"一带一路"主要作为经济发展项目,是中国走向世界舞台的自然结果,可以成为地区经济发展的重要催化剂。

奥巴马政府对"一带一路"构想的认知和兴趣不足

第一,奥巴马政府并不清楚"一带一路"的真实意图和具体内容。马凯飞认为,"一带一路"到底是中国战略性的经济发展政策还是标志性的地缘政治策略，奥巴马政府对此没有共识，有人认为它是中国与美国展开竞争的手段，也有人认为美国可以就此与中国进行一定程度的合作。但总体上来说，它在奥巴马政府中引起的重视程度不高。福山表示，在华盛顿，没有多少人谈论"一带一路"。马凯飞等学者意识到，如果"一带一路"构想如此雄心勃勃，并可能给中国巨额外汇储备寻找巨大的投资机会，那么很可能意味着会影响对美国国债的继续购买，如果美国政府意识到这一点，应该会更加关注"一带一路"构想。

第二，奥巴马政府不知道中国提议的多边开发银行的重点所在，也搞不清楚它们和"一带一路"构想之间的关系是什么。马凯飞认为，中美两国在最重要的多边地区经济平台中没有形成交集。中国密集筹备亚投行、金砖国家开发银行以及上合组织开发银行，动作快、力度大，令人印象深刻。但是奥巴马政府不清楚，对中国来说，三大多边开发银行中哪个是真正的聚焦点，哪个最重要，它们和"一带一路"构想之间有什么关系。美国不是中国三大多边开发银行的成员，而中国也不是跨太平洋伙伴关系（TPP）成员，如果这种局面不加以改变，双方在地区经济发展中的合作机会将受到很大限制。德农认为，中国通过"一带一路"构想到底希望做什么事情很不明朗，如果搞不清楚中国到底想在哪些国家投入多少贷款、援助或投资，想要实现什么目标，美国政府就很难做出回应。当前的基本估计是，中国希望刺激自己的钢铁业和其他产业，并希望获得更多自然资源。在这种情况下，很难吸引美国政府的积极参与。

第三，奥巴马政府缺乏参与"一带一路"的意愿。哈丁认为，奥巴马本来就在外交事务中比较谨慎，进入总统任期最后一年更不可能再有兴趣主动开启任何重大的国际项目，中国不必刻意寻求奥巴马政府在"一带一路"问题上的支持和参与。马蒂斯认为，奥巴马政府对"一带一路"沿线地区（特别是中亚和中东）并没有形成明确的长期愿景，很难就"一带一路"问题采取比较全面的政策措施。马凯飞则认为，奥巴马政府主动选择在中亚和中东进行战略收缩，内部形成与中国进行多边地区经济平台合作共识之前，很难有意愿参与"一带一路"。随着阿富汗战争结束，美国实际上对中亚的介入将消失，花销巨大建立起的北方分配网会被废弃。同时，随着对中东的能源依赖减少，鉴于在伊拉克和阿富汗进行国家重建的苦涩经历，并基于对沙特意识形态容忍度显著减弱，今后20年美国不论谁执政都会显著减轻在中东的卷入程度。麦康奈尔认为，"一带一路"是中国的主张，不是两国的联合规划，奥巴马政府基本上抱着走着瞧的消极防御性态度，如果有明确可以让美方获益的地方，也有可能给予支持。

对中国推动"一带一路"构想面临一些风险的评估

第一，有学者认为"一带一路"本身特别是"丝绸之路经济带"构想存在较大经济风险。德农等人认为，从经济角度讲，朝向欧洲开辟包括公路和铁路在内的陆路，交通成本太高。大宗货运走海上通道更好，而客运方面航空通道更经济。中亚地区人口少、经济基础差，除了自然资源之外，事实上经济价值并不高，和中国西部的经济互补性也不强。中国内地和沿海经济的互补性更强，经济进一步融合发展的前景更好。如果"一带一路"的主要目的是发展西部经济的话，效果可能不会比着眼于国内经济整合更好。

第二，有学者认为"丝绸之路经济带"面临重大政治和安全风险。马蒂斯认为，"丝绸之路经济带"沿线穆斯林中间有强烈的地区冲动，要避免因该项目而危及自己的人民。即使在以与中国友好出名的巴基斯坦，也有不少人对中国人怀有敌意。中国需要特别重视相关项目的运作方式，尽量避免触发反华情绪。德农认为，美国将在两年之内撤出阿富汗，南亚和中亚地区的安全形势将更加恶化，"丝绸之路经济带"的安全风险将比现在料想的更大。同时，中国在巴基斯坦和缅甸等国参与港口建设，被印度视为安全威胁，印度是未来世界主要强国之一，比较而言，如何避免及缓和与印度的潜在对抗比"丝绸之路经济带"的开展意义更大。而斯坦福大学法学院埃里克·詹森（Erik Jensen）教授则认为，中国是巴基斯坦政治军事领导集团唯一信任的国家，只有中国才有能力帮助巴基斯坦在经济发展方面走上正确道路，"一带一路"在巴基斯坦的开展具有重要的国际安全意义，应该借此机会寻求国际支持。

马蒂斯认为，中亚极端势力是威胁各国的癌症，中国、俄罗斯、美国和印度应该也可以在中亚形成多边安全合作孤立共同的敌人，但中亚在一定程度上的乱局是无法避免的，对此中国必须做好各方面的准备。包括哈丁在内的多名学者表示，中东地区的安全风险更加复杂，教派与族裔差异本就使得多国政权之间以及多个国家内部矛盾重重，加上极端势力进一步抬头，特别是"伊斯兰国"对所有世俗政权的挑战，使得"一带一路"在中东的安全前景不容乐观。

第三，"海上丝绸之路"构想也存在显著的政治和安全风险。马蒂斯认为，东南亚国家目前对"海上丝绸之路"有很多疑虑，对"一带一路"项目存在抗衡态势。中国的一些活动应该从长远出发，和他们进行经常沟通以达成相互信任。舒尔茨认为，中日争端和南海争端需要分别采取不同的切实措施。中日争端解决难度很大，目前最好的办法是搁置并做好长期准备。而南海争端可以统筹设定一个解决问题的议程，最重要的是确立规则，涵盖资源开发和旅游航运等各个方面，可借鉴马六甲海峡等地区处理交织边界问题的解决方案。舒尔茨认为，大国的外交政策应该始于自己的邻里，美国与墨西哥、加拿大以及古巴关系的处理中有不少经验和教训。

对中国推动"一带一路"构想可以采取一些有益举措的建议

第一，可以及早筹划取得下届美国政府的支持和参与。哈丁指出，中美两国在"一带一路"沿线地区存在很多共同利益，共同规划"一带一路"具有一定互利基础并能创造出更多的互利机会，这样的大项目对一些具有雄心的政治家具有较大的吸引力，可以及早筹划让下任美国总统成为项目的重要共同规划者，形成其个人政绩乃至政治遗产。

第二，需要和重点国家特别是美国协调好利益关系。一是，应该和美国在多个领域展开更多合作，特别是在全球重大问题上谈出合作议程。舒尔茨认为，中美两国之间不仅在防止核武器扩散以及应对气候变化等全球重大问题上有很大的合作空间，也可以在基础设施建设等其他重大问题上展开广泛合作。他认为，人们过度地谈论中美两国之间在大型建设领域的斗争关系，实际上重要的是两国之间不是去揣测对方的议程，而是清楚地提出并维护自己的议程。马蒂斯认为，中美两国的切实合作不应局限于具体政策项目，也需要把一些基本问题摆出来，包括网络、知识产权保护以及南海等棘手问题。福山认为，美国基础设施建设能力的历史变迁是个非常有意思的研究议题，对于大国来说很重要，也有相当的借鉴意义。多位学者表示，不要因误判美国发展前景而采取错误政策，美国经济和社会基本面强劲，美国衰落论导致的政策误判有损中国长远国家利益。二是，需要处理好和俄罗斯的关系。斯坦福大学 FSI 研究员凯瑟琳·斯托纳（Kathryn Stoner）认为，中亚地区至今仍然是俄罗斯的后院，俄罗斯不仅在中亚各国精英阶层中拥有深度社会联系，并且直接在本地区驻有军事力量。她认为，一方面俄罗斯的认可对"一带一路"在中亚展开必不可少，另一方面应与俄做好事先沟通协商工作。德农则认为，从战略角度讲，中国在"一带一路"问题上如何处理和俄罗斯之间的合作与竞争关系比较棘手。俄罗斯实际上并不欢迎中国在哈萨克斯坦和土库曼斯坦已经采取的积极行动。马凯飞也认为，俄罗斯一直非常用心地在中亚维持自己的地位。

第三，需要吸取美俄等大国在沿线地区的经验教训。斯坦福大学 FSI 研究员艾江山（Karl Eikenberry）中将等人认为，美国在阿富汗战争与伊拉克战争中犯了很多错误，深度介入他国内政需要非常审慎，苏联入侵阿富汗也有深刻教训。德农等人表示，美国在中东地区多年经营，树敌不少，代价巨大，不少政策举动往往得不偿失。而舒尔茨等人则认为，中东稳定的经济和政治意义巨大，美国应该在中东继续投入资源并加强同盟关系以维护中东稳定，忽视中东会产生严重政治经济后果。中东石油供应非常重要，新生的"伊斯兰国"的威胁不仅在于恐怖主义，更在于他们关于世界如何运行的观念，他们不承认国家体系，对整个世界构成严重政治与安全挑战。

第四，应当展开有说服力的解释和宣传工作。德农等人认为，中国政府和学界应该首先对"一带一路"的目的、具体内容和政策手段有个比较清楚的把握和勾勒，在此基础上进行更有效的解释和探讨。马凯飞等人认为，有必要就"一带一路"问题组织跨国多智库研讨会,进行讨论。舒尔茨认为,应该让人们了解中国社会的多样性,这样有利于增加对中国的好感和政策接受程度。纽约大学政治系彼得·罗森道夫(Peter Rosendorff)教授表示,应采用信誉度高的政策宣传渠道,避免让人感觉"一带一路"是政治宣传。德农表示,中国需要在国内经济治理中重视政策质量,避免负面形象影响海外投资,中国在管理资本市场中的一些做法有待于改进。在解释和宣传工作中,应该加大"一带一路"对美国国家利益好处的分析。

(原文发表于《当代世界》2016年第4期)

第六章 "一带一路"国际会议综述

"一带一路"倡议以政策沟通、设施联通、贸易畅通、资金融通、民心相通为合作重点，通过积极构建多层次、多渠道宏观政策沟通交流，充分调动国内国际各种力量参与建设，最终实现沿线各国的共同发展。近年来，政商学各界围绕共建"一带一路"举办了许多大型国际会议，旨在通过坦诚对话、思想交流，为"一带一路"建设建言献策、共谋合作。本章主要收录了政党组织、智库媒体、工商企业、民间团体等不同力量为共建"一带一路"坦诚对话、建言献策的会议综述和思想精华，全面展示了在"一带一路"建设过程中政党的政治引领作用、媒体的舆论引导作用、智库的出谋划策作用、民间组织的沟通民心作用。

发挥政党在"一带一路"建设中的引领作用
——亚洲政党丝绸之路专题会议侧记

张 凯 《当代世界》杂志社记者

"一路驼铃响到西，万匹丝绸济美眉。"大漠、驼铃、丝绸、香料……这些代表古丝绸之路繁荣风貌的印记历经沧海桑田之后，因中国国家主席习近平提出的"一带一路"倡议，正在重新以崭新的姿态进入我们的视野和生活。2015年10月14—16日，由中国共产党主办、中共中央对外联络部承办的"亚洲政党丝绸之路专题会议"在北京召开，来自30多个国家的60多个政党和政党组织以及工商界、媒体界人士约400人与会。会议期间，中共中央总书记、中国国家主席习近平集体会见了30多个国家共68个主要政党的领导人。中共中央政治局常委、中央书记处书记刘云山出席开幕式，并发表题为《深化丝路政党合作 共同开创美好未来》的主旨演讲。中共中央政治局委员、中国国家副主席李源潮出席闭幕式并致辞。全国政协副主席、中共中央对外联络部部长王家瑞主持大会开闭幕式。

2015年10月15日，中国国家主席习近平集体会见出席亚洲政党丝绸之路专题会议的政党和政党组织领导人。

此次专题会议以"重塑丝绸之路，促进共同发展"为主题，并下设"政治引领：丝路政党新共识""民心相通：丝路文明新对话""经济融合：丝路国家发展新动力"三个分议题。期间，专题会议还举办了媒体论坛和工商界对话会，并按区域就经济合作进行了研讨。通过"亚洲政党丝绸之路专题会议"这一平台，与会代表进行了坦诚对话和交流，加深了对"一带一路"倡议的了解和理解，围绕"一带一路"倡议相关问题达成广泛共识，最后一致通过了成果文件《北京倡议》。此次专题会议的成功举办及《北京倡议》的通过表明，政党交往可在"一带一路"建设进程中发挥独特引领作用。

"一带一路"倡议：与会各国政要齐"点赞"

"一带一路"倡议（丝绸之路经济带和21世纪海上丝绸之路）由中国国家主席习近平于2013年访问中亚和东南亚国家时提出。倡议一经提出，便

第六章 "一带一路"国际会议综述 351

2015年10月14日,中共中央政治局常委、中央书记处书记刘云山出席亚洲政党丝绸之路专题会议开幕式并发表主旨演讲。

2015年10月16日,中共中央政治局委员、国家副主席李源潮出席亚洲政党丝绸之路专题会议闭幕式并致辞。

得到国际社会的广泛关注和积极响应。为使国际社会更加全面、充分地了解"一带一路"倡议的精神和内涵，中国政府于 2015 年正式发布《推动共建丝绸之路经济带和 21 世纪海上丝绸之路的愿景与行动》白皮书。在此背景下，于 2000 年 9 月创办的亚洲政党国际会议也将目光转向了"一带一路"倡议。2015 年 3 月，亚洲政党国际会议致信中共中央总书记习近平，希望中共以"一带一路"为主题举办一次专题会议，使沿线国家可以更好地了解"一带一路"倡议，并有针对性地开展合作。这一意愿得到了中共中央的肯定和支持，经商议将此次专题会议的主题确定为"重塑丝绸之路，促进共同发展"。亚洲政党丝绸之路专题会议的举办则为丝路沿线国家和亚洲国家政党、企业、媒体等全面客观了解"一带一路"倡议提供了重要平台。

习近平主席在集体会见与会各国政党领导人时表示，"一带一路"倡议的主要目的是想通过推动"一带一路"建设，让古老的丝绸之路在新时代焕发新的活力，促进沿线国家或者更广泛国家的经济要素有序自由流动，资源高效配置，市场深度融合，推动各国经济政策协调，开展更大范围、更高水平、更深层次的区域合作，携手打造开放、包容、均衡、普惠的区域经济合作框架，最终实现沿线各国的共同发展。关于如何开展"一带一路"建设，中共中央政治局常委、中央书记处书记刘云山在开幕式致辞时强调，中国主张秉持共商、共建、共享的原则，在平等、自愿、协商的基础上，共同打造开放、包容、均衡、普惠的合作架构，给沿线国家注入合作共赢的正能量。面对三十多个国家的政党领导人、企业和媒体的代表，中国领导人发出明确的信息："一带一路"倡议是与丝路沿线国家开展合作的倡议，在"共商、共建、共享"原则下，它将为丝路沿线国家和人民带来福祉。

中国领导人对"一带一路"倡议的讲解和承诺，大大提高了与会政党领袖和政治家对该倡议的理解、认同和支持。格鲁吉亚议长乌苏帕什维利明确表示，习近平主席提出的"一带一路"倡议具有改变世界的影响，对格鲁吉亚而言是一笔伟大的财富，将有力提升格鲁吉亚的地缘经济和地缘政治地位。塞浦路斯总统阿纳西亚迪斯对"一带一路"倡议表示肯定，认为该倡议的落实将有力促进国际贸易和投资，推动基础设施建设和技术创新，为解决就业、教育等社会问题创造更好条件。柬埔寨首相洪森对"一带一路"倡议给予高度评价，认为该倡议的落实不仅会深化相关国家的经济合作，也会为维护世界和平做出重大贡献。蒙古民主党主席、国家大呼拉尔主席赞·恩赫包勒德承诺，要推动蒙古"草原之路"计划与"丝绸之路经济带"倡议相互对接。此外，其他与会政党领袖、企业和媒体代表也纷纷对"一带一路"倡议点赞，期待"一带一路"倡议能尽快落实并产生早期成果。

当被问及有多少国家会参与"一带一路"建设这一倡议时，中联部副部长郭业洲表示，"'一带一路'倡议的沿线国家并没有明确的数字。它更多是一种倡议、一种邀请，只要认同以和平合作、开放包容、互学互鉴、互利共赢为核心的丝路精神，积极参与到'一带一路'建设进程中来，便是'一带一路'倡议的一部分。"显然，"一带一路"倡议不仅包括具体的项目建设，而且更多体现了一种合作共赢的价值理念。随着这种理念在国际社会的广泛传播，相信"一带一路"倡议的朋友圈将不仅局限于丝路沿线相关国家或者亚洲地区，而会在全球范围内不断扩大。

重塑丝绸之路：需要各种力量的积极参与

"一带一路"倡议坚持"共商、共建、共享"的原则，因此在建设过程中需要丝路沿线相关国家的相互协调与合作，在国内层面则需要充分调动各种力量参与的积极性。其中，各国政党将在"一带一路"建设进程中发挥政治引领作用。正如习近平主席所言，政党和政治家具有远见卓识和历史担当，理应在共建"一带一路"进程中走在前列。

现代政治是政党政治，政党既是国家发展战略的制定者，也是社会大众参与政治生活的组织者。因此，在制定国家大政方针政策、组织动员群众参与政治生活、将国家发展战略与民众生活密切联系等方面，政党都发挥着独特作用。"一带一路"倡议涉及国家众多，不同国家具有不同的政治制度、发展模式和发展战略。因此，无论是跨境基础设施建设等硬件，还是相关的投资法律、贸易税收政策等软件，都需要不同国家之间进行积极协调，这样才能有效实现不同国家之间的发展战略对接，才能为"一带一路"建设消除各种障碍和壁垒。在国家间政策协调方面，政党交往是一个独特的渠道。当然，在促进丝路沿线各国民心相通方面，政党的优势更加明显，这很大程度上源于政党与民众之间存在密切的联系。关于政党在"一带一路"建设进程中的作用，吉尔吉斯斯坦社民党议员、议会国际事务委员会副主席卡德洛夫进行了精辟的概括。他表示，政党作为连接民众和政府的纽带，可为宣介"一带一路"提供上通下达的有效保障，其作用不可替代。

当然，政党的政治引领作用只有调动起更为广泛的社会力量，以饱满的热情积极参与其中时才能大放光彩，才能具备更为明显的现实意义。正是由于充分认识到社会力量参与其中的重要性，此次专题会议还专门举办了"中外工商界对话会"和"笔尖下的丝路——媒体的角色与作为"两场对话会。其中，"中外工商界对话会"有中外政党、工商界、智库等代表100余人参加，来自"一带一路"沿线国家的近50位媒体代表参加了"笔尖的丝路——媒体的角色与作为"对话会。

"一带一路"倡议下的具体项目离不开企业参与建设，当然企业也将成为"一带一路"建设的重要受益者，因此中外工商界人士对"一带一路"倡议表现了浓厚的兴趣。此次政党会议之所以邀请工商界代表与会很大程度上得益于中国共产党在对外交往过程中对务实经济合作的重视。中联部副部长周力参加"中外工商界对话会"时坦言，经济因素日益成为新时期党际交往的重要内容，"政党外交搭台，经贸活动唱戏""以政促经、以经促政、政经结合"已逐渐成为政党交流的一种新形态。事实上，对企业而言，参与"一带一路"建设不仅需要了解倡议本身的精神和内容，更重要的是要能接地气，更好地融入丝路沿线相关国家的环境之中。正如中国宝石新集团股份有限公司董事长阮小明所言，"我走过全世界76个国家，感受最深的就是每一个国家的法律、宗教、信仰、风俗都不一样，如果我们要合作，首先必须融入当地，只有这样合作才能得到当地人民的认可和喜欢。"

"一带一路"建设需要营造良好的舆论环境，因此媒体的力量需要引起高度重视。然而，鉴于西方媒体在国际公共舆论环境中的霸权地位，"一带一路"倡议的精神和内涵要么被一些别有用心的媒体扭曲,要么在"只有坏消息才是好新闻"的错误导向下没有得到客观真实的报道。此次专题会议,直接邀请丝路沿线国家媒体代表参与,就是想通过坦诚对话直接向相关国家的媒体提供关于"一带一路"倡议最为客观、真实、准确的信息。事实上,媒体论坛的召开的确起到了良好效果。日本NHK评论员加藤青延便表示,原本以为"一带一路"是中方基于地缘政治需要提出的建立"新帝国"的战略,通过参加四天来的专题吹风会、交流研讨和参观考察,现在认识到"一带一路"的内涵如此丰富务实,确实是建立在平等共赢基础上,与以往大国建立在零和基础上的战略或倡议都不同。印尼安塔拉通讯社国内部主任纳苏山强调,西方媒体总给我们灌输"坏消息才是好新闻"的理念,但"一带一路"倡议致力于促进沿线各国共同繁荣发展,"一带一路"故事都是好故事,媒体应该树立"好故事也是好新闻"的理念,把这些"好故事"事实报道出来,让更多的民众了解和支持。

《北京倡议》:亚洲政党凝聚的新共识

10月16日,亚洲政党丝绸之路专题会议在北京落下帷幕。自2000年亚洲政党国际会议这一多边政党对话机制成立以来,中国共产党分别于2010、2011、2013年主办过主题为"扶贫""发展与社会共享""推动绿色发展、共建美丽亚洲"的专题会议。此次会议是中国共产党在亚洲政党国际会议这一框架下主办的又一次成功的专题会议。中国国家副主席李源潮在闭幕致辞时表示,本次会议增强了"一带一路"沿线国家的命运共同体意识,明确了政治引领、对话合作的责任,确立了战略对接、共同发展的思路,探索了互惠互利、合作共赢的路径,展现了开放包容、互学互鉴的精神。

闭幕式上,亚洲政党国际会议特别报告人穆沙希德先生宣读了《北京倡议》,全体代表鼓掌通过。根据《北京倡议》,与会政党都主张,丝路沿线各国应共同参与、共同规划、共同建设,把"一带一路"的宏伟愿景变为美好现实;应加强政策沟通和协调,推动各自发展战略与规划有机衔接,实现各国之间深度融合与联动发展,应加强在基础设施开发、地区经贸合作、区域资金融通、民间友好交流、文明互学互鉴等领域的合作。

与往届专题会议不同，此次会议呈现了自身一些独特之处。一是具有广泛的代表性。会议不仅有亚洲政党参加，而且还有欧洲、非洲和拉美国家的政党代表参加。除政党和政党组织外，工商界人士、媒体和智库领袖的参与也是本次会议的突出亮点。二是在机制化道路上迈出了坚实步伐。与会亚洲国家政党一致支持设立丝路政党交流中心。三是围绕"一带一路"建设的原则、精神、内容等，亚洲政党达成了广泛共识。

展望未来，"一带一路"建设更多地需要思考如何将这些共识转化成具体、可操作的行动。正如马来西亚交通部长廖中莱所言，"我们全力支持'一带一路'倡议。未来对'一带一路'倡议的支持需要我们提供具有深度且可操作的项目和计划。"在"一带一路"建设问题上，把共识转化为行动和成果理应成为未来亚洲国家及丝路沿线国家政党交流与合作的重点。

（原文发表于《当代世界》2015 年第 11 期）

吸纳全球智慧　助力"一带一路"
——"一带一路"智库合作联盟理事会成立大会暨专题研讨会述评

黄　蕊　当代世界研究中心

2015年4月8日，由中共中央对外联络部牵头，国务院发展研究中心、中国社会科学院、复旦大学等单位联合发起的"一带一路"智库合作联盟在京成立。中共中央对外联络部副部长郭业洲、国务院发展研究中心副主任张来明、中国社会科学院副院长蔡昉、复旦大学党委书记朱之文出席成立大会并出任理事会共同理事长。来自全国各地五十多家智库和研究机构的代表出席了会议，并在随后举行的专题研讨中就智库联盟未来的发展思路、"一带一路"推进初期应该注意的问题展开讨论。在会议中，各理事单位代表及智库学者将自己所在单位围绕"一带一路"已经开展的工作以及将要开展的研究设想进行了交流。

2015年4月8日,"一带一路"智库合作联盟理事会成立大会暨专题研讨会在北京召开。图为大会的活动现场。

发挥国内智库的比较优势

"一带一路"概念提出之后,各方面专家学者在媒体上主动发声,解读"一带一路"概念、机构设置、政策等,引起了广泛关注。各地院校、智库纷纷设立"一带一路"研究中心,据统计,已有六十多家研究机构开始对"一带一路"进行专门研究,并从不同角度设计研究课题。随着研究"量"的发展,"质"的提高也成为越来越多的智库所面临的问题。国家发改委西部开发司巡视员欧晓理指出,"一带一路"概念提出之后,各地争抢"丝路起点",一些省市花费过多的力气让专家去寻找相关的"历史符号",浪费了大量的人力、物力、财力。"一带一路"智库合作联盟的成立正是为了整合研究资源,加强统筹协调,以实现不同智库的比较优势,避免盲目跟风和扎堆研究。

"一带一路"智库合作联盟通过沟通政府决策、高等院校、地方智库、沿线项目以及相关媒体，编织"一带一路"智库合作网，从而更加有效地发挥智库在影响决策、培养人才、设计调研、落实服务、引导舆论等方面的"杠杆作用"。通过跟踪政策制定过程，第一时间进行政策解读，为智库提供最直接的指导性建议。当前已有相当数量的智库承担了政府的"一带一路"项目。如：内蒙古自治区发展研究中心承担了国家部委的项目，该中心主任杨臣华指出，很多地方智库是跟着媒体导向走的，智库合作联盟将通过准确的政策解读，规范"一带一路"研究导向，避免智库研究方向的偏离。

欧晓理认为，长期以来，中国关注更多的是欧美等发达国家，对于发展中国家研究得还远远不够。"一带一路"智库合作联盟通过与高校合作，夯实"一带一路"沿线国国别研究。北京外国语大学丝绸之路研究院执行院长吴浩表示，北京外国语大学目前有 70 个语种，未来几年要增加到 90 个，依托这种语言优势，可培养大批公共外交人才，服务"一带一路"。广东国际战略研究院秘书长李青介绍说，该院已与厦门大学、福建社科院等协同创新单位相整合，配合推进广东省与东南亚、南太平洋和南亚国家的产业对接，加强与海上丝绸之路沿线国家重要智库和媒体的联系。

西北政法大学民族宗教研究院院长穆兴天认为，在"一带一路"的研究中应避免"撒胡椒面式"研究，应利用有限资源做自己擅长的事。"一带一路"智库合作联盟通过积极调动地方智库资源，发挥其区域研究的相对优势，利用人员往来便利，深入开展实地调研。中国—东盟区域发展协同创新中心执行主任范祚军也表示，该中心正在筹建中国—东盟信息港项目，并组织专门力量收集东盟十国当地语言的涉华、涉及"一带一路"的舆情信息，为构建民意数据库做准备。

复旦大学副校长林尚立指出，研究"一带一路"的智库应更多地面向企业，在加强海外项目调研的同时，分层次、分内外开展企业海外事业人才培训。"一带一路"智库合作联盟将落实服务"一带一路"具体项目，在项目设计阶段协助企业进行风险排序；摸底沿线重点项目进展，根据项目推进需求，设计研究课题；切实推动研究方法创新，增加定量分析、情景模拟、沙盘推演以及大数据分析等研究方法，配合进行可行性研究等。

"一带一路"智库合作联盟将助力媒体型智库发展，有效发挥媒体的舆论管理能力，促进其与沿线国媒体交流与合作，加强分析沿线国家社会文化，客观叙述"一带一路"发展故事。新华社国际传播研究中心常务副主任张崇防指出，媒体型智库应利用自身布点广泛的优势，构建海外社交网络平台，及时将各地区的民众声音吸收为智库进行国别研究的重要素材。

　　兰州大学中亚研究所所长杨恕指出，当前各个城市都在争取成为"一带一路"建设的重点地区，大家谈机遇多、谈困难少，缺少问题意识。"一带一路"智库合作联盟在发展过程中还须始终秉持问题导向性原则。中国现代国际关系研究院副院长傅梦孜认为，智库联盟在建立初期就应加强问题设计方面的研究，针对战略决策中的不确定性进行问题界定。中国社科院亚太与全球战略研究院院长李向阳在总结当前"一带一路"研究时，列举了"一带一路"研究中首先要解决的八对关系问题：即政府与企业的关系、中央与地方的关系、历史与现实的关系、经济目标与非经济目标的关系、机制合作与非机制合作的关系、利益让渡与利益获取的关系、比较优势与创造新优势的关系、对外开放与国家安全的关系。"一带一路"智库合作联盟将通过对"一带一路"项目的调研、跟踪，廓清本质问题，设计问题清单，协调统筹智库资源，探究解决之道。

实现相关研究机制的对接

　　"一带一路"智库合作联盟成立大会还邀请了国家发改委、外交部、商务部相关司局负责人和院校代表围绕《推动共建丝绸之路经济带和 21 世纪海上丝绸之路的愿景与行动》文件、亚洲基础设施投资银行、丝路基金以及"一带一路"基础设施互联互通项目进展等进行了情况介绍和政策解读。与会代表就智库在"一带一路"建设过程中应当扮演的角色、"一带一路"建设给沿线国家带来的机遇等问题进行了研讨。

　　"一带一路"智库合作联盟将建立信息发布平台，发挥政策信息发布和信息交流的枢纽作用，实现地区研究与中央决策相对接、中国研究与海外研究相对接、项目研究与项目实施相对接，进一步明确智库联盟定位以及研究成果报送、反馈、转化机制。中国社科院世界政治与经济研究所所长张宇燕表示，"一带一路"的机制建设应与已有机制发展相结合，将金砖银行、亚洲基础设施投资银行、丝路基金等"一带一路"的货币机制协同运作起来。加强"一带一路"新机制与金砖国家、上合组织等既有机制的协调，互相补充，相得益彰。

诸多与会专家还建议，提高"一带一路"智库合作联盟理事会秘书处与中央决策部门沟通的及时性，不定期向成员单位发布权威信息。中共中央对外联络部作为牵头单位，可以发挥政党外交优势，调动沿线国家使领馆的积极性，智库交流与政党外交相配合，搭建公共信息服务平台，按照领域、区域、国别、目标对选题进行分类研究，做好课题选题规划，引导研究课题布局。当代世界研究中心作为智库联盟秘书处将主动与国家社科基金管理部门加强沟通，联合发布涉及"一带一路"的课题研究项目指南，从而实现统筹协调，避免盲目追风和扎堆研究。

在未来的发展中，"一带一路"智库合作联盟还将加强巩固理事单位智库与全球性、沿线国家或域外大国有影响的智库之间的交流与合作机制。利用国内外网络，借用外脑，开展联合研究和委托调研，实现"一带一路"学术研究机制的多样化与可持续发展。

推动沿线国家的智慧交流

"一带一路"智库合作联盟成立大会讨论通过了《"一带一路"智库合作联盟章程》，并发表《"一带一路"智库合作联盟成立宣言》。联盟对"一带一路"沿线国家和域外国家所有智库保持开放，传承和弘扬"和平合作、开放包容、互学互鉴、互利共赢"的丝路精神，推动亚欧非各国的互利合作不断迈上新台阶。联盟将不断凝聚国内外各方力量，围绕"一带一路"建设开展政策性、前瞻性研究，为中国及沿线国家政府建言献策，增进国家间政策沟通，推动各方将共商、共建、共享原则落到实处。

国家发改委学术委员会秘书长张燕生指出，"一带一路"是要构建以发展为主题的合作新模式、和而不同的合作新理念、共享发展的合作新机制。目前有很多理事单位已在国外建立自己的分中心，如中国南海研究院已在美国设立分中心，云南财经大学亚太中心已在新加坡建立分中心等。"一带一路"智库合作联盟将进一步推动与沿线国智库交流合作，积极通过互派访问学者参与课题联合研究，激活沿线国家对"一带一路"的研究热情。

智库联盟还将致力于以智库交往带动人文交流，通过与各国智库共同发布联合研究报告等方式，增进"一带一路"沿线民众对倡议的准确理解，增进各国之间的友好感情，为"一带一路"建设营造良好的舆论氛围，打造坚实的社会民意基础。南开大学周恩来政府管理学院院长吴志成建议要结合中国的对外援助资源，推动沿线国新兴智库发展。他指出，中国长期的对外援助是单项的，必须转向合作的、互利互惠的可持续发展模式。零点研究咨询集团总裁袁岳建议在国际交流中设置中国日（China Day）活动，重视中国留学生组织的发展，加强中国青年与沿线国青年的交流。

中国人民大学重阳金融研究院执行院长王文建议通过国际交流平台引导海外智库学者参与议题设置，反向观察他们的关注点。与会专家还指出，智库合作联盟需在各智库发布报告时进行审核评估，做到"内外有别"，避免外方误解。外交部国际经济司参赞高振廷指出，推进智库国际交流，通过在国外举办论坛、举办片会研讨，推动智库与沿线国有影响力智库合作，带动沿线发展中国家新兴智库参与"一带一路"建设。中国社科院亚太与全球战略研究院李向阳认为，"一带一路"是以运输通道为纽带、以互联互通为基础、以多元化合作为特征的促进全球经济一体化的新途径。

"一带一路"智库合作联盟的成立得到了社会的广泛关注。正如联盟成立宣言所倡导的那样，联盟力求打造汇聚知识和智慧的平台，为"一带一路"建设建言献策，为人文交流舒经通络，为地区发展贡献力量，协力同心、群策群力。以共同研究带动民心相通，以调研先行优化跨国合作，以项目驱动引领沿线国家智库发展，吸纳全球智慧，助力共同发展。

（原文发表于《当代世界》2015 年第 5 期）

凝聚国际智慧 助力"一带一路"
——"一带一路"国际智库合作联盟研讨会侧记

余凯茜 中共中央对外联络部研究室

二月的深圳,绿树环绕,春意盎然。2016年2月22—24日,由中共中央对外联络部当代世界研究中心、深圳市人民政府和复旦大学共同举办的"一带一路"国际智库合作联盟研讨会在这里召开,国内外近120位代表齐聚一堂,共话"一带一路"建设,共谋智库合作未来。

"智库联盟"稳步走向国际化

通过智库合作助力"一带一路"建设,这一实践最先起步于国内。2015年4月和12月,中联部当代世界研究中心牵头召开了两次会议,联合国务院发展研究中心、中国社会科学院、中国国际经济交流中心、复旦大学等国内智库,共同发起成立了"一带一路"智库合作联盟。截至2015年年底,"智

"一带一路"国际智库合作联盟研讨会会场。

库联盟"国内成员已达82家。与此同时,来自沿线国家的许多智库也纷纷与"智库联盟"秘书处联系,表示愿加入这一智库联盟,共同为"一带一路"建设献智献策。为回应国际上的这一期待,推动"智库联盟"走向国际化,切实助力"一带一路"建设进程,当代世界研究中心特牵头举办此次会议。

本次会议吸引了50多个国家的60多位外国前政要及智库代表参加。广东省委副书记、深圳市委书记马兴瑞,中联部副部长、当代世界研究中心理事会主席郭业洲,吉尔吉斯斯坦前总统萝扎·奥通巴耶娃,奥地利前总理阿尔弗雷德·古森鲍尔,汤加前副首相萨缪·瓦伊普卢出席开幕式并分别致辞,深圳市委副书记、市长许勤主持开幕式。还有来自英国国际战略研究所、贝尔格莱德世界公平论坛、瑞典安全与发展政策研究所、欧洲进步基金会、俄罗斯战略研究所等国际知名智库的专家学者与会。

"一带一路"国际智库合作联盟的启动仪式上,与会嘉宾代表共同点亮触摸球,屏幕上礼花绽放,会场里掌声雷动。随后在开幕式上,会议宣读了《"一带一路"国际智库合作联盟·深圳宣言》，向沿线国家人民发出了真诚的呼吁，向国际同行发出了真诚的邀请，"一带一路"国际智库合作联盟正式启动！

走向国际化的"智库联盟"如何更好地助力"一带一路"建设？中联部部长宋涛在会见外方主要代表时表示，智库既是"政策源"，又是"舆论源"，前政要和智库学者在研究问题时可以从战略高度和长远角度向各自国家政府提出政策建议，推动政策沟通和发展战略对接，同时也可通过对"一带一路"的客观深入解读，帮助沿线国家民众更好地了解这一倡议。建议大家在"智库联盟"框架下多开展战略性、前瞻性和针对性研究，切实服务于"一带一路"建设进程。

郭业洲在开幕式上建议，"智库联盟"应通过建言献策推动沿线国家间发展战略对接，通过创新探索推动各国间合作质量和效益的提升，通过深入解读增进沿线国家民众对"一带一路"的了解和认可，通过智库交往汇聚命运共同体的理念共识。

共话丝路建设的现状和未来

"丝路对话"，是"智库联盟"框架下一个共享信息、交流看法、汇聚智慧的重要活动。首届"丝路对话"嵌入了此次深圳会议之中。商务部前副部长、中国国际经济交流中心副理事长魏建国，深圳市人民政府副市长陈彪，中国社会科学院世界经济与政治研究所所长张宇燕，国家发改委西部司巡视员欧晓理等围绕"一带一路"的积极意义、早期收获和最新推进情况以及如何发挥智库作用等进行了权威解读，从不同角度回应了外方关切。

"'一带一路'倡议可视为中国第三次改革开放"，魏建国表示，"如果说第一次改革开放的标志是20世纪70年代末邓小平同志将深圳等地设为经济特区，那么第二次改革开放的标志就是中国加入WTO。这两次改革开放的共同点是把国外的资本、技术、管理模式等引入中国，而以'一带一路'倡议为标志的第三次改革开放，则是要引导中国资本、技术"走出去"，让沿线国家共享中国的发展成果。"

"一带一路"国际智库合作联盟的启动仪式上,与会嘉宾代表共同点亮触摸球。

"起步顺畅,开局良好"是欧晓里对"一带一路"推进情况的总结。他用五个"一"来阐释这八个字:一个顶层设计、一系列国际共识、一系列合作协议、一批重点项目、一套保障支撑体系。对于下一步将如何继续推进"一带一路",他表示,相关部门将沿愿景文件规划的"重"点方向,推进基础设施互联互通和国际产能合作两个"重"点领域,首先使一批"重"点国家成为"一带一路"建设的受益者,继续打造一批有影响力的、标志性的"重"点项目。

"一带一路"建设中应如何加强金融监管,防范金融风险?针对外方这一关切,张宇燕表示,"一带一路"建设的总体方向就是要扩大市场规模,促进全球经济增长。为实现这一目标,除了在物质层面推动基础设施互联互通、产能合作,还需要在制度层面加强规则设计,出台相关法律法规,加强政府监管,降低交易成本,减少不确定性,提供更多创新激励;在货币层面则需要更多资金支持,构建一个有效的国际化金融市场,推动国际货币体系多元化；在理念层面，需加强民心相通，传播自由贸易理念。他强调，"一带一路"的主角是企业，但需要智库在政策建议、服务咨询等方面给企业合作创造条件，因此"智库联盟"在推动"一带一路"建设上大有可为。

"一带一路"建设中的安全风险也是外方代表普遍关心的问题。有代表提问，"一带一路"如何防范和应对来自国际安全和地缘政治方面的风险和挑战？阿富汗会否因安全问题在"一带一路"建设中被边缘化？"一带一路"建设对维护中东和平稳定有什么作用？针对这一系列问题，几位专家表示，"一带一路"的重要理念就是通过互联互通建设，提升相关各国相互依存程度，推动沿线国家经济发展和民生改善，从而帮助化解安全困境，从根本上应对安全威胁。"一带一路"是一个开放的系统，不会将任何国家排除在外，各国应主动以发展促安全，以安全求发展，促成二者间的良性互动。

指路、出招、解惑

本次会议的研讨主题为"'一带一路'建设：融通·创新·可持续"。与会代表围绕"更加顺畅的互联互通""加强各方发展规划对接"和"实现共同可持续发展"三个分议题开展了深入研讨，纷纷为"一带一路"建设和"智库联盟"发展"指路""出招""解惑"。

指路，就是从顶层设计角度考虑"一带一路"建设如何推进。代表们认为，"一带一路"建设在战略对接过程中，要做好调研沟通，做到因地制宜、"一国一策"。欧洲进步研究中心主任斯泰特表示，加强各国间发展战略对接要平衡好各方面利益关切，切实做到互利共赢，发现并排除潜在的合作障碍，循序渐进地推动对接。斯洛伐克亚洲研究所副所长理查德·图尔参维则表示，中国在推进"一带一路"基础设施建设过程中也要注意了解对象国的社情民情，充分调动起私营企业参与的积极性。

出招，就是为解决"一带一路"建设中遇到问题提供解决方案，并对可能出现的问题、风险、挑战等进行预警预判。"一带一路"面临的地缘政治障碍、安全困境和金融风险等是代表们关心的问题，也是"一带一路"建设过程中必须成功应对的问题。保加利亚"斯拉夫人"基金会主席扎哈里埃夫表示,"一带一路"建设以发展和联通为主要内容,会减少贫困,增进互信,促进地区稳定。除了基础设施的"硬联通","一带一路"也推动思想理念、规章制度等方面的"软联通"和人员交流、民心相通等方面的"人联通",这有助于从根源上消除沿线地区的安全隐患。此外,与会专家对如何走出一条绿色、低碳、可持续的发展之路也给出建议,如发展绿色金融,建立有公众参与的、有约束力的环境保护和监管制度等。

解惑,就是对"一带一路"沿线国家政府和民众做好增信释疑工作。与会代表普遍表示,为政府提供咨询、为国家间发展战略对接提出建议、加强政策沟通、增进战略互信,将是丝路沿线国家智库的重要使命。同时,民心相通是各方发展规划对接的重要前提,智库应更好地向国内民众阐释"一带一路"倡议及其理念,并及时反馈民意,让"一带一路"更好地契合沿线各国的发展和利益需求。波兰亚洲研究中心主任瑞德兴就强调,智库应该积极充当起联系政府、媒体和民众间的桥梁,让相关概念和倡议得到更好的理解和支持。

书写互利共赢新篇章

为期一天的研讨结束后,与会代表颇有些意犹未尽之感。次日,为帮助与会人员更全面深入地了解中国对外开放的坚定信念,主办方又组织部分与会代表赶赴北京,访问国家发展与改革委员会、中国国际经济交流中心等机构,与相关负责人围绕"一带一路"推进情况举行座谈。随后又前往中国西南地区对外开放的龙头城市——重庆进行实地考察。还有一批参会人员与腾讯、中兴、华强文化等深圳高新技术企业进行了座谈交流,碰撞出更多思想的火花。

"思想先于行动,犹如闪电先于暴风雨"。与会代表纷纷表示,希望在"智库联盟"框架下开展实质性合作,真正在"一带一路"建设过程中发挥咨政建言和人文交流的功能。针对外方的期待,郭业洲表示,当代世界研究中心愿与各成员机构一道，秉持灵活开放的原则，以"丝路对话"为抓手，将相关工作做扎实、做出彩。此次聚首深圳只是起点，我们有理由相信国际智库合作联盟将在"一带一路"建设中发挥重要作用，共同书写互利合作、共同发展的新篇章！

（原文发表于《当代世界》2016年第4期）

共同打造智库联盟升级版
—— "一带一路"智库合作联盟理事会暨专题研讨会综述

黄 蕊　当代世界研究中心

　　2017年2月24日,"一带一路"智库合作联盟理事会第三次会议暨专题研讨会在京举行,会议由中共中央对外联络部当代世界研究中心与中国人民大学重阳金融研究院联合主办。来自全国93家智库和研究机构代表200余人出席会议。

　　中共中央对外联络部副部长、"一带一路"智库合作联盟（以下称"智库联盟"）理事会共同理事长郭业洲,复旦大学党委书记、智库联盟理事会共同理事长焦扬,中国国际经济交流中心副理事长、智库联盟理事会共同理事长魏建国出席会议并致辞。当代世界研究中心主任、智库联盟秘书长金鑫主持会议。

　　郭业洲在致辞中指出,经过两年多的努力,智库联盟龙骨已经搭建、机制正在逐步完善。我们要乘势而为,强大自身,努力打造智库联盟的升级版。

这次会议是建设升级版智库联盟的重要开端。在世界乱象纷呈、发展方向迷茫和发展动力缺失的背景下，智库联盟的建设任重而道远。智库联盟今后应在以下三个方面继续努力：一是从政治引领的高度，发挥智库联盟引导作用。加强方向引领，引导国际社会正确认识我们提出的合作共赢思想主张；加强理念引领，深入了解共商、共建、共享建设理念，引导国际社会认同关于新型全球化、全球治理的"中国看法"和"中国主张"；加强认知引领，增进国际社会对我们党情、国情、社情、民情的了解和尊重，寻求沿线国家之间的共识与认同。二是从智力支持的角度，提高对"一带一路"建设的贡献率。要从全球的高度和历史的角度思考"一带一路"建设的推进思路和路径，为中央决策提供更高水平的智力支持。三是从机制建设的维度，进一步优化运作模式。要加强机制创新，把智库联盟做实做强，争取把联盟逐步打造成全球涉"一带一路"研究的高端学术交流、联合研究、咨政建言、聚拢人脉、权威宣介、引导舆论的核心平台，成为国内外标杆性的高端智库联合体。以智库联盟为平台，形成最大的合力，切实为推进"一带一路"建设贡献智慧与力量。

智库联盟成立两年来，在理事单位的共同努力下，已经形成拥有一百多家国内外智库的国际合作网络。智库联盟建设写入了国家十三五发展规划，成为十三五规划中的一个专有名词。2016年，智库联盟在智力服务"一带一路"建设方面，主要开展了以下三方面的工作：一是深入推进智库联盟的国际化进程，努力扩展智库联盟的"朋友圈"。2016年我们深入推进机制框架的完善工作，通过双边会谈、多边论坛、来出访等多种方式，搭建起智库联盟国际智库框架，先后吸纳了30余家"一带一路"沿线国家的主流智库作为国外理事单位，邀请埃及前总理沙阿夫等多位国外政要为外籍顾问。智库联盟及各成员单位还通过赴中亚、俄罗斯、南亚、东南亚、欧洲、中东等地交流访问，积极扩展智库人脉网络，广泛宣传智库联盟。经过两年多的不断探索，智库联盟成员覆盖面不断扩大，国际知名度日益提升，已经成为沿线国家各界人士了解"一带一路"倡议的重要平台。二是围绕"一带一路"开展战略性、前瞻性、针对性调研，为"一带一路"建设提供高水平智力支持。从战略高度和长远发展角度，开展对顶层设计方面的研究，对"一带一路"的机制化、话语体系、风险安全、热点难点等问题进行调研，为中央提供了宏观政策咨询。对沿线地区国家的研究，理事单位根据各自优势，围绕推进"一带一路"建设对东南亚、南亚、中东欧、中东等地区深入开展调研。三是积极打造交流合作平台，切实推进信息共享、资源共享和成果共享。2016年智库联盟秘书处重点举办了三场大型国际活动：与复旦大学、深圳市人民政府合作举办了"一带一路"国际智库合作联盟启动会，与福建省外办、复旦大学、华侨大学等在厦门联合举办了"21世纪海上丝绸之路暨国际产能合作研讨会"，与中国人民大学重阳金融研究院在义乌联合举办了"2016中国（义乌）丝绸之路经济带城市国际论坛"。国内外媒体对这些活动给予了广泛报道，相关会议成果也得到中央领导同志的肯定性批示，许多成员单位也充分发挥主观能动性，走出去、请进来，举办了一系列国际研讨会，还组织开展了"一带一路"主题访学、"一带一路"高级政务研修班、"一带一路"国际暑期学校、"一带一路"留学生研究会等丰富多彩的活动，发挥了政策宣介和认知引领作用。

智库联盟打造升级版的过程中，将积极探索"智库+"模式，发挥跨领域合作"黏合剂"作用，不断加强政府、企业、学校、媒体等跨界合作；积极打造以智库联盟为枢纽的网络化体系，进一步加强与沿线国家智库的交流合作。参加本次大会的智库背景也涵盖了政府、企业、学校、媒体等多个方面，智库代表分别从不同角度提出了智库在"一带一路"建设过程中的担当与责任。中国国际经济交流中心副理事长、"一带一路"智库合作联盟共同理事长魏建国在致辞中表示，全球智库合作适逢历史最好时期，新型国际智库合作模式为打造人类命运共同体提供了更高水平的视野。中国智库要抓住这个历史机遇，与全球智库共享人类智慧，共谋人类发展。复旦大学党委书记、"一带一路"智库联盟共同理事长焦扬在致辞中表示，以智库合作联盟为依托，高校为主体的智库研究机构将发挥综合性研究优势，将国内外分散的信息资源系统化；积极突出育人功能，促进人才"走出去"，加强"讲好中国故事"的骨干人才培训。

在智库联盟理事单位的共同努力下，智库合作联盟已经搭好龙骨，接下来将进入"分隔断，内装修"阶段。智库联盟秘书处初步确定六大经济走廊、海上丝绸之路、澜沧江—湄公河合作机制国际智库网络建设的牵头单位。具体分工为：中国人民大学重阳金融研究院牵头亚欧大陆桥，内蒙古自治区发展研究中心牵头中蒙俄经济走廊，兰州大学牵头中国—中亚—西亚经济走廊，广西大学中国东盟研究院牵头中国—中南半岛经济走廊，中国社会科学院蓝迪国际智库牵头中巴经济走廊，广东国际战略研究院、华侨大学和大连海事大学联合牵头21世纪海上丝绸之路，当代世界研究中心、深圳发展研究中心、云南省社科院联合牵头澜沧江—湄公河合作机制国际智库网络建设。在智库联盟的指导和统筹下，由牵头单位负责联系相关国家主流智库，组织召开相关国际国内研讨会，开展有针对性的调研。

本次大会上新增聘理事单位35家。全国人大外委会副主任委员、中国社会科学院蓝迪国际智库项目专家委员会主席赵白鸽，北京师范大学校长董奇，中国华信能源有限公司总裁、当代世界研究中心理事会副主席陈秋途分别代表新增理事单位和副理事长单位发言。会议还邀请商务部综合司巡视员宋立洪、中国社科院亚太与全球战略研究院院长李向阳、首都文化创新与文化传播工程研究院院长于丹、外交部国际经济司参赞张维利、中国人民大学副校长吴晓球等嘉宾作了大会发言。赵白鸽提出,"一带一路"是新的经济增长点重要环节,将引导中国全面进入改善全球治理结构的过程中。智库联盟在这个过程中既拥有"位能"又拥有"势能"。董奇说,"一带一路"不仅是经济带,也是文化带;既是发展之路,更是文明之路;彰显中国传统文化魅力,助力中国文化走出去和"一带一路"沿线文明互鉴。陈秋途表示,随着"一带一路"向纵深发展,参与国家和地区不断增加,政策措施密集落地,项目领域不断延伸拓展,这需要更具创造性的思路、方法应对和解决面临的全球性问题。这种创新合作的关键是智力。发展中国特色新型智库和智力资源已经成为国家战略,是国家软实力的重要组成部分。

期间,与会代表围绕"一带一路"建设的推进经验与主要难点、如何打造"一带一路"升级版、如何做实做好"一带一路"民心相通工作三个分议题进行分组讨论,积极为推进"一带一路"建设建言献策。

(原文发表于《当代世界》2017年第3期)

优势互补、合作共赢成为中德关系的主旋律
——"一带一路"与新时期中德合作对话会侧记

魏银萍　《当代世界》杂志社记者

六月的江南，烟雨濛濛，如诗如画。与崇明岛隔江相望，有上海北部后花园之称的太仓被笼罩在绵绵细雨中，天地间弥漫着的水汽凝结成细微的水滴悬浮于空中。2015年6月1—2日，由中国经济联络中心、德国鲁道夫·沙尔平战略咨询交流有限责任公司和西门子股份公司联合主办，江苏省太仓市人民政府、中国国储能源化工集团股份公司承办的"一带一路"与新时期中德合作对话会在江苏省太仓市召开，来自中外政界、工商界、智库、媒体等各界嘉宾共120余人出席了对话会。对话会围绕"'一带一路'与中德、中欧合作""中德在可持续发展、贸易、金融、物流等合作领域的挑战与机遇""现代化与节能环保、城镇化与绿色旅游"和"国际化法制化营商环境与中德企业合作"四个议题进行了深入交流探讨。中共中央对外联络部副部长周力，江苏省副省长张雷，德国社民党前主席、前国防部长鲁道夫·沙尔平，商务部

中联部副部长周力（左四）和德国社民党前主席、前国防部长沙尔平（左三）等为大会启动开幕。

中德经济顾问委员会主任王凯，中国国储能源化工集团公司董事长陈义和出席开幕式并致辞。太仓市委书记王剑峰代表会议承办方和主办地，参与了深层次的研讨和交流。此次对话会的成功举办标志着由中国经济联络中心着力打造的"一带一路"工商界对话平台正式启动。

"一带一路"为中德、中欧关系全面发展提供新机遇

当今世界正发生复杂深刻的变化，国际金融危机深层次影响继续显现，世界经济复苏缓慢、发展分化，国际投资贸易格局和多边投资贸易规则酝酿深刻调整，各国面临的发展问题依然严峻。就中国和欧洲而言，一方面，自2008年金融危机以来，欧洲国家便陷入沉重的债务危机之中，久久难以摆脱。沉重的债务负担不仅影响了个别欧洲国家（特别是希腊），而且对整个欧洲地区的经济发展造成了极其不利的影响。债务危机的背后折射出欧洲国家的

经济结构亟须调整的现实。另一方面，受国际经济复苏缓慢、国际市场需求疲软以及自发的经济结构调整和转型升级影响，中国经济也面临着严峻的下行压力。

2013年9月和10月，中国国家主席习近平在出访中亚和东南亚国家期间，先后提出共建"丝绸之路经济带"和"21世纪海上丝绸之路"（以下简称"一带一路"）的重大倡议，引起国际社会高度关注。在中欧都面临比较严峻的经济发展问题的大背景下，"一带一路"倡议的提出显然为中德、中欧合力解决彼此面临的问题和挑战提供了重大机遇和广阔的合作空间。正如中共中央对外联络部副部长周力在开幕式致辞中所言，当前国际形势深刻变化、世界经济缓慢复苏，习近平主席提出建设"丝绸之路经济带"和"21世纪海上丝绸之路"重大合作倡议为"一带一路"沿线国家经济、社会发展提供了前所未有的机遇。作为丝绸之路的终点，欧洲国家的作用及其参与合作所面临的预期收益无疑是巨大的。

德国是欧洲经济复苏和发展的"顶梁柱"，新时期深化发展中德合作对中欧关系的全面发展具有重要意义。"一带一路"倡议若要在欧洲顺利开展，没有德国的支持和参与将很难实现。因此，德国各界对"一带一路"倡议的态度便显得十分重要。通过此次研讨会的召开可以发现，与部分国家对"一带一路"倡议流露出的疑虑不同，德国各界看到的更多的是合作的机会。德国社民党前主席、前国防部长鲁道夫·沙尔平谈到，中国"一带一路"倡议得到了德国政治、经济、文化各界高度重视。他表示，2015年是"中德合作创新年"，也是中国政府正式对外发布《丝绸之路经济带和21世纪海上丝绸之路愿景与行动》的元年。在此背景下，召开"一带一路"与新时期中德合作对话会，加强两国政界、工商界、智库和媒体的互动、交流，并就相关议题展开研讨，无疑具有重要意义。

"一带一路"倡议的顺利实施当然离不开国家的支持，但地方政府和企业广泛参与也是极其重要的，特别是具体项目的落实更是离不开企业的参与，这也是此次对话会选择在江苏太仓举办并为企业"搭台唱戏"的原因之一。鉴于独特的区位优势，江苏在联结中欧、中德合作中将扮演独特的角色。江苏省副省长张雷在开幕式致辞中承诺，愿主动配合国家重大外交战略的实施，鼓励企业抢抓"一带一路"商机，充分发挥"新亚欧大陆桥经济走廊"中的连云港、徐州和"海上战略支点"中的张家港、太仓等港口的独特区位条件和支点作用以及太仓作为"中国德企之乡"的优势，拓展对内对外开放新空间，推动新时期中德、中欧合作更上一层楼。在国家的积极推动下，在地方政府和企业的广泛参与下，相信"一带一路"倡议能为中德、中欧关系发展提供全新的机遇。

"一带一路"使中德两国经济在互补中前行

中国和德国分别是世界第二和第四大经济体，都是贸易大国和制造业大国，这是中德两国在经济层面展现的相似性。尽管如此，中德两国还是存在相当大的差异，德国是市场经济比较成熟的发达经济体，中国则是市场经济制度需要进一步完善的发展中经济体；德国制造业不仅发达而且科技含量高，处于制造业链条的高端，中国虽然是"世界工厂"，但正处于制造业转型升级过程中，亟须引进技术、借鉴经验；德国城市化水平已达到比较高的水准，中国城市化进程正处于快速发展过程中，城市人口的规模不断扩大，这将带来更为巨大的市场需求；等等。中德两国经济存在的种种差异，为双方开展合作奠定了坚实的基础。正如中联部副部长周力所言，中德两国经济互补性强，合作前景广阔，中国市场和德国技术的结合，中国速度和德国质量的联手，将进一步推动中德创新合作伙伴关系的不断深化。

德国是欧洲最大的经济体，是中国在欧洲最大的贸易伙伴、外资和技术引进来源地，中德贸易额占中欧贸易的近三分之一，鉴于这一事实，中德深化合作不仅于双方有利，而且对欧洲经济复苏、中欧经济关系深化发展具有重大意义。"一带一路"倡议的提出，恰好为新时期中德两国的经济合作开辟了新的增长点。然而，新的增长点和合作空间具体体现在哪些方面？这需要中德双方共同探讨和研究。为此，此次对话会分别设置了"中德在可持续发展、贸易、金融、物流等合作领域的挑战与机遇""现代化与节能环保、城镇化与绿色旅游"和"国际化法制化营商环境与中德企业合作"等议题，发掘中德进一步深化合作的潜力，这也体现了"一带一路"倡议坚持共商、共建、共享的精神。

在为期两天的会议中，与会政界、工商界、学界和媒体等领域的专家、学者和企业家围绕以上议题，纷纷发表看法，探索中德深化合作的新领域、新空间。与会人员普遍认为，"一带一路"倡议可以为中德两国发挥各自优势、深化合作提供新契机，中德两国可以开辟更多新的增长点，具体可总结概括为以下几个方面。

一是制造业转型升级。中国是制造业大国，但还不是制造业强国，中国需要淘汰高污染、高能耗的低端制造业，并通过引进技术、完善管理等方式逐步实现向高端制造业的转移。作为制造业强国，德国企业已基本完成由 2.0 向 3.0 的过渡，正在向 4.0 升级。而中国还有大量企业处于 2.0 的阶段，因此中国可以向德国学习经验、引进技术。德国达姆施塔特工业大学能源中心及地热技术实验研究所所长罗尔夫·卡岑巴赫表示，德国有先进的技术，已经应用在高层建筑、地基建造等方面，可以使建筑物节能、有高效的热能。可以与中国开展合作，虽然成本比较高，但是对可持续发展具有重要意义。

二是城市化。这涉及两个方面的问题。其一是建设什么样的城市，在这方面，德国的城市化远远走在中国前面，可以向中国提供经验。正如国家发改委宏观经济研究院研究员张建平所说，中国目前城镇化率只有 53%，比发达国家城镇化水平都低，中国需要借鉴发达国家的宝贵经验，也要让自己的城镇化有特色、宜居、舒适、环保。德国欧博迈亚工程咨询（北京）有限公司总经理斯蒂芬·彦驰也表示，中国正在进行城市化，到 2050 年会有更多的人口在城市生活，在建设城市时，就需要提早进行规划，建设绿色建筑，鼓励环保建筑材料和相关技术的研发。从经济上看，虽然初期投入较大，但长期使用能降低成本，有利于可持续发展。其二是中国的城市化可以为德国企业创造机会。德国企业不仅可以参与中国的城市化进程，更重要的是中国的城市化可以释放巨大的市场需要，这对德国企业而言无疑是重大利好。中油金鸿能源投资股份有限公司总经理张更生在发言中就表示，中国具有广阔的市场，德国有先进的技术，双方可依托优势进行合作，中德两国的合作让两国经济在互补中前行。

三是制度合作。制度可以促进合作，也可能阻碍合作，国际合作能否顺利开展很大程度上取决于设立什么样的制度。"一带一路"倡议不单单是"修路筑坝"，它还涉及规则、制度等软环境。中国社会科学院世界经济与政治研究所所长张宇燕认为，"一带一路"涉及的沿岸国家有几十个，通过制度、规则逐渐的一体化，把制度和规则的障碍清除，可以扩大市场规模。因为经济增长的源泉之一，就是市场规模的扩大。因此，诸多与会人员表示，中德合作不仅要体现在资金、技术等方面，还要加强在标准、规则、法律、制度等领域的合作，为双方经济合作实现优势互补和推动中欧经济关系持续健康发展提供强大的制度保障。

除了探讨在"一带一路"倡议的背景下中德经济合作的新增长点之外，与会企业家还利用对话会这一平台纷纷展示所代表的企业的优势及发展方向，洽谈企业合作意向。这也从一个侧面反映了此次对话会务实、灵活的特点。

结语

6月1日上午，中德两国与会人员参观考察了太仓港集装箱码头、中德合作成果展示馆、通快（中国）有限公司、AHK－上海、健雄职业技术学院专业技术工人培训中心，见证了中德合作的累累硕果。六百年前，中国航海家郑和将太仓作为开辟海上丝绸之路的起锚地。六百年后，这里又吸引了众多德国企业纷至沓来。目前太仓新区已入驻德资企业220多家，项目总投资20亿美元，被国家商务部和德国经济部共同授予了中国首个"中德企业合作"基地称号，被誉为"中国德企之乡"。将太仓作为会议举办地，正契合了本次对话会"一带一路"与新时期中德合作的主题。

虽然会期只有短短两天，但是众多国内外专家学者在对话会上就"一带一路"与中德合作提出意见和建议，中德企业代表也在会上畅谈发展思路、表达合作意愿，大家在很多问题上都取得了共识。在此次会议中，中国国储能源化工集团董事长陈义和宣布该集团与中国经济联络中心合作建设的"一带一路"专业互联网平台正式启动，表达了要把网站建设好、功能发挥好以及扩大国际交流合作的决心。此次对话会通过党际交往推动了中德地方、企业间的经贸务实合作，为中德全方位战略伙伴关系的发展搭建了平台。在新时期下，"一带一路"战略为中德合作及中欧合作提供了机遇，双方合作前景广阔。相信在双方共同努力下，一定会取得更好的成果，推动中德关系及中欧关系迈上新台阶。

（原文发表于《当代世界》2015年第7期）

党际渠道增互信　中马企业话商机
——"一带一路"中国—马来西亚工商界对话侧记

高媛媛　中国经济联络中心

　　由中国经济联络中心和马来西亚华人公会（简称"马华公会"）共同主办的"一带一路"中国—马来西亚工商界对话（简称"中马工商对话"）于 2015 年 7 月 15 日在北京举行。中联部副部长周力、宁夏回族自治区政府副主席王和山、全国工商联副主席何俊明，外交部、国家发改委、工信部、商务部、社科院、国家发展研究中心和江苏省、宁夏回族自治区等地方省区市有关负责同志，马华公会总会长、政府交通部长廖中莱，马来西亚驻华大使再努丁·叶海亚，中马两国企业、智库和媒体等代表 400 余人共襄盛举，围绕"'一带一路'与中马合作""投资贸易——中马经贸合作的主线""金融创新——助力中马合作的发展""中小企业——中马合作的积极推动者""基础设施——'一带一路'建设的优先领域""'互联网+'改革发展的新动力"六个议题分享真知灼见，凝聚共识。中马工商对话还同期举办"中马清真食

马华公会总会长、政府交通部长廖中莱在开幕式上致辞。

品及穆斯林用品认证与合作""中马港口合作"分论坛,中马企业经贸合作洽谈会和参观考察等活动。

凝聚共识,实现互利共赢美好愿景

马来西亚毗邻马六甲海峡,是海上丝绸之路的重要节点国家。中马工商对话是深化两国在"一带一路"框架下进行交流合作的一次积极探索,为政商学界提供了一个交流互鉴推进合作的平台。周力指出,中国政府希望借助共建"一带一路"争取实现沿线国家共同繁荣、共同发展,马方可充分利用党际渠道,通过工商界对话平台,加强同中国智库、企业的沟通交流,共同探索"一带一路"新机遇。廖中莱表示:"自从高瞻远瞩的习近平主席宣布'一带一路'的宏图大计以来,可谓登高一呼,万山回应。世界各国对'一带一路'的关注,超出很多人的想象,马来西亚愿最大程度地参与'一带一路'

建设"。他还把"一带一路"形象地表述为"带路",也就是中国带领沿线国家走上繁荣发展之路的意思。他提出,中国在推进"一带一路"建设过程中坚持开放包容、道义为先、义利并举的原则,体现了厚德载物的恢宏气度,是真心实意地向周边国家提供帮助。叶海亚表示,"一带一路"建设有利于东盟地区的稳定和发展,马方将会积极参与,并发挥桥头堡作用。

来自发改委、社科院、国务院发展中心等单位的专家学者权威解读"一带一路"倡议以及为中马经贸合作带来的机遇与挑战。发改委宏观经济研究院专家张建平指出,"一带一路"建设不是独角戏,是双人舞,是集体舞。不是所谓的中国版"马歇尔计划",而是顺应世界经济发展需要,推动沿线国家脱贫致富的新国际区域合作倡议。国务院发展研究中心专家丁一凡指出,"一带一路"倡导合作理念、空间、领域和方式的开放包容,充分关注和考虑东南亚国家在基础设施建设和抵抗金融风险等方面的需求。中国社科院亚太与全球战略研究院的许利平主任强调,中马在"一带一路"框架下的合作具备"天时、地利、人和"的优势,马来西亚可以进一步突出先导和引领作用,在'一带一路'建设中占得先机。马华公会总秘书黄家泉指出,中国与东盟共兴共荣,"一带一路"倡议为东盟提振了信心,马来西亚作为东盟创始成员国、2015年的轮值主席国,是"一带一路"倡议的重要参与者和合作伙伴,期待分享中国经济发展带来的红利。

发挥党际交往优势,努力打造"一带一路"建设软环境

党际交往是沟通政策、深化互信、促进合作的重要途径。中国经济联络中心依托党际交往渠道开展"一带一路"工商界对话,积极宣介"一带一路"倡议及中国坚持和平发展、合作共赢理念,塑造中国良好的国际形象,与沿线国家和地区分享机遇、共迎挑战,为"一带一路"营造公共外交软环境。马华公会作为马来西亚执政党联盟国民阵线中代表马来西亚华人的单一种族政党,在华人群体中有着重要影响力。马方表示,作为2015年东盟轮值主席国,马来西亚将抢占制高点,打响东盟国家与中国在"一带一路"框架下合作的

第一炮。

本次对话会既是一次依托党际交往渠道推动务实合作的重要实践，同时也是一次发挥经济联络工作优势服务政党外交大局的有益探索。周力评价说，"此次对话会是依托中国共产党和马华公会党际交往渠道，推动'一带一路'框架下中马务实合作的一次有益尝试。"黄家泉也盛赞对话会是两党签署备忘录以来经贸领域合作的一大里程碑，丰富了两党交往的内涵，使党际交往成果更加"看得见、摸得着"。马华公会对于党际交往在推动两国经贸务实合作中的独特作用有了进一步的认识。马华公会副总会长王赛之指出，以马华公会名义组织企业来华尚属首次，但第一次就"一炮打响"非常难得，马方愿保持并深化与中国共产党良好的合作关系。

共话"五通"建设，热盼中马互利合作"钻石40年"

1974年中马建交以来，两国经贸合作取得了突飞猛进的发展，2014年，中马双边贸易额达到1020亿美元，占中国与东盟国家贸易额的四分之一。中马合作已经走过了"黄金40年"，为了更好地迎接好邻居、好朋友、好伙伴互利合作的"钻石40年"，"一带一路"倡议为双方共谋发展、共同繁荣提供了新的重大契机。

中马工商对话会上，代表们普遍认为中马"一带一路"框架下合作优势明显，应该继续加强政策沟通，增进政治互信，深挖现有合作资源，充分利用中马关系优势、地缘相近优势、经济互补优势、文化相通优势，实现共同发展与繁荣。国家发改委西部司巡视员欧晓理指出，"一带一路"战略提出"政策沟通、设施联通、贸易畅通、资金融通、民心相通"的"五通"内容，给双方提供了很好的合作机会，中国和马来西亚是隔海相望的邻居，真心相待的朋友，互利合作的伙伴，双方应在继承和发扬两国友好关系的基础上，推动全面战略伙伴关系不断向前发展，并将"一带一路"倡议与马来西亚旨在于2020年建成发达国家的"2020宏愿"跨世纪发展战略实现无缝对接。

廖中莱表示，"一带一路"建设水陆并进，马来西亚交通部已经从多方面做了准备。马交通部副秘书长蔡国清表示，设施联通首当其冲，马来西亚有包括港口、机场和东海岸铁路设施等多个基建发展项目亟待与中国企业共同开发，"21世纪海上丝绸之路"将会在中马之间铺就人员、商品高效流通的坦途。

中马钦州产业园管委会常务副主任高朴介绍说，"两国双园"（中国—马来西亚钦州产业园和马来西亚—中国关丹产业园）新模式正成为中国—东盟合作的示范区。马来西亚驻华使馆公使衔商务参赞翁忠义表示，"两国双园"的产业园合作模式、跨境电子商务平台等为两国经济合作指明了新的方向。马来西亚中华总商会中小型企业部主任孔令龙在与中国工信部中小企业局副局长田川交流时指出，马来西亚企业家普遍对参与"一带一路"表现出较大兴趣，尤其是中小企业，希与中方实现更多便捷、畅通的经贸合作。

马来西亚财政部副部长蔡智勇认为，两国在本币互换协议签订的基础上，可进一步深化金融领域合作，共同助力吉隆坡打造成为穆斯林世界的金融中心。马来西亚上议院议员何国忠指出，丝路基金、亚投行等的设立将有助于解决亚洲地区基建发展的燃眉之急，对东盟而言更是一场"及时雨"。

马来西亚穆斯林和华人分别占总人口52%和25%，华人和穆斯林群体是马来西亚多元种族、多元文化社会的重要组成部分，亦是中马共建"一带一路"互利合作伙伴的社会根基。廖中莱表示，马华公会新一届领导班子提出了名为"文明磁场"的全新施政理念，推动多元文明融合，以实现与"一带一路"合作倡议的政策对接。出席中马工商界对话活动的马来西亚企业家既有耄耋老者，更有意气风发的青年，纯正的华语、标准的简体字，同文同种的独特的渊源，使中马合作更平添了独特的气场和轻松的氛围。

创新服务地方经济建设、国内企业发展新模式

中马工商对话活动通过同期举行"中马清真食品及穆斯林用品认证及产业合作""中马港口合作"两个分论坛，并组织马方企业家去清华科技园和中国铁建股份有限公司参观座谈，为中马务实合作打造新亮点。欧晓理表示，

"一带一路"工商界对话平台提供了中国与沿线国家就经贸政策进行沟通、磋商的机制，有利于中国与相关国家找到利益的契合点。在当前经济新常态背景下，平台的机制化和常态化在服务地方经济建设，合理引导中国企业"走出去"方面重要性凸显。

宁夏回族自治区作为"一带一路"战略规划中内陆开放型经济试验区，主推面向阿拉伯国家、穆斯林地区及世界其他国家的交流与合作。会上，宁夏回族自治区人民政府民族事务委员会与马来西亚清真产业发展集团(HDC)就清真产品认证合作进行交流。两国企业就清真食品生产与加工、清真产业园建设等具体项目对接、洽谈。通过与马来西亚在清真食品和穆斯林用品行业的合作，有助于中国清真产业进一步走向国际市场。

马来西亚拥有巴生港等多个世界级最繁忙港口。近年来，两国政府企业港口合作不断深化。位于中国沿海经济带与长江经济带交汇点的太仓港是上海国际航运中心重要组成部分，是集装箱干线港，也是江海联运中转枢纽港。山东潍坊森达美港是借助马来西亚森达美集团资金、人才、管理、技术在黄河三角洲高效生态经济区建设的地区性重要港口。"中马港口合作"分论坛积极谋划、引导江苏太仓港和山东潍坊港等国内港口管理机构与马来西亚巴生港、甘马挽港相关职能部门以及企业就开辟新航线、共建临港关联产业等进行交流，争取以中马港口合作为突破口，推动"21世纪海上丝绸之路"建设。巴生港务局主席江作汉谈到，在广西北部湾集团成功收购关丹港40%股份后，持续释放马来西亚海上"红利"，成果虽卓著，未来更可为，马方港务部门和企业对两国深化港口合作、共同开辟海上丝绸之路新航线的前景充满期待。

（原文发表于《当代世界》2015年第9期）

共建"一带一路",携手实现互利共赢
——2015年"理解与合作"对话活动侧记

牟金玲 中国国际交流协会

2015年10月17日,中国国际交流协会与斯里兰卡—中国友好协会(简称"斯中友协")联合主办、中国和平发展基金会协办的2015年"理解与合作"对话活动在斯里兰卡首都科伦坡举行。活动主要内容包括斯里兰卡全国青年学生演讲比赛和中斯民间组织友好座谈会。

斯里兰卡—中国友好协会成立于1950年,系斯里兰卡国内较有影响力的对华友好组织,一直积极致力于发展斯中友好关系,是中国国际交流协会在斯重要合作伙伴之一。中国国际交流协会代表团2014年访斯期间,提议围绕"一带一路"倡议、促进中斯人文交流等议题与斯中友协在科伦坡联合举办2015年"理解与合作"对话活动,得到了对方的积极响应。

为增进斯里兰卡社会各界、特别是青年一代对构建"21世纪海上丝绸之路"的了解和参与,主办方精心设计了以"21世纪海上丝绸之路促进人类发展"为主题的斯青年学生演讲比赛，分僧伽罗语、泰米尔语和英语三个语种，设初赛、复赛、决赛三个环节。来自斯全国主要省市的中、高等院校学生踊跃报名参加，并积极围绕主题阐述观点和见解。选手们认为，中国的经济发展成就对包括斯里兰卡在内的"一带一路"沿线国家产生了巨大吸引力，参与建设"21世纪海上丝绸之路"，不仅能带动斯等周边国家的经济内需、改善民生，更有助于增强沿线国家的凝聚力、向心力，在互惠共赢的基础上构建和平、信任、友谊，最终实现人类共同发展这一重要目标。

斯方对演讲比赛高度重视，斯教育部担任该活动的支持单位，斯国家电视台对演讲比赛决赛进行全程播报，多家主流平面媒体对活动进行了跟踪报道，在斯民众、特别是青年学生中掀起了一股探讨"21世纪海上丝绸之路"的热潮。赛后，举行了简朴而隆重的颁奖典礼。全国人大常委会副委员长、中国国际交流协会副会长张宝文，斯里兰卡议长贾苏里亚，中国驻斯大使易先良，中国国际交流协会副会长艾平，中国国际交流协会秘书长倪健，部分斯政府官员及中、斯企业代表出席典礼。

同日下午，中国国际交流协会还举办了中斯民间组织友好座谈会。张宝文副委员长、易先良大使、艾平副会长、倪健秘书长等出席，刘凯阳副秘书长主持。斯中友协主席古纳提拉克、卡迪加马国际关系与战略研究所执行主任潘迪塔拉特纳、斯里兰卡政策研究所执行主任克勒格玛、探路者基金会执行主任斯里瓦德纳、斯中商务理事会主席阿贝赛克拉等先后发言，来自斯中社会文化合作协会、斯里兰卡—中国协会、斯中记者论坛、斯中企业商会、斯中商业合作委员会、斯中贸易投资促进会等斯主要民间组织、智库及商界代表与会。中斯双方就如何充分促进民间交流、推动中斯关系发展进行了深入探讨。斯方表示，斯里兰卡愿利用自身丰富资源和地理优势，积极参与"21世纪海上丝绸之路"建设。

作为中国国际交流协会创立的民间论坛，2015年"理解与合作"对话活动是2015年中斯一次人文交流的盛会，也是从民间外交角度增进中斯理解的有益尝试，加深了友谊，扩大了共识，促进了合作。

（原文发表于《当代世界》2015年第12期）

在理论与实践之间
——人类命运共同体理论暨"一带一路"推进思路会议综述

徐海娜　《当代世界》杂志社记者

三月的北京,姹紫嫣红,昆玉流碧。2016年3月22日,由中共中央对外联络部研究室和《当代世界》杂志社共同举办的人类命运共同体理论暨"一带一路"推进思路研讨会在中共中央对外联络部举行。会议共分为两个议题,人类命运共同体理论和"一带一路"推进思路。专家学者进行了理论专场讨论;企业界代表结合"一带一路"倡议,就中国企业"走出去"取得的成就、面临的挑战及应对策略进行了交流和讨论。

人类命运共同体:人类社会发展的终极目标

人类命运共同体这一理论应什么样的时代需求而生?其发展过程、思想

2016年3月22日上午，人类命运共同体理论主题的会议现场。

内涵及现实意义如何？这些都是本次会议深入探讨的问题。

一、诞生的时代背景及思想内涵

当前，国际格局处于深刻变动之中，新旧问题、非传统安全与传统安全威胁交织，人类面临着前所未有的共同挑战。外交学院副院长王帆教授表示，世界各国目前面临的整体威胁远远大于局部威胁，要求人类寻求更大的联合。而西方发达国家奉行弱肉强食的丛林法则，坚持赢者通吃的零和博弈，长久以来已成为冲突和战争的根源。在这种背景下，人类命运共同体的理论萌芽已经产生。

习近平主席在联大70周年的讲话中提出打造人类命运共同体要建立平等相待、互商互谅的伙伴关系，营造公道正义、共建共享的安全格局，谋求开放创新、包容互惠的发展前景，促进和而不同、兼收并蓄的文明交流，构筑尊崇自然、绿色发展的生态体系。中国国际问题研究院国际战略研究所所长陈须隆研究员认为，从十八大明确提出"人类命运共同体"概念，到习近

2016年3月22日下午,"一带一路"推进思路主题的会议现场。

平主席提出携手建设更为紧密的中国—区域命运共同体,再到习近平主席在联大70周年发表重要讲话,人类命运共同体理论实现了三次历史性飞跃,逐渐发展成为内涵丰富、意义重大的理论体系。清华大学国际关系学系赵可金教授认为,中国提出的人类命运共同体的新理念,是迄今为止对人类命运共同体的最为系统和详尽的阐述。

二、人类命运共同体理论的发展动因

人类命运共同体这一概念具有深厚的中西人文精神积淀,这也是它为国际社会广泛认可的根本原因。

首先,共同体概念源自于20世纪50年代欧洲一体化进程。王帆提出,欧共体成立之后,"共同体"就成为公认的区域经济合作联盟的代称。在此基础上,中国提出的命运共同体内涵更为丰富,指政治上互信、经济上互补、人文上互融的三位一体的联合。

其次,命运共同体的理念体现了东方智慧和中国优秀传统文化的传承。

王帆谈到，东方智慧强调正确看待自我与他者的关系，强调平等相待，不强加于人。国际政治的本质就是对"自身""他者"（其他国家）及其自身和他者之间关系的思考。赵可金认为，在全球化时代，中国提出人类命运共同体的主张也是在中华文明中追求天人合一、世界大同理想的产物。

第三，它是"和平共处五项原则"与"和谐世界"等中国外交理论与实践的深化与发展。中国现代国际关系研究院危机管理研究中心主任陈向阳研究员认为，人类命运共同体是对这两大对外战略思想的继承、发展及升华，落脚于人类社会发展的终极目标。"人类命运共同体"是习近平外交战略思想体系中的"顶层设计"，也是其不断完善中的"国际秩序观"。

三、构建人类命运共同体面临的挑战及解决路径

人类命运共同体尚处于"初级阶段"。陈向阳认为，人类命运共同体当前面临四大挑战：一是霸道强权的冷战思维依旧顽固。二是在全球层面，人类命运共同体的本质是要塑造平等相待、合作共赢的国际秩序，直接面临美国在各领域的压制围堵。三是在地区层面，地区和平与安全堪忧，中国推进"周边命运共同体"备受掣肘。四是文化上自我中心的文明冲突与环境上人类的无限欲望对自然消耗巨大，使人类应对危机的"集体行动"知易行难。

针对上述困境，北京第二外国语学院阿拉伯学院副院长侯宇翔提出，在深入贯彻人类命运共同体合作共赢根本精神的同时要寻求几个突破，如地域的突破、历史的突破、思想的突破、交通观念的突破和包括政府间国际组织、区域间国际组织等在内的平台的突破。陈向阳提出，应以"十三五规划"为契机，以"一带一路"为引领，以"利益共同体"为纽带，稳步推进"人类命运共同体"建设。

"一带一路"的推进思路

一、人类命运共同体与"一带一路"：理论与实践、目标与路径

人类命运共同体与"一带一路"之间存在怎样的联系？赵可金认为，"一

带一路"是通往人类命运共同体的道路。"命运共同体"是一种合作共赢的观念,而 2015 年 3 月发布的《推动共建丝绸之路经济带和 21 世纪海上丝绸之路的愿景与行动》,以细分建设目标的方式将命运共同体扩展为利益、命运和责任三个共同体。由此,人类命运共同体与"一带一路"确立了目标与路径、理论与实践的关系。三个共同体与"一带一路"的政策、设施、贸易、资金、民心这"五通"形成对应关系,其核心在于与"一带一路"沿线国家共同打造互利共赢的区域合作架构。

二、中国企业参与"一带一路"建设的机遇、挑战及应对

作为市场主体,企业成为"一带一路"倡议的承载者和推进主体。随着中国企业"走出去","一带一路"的推进取得了巨大的成绩。中国中央企业已经成为其中名副其实的主力军。"一带一路"沿线覆盖人口超过 40 亿,经济总量约 21 万亿美元,蕴含着巨大的市场能量。与此同时,国际形势错综复杂,地区冲突动荡加剧,企业的海外经营在面临重大机遇的同时也面临着严峻的挑战。应邀出席研讨会的央企代表提出,西方标准在国际市场占有主导地位;"一带一路"沿线国家有很多属于高风险国家,政治、经济、安全风险并存;部分所涉国家和地区对中国期望过高;国外竞争对手利用知识产权纠纷或社会制度、价值观的差异恶意抹黑中国;"一带一路"海外机构建设不足制约业务发展等。这些都是中国企业推进"一带一路"战略面临的实实在在的挑战和考验。

三、来自企业界代表的思考和建议

中国交通建设集团有限公司海外事业部副总经理蔡传胜提出,应加快培育一批世界水平的跨国公司,提高企业参与"一带一路"建设的整体水平。中国中车国际有限公司董事长沈家骏表示,希望政府简化和加快境外并购项目审批程序,为企业大大降低机会成本和时间成本。华为技术有限公司公共及政府事务部副总裁孔瑜介绍了华为在全球的业务拓展情况,他表示企业在海外的形象也是国家的名片,因此华为一直致力于脚踏实地做优质产品和服

务，为国家的良好国际形象尽一份力。国家开发银行代表张一谈到，切实推动人民币国际化将会积极推动人民币在这些国家的使用，并提升人民币的国际地位。中国铁建集团廖军提出，希望政府能够健全法律法规，规范企业的对外投资合作行为，并明确政府之间的职责职能，避免因机制问题引发企业之间恶性竞争。中国电建集团国际工程有限公司副总经理陈观福提出，希望政府鼓励企业利用香港、伦敦等离岸金融市场，加强与国际金融机构合作，进行金融产品创新、降低融资成本，为企业更快"走出去"奠定良好基础。中国节能环保集团公司战略管理部副主任李文卜表示，"一带一路"经过的大多是发展中国家，同中国一样，正面临发展带来的环境污染困扰，因此，"一带一路"对带动区域环境和社会发展的作用不可小觑，更可能是改善环境、加强社会善治的助推器。中国需考虑在开展国家之间企业合作的时候如何把绿色、低碳、负责任的安全保障措施这些概念融合进去。

与会企业界代表认为，要想在"一带一路"推进过程中克服困难，发挥优势，需在以下12个方面作出努力：一是树立良好的企业形象，做好属地化和本地化，切实履行好企业在当地的社会责任，为企业在沿线国家实现可持续发展创造良好环境。二是坚持合法依规经营，最大限度避免知识产权、当地法律体系和商业惯例等方面存在的差异带来的风险。三是希望政府能够尽可能提供政治、建设投资的支持力度，利用政府间的影响力，为企业化解行业壁垒，增加贸易机会。四是希望像中联部、外交部等对外机构能够发挥自身独特优势，及时为企业提供相关信息，降低企业所在国家由于政权更迭带来的风险。

从"人类命运共同体"到"一带一路"，从理论的提出到实践的推进，有目标有路径，理想并非遥不可及。人类命运共同体不仅是"一带一路"的建设目标，也是事关中国国家前途和道路的重大战略选择。从政府、学界、企业界热切的交流互动中可以看到，"一带一路"倡议已经凝聚起各行各业的极大智慧与巨大精力，也凝聚着实现中华民族伟大复兴中国梦的美好愿景。

（原文发表于《当代世界》2016年第4期）

筑牢民心相通之桥 夯实"一带一路"基础
——"一带一路"国际合作高峰论坛之
"增进民心相通"平行主题会议侧记

张凯 《当代世界》杂志社记者

2017年5月14日，来自五洲四海，130多个国家和70多个国际组织的1500多名中外嘉宾，迎着初夏的朝霞赶赴北京国家会议中心。吸引他们齐聚一堂的正是习近平主席在2013年秋提出的"一带一路"倡议。为对三年多来倡议的实践成果做一个总结，对未来实施做进一步规划，"一带一路"国际合作高峰论坛在北京召开。作为高峰论坛六大平行主题会议之一，以"共建民心之桥，共促繁荣发展"为主题的"增进民心相通"平行主题会议由中共中央对外联络部主办，60多个国家的政府、政党、著名企业、民间社会组织约400余名代表出席。中共中央对外联络部部长宋涛发表题为《同筑民心之桥 共建"一带一路"》的主旨讲话。此次会议成为六大平行主题会议中，

第六章　"一带一路"国际会议综述　397

2017年5月14日，中共中央对外联络部部长宋涛在"一带一路"国际合作高峰论坛之"增进民心相通"平行主题会议上发表主旨讲话。图为会议现场。

人员构成最为多元、人员规模最为庞大的一场。会议达成广泛共识，取得丰硕成果。

来自高层的声音

民心是最大的政治。作为推动新型全球化的一项重要国际合作倡议，"一带一路"的推进和落实离不开沿线国家人民的理解、认可和支持。正因为此，"一带一路"倡议将民心相通作为其齐头并进推动的五大合作领域之一。"关系亲不亲，关键在民心。"习近平主席指出，民心相通是"一带一路"建设的"关键基础"。"我们要建设的互联互通，不仅是修路架桥，不光是平面化和单线条的联通，而更应该是基础设施、制度规章、人员交流三位一体，应该是政策沟通、设施联通、贸易畅通、资金融通、民心相通五大领域齐头并进。"

在顶层设计层面，自"一带一路"倡议提出以来，中国政府就高度重视推进民心相通领域的双多边合作。在"一带一路"国际合作高峰论坛开幕式致辞中，习近平主席指出，"要以文明交流超越文明隔阂、文明互鉴超越文明冲突、文明共存超越文明优越，推动各国相互理解、相互尊重、相互信任。要建立多层次人文合作机制，推动教育合作，发挥智库作用，推动文化、体育、卫生务实合作，用好历史文化遗产，密切各领域往来。"

5月14日下午，来自各国政府、政党、国际组织以及民间社会组织等方面的400多名代表汇聚"增进民心相通"平行主题会议会场，共同探讨推进民心相通的路径和方法。针对下一阶段的民心相通合作，中联部部长宋涛用"共、情、实、容"四字提出相关建议和与会代表分享。所谓"共"，就是要共同做好民心相通合作的顶层设计、整体布局和项目规划，共同构建双边、多边交流平台；所谓"情"，就是要带着感情做好民心相通事业，让相关项目能够真正深入各国民众的心；所谓"实"，就是要把民心相通事业与各方务实合作更加紧密地结合起来，围绕建设绿色、健康、智力、和平丝绸之路，实施好一批指向明确、重点清晰、效果明显的民心相通项目；所谓"容"，就是要秉承包容开放原则，不断完善多元主体合作模式，带动更多国家、更多国际组织、更多社会力量参与进来。

"积力之所举，则无不胜也；众智之所为，则无不成也。"联合国教科文组织总干事博科娃，世界卫生组织总干事陈冯富珍，多位政党国际组织、国际民间友好组织负责人，"一带一路"沿线国家侨商代表等都认为，中国倡导的"一带一路"建设是造福沿线各国民众的重要举措，是搭建民众心灵沟通的桥梁，愿积极促进沿线各国民众交流与合作，夯实"一带一路"建设的民意基础。博科娃表示，"一带一路"倡议是一个软实力的基础设施工程，能够为年轻一代提供知识、开阔眼界，可以促进社会包容与和平。陈冯富珍则强调，期待通过协同努力，增进全球与区域卫生安全，促进健康，打造"健康一带一路"。这些来自高层的声音，传递出积极增进民心相通工作的强烈意愿，为下一阶段民心相通工作的开展提供了强有力的保障。

来自民间的故事

会议现场的大屏幕上播放了中国经典神话剧《西游记》——"女儿国"中的一个片段，但给这部中国家喻户晓的电视剧现场配音的却是远隔千山万水的坦桑尼亚配音演员希尔德。精彩的配音引来现场嘉宾的阵阵掌声，但更为重要的是，它也改变了希尔德这位普通坦桑尼亚人的命运。

在2016年"首届四达杯中国影视剧配音大赛"中，希尔德通过层层选拔脱颖而出，从而获得来北京四达时代集团总部工作的机会。希尔德实现了自己的梦想，普通的坦桑尼亚人也在中坦合作中广为受益。据希尔德介绍，随着四达时代公司的到来，坦桑尼亚普通民众观看电视节目的成本已由每月的50美元下降到了3美元。

"一带一路"建设的最终目的是让沿线各国的普通民众能够从中受益，唯其"一带一路"倡议才能得到普通民众的长久支持。此次"增进民心相通"平行主题会议的主办方别出心裁，将缅甸、乌兹别克斯坦、斯里兰卡、希腊、坦桑尼亚、巴基斯坦等沿线国家的普通民众请上主席台，与大家分享他们参与"一带一路"建设的故事。

从缅甸一位普通的农民吴通通因参与蒙育瓦莱比塘铜矿项目而组建自己的运输车队，目前已成为拥有40多辆卡车的运输公司小企业家；到几位因华为"未来种子培训计划"而来华参加为期两周培训的乌兹别克斯坦大学生。从斯里兰卡籍清华大学学霸桑吉瓦加入中国交通建设集团，梦想要将科伦坡港口打造成堪比纽约曼哈顿、上海陆家嘴那样的繁华之地；再到希腊比雷埃夫斯港员工瓦姆瓦奇迪斯讲述比港被中远海运收购后的发展历程；最后到巴基斯坦青年纳西姆向大家介绍中国和平发展基金会援建的瓜达尔法曲尔小学如何让当地的儿童圆了上学梦。这些反映沿线各国普通民众对发展、梦想和希望追求的点滴故事，令现场嘉宾为之动容。

正如中联部部长宋涛在"增进民心相通"平行主题会议发表的主旨讲话中所言，"一带一路"建设的所有成果，归根结底是要造福各国人民，让一个个普普通通的民众得到实惠。此次会议所分享的这些小故事恰恰真实地反映了沿线国家人民在参与"一带一路"建设过程中所获得的实惠。故事虽小，但意义却非同一般。据统计，截至 2016 年底，中国企业已在沿线 20 多个国家建立了 56 个经贸合作区，累计投资超过 185 亿美元，为当地增加了近 11 亿美元税收和近 18 万个就业岗位。随着"一带一路"建设的全面推进，会有越来越多的普通民众可以从中受益，这将构成"一带一路"建设持续发展的坚实基础。

来自实践的成果

在人类历史长河中，三年多时光不过弹指一挥间。但"一带一路"建设不负光阴，过去三年多所取得的成果远超预期。"中国已与 40 余个国家和国际组织签署 50 余份'一带一路'相关合作协议，与 20 多个国家开展国际能源合作，中国企业对沿线国家投资多达 600 多亿美元"

事实上，过去三年多"一带一路"建设所取得的成果不仅局限于朋友圈的扩大、投资贸易额的增长等"硬件"方面，"民心相通"等"软件"领域所取得的成果也非常丰硕。此次"推进民心相通"平行主题会议便进行了成果宣示，范围涵盖教育、科技、文化、卫生、体育、旅游、传媒、智库等诸多领域。

人文交流是推进"民心相通"工作的重要手段。此次会议不仅对过去几年"民心相通"工作进行了总结，而且提出了大量加强沿线国家人文交流的举措。例如，"一带一路"国际智库合作联盟秘书处（中国当代世界研究中心）与国际马可波罗协会共同宣布启动"增进'一带一路'民心相通国际智库合作项目"。中国民间组织国际交流促进会和"吉祥缅甸"组织等沿线国家民间组织共同宣布启动《中国社会组织推动"一带一路"民心相通行动计划（2017-2020）》和"丝路沿线民间组织合作网络"。

此外，中国政府还将向沿线发展中国家提供 20 亿元人民币紧急粮食援助；向南南合作援助基金增资 10 亿美元，用于发起中国—联合国 2030 年可持续发展议程合作倡议，支持在沿线国家实施 100 个"幸福家园"、100 个"爱心助困"、100 个"康复助医"等项目；向有关国际组织提供 10 亿美元，共同推动落实一批惠及沿线国家的国际合作项目，包括向沿线国家提供100个食品、帐篷、活动板房等难民援助项目，设立难民奖学金，为500名青少年难民提供受教育机会，资助100名难民运动员参加国际和区域赛事活动。这些举措将使那些处于全球体系边缘地位的广大发展中国家的普通民众从中获益。

"国之交在于民相亲，民相亲在于心相通。"在"一带一路"国际合作高峰论坛开幕式上，习近平主席表示，中国政府每年向相关国家提供1万个政府奖学金名额，地方政府也设立了丝绸之路专项奖学金，鼓励国际文教交流。各类丝绸之路文化年、旅游年、艺术节、影视桥、研讨会、智库对话等人文合作项目百花纷呈，人们往来频繁，在交流中拉近了心与心的距离。"人之相知，贵在知心。"沿线国家人民心灵距离的拉近将成为"一带一路"建设最为坚实的基础。

（原文发表于《当代世界》2017年第6期）

附件

携手推进"一带一路"建设
——习近平主席在"一带一路"国际合作高峰论坛开幕式上的演讲

(2017 年 5 月 14 日,北京)

尊敬的各位国家元首、政府首脑,

各位国际组织负责人,

女士们,先生们,朋友们:

"孟夏之日,万物并秀。"在这美好时节,来自 100 多个国家的各界嘉宾齐聚北京,共商"一带一路"建设合作大计,具有十分重要的意义。今天,群贤毕至,少长咸集,我期待着大家集思广益、畅所欲言,为推动"一带一路"建设献计献策,让这一世纪工程造福各国人民。

女士们、先生们、朋友们!

2000 多年前,我们的先辈筚路蓝缕,穿越草原沙漠,开辟出联通亚欧非的陆上丝绸之路;我们的先辈扬帆远航,穿越惊涛骇浪,闯荡出连接东西方的海上丝绸之路。古丝绸之路打开了各国友好交往的新窗口，书写了人类发展进步的新篇章。中国陕西历史博物馆珍藏的千年"鎏金铜蚕"，在印度尼西亚发现的千年沉船"黑石号"等，见证了这段历史。

古丝绸之路绵亘万里，延续千年，积淀了以和平合作、开放包容、互学互鉴、互利共赢为核心的丝路精神。这是人类文明的宝贵遗产。

——和平合作。公元前140多年的中国汉代，一支从长安出发的和平使团，开始打通东方通往西方的道路，完成了"凿空之旅"，这就是著名的张骞出使西域。中国唐宋元时期，陆上和海上丝绸之路同步发展，中国、意大利、摩洛哥的旅行家杜环、马可·波罗、伊本·白图泰都在陆上和海上丝绸之路留下了历史印记。15世纪初的明代，中国著名航海家郑和七次远洋航海，留下千古佳话。这些开拓事业之所以名垂青史，是因为使用的不是战马和长矛，而是驼队和善意；依靠的不是坚船和利炮，而是宝船和友谊。一代又一代"丝路人"架起了东西方合作的纽带、和平的桥梁。

——开放包容。古丝绸之路跨越尼罗河流域、底格里斯河和幼发拉底河流域、印度河和恒河流域、黄河和长江流域，跨越埃及文明、巴比伦文明、印度文明、中华文明的发祥地，跨越佛教、基督教、伊斯兰教信众的汇集地，跨越不同国度和肤色人民的聚居地。不同文明、宗教、种族求同存异、开放包容，并肩书写相互尊重的壮丽诗篇，携手绘就共同发展的美好画卷。酒泉、敦煌、吐鲁番、喀什、撒马尔罕、巴格达、君士坦丁堡等古城，宁波、泉州、广州、北海、科伦坡、吉达、亚历山大等地的古港，就是记载这段历史的"活化石"。历史告诉我们：文明在开放中发展，民族在融合中共存。

——互学互鉴。古丝绸之路不仅是一条通商易货之道，更是一条知识交流之路。沿着古丝绸之路，中国将丝绸、瓷器、漆器、铁器传到西方，也为中国带来了胡椒、亚麻、香料、葡萄、石榴。沿着古丝绸之路，佛教、伊斯兰教及阿拉伯的天文、历法、医药传入中国，中国的四大发明、养蚕技术也由此传向世界。更为重要的是，商品和知识交流带来了观念创新。比如，佛教源自印度，在中国发扬光大，在东南亚得到传承。儒家文化起源中国，受到欧洲莱布尼茨、伏尔泰等思想家的推崇。这是交流的魅力、互鉴的成果。

——互利共赢。古丝绸之路见证了陆上"使者相望于道，商旅不绝于途"的盛况，也见证了海上"舶交海中，不知其数"的繁华。在这条大动脉上，资金、技术、人员等生产要素自由流动，商品、资源、成果等实现共享。阿拉木图、撒马尔罕、长安等重镇和苏尔港、广州等良港兴旺发达，罗马、安息、贵霜等古国欣欣向荣，中国汉唐迎来盛世。古丝绸之路创造了地区大发展大繁荣。

历史是最好的老师。这段历史表明，无论相隔多远，只要我们勇敢迈出第一步，坚持相向而行，就能走出一条相遇相知、共同发展之路，走向幸福安宁和谐美好的远方。

女士们、先生们、朋友们！

从历史维度看，人类社会正处在一个大发展大变革大调整时代。世界多极化、经济全球化、社会信息化、文化多样化深入发展，和平发展的大势日益强劲，变革创新的步伐持续向前。各国之间的联系从来没有像今天这样紧密，世界人民对美好生活的向往从来没有像今天这样强烈，人类战胜困难的手段从来没有像今天这样丰富。

从现实维度看，我们正处在一个挑战频发的世界。世界经济增长需要新动力，发展需要更加普惠平衡，贫富差距鸿沟有待弥合。地区热点持续动荡，恐怖主义蔓延肆虐。和平赤字、发展赤字、治理赤字，是摆在全人类面前的严峻挑战。这是我一直思考的问题。

2013年秋天，我在哈萨克斯坦和印度尼西亚提出共建丝绸之路经济带和21世纪海上丝绸之路，即"一带一路"倡议。"桃李不言，下自成蹊。"4年来，全球100多个国家和国际组织积极支持和参与"一带一路"建设，联合国大会、联合国安理会等重要决议也纳入"一带一路"建设内容。"一带一路"建设逐渐从理念转化为行动，从愿景转变为现实，建设成果丰硕。

——这是政策沟通不断深化的4年。我多次说过，"一带一路"建设不是另起炉灶、推倒重来，而是实现战略对接、优势互补。我们同有关国家协调政策，包括俄罗斯提出的欧亚经济联盟、东盟提出的互联互通总体规划、哈萨克斯坦提出的"光明之路"、土耳其提出的"中间走廊"、蒙古提出的"发展之路"、越南提出的"两廊一圈"、英国提出的"英格兰北方经济中心"、波兰提出的"琥珀之路"等。中国同老挝、柬埔寨、缅甸、匈牙利等国的规划对接工作也全面展开。中国同40多个国家和国际组织签署了合作协议，同30多个国家开展机制化产能合作。本次论坛期间，我们还将签署一批对接合作协议和行动计划，同60多个国家和国际组织共同发出推进"一带一路"贸易畅通合作倡议。各方通过政策对接，实现了"一加一大于二"的效果。

——这是设施联通不断加强的4年。"道路通，百业兴。"我们和相关国家一道共同加速推进雅万高铁、中老铁路、亚吉铁路、匈塞铁路等项目，建设瓜达尔港、比雷埃夫斯港等港口，规划实施一大批互联互通项目。目前，以中巴、中蒙俄、新亚欧大陆桥等经济走廊为引领，以陆海空通道和信息高速路为骨架，以铁路、港口、管网等重大工程为依托，一个复合型的基础设施网络正在形成。

——这是贸易畅通不断提升的4年。中国同"一带一路"参与国大力推动贸易和投资便利化，不断改善营商环境。我了解到，仅哈萨克斯坦等中亚国家农产品到达中国市场的通关时间就缩短了90%。2014年至2016年，中国同"一带一路"沿线国家贸易总额超过3万亿美元。中国对"一带一路"沿线国家投资累计超过500亿美元。中国企业已经在20多个国家建设56个经贸合作区，为有关国家创造近11亿美元税收和18万个就业岗位。

——这是资金融通不断扩大的4年。融资瓶颈是实现互联互通的突出挑战。中国同"一带一路"建设参与国和组织开展了多种形式的金融合作。亚洲基础设施投资银行已经为"一带一路"建设参与国的9个项目提供17亿美元贷款，"丝路基金"投资达40亿美元，中国同中东欧"16+1"金融控股公司正式成立。这些新型金融机制同世界银行等传统多边金融机构各有侧重、互为补充，形成层次清晰、初具规模的"一带一路"金融合作网络。

——这是民心相通不断促进的4年。"国之交在于民相亲，民相亲在于心相通。""一带一路"建设参与国弘扬丝绸之路精神，开展智力丝绸之路、健康丝绸之路等建设，在科学、教育、文化、卫生、民间交往等各领域广泛开展合作，为"一带一路"建设夯实民意基础，筑牢社会根基。中国政府每年向相关国家提供1万个政府奖学金名额，地方政府也设立了丝绸之路专项奖学金，鼓励国际文教交流。各类丝绸之路文化年、旅游年、艺术节、影视桥、研讨会、智库对话等人文合作项目百花纷呈，人们往来频繁，在交流中拉近了心与心的距离。

丰硕的成果表明，"一带一路"倡议顺应时代潮流，适应发展规律，符合各国人民利益，具有广阔前景。

女士们、先生们、朋友们！

中国人说，"万事开头难"。"一带一路"建设已经迈出坚实步伐。我们要乘势而上、顺势而为，推动"一带一路"建设行稳致远，迈向更加美好的未来。这里，我谈几点意见。

第一，我们要将"一带一路"建成和平之路。古丝绸之路，和时兴，战时衰。"一带一路"建设离不开和平安宁的环境。我们要构建以合作共赢为核心的新型国际关系，打造对话不对抗、结伴不结盟的伙伴关系。各国应该尊重彼此主权、尊严、领土完整，尊重彼此发展道路和社会制度，尊重彼此核心利益和重大关切。

古丝绸之路沿线地区曾经是"流淌着牛奶与蜂蜜的地方"，如今很多地方却成了冲突动荡和危机挑战的代名词。这种状况不能再持续下去。我们要树立共同、综合、合作、可持续的安全观，营造共建共享的安全格局。要着力化解热点，坚持政治解决；要着力斡旋调解，坚持公道正义；要着力推进反恐，标本兼治，消除贫困落后和社会不公。

第二，我们要将"一带一路"建成繁荣之路。发展是解决一切问题的总钥匙。推进"一带一路"建设，要聚焦发展这个根本性问题，释放各国发展潜力，实现经济大融合、发展大联动、成果大共享。

产业是经济之本。我们要深入开展产业合作，推动各国产业发展规划相互兼容、相互促进，抓好大项目建设，加强国际产能和装备制造合作，抓住新工业革命的发展新机遇，培育新业态，保持经济增长活力。

金融是现代经济的血液。血脉通，增长才有力。我们要建立稳定、可持续、风险可控的金融保障体系，创新投资和融资模式，推广政府和社会资本合作，建设多元化融资体系和多层次资本市场，发展普惠金融，完善金融服务网络。

设施联通是合作发展的基础。我们要着力推动陆上、海上、天上、网上四位一体的联通，聚焦关键通道、关键城市、关键项目，联结陆上公路、铁路道路网络和海上港口网络。我们已经确立"一带一路"建设六大经济走廊框架，要扎扎实实向前推进。要抓住新一轮能源结构调整和能源技术变革趋势，建设全球能源互联网，实现绿色低碳发展。要完善跨区域物流网建设。我们也要促进政策、规则、标准三位一体的联通，为互联互通提供机制保障。

第三，我们要将"一带一路"建成开放之路。开放带来进步，封闭导致落后。对一个国家而言，开放如同破茧成蝶，虽会经历一时阵痛，但将换来新生。"一带一路"建设要以开放为导向，解决经济增长和平衡问题。

我们要打造开放型合作平台，维护和发展开放型世界经济，共同创造有利于开放发展的环境，推动构建公正、合理、透明的国际经贸投资规则体系，促进生产要素有序流动、资源高效配置、市场深度融合。我们欢迎各国结合自身国情，积极发展开放型经济，参与全球治理和公共产品供给，携手构建广泛的利益共同体。

贸易是经济增长的重要引擎。我们要有"向外看"的胸怀，维护多边贸易体制，推动自由贸易区建设，促进贸易和投资自由化便利化。当然，我们也要着力解决发展失衡、治理困境、数字鸿沟、分配差距等问题，建设开放、包容、普惠、平衡、共赢的经济全球化。

第四，我们要将"一带一路"建成创新之路。创新是推动发展的重要力量。"一带一路"建设本身就是一个创举，搞好"一带一路"建设也要向创新要动力。

我们要坚持创新驱动发展，加强在数字经济、人工智能、纳米技术、量子计算机等前沿领域合作，推动大数据、云计算、智慧城市建设，连接成21世纪的数字丝绸之路。我们要促进科技同产业、科技同金融深度融合，优化创新环境，集聚创新资源。我们要为互联网时代的各国青年打造创业空间、创业工场，成就未来一代的青春梦想。

我们要践行绿色发展的新理念，倡导绿色、低碳、循环、可持续的生产生活方式，加强生态环保合作，建设生态文明，共同实现2030年可持续发展目标。

第五，我们要将"一带一路"建成文明之路。"一带一路"建设要以文明交流超越文明隔阂、文明互鉴超越文明冲突、文明共存超越文明优越，推动各国相互理解、相互尊重、相互信任。

我们要建立多层次人文合作机制，搭建更多合作平台，开辟更多合作渠道。要推动教育合作，扩大互派留学生规模，提升合作办学水平。要发挥智库作用，建设好智库联盟和合作网络。在文化、体育、卫生领域，要创新合作模式，推动务实项目。要用好历史文化遗产，联合打造具有丝绸之路特色的旅游产品和遗产保护。我们要加强各国议会、政党、民间组织往来，密切妇女、青年、残疾人等群体交流，促进包容发展。我们也要加强国际反腐合作，让"一带一路"成为廉洁之路。

女士们、先生们、朋友们！

当前，中国发展正站在新的起点上。我们将深入贯彻创新、协调、绿色、开放、共享的发展理念，不断适应、把握、引领经济发展新常态，积极推进供给侧结构性改革，实现持续发展，为"一带一路"注入强大动力，为世界发展带来新的机遇。

——中国愿在和平共处五项原则基础上，发展同所有"一带一路"建设参与国的友好合作。中国愿同世界各国分享发展经验，但不会干涉他国内政，不会输出社会制度和发展模式，更不会强加于人。我们推进"一带一路"建设不会重复地缘博弈的老套路，而将开创合作共赢的新模式；不会形成破坏稳定的小集团，而将建设和谐共存的大家庭。

——中国已经同很多国家达成了"一带一路"务实合作协议，其中既包括交通运输、基础设施、能源等硬件联通项目，也包括通信、海关、检验检疫等软件联通项目，还包括经贸、产业、电子商务、海洋和绿色经济等多领域的合作规划和具体项目。中国同有关国家的铁路部门将签署深化中欧班列合作协议。我们将推动这些合作项目早日启动、早见成效。

——中国将加大对"一带一路"建设资金支持，向丝路基金新增资金1000亿元人民币，鼓励金融机构开展人民币海外基金业务，规模预计约3000亿元人民币。中国国家开发银行、进出口银行将分别提供2500亿元和

1300亿元等值人民币专项贷款，用于支持"一带一路"基础设施建设、产能、金融合作。我们还将同亚洲基础设施投资银行、金砖国家新开发银行、世界银行及其他多边开发机构合作支持"一带一路"项目，同有关各方共同制定"一带一路"融资指导原则。

——中国将积极同"一带一路"建设参与国发展互利共赢的经贸伙伴关系，促进同各相关国家贸易和投资便利化，建设"一带一路"自由贸易网络，助力地区和世界经济增长。本届论坛期间，中国将同30多个国家签署经贸合作协议，同有关国家协商自由贸易协定。中国将从2018年起举办中国国际进口博览会。

——中国愿同各国加强创新合作，启动"一带一路"科技创新行动计划，开展科技人文交流、共建联合实验室、科技园区合作、技术转移4项行动。我们将在未来5年内安排2500人次青年科学家来华从事短期科研工作，培训5000人次科学技术和管理人员，投入运行50家联合实验室。我们将设立生态环保大数据服务平台，倡议建立"一带一路"绿色发展国际联盟，并为相关国家应对气候变化提供援助。

——中国将在未来3年向参与"一带一路"建设的发展中国家和国际组织提供600亿元人民币援助，建设更多民生项目。我们将向"一带一路"沿线发展中国家提供20亿元人民币紧急粮食援助，向南南合作援助基金增资10亿美元，在沿线国家实施100个"幸福家园"、100个"爱心助困"、100个"康复助医"等项目。我们将向有关国际组织提供10亿美元落实一批惠及沿线国家的合作项目。

——中国将设立"一带一路"国际合作高峰论坛后续联络机制，成立"一带一路"财经发展研究中心、"一带一路"建设促进中心，同多边开发银行共同设立多边开发融资合作中心，同国际货币基金组织合作建立能力建设中心。我们将建设丝绸之路沿线民间组织合作网络，打造新闻合作联盟、音乐教育联盟以及其他人文合作新平台。

"一带一路"建设植根于丝绸之路的历史土壤，重点面向亚欧非大陆，同时向所有朋友开放。不论来自亚洲、欧洲，还是非洲、美洲，都是"一带一路"建设国际合作的伙伴。"一带一路"建设将由大家共同商量,"一带一路"建设成果将由大家共同分享。

女士们、先生们、朋友们!

中国古语讲:"不积跬步,无以至千里。"阿拉伯谚语说,"金字塔是一块块石头垒成的"。欧洲也有句话:"伟业非一日之功"。"一带一路"建设是伟大的事业,需要伟大的实践。让我们一步一个脚印推进实施,一点一滴抓出成果,造福世界,造福人民!

祝本次高峰论坛圆满成功!

谢谢大家。

开辟合作新起点　谋求发展新动力

——习近平主席在"一带一路"国际合作高峰论坛圆桌峰会上的开幕辞

(2017 年 5 月 15 日，北京)

各位国家元首，政府首脑，国际组织负责人：

我宣布，"一带一路"国际合作高峰论坛圆桌峰会开幕！

欢迎大家来到雁栖湖畔出席"一带一路"国际合作高峰论坛圆桌峰会，共商推进国际合作、实现共赢发展大计。

"一带一路"建设是我在 2013 年提出的倡议。它的核心内容是促进基础设施建设和互联互通，对接各国政策和发展战略，深化务实合作，促进协调联动发展，实现共同繁荣。

这项倡议源于我对世界形势的观察和思考。当今世界正处在大发展大变革大调整之中。新一轮科技和产业革命正在孕育，新的增长动能不断积聚，各国利益深度融合，和平、发展、合作、共赢成为时代潮流。与此同时，全球发展中的深层次矛盾长期累积，未能得到有效解决。全球经济增长基础不够牢固，贸易和投资低迷，经济全球化遇到波折，发展不平衡加剧。战乱和冲突、恐怖主义、难民移民大规模流动等问题对世界经济的影响突出。

面对挑战，各国都在探讨应对之策，也提出很多很好的发展战略和合作倡议。但是，在各国彼此依存、全球性挑战此起彼伏的今天，仅凭单个国家的力量难以独善其身，也无法解决世界面临的问题。只有对接各国彼此政策，在全球更大范围内整合经济要素和发展资源，才能形成合力，促进世界和平安宁和共同发展。

"一带一路"建设根植于历史，但面向未来。古丝绸之路凝聚了先辈们对美好生活的追求，促进了亚欧大陆各国互联互通，推动了东西方文明交流互鉴，为人类文明发展进步作出了重大贡献。我们完全可以从古丝绸之路中汲取智慧和力量，本着和平合作、开放包容、互学互鉴、互利共赢的丝路精神推进合作，共同开辟更加光明的前景。

"一带一路"源自中国，但属于世界。"一带一路"建设跨越不同地域、不同发展阶段、不同文明，是一个开放包容的合作平台，是各方共同打造的全球公共产品。它以亚欧大陆为重点，向所有志同道合的朋友开放，不排除、也不针对任何一方。

在"一带一路"建设国际合作框架内，各方秉持共商、共建、共享原则，携手应对世界经济面临的挑战，开创发展新机遇，谋求发展新动力，拓展发展新空间，实现优势互补、互利共赢，不断朝着人类命运共同体方向迈进。这是我提出这一倡议的初衷，也是希望通过这一倡议实现的最高目标。

我高兴地看到，这一倡议提出以后，得到国际社会积极响应和广泛支持。100多个国家和国际组织参与其中，一大批合作项目陆续启动，有的已经落地生根。基础设施联通网络初步成型，沿线产业合作形成势头，各国政策协调不断加强，民众已经开始从合作中得到实惠，彼此距离进一步拉近。

在这个基础上，中方倡议主办这次高峰论坛，目的就是共商合作大计，共建合作平台，共享合作成果，让"一带一路"建设更好造福各国人民。

昨天的高级别会议上，各国领导人、国际组织负责人和官、产、学各界代表提出了很多有见地的想法和建议，签署了多项合作协议。希望大家通过今天的圆桌峰会，进一步凝聚共识，为"一带一路"建设国际合作指明方向，勾画蓝图。具体而言，我期待会议在以下方面取得积极成果。

第一，推动互利共赢，明确合作方向。大雁之所以能够穿越风雨、行稳致远，关键在于其结伴成行，相互借力。这为我们合作应对挑战、实现更好发展揭示了一个深刻道理。

我们要本着伙伴精神，牢牢坚持共商、共建、共享，让政策沟通、设施联通、贸易畅通、资金融通、民心相通成为共同努力的目标。要坚持在开放中合作，在合作中共赢，不画地为牢，不设高门槛，不搞排他性安排，反对保护主义。

"一带一路"建设需要和平稳定环境。各国要加强合作，对话化解分歧，协商解决争端，共同维护地区安全稳定。

第二，密切政策协调，对接发展战略。加强政策协调，不搞以邻为壑，是应对国际金融危机的重要经验，也是当前世界经济发展的客观要求。大家基于自身国情制定发展战略，它们各有特色，但目标一致，有很多联系点和相通之处，可以做到相辅相成、相互促进。

我们要以此为基础，建立政策协调对接机制，相互学习借鉴，并在这一基础上共同制定合作方案，共同采取合作行动，形成规划衔接、发展融合、利益共享局面。我们要把"一带一路"建设国际合作同落实联合国2030年可持续发展议程、二十国集团领导人杭州峰会成果结合起来，同亚太经合组织、东盟、非盟、欧亚经济联盟、欧盟、拉共体区域发展规划对接起来，同有关国家提出的发展规划协调起来，产生"一加一大于二"的效果。

第三，依托项目驱动，深化务实合作。路是走出来的，事业是干出来的。美好的蓝图变成现实，需要扎扎实实的行动。

在基础设施联通方面，要推进铁路、公路等陆上大通道建设，加快海上港口建设，完善油气管道、电力输送、通信网络。

在实体经济合作方面，要大力推进经济走廊建设，办好经贸、产业合作园区，进一步促进投资、聚合产业、带动就业，走创新发展之路。

在贸易和投资自由化便利化方面，要推动自由贸易区建设，加强规则和标准体系相互兼容，提供更好的营商环境和机制保障，充分释放互联互通的积极效应。

在金融合作方面，要拓展融资渠道，创新融资方式，降低融资成本，打通融资这一项目推进的关键环节。

民心相通是"一带一路"建设国际合作的重要内容。我们要深入开展人文领域交流合作，让合作更加包容，让合作基础更加坚实，让广大民众成为"一带一路"建设的主力军和受益者。

各位同事！

雁栖湖是一个有历史积淀的地方，是一个启迪思想的地方，也是一个开启合作征程的地方。很多人形象地比喻说，"一带一路"就像一对腾飞的翅膀。让我们以雁栖湖为新的起点，张开双翼，一起飞向辽阔的蓝天，飞向和平、发展、合作、共赢的远方！

谢谢大家。

习近平主席在"一带一路"国际合作高峰论坛圆桌峰会上的闭幕辞

(2017年5月15日,北京)

各位同事:

刚才,我们完成了最后一个阶段会议的讨论,"一带一路"国际合作高峰论坛圆桌峰会即将闭幕。

为了本次会议,大家怀着增进友谊、促进合作、谋求发展的真诚愿望,从世界各地会聚北京。在热烈、友好、融洽的气氛中,我们围绕会议的主题议题畅所欲言,各抒己见,分享政策实践和合作体会,展望未来愿景和努力方向,提出了很多好建议、好点子。

对会议议程而言,一天的时间显得紧张了些,但我们直奔主题,谈得务实充分,既有深度,也有广度,收获了丰富成果。具体而言,我们在以下几个方面形成了广泛共识。

第一,我们致力于推动"一带一路"建设国际合作,携手应对世界经济面临的挑战。大家积极评价"一带一路"建设国际合作取得的进展，认为在当前世界经济形势下，"一带一路"建设对于挖掘新的经济增长点、增强各国内生发展动力、促进全球经济增长具有重要意义，有利于推动经济全球化向包容普惠方向发展。我们愿继续努力，推动"一带一路"建设取得更大进展，让各国政策沟通更有力，设施联通更高效，贸易更畅通，资金更融通，民心更相通。

第二，我们支持加强经济政策协调和发展战略对接，努力实现协同联动发展。大家在这方面有高度共识，都希望通过开展"一带一路"建设国际合作，形成政策协调、规划对接的合力。我们同意加强经济、金融、贸易、投资等领域宏观政策协调，共同营造有利的外部发展环境。我们支持构建开放型世界经济，推动自由贸易区建设，促进贸易和投资自由化便利化。我们期待围绕各自国家的发展战略以及国际和地区组织制订的合作规划加强有效对接，优势互补，协同并进。我们都重视创新发展，支持在跨境电子商务、大数据、智慧城市、低碳发展等前沿领域加强合作，培育新产业、新业态、新模式，挖掘增长新动力。

第三，我们希望将共识转化为行动，推动各领域务实合作不断取得新成果。大家都认为，互联互通有助于打破制约经济发展的瓶颈，对增强各国发展动力、改善民众福祉具有重要意义。"一带一路"建设国际合作要继续把互联互通作为重点，以重大项目和重点工程为引领，推进公路、铁路、港口、航空、油气管道、电力、通信网络等领域合作，打造基础设施联通网络。我们决定继续积极推进经济走廊建设，办好经贸、产业合作园区，加强国际产能和装备制造合作，推动实体经济更好更快发展。我们都重视投资和融资合作，支持扩大相互金融市场开放，鼓励开发性金融机构发挥重要作用，努力构建稳定、可持续、风险可控的金融保障体系。

第四，我们期待架设各国民间交往的桥梁，为人民创造更美好的生活。我们都认为，文明交流互鉴是古丝绸之路留下的精神财富，民心相通应该成为"一带一路"建设国际合作的重要组成部分。我们愿探讨多层次、宽领域的人文合作，加强教育、科技、文化、卫生、旅游、体育等领域交流合作，搭建更多合作平台，开辟更多合作渠道。我们愿积极创造条件，让社会各阶层、各群体都参与到合作中来，营造多元互动、百花齐放的人文交流局面。我们将顺应人民期待，加强环境保护、应对气候变化、反腐败等领域合作。我们还将完善签证便利化举措，让各国民间往来更顺畅、更舒心。

第五，我们坚信"一带一路"建设是开放包容的发展平台，各国都是平等的参与者、贡献者、受益者。我们将以海纳百川的胸襟，坚持共商、共建、共享原则，相互尊重、民主协商、共同决策，在开放中合作，在合作中共赢。大家充分肯定"一带一路"国际合作高峰论坛的作用。我愿在此宣布，中国将在 2019 年举办第二届"一带一路"国际合作高峰论坛。

本次高峰论坛为各方推进务实合作提供了平台。论坛期间，我们签署多项合作协议，达成多个合作项目，提出一系列合作举措。在这个基础上，我们汇总形成了成果清单，将在论坛闭幕后发布。相信这些成果将成为"一带一路"建设国际合作的有力支撑。

各位同事！

历史总是伴随着人们追求美好生活的脚步向前发展的。回首两千多年前，我们的先辈们正是迈着这样的脚步，靠着坚韧不拔的进取精神，开辟出联通亚欧大陆的丝绸之路，强有力地推动了人类文明发展进步。

今天，"一带一路"建设把沿线各国人民紧密联系在一起，致力于合作共赢、共同发展，让各国人民更好共享发展成果，这也是中方倡议共建人类命运共同体的重要目标。我们携手推进"一带一路"建设国际合作，让古老的丝绸之路重新焕发勃勃生机。新的起点上，我们要勇于担当，开拓进取，用实实在在的行动，推动"一带一路"建设国际合作不断取得新进展，为构建人类命运共同体注入强劲动力。

在会议闭幕之际，我向大家再次表示感谢。感谢你们对我本人和中国政府的信任，感谢你们在会议筹备和举办期间给予中方的大力支持。

最后，我宣布，"一带一路"国际合作高峰论坛闭幕！

共建"一带一路":理念、实践与中国的贡献

推进"一带一路"建设工作领导小组办公室

2017 年 5 月

目 录

前言
一、时代呼唤:从理念到蓝图
二、合作框架:从方案到实践
三、合作领域:从经济到人文
四、合作机制:从官方到民间
五、愿景展望:从现实到未来
结束语

前言

2013年9月和10月，中国国家主席习近平先后提出共建"丝绸之路经济带"和"21世纪海上丝绸之路"（以下简称"一带一路"）倡议，得到国际社会的高度关注和有关国家的积极响应。共建"一带一路"倡议借用古丝绸之路的历史符号，融入了新的时代内涵，既是维护开放型世界经济体系，实现多元、自主、平衡和可持续发展的中国方案；也是深化区域合作，加强文明交流互鉴，维护世界和平稳定的中国主张；更体现了中国作为最大的发展中国家和全球第二大经济体，对推动国际经济治理体系朝着公平、公正、合理方向发展的责任担当。

值此"一带一路"国际合作高峰论坛召开之际，作为共建"一带一路"倡议的发起者，中国发表《共建"一带一路"：理念、实践与中国的贡献》，以期增进国际社会对共建"一带一路"倡议的进一步了解，展示共建"一带一路"的丰富成果，增进各国战略互信和对话合作，为携手打造你中有我、我中有你的人类命运共同体作出新的更大贡献。

一、时代呼唤：从理念到蓝图

当今世界，经济全球化、区域一体化激发出强大的生产潜力，科技进步极大地提高了生产和生活效率，人类在物质和精神财富的创造方面达到了前所未有的高度。与此同时，随着经济社会的快速发展，各国之间的利益纽带不断密切，共同面临的挑战也日益增多：世界经济增长乏力，传统增长引擎对经济的拉动作用减弱；全球化面临新的艰难险阻，符合全人类利益的开放合作理念面临威胁；全球经济治理体系未能反映客观变化，体制机制革新进展缓慢；发达经济体进入后工业化阶段，一些发展中国家却尚未开启现代化的大门；全球贸易投资体系有待完善，互利共赢的全球价值链尚未成型；相当多的国家基础设施不足，区域、次区域发展面临瓶颈制约。面对困难挑战，唯有加强合作才是根本出路，正基于此，中国提出共建"一带一路"的合作倡议。

共建"一带一路"倡议是促进全球和平合作和共同发展的中国方案。共建"一带一路"合作是所有国家不分大小、贫富，平等相待共同参与的合作；是公开、透明、开放，为世界和平与发展增添正能量的合作；是传承丝绸之路精神，追求互利共赢和优势互补的合作；是各国共商共建共享，共同打造全球经济治理新体系的合作；是推动要素高效流动和市场深度融合，实现多元、自主、平衡和可持续发展的合作；是推动地区发展，促进繁荣稳定，扩大文明对话和互学互鉴的合作。

中国愿意将自身发展形成的经验和基础，与各国的发展意愿和比较优势结合起来，以共建"一带一路"作为重要契机和合作平台，促进各国加强经济政策协调，提高互联互通水平，开展更大范围、更高水平、更深层次的双多边合作，共同打造开放、包容、均衡、普惠的新型合作架构。共建"一带一路"倡议以其平等包容的外在特征和契合实际的内在特点，体现了包括中国在内的"一带一路"沿线各国的共同利益，是面向未来的国际合作新共识，展现了中国梦与世界梦相互联通，各国携手打造人类命运共同体的美好愿景。

为推动理念变为现实，2015年3月，中国政府授权有关部门对外发布了《推动共建丝绸之路经济带和21世纪海上丝绸之路的愿景与行动》，提出了共建"一带一路"的顶层设计框架，为共建"一带一路"的未来描绘了宏伟蓝图。

二、合作框架：从方案到实践

中国秉持"和平合作、开放包容、互学互鉴、互利共赢"的丝绸之路精神，坚持共商、共建、共享原则，不断扩大与"一带一路"沿线国家的合作共识，推动共建"一带一路"由规划设计方案变为各方参与的合作行动。

(一) 达成合作共识

中国主动推动共建"一带一路"倡议与"一带一路"沿线国家的国家战略、发展愿景、总体规划等有效对接，寻求共建"一带一路"的合适切入点。截至 2016 年底，已有 100 多个国家表达了对共建"一带一路"倡议的支持和参与意愿，中国与 39 个国家和国际组织签署了 46 份共建"一带一路"合作协议，涵盖互联互通、产能、投资、经贸、金融、科技、社会、人文、民生、海洋等合作领域。2015 年 7 月 10 日，上海合作组织发表了《上海合作组织成员国元首乌法宣言》，支持中国关于建设丝绸之路经济带的倡议。2016 年 11 月 17 日，联合国 193 个会员国协商一致通过决议，欢迎共建"一带一路"等经济合作倡议，呼吁国际社会为"一带一路"建设提供安全保障环境。2017 年 3 月 17 日，联合国安理会一致通过第 2344 号决议，呼吁国际社会通过"一带一路"建设加强区域经济合作。中国积极履行国际责任，在共建"一带一路"框架下深化同各有关国际组织的合作，与联合国开发计划署、亚太经社会、世界卫生组织签署共建"一带一路"的合作文件。

中国政府对共建"一带一路"高度重视，成立了推进"一带一路"建设工作领导小组，在国家发展和改革委员会设立领导小组办公室。为落实好已签署的共建"一带一路"合作协议，领导小组办公室制定了工作方案，有步骤地推进同相关国家的合作。按照协商一致的原则，与先期签署备忘录的国家共同编制双边合作规划纲要，编制并签署中蒙俄经济走廊建设规划纲要和中哈（萨克斯坦）、中白（俄罗斯）、中捷（克）对接合作文件，开展同老挝、柬埔寨、孟加拉国、塔吉克斯坦、沙特阿拉伯、波兰、匈牙利等国的规划对接。

(二) 构建顶层框架

根据中国国家主席习近平的倡议和新形势下推进国际合作的需要，结合古代陆海丝绸之路的走向，共建"一带一路"确定了五大方向：丝绸之路经济带有三大走向，一是从中国西北、东北经中亚、俄罗斯至欧洲、波罗的海；

二是从中国西北经中亚、西亚至波斯湾、地中海；三是从中国西南经中南半岛至印度洋。21世纪海上丝绸之路有两大走向，一是从中国沿海港口过南海，经马六甲海峡到印度洋，延伸至欧洲；二是从中国沿海港口过南海，向南太平洋延伸。

根据上述五大方向，按照共建"一带一路"的合作重点和空间布局，中国提出了"六廊六路多国多港"的合作框架。"六廊"是指新亚欧大陆桥、中蒙俄、中国—中亚—西亚、中国—中南半岛、中巴和孟中印缅六大国际经济合作走廊。"六路"指铁路、公路、航运、航空、管道和空间综合信息网络，是基础设施互联互通的主要内容。"多国"是指一批先期合作国家。"一带一路"沿线有众多国家，中国既要与各国平等互利合作，也要结合实际与一些国家率先合作，争取有示范效应、体现"一带一路"理念的合作成果，吸引更多国家参与共建"一带一路"。"多港"是指若干保障海上运输大通道安全畅通的合作港口，通过与"一带一路"沿线国家共建一批重要港口和节点城市，进一步繁荣海上合作。"六廊六路多国多港"是共建"一带一路"的主体框架，为各国参与"一带一路"合作提供了清晰的导向。

（三）共建经济走廊

新亚欧大陆桥、中蒙俄、中国—中亚—西亚经济走廊经过亚欧大陆中东部地区，不仅将充满经济活力的东亚经济圈与发达的欧洲经济圈联系在一起，更畅通了连接波斯湾、地中海和波罗的海的合作通道，为构建高效畅通的欧亚大市场创造了可能，也为地处"一带一路"沿线、位于亚欧大陆腹地的广大国家提供了发展机遇。中国—中南半岛、中巴和孟中印缅经济走廊经过亚洲东部和南部这一全球人口最稠密地区，连接沿线主要城市和人口、产业集聚区。澜沧江—湄公河国际航道和在建的地区铁路、公路、油气网络，将丝绸之路经济带和21世纪海上丝绸之路联系到一起，经济效应辐射南亚、东南亚、印度洋、南太平洋等地区。

新亚欧大陆桥经济走廊。新亚欧大陆桥经济走廊由中国东部沿海向西延伸，经中国西北地区和中亚、俄罗斯抵达中东欧。新亚欧大陆桥经济走廊建设以中欧班列等现代化国际物流体系为依托，重点发展经贸和产能合作，拓展能源资源合作空间，构建畅通高效的区域大市场。截至2016年底，中欧班列运行路线达39条，开行近3000列，覆盖欧洲9个国家、14个城市，成为沿途国家促进互联互通、提升经贸合作水平的重要平台。中哈国际物流合作项目进展顺利，已成为哈萨克斯坦开展贸易和跨境运输合作的重要窗口。中哈霍尔果斯国际边境合作中心建设稳步推进。比雷埃夫斯港运营顺利，为中希（腊）互利共赢作出贡献。

中蒙俄经济走廊。2014年9月11日，中国国家主席习近平在出席中国、俄罗斯、蒙古国三国元首会晤时提出，将"丝绸之路经济带"同"欧亚经济联盟"、蒙古国"草原之路"倡议对接，打造中蒙俄经济走廊。2015年7月9日，三国有关部门签署了《关于编制建设中蒙俄经济走廊规划纲要的谅解备忘录》。2016年6月23日，三国元首共同见证签署了《建设中蒙俄经济走廊规划纲要》，这是共建"一带一路"框架下的首个多边合作规划纲要。在三方的共同努力下，规划纲要已进入具体实施阶段。

中国—中亚—西亚经济走廊。中国—中亚—西亚经济走廊由中国西北地区出境，向西经中亚至波斯湾、阿拉伯半岛和地中海沿岸，辐射中亚、西亚和北非有关国家。2014年6月5日，中国国家主席习近平在中国—阿拉伯国家合作论坛第六届部长级会议上提出构建以能源合作为主轴，以基础设施建设、贸易和投资便利化为两翼，以核能、航天卫星、新能源三大高新领域为突破口的中阿"1+2+3"合作格局。2016年G20杭州峰会期间，中哈（萨克斯坦）两国元首见证签署了《中哈丝绸之路经济带建设和"光明之路"新经济政策对接合作规划》。中国与塔吉克斯坦、吉尔吉斯斯坦、乌兹别克斯坦等国签署了共建丝绸之路经济带的合作文件，与土耳其、伊朗、沙特、卡塔尔、科威特等国签署了共建"一带一路"合作备忘录。中土双方就开展土耳其东西高铁项目合作取得重要共识，进入实质性谈判阶段。

中国—中南半岛经济走廊。中国—中南半岛经济走廊以中国西南为起点，连接中国和中南半岛各国，是中国与东盟扩大合作领域、提升合作层次的重要载体。2016年5月26日，第九届泛北部湾经济合作论坛暨中国—中南半岛经济走廊发展论坛发布《中国—中南半岛经济走廊倡议书》。中国与老挝、柬埔寨等国签署共建"一带一路"合作备忘录，启动编制双边合作规划纲要。推进中越陆上基础设施合作，启动澜沧江—湄公河航道二期整治工程前期工作，开工建设中老铁路，启动中泰铁路，促进基础设施互联互通。设立中老磨憨—磨丁经济合作区，探索边境经济融合发展的新模式。

中巴经济走廊。中巴经济走廊是共建"一带一路"的旗舰项目，中巴两国政府高度重视，积极开展远景规划的联合编制工作。2015年4月20日，两国领导人出席中巴经济走廊部分重大项目动工仪式，签订了51项合作协议和备忘录，其中近40项涉及中巴经济走廊建设。"中巴友谊路"——巴基斯坦喀喇昆仑公路升级改造二期、中巴经济走廊规模最大的公路基础设施项目——白沙瓦至卡拉奇高速公路顺利开工建设，瓜达尔港自由区起步区加快建设，走廊沿线地区能源电力项目快速上马。

孟中印缅经济走廊。孟中印缅经济走廊连接东亚、南亚、东南亚三大次区域，沟通太平洋、印度洋两大海域。2013年12月，孟中印缅经济走廊联合工作组第一次会议在中国昆明召开，各方签署了会议纪要和联合研究计划，正式启动孟中印缅经济走廊建设政府间合作。2014年12月召开孟中印缅经济走廊联合工作组第二次会议，广泛讨论并展望了孟中印缅经济走廊建设的前景、优先次序和发展方向。

三、合作领域：从经济到人文

共建"一带一路"以政策沟通、设施联通、贸易畅通、资金融通、民心相通为主要内容，既开展互联互通、产能合作、贸易投资等重点领域的务实合作，也重视推动沿线国家之间多种形式的人文交流，实现经济和文化的共同繁荣发展。

（一）促进基础设施互联互通

加强基础设施建设，推动跨国、跨区域互联互通是共建"一带一路"的优先合作方向。中国政府鼓励实力强、信誉好的企业走出国门，在"一带一路"沿线国家开展铁路、公路、港口、电力、信息通信等基础设施建设，促进地区互联互通，造福广大民众。

对接建设规划。中国与"一带一路"沿线国家对接基础设施建设规划，建立由主管部门牵头的双多边互联互通政策协商和对话机制，同时重视发展互联互通伙伴关系,将加强基础设施互联互通纳入共建"一带一路"合作协议。中国政府部门与欧盟委员会签署谅解备忘录，启动中欧互联互通平台合作。中国、老挝、缅甸和泰国等四国共同编制了《澜沧江—湄公河国际航运发展规划（2015-2025年）》。2016年9月，《二十国集团领导人杭州峰会公报》通过中国提出的建立"全球基础设施互联互通联盟"倡议。

衔接质量技术体系。中国在尊重相关方主权和关切的基础上，推动与"一带一路"相关国家在标准、计量和认证认可体系方面的合作。中国政府部门发布了《标准联通"一带一路"行动计划（2015-2017年）》、《共同推动认证认可服务"一带一路"建设的愿景与行动》、《"一带一路"计量合作愿景和行动》，推进认证认可和标准体系对接，共同制定国际标准和认证认可规则。中国将与"一带一路"沿线国家共同努力，促进计量标准"一次测试、一张证书、全球互认"，推动认证认可和检验检疫"一个标准、一张证书、区域通行"。

促进运输便利化。中国与"一带一路"沿线15个国家签署了包括《上海合作组织成员国政府间国际道路运输便利化协定》、《关于沿亚洲公路网国际道路运输政府间协定》在内的16个双多边运输便利化协定，启动《大湄公河次区域便利货物及人员跨境运输协定》便利化措施，通过73个陆上口岸开通了356条国际道路运输线路。与"一带一路"沿线47个国家签署了38个双边和区域海运协定，与62个国家签订了双边政府间航空运输协定，民航直航已通达43个国家。中国政府有关部门还发布了《关于贯彻落实"一带一路"倡议加快推进国际道路运输便利化的意见》，推动各国互联互通法规和体系对接，增进"软联通"。

推动项目建设。中老铁路、匈塞铁路、中俄高铁、印尼雅万高铁、巴基斯坦白沙瓦至卡拉奇高速公路、中巴喀喇昆仑公路二期升级改造、比雷埃夫斯港、汉班托塔港、瓜达尔港等标志性项目建设取得进展。埃塞俄比亚亚的斯亚贝巴—吉布提铁路建成通车，这是非洲第一条跨国电气化铁路。哈萨克斯坦南北大通道 TKU 公路、白俄罗斯铁路电气化改造，以及中国企业在乌兹别克斯坦、塔吉克斯坦实施的铁路隧道等项目，将有效提升所在国运输能力。中国愿与有关国家一道，继续打造连接亚洲各次区域以及亚非欧之间的交通基础设施网络，提升互联互通水平和区域、次区域物流运输效率。

联通能源设施。中国积极推动与相关国家的能源互联互通合作，推进油气、电力等能源基础设施建设，与相关国家共同维护跨境油气管网安全运营，促进国家和地区之间的能源资源优化配置。中俄原油管道、中国—中亚天然气管道 A/B/C 线保持稳定运营，中国—中亚天然气管道 D 线和中俄天然气管道东线相继开工，中巴经济走廊确定的 16 项能源领域优先实施项目已有 8 项启动建设。中国与俄罗斯、老挝、缅甸、越南等周边国家开展跨境电力贸易，中巴经济走廊、大湄公河次区域等区域电力合作取得实质性进展，合作机制不断完善。中国企业积极参与"一带一路"沿线国家电力资源开发和电网建设改造，中兴能源巴基斯坦 QA 光伏发电项目建成后将成为全球规模最大的单体光伏发电项目，吉尔吉斯斯坦达特卡—克明输变电、老挝胡埃兰潘格雷河水电站、巴基斯坦卡洛特水电站等项目有助于缓解当地电力不足的矛盾。

打造信息网络。"一带一路"沿线国家共同推进跨境光缆等通信网络建设，提高国际通信互联互通水平。截至 2016 年底，中国通过国际海缆可连接美洲、东北亚、东南亚、南亚、大洋洲、中东、北非和欧洲地区，通过国际陆缆连接俄罗斯、蒙古国、哈萨克斯坦、吉尔吉斯斯坦、塔吉克斯坦、越南、老挝、缅甸、尼泊尔、印度等国，延伸覆盖中亚、东南亚、北欧地区。中国政府有关部门还与土耳其、波兰、沙特阿拉伯等国机构签署了《关于加强"网上丝绸之路"建设合作促进信息互联互通的谅解备忘录》，推动互联网和信息技术、信息经济等领域合作。

（二）提升经贸合作水平

中国与"一带一路"沿线国家已经建立了紧密的经贸联系，有力地促进了各国经济和产业发展。中国重视进一步发展与"一带一路"沿线国家互利共赢的经贸伙伴关系，致力于建立更加均衡、平等和可持续的贸易体系。

密切经贸联系。中国与"一带一路"沿线国家贸易规模与结构持续优化，货物贸易平稳增长，服务贸易合作出现新亮点。在全球贸易持续低迷的背景下，2016年中国与"一带一路"沿线国家货物贸易总额9478亿美元，占同期中国货物进出口总额的25.7%。与"一带一路"沿线国家服务进出口总额1222亿美元，占同期中国服务进出口总额的15.2%，比2015年提高3.4个百分点。在产业转型升级、内需持续增长和消费需求升级的多重驱动下，中国巨大的国内市场也为"一带一路"沿线各国提供了广阔的经贸合作机遇。

构建"一带一路"自贸区网络。中国倡导更具包容性的自由贸易，与"一带一路"沿线经济体积极开展贸易协定谈判。中国—东盟自贸区升级、中国—格鲁吉亚自贸谈判已经完成，区域全面经济伙伴关系协定（RCEP）谈判取得积极进展，中国—马尔代夫自贸区等协定谈判取得重要突破。推进中国—海合会、中国—以色列、中国—斯里兰卡以及中国—巴基斯坦自贸区第二阶段谈判，推动中国—尼泊尔、中国—孟加拉国自贸区和中国—摩尔多瓦自贸协定联合可行性研究。

推动贸易便利化。中国与"一带一路"沿线国家共同推进海关大通关体系建设，与沿线海关开展"信息互换、监管互认、执法互助"合作。启动国际贸易"单一窗口"试点，加快检验检疫通关一体化建设，实现"进口直通、出口直放"。在口岸开辟哈萨克斯坦、吉尔吉斯斯坦、塔吉克斯坦农产品快速通关"绿色通道"。发布《"一带一路"检验检疫合作重庆联合声明》、《"一带一路"食品安全合作联合声明》、《第五届中国—东盟质检部长会议联合声明》。与"一带一路"沿线国家和地区签署了78项合作文件，推动工作制度对接、技术标准协调、检验结果互认、电子证书联网。

（三）扩大产能与投资合作

开展国际产能和装备制造合作，扩大相互投资，是共建"一带一路"的另一优先合作方向。中国是世界制造业大国，一些产业具有较强的国际竞争力。中国政府支持本国优势产业走出去，以严格的技术和环保标准，在"一带一路"沿线国家开展多元化投资，培育双边经济合作新亮点。

扩大合作共识。截至2016年底，中国已同哈萨克斯坦、埃塞俄比亚等27个国家签订了国际产能合作文件，与东盟10国发表《中国—东盟产能合作联合声明》，与湄公河5国发表《澜沧江—湄公河国家产能合作联合声明》，开展了规划、政策、信息、项目等多种形式的对接合作。与俄罗斯在总理定期会晤机制下成立了中俄投资合作委员会，协调两国非能源产业的投资合作。在形成共识的基础上，中国按照市场主导和互利共赢原则，与有关国家围绕原材料、装备制造、轻工业、清洁能源、绿色环保和高技术产业等领域，实施了一系列合作项目，提升东道国产业发展水平，创造税收和就业岗位。

共建合作平台。截至2016年底，中国在沿边省区设立了7个重点开发开放试验区、17个边境经济合作区和2个双边边境经济合作区，并与尼泊尔、缅甸、蒙古国、越南等周边国家就双边边境经济合作区建设开展深入磋商，取得积极进展。中国企业在"一带一路"沿线20个国家正在建设的56个经贸合作区，累计投资超过185亿美元，是深化投资合作、移植复制中国发展经验的重要载体。中白工业园、泰中罗勇工业园、埃及苏伊士经贸合作区等境外园区建设成效显著，成为中国企业集群式走出去的平台和友好合作的象征。中国部分地区结合自身特色，积极探索建设"一带一路"经贸合作园区，打造面向欧亚、对接周边的现代国际贸易聚集平台。

促进投资便利化。作为吸引外资和对外投资大国，中国支持跨国跨地区的投资便利化。中国政府大力推进简政放权，放宽外资准入，加快推进自由贸易试验区建设，营造高标准的国际营商环境，吸引各国来华投资。同时，"一带一路"沿线国家也成为中国对外投资的重要目的地。2016年，中国对这一区域投资145亿美元，占同期对外投资总额的8.5%，新签署对外承包工程合同额1260亿美元，增长36%。双边投资保护协定谈判进程加快，截至2016年底，中国与"一带一路"沿线53个国家签署了双边投资协定，与大部分国家建立了经贸和投资合作促进机制。中国还与"一带一路"沿线54个国家签署了避免双重征税协定，共同为企业享有税收公平待遇、有效解决纠纷创造了良好的税收和法律环境。

（四）拓展金融合作空间

加强金融合作，促进货币流通和资金融通，能够为"一带一路"建设创造稳定的融资环境，也有利于引导各类资本参与实体经济发展和价值链创造，推动世界经济健康发展。中国与"一带一路"沿线国家及有关机构开展了多种形式的金融合作，推动金融机构和金融服务网络化布局，创新融资机制支持"一带一路"建设。

加强金融合作机制对接。中国与东盟金融合作日益密切，与俄罗斯、中亚地区金融合作不断深化，与欧盟的金融合作水平持续提升。发挥东盟与中日韩（10+3）金融合作机制、上合组织财长和央行行长会议、上合组织银联体、东亚及太平洋中央银行行长会议组织、中国—东盟银联体以及中亚、黑海及巴尔干地区央行行长会议组织等机制作用，加强金融政策沟通。推进清迈倡议多边化并建立2400亿美元的区域外汇储备，促进地区金融形势稳定。中国于2016年1月正式加入欧洲复兴开发银行，通过高层交往、联合融资、贸易投资合作和政策沟通等方式，不断加深交流合作。

打造新型合作平台和创新融资机制。2015年12月25日，中国倡议的亚洲基础设施投资银行（以下简称亚投行）正式成立，法定资本1000亿美元，重点支持地区互联互通和产业发展。截至2016年底，亚投行已为9个项目提供了17亿美元贷款，涉及印度尼西亚、塔吉克斯坦、巴基斯坦、孟加拉国等国的能源、交通和城市发展等急需项目。中国出资400亿美元设立丝路基金，首期注册资本金100亿美元，通过以股权为主的多种方式为共建"一带一路"提供资金支持。截至2016年底，丝路基金已签约15个项目，承诺投资额累计约60亿美元，项目覆盖俄罗斯、蒙古国以及中亚、南亚、东南亚等地区，涵盖基础设施、资源利用、产能合作、金融合作等领域。丝路基金还出资20亿美元设立了中哈产能合作基金。中国提出中国—中东欧协同投融资框架，包括100亿美元专项贷款、中东欧投资合作基金在内的多种融资机制共同发挥作用，为中东欧地区提供融资支持。中国工商银行牵头成立了中国—中东欧金融控股有限公司并设立中国—中东欧基金。

深化金融机构及金融市场合作。中国政府鼓励开发性、政策性金融机构积极参与"一带一路"金融合作。共建"一带一路"倡议提出以来，中国国家开发银行在"一带一路"沿线国家签约项目100余个，金额超过400亿美元，发放贷款超过300亿美元；中国进出口银行在"一带一路"沿线国家签约项目1100余个，金额超过1000亿美元，发放贷款超过800亿美元；中国出口信用保险公司承保"一带一路"沿线国家出口和投资超过3200亿美元。截至2016年底，共有9家中资银行在"一带一路"沿线26个国家设立了62家一级分支机构，"一带一路"沿线20个国家的54家银行在华设立了6家子行、20家分行和40家代表处。2017年1月，中国金融期货交易所等与巴方伙伴合作收购巴基斯坦证券交易所30%的股权。上海黄金交易所和迪拜黄金与商品交易所签署协议，在国际金融市场首次应用"上海金"。

扩大本币互换与跨境结算。中国与"一带一路"沿线22个国家和地区签署了本币互换协议，总额达9822亿元人民币。与越南、蒙古国、老挝、吉尔吉斯斯坦签订了边贸本币结算协定，与俄罗斯、哈萨克斯坦、白俄罗斯、尼泊尔签署了一般贸易和投资本币结算协定。人民币业务清算行已有23家，其中6家在"一带一路"沿线。通过中国银行间外汇市场开展人民币对21种非美元货币的直接交易。建立人民币跨境支付系统(CIPS)，为境内外金融机构从事人民币业务提供服务。

加强金融监管合作。中国推动签署监管合作谅解备忘录，在区域内建立高效监管协调机制，完善金融危机管理和处置框架，提高共同应对金融风险的能力。截至2016年底，中国人民银行已与42个境外反洗钱机构签署合作谅解备忘录，中国银监会与29个"一带一路"沿线国家金融监管当局签署了双边监管合作谅解备忘录或合作换文，中国保监会与"一带一路"沿线国家商签监管合作谅解备忘录并成立亚洲保险监督官论坛（AFIR）。

（五）加强生态环保合作

中国致力于建设"绿色丝绸之路"，用绿色发展理念指导"一带一路"合作，分享中国在生态文明建设、环境保护、污染防治、生态修复、循环经济等领域的最新理念、技术和实践，积极履行应对气候变化等国际责任。

建设合作平台。中国努力打造以"绿色丝绸之路"为主题的合作平台，举办中国—阿拉伯国家环境合作论坛、中国—东盟环境合作论坛等活动，设立中国—东盟环境保护合作中心。签署《中国环境保护部与联合国环境署关于建设绿色"一带一路"的谅解备忘录》。建立"一带一路"环境技术交流与转移中心等机构，推动环保领域先进技术的国际交流与应用。

推进水利合作。中国政府积极推进与周边国家在跨界河流保护与开发利用方面的政策沟通、技术分享和工程技术合作。开展跨界河流水资源保护与利用联合研究，共同做好跨界河流水资源的保护工作。推动跨界河流汛期水文数据共享，建立中俄防汛防洪合作机制，积极推动中哈霍尔果斯河友谊联合引水枢纽工程建设和流域冰湖泥石流防护合作。中国提供融资的斯里兰卡最大水利枢纽工程—莫拉格哈坎达灌溉项目已完成阶段性建设，除农业灌溉外，还将为几百万人提供清洁饮水。

加强林业和野生物种保护合作。中国与"一带一路"沿线国家签署了35项林业合作协议，建立中国—东盟、中国—中东欧林业合作机制，推动林业产业可持续发展和森林资源保护。举办首届大中亚地区林业部长级会议、中国—东盟林业合作论坛、中俄林业投资政策论坛，发布《"一带一路"防治荒漠化共同行动倡议》。在中蒙俄经济走廊建设中大力推广绿色理念，与俄罗斯开展森林资源保护利用、边境防火、候鸟保护合作，与蒙古国开展野生物种保护、防沙治沙合作。中国还与埃及、以色列、伊朗、斯里兰卡、巴基斯坦、尼泊尔、老挝、缅甸等国共同实施荒漠化防治、森林可持续利用、野生动植物保护、生态系统综合治理、湿地保护、林业应对气候变化等多方面合作。

推动绿色投融资。中国政府部门发布《关于推进绿色"一带一路"建设的指导意见》，推动提高对外合作的"绿色化"水平。建立"一带一路"生态环境保护制度，出台绿色产业引导政策和操作指南，为建设"绿色丝绸之路"提供制度保障。中国还积极探索将绿色金融理念应用到"一带一路"建设实践，发布《关于构建绿色金融体系的指导意见》，引导资金投向绿色环保产业。

应对气候变化。中国为全球气候治理积极贡献中国智慧和方案，与各国一道推动达成《巴黎协定》，为协定提早生效作出重要贡献。积极开展气候变化南南合作，向"一带一路"沿线国家提供节能低碳和可再生能源物资，开展太阳能、风能、沼气、水电、清洁炉灶等项目合作，实施提高能效、节能环保等对话交流和应对气候变化培训。

（六）有序推进海上合作

共建 21 世纪海上丝绸之路重点依托海上合作，发展海上贸易、互联互通和海洋经济，打造一批海上合作支点港口，维护海上大通道的安全畅通。同时，中国与"一带一路"沿线国家开展了海洋科技、海洋生态环境保护、海洋防灾减灾、海上执法安全等多领域合作。

互联互通合作。中国坚持公开透明和互利共赢的原则，与有关国家合作建设支点港口，发挥中国的经验优势，帮助东道国发展临港产业和腹地经济。中国企业克服困难，修复和完善瓜达尔港港口生产作业能力，积极推进配套设施建设，大力开展社会公益事业，改善了当地民众生活。中方承建的斯里兰卡汉班托塔港项目进展顺利，建成后将有力地促进斯里兰卡南部地区经济发展和民生就业。中国宁波航交所发布"海上丝绸之路航运指数"，服务 21 世纪海上丝绸之路航运经济。

海洋经济合作。马来西亚马六甲临海工业园建设加快推进，缅甸皎漂港"港口+园区+城市"综合一体化开发取得进展。中国与荷兰合作开发海上风力发电，与印尼、哈萨克斯坦、伊朗等国的海水淡化合作项目正在推动落实。与有关国家开展海洋油气和渔业捕捞合作，同时充分发挥中国—东盟海上合作基金作用，为部分合作项目提供融资支持。

海上执法安全合作。中国与东盟通过《应对海上紧急事态外交高官热线平台指导方针》，提升海上合作互信水平。中国海警局与越南海警司令部、菲律宾海岸警卫队签署合作谅解备忘录，建立海警海上合作联合委员会等安全执法合作机制，与印度、孟加拉国、缅甸等国海警机构加强对话沟通，与巴基斯坦海上安全局开展机制化合作，共同打击违法犯罪行为，为21世纪海上丝绸之路建设提供安全保障。

合作机制建设。中国与泰国、马来西亚、柬埔寨、印度、巴基斯坦等国建立了海洋合作机制，积极推进中泰气候与海洋生态系统联合实验室、中巴联合海洋科学研究中心、中马联合海洋研究中心建设，在海洋与气候变化观测研究、海洋和海岸带环境保护、海洋资源开发利用、典型海洋生态系统保护与恢复、海洋濒危物保护等多领域开展合作。成立中国—中东欧海运合作秘书处，在华设立国际海事组织海事技术合作中心。建立泛北部湾经济合作机制、中国—东南亚国家海洋合作论坛、东亚海洋合作平台、中国—东盟海事磋商机制、中国—东盟港口发展与合作论坛、中国—东盟海洋科技合作论坛、中国—东盟海洋合作中心、中国—马来西亚港口联盟，筹建澜沧江—湄公河水资源合作中心、执法安全合作中心等次区域合作平台。

（七）深化人文社会及其它领域交流合作

共建"一带一路"离不开各国人民的支持和参与，同时"一带一路"建设也为民众友好交往和商贸、文化、教育、旅游等活动带来了便利和机遇。中国支持开展多层次、多领域的人文交流合作，推动文明互学互鉴和文化融合创新，努力构建不同文明相互理解、各国民众相知相亲的和平发展格局。

教育文化合作。中国每年向"一带一路"沿线国家提供1万个政府奖学金名额，实施《推进共建"一带一路"教育行动》。共建"一带一路"倡议提出以来，中国与"一带一路"沿线国家共同举办"国家文化年"等人文交流活动20次，签署了43项文化交流执行计划等政府间合作协议。截至2016年底，中国在"一带一路"沿线国家设立了30个中国文化中心，新建了一批孔子学院。举办"丝绸之路（敦煌）国际文化博览会"、"丝绸之路国际艺术节"、"海上丝绸之路国际艺术节"等活动。中国与哈萨克斯坦、吉尔吉斯斯坦联合申报世界文化遗产"丝绸之路：长安—天山廊道的路网"获得成功。实施柬埔寨吴哥古迹茶胶寺、乌兹别克斯坦花剌子模州希瓦古城等援外文化修复项目,向尼泊尔、缅甸提供文化遗产震后修复援助。推动海上丝绸之路申报世界文化遗产,弘扬妈祖海洋文化。

科技合作。中国政府与"一带一路"沿线国家签署了46项政府间科技合作协定,涵盖农业、生命科学、信息技术、生态环保、新能源、航天、科技政策与创新管理等领域。设立联合实验室、国际技术转移中心、科技园区等科技创新合作平台。建设中国—东盟海水养殖技术联合研究与推广中心、中国—南亚和中国—阿拉伯国家技术转移中心等一批合作实体,发挥科技对共建"一带一路"的提升和促进作用。强化科技人文交流机制,仅2016年就通过"杰出青年科学家来华工作计划"资助来自印度、巴基斯坦、孟加拉国、缅甸、蒙古、泰国、斯里兰卡、尼泊尔、埃及、叙利亚等国100多名科研人员在华开展科研工作。

旅游合作。中国与"一带一路"沿线国家互办"旅游年",开展各类旅游推广与交流活动,相互扩大旅游合作规模。举办世界旅游发展大会、丝绸之路旅游部长会议、中国—南亚国家旅游部长会议、中俄蒙旅游部长会议、中国—东盟旅游部门高官会等对话合作,初步形成了覆盖多层次、多区域的"一带一路"旅游合作机制。中国连续三年举办"丝绸之路旅游年",建立丝绸之路(中国)旅游市场推广联盟、海上丝绸之路旅游推广联盟、中俄蒙"茶叶之路"旅游联盟,促进旅游品牌提升。体育合作也在蓬勃发展。

卫生健康合作。中国重视通过共建"一带一路"推动传染病防控、卫生体制和政策、卫生能力建设与人才合作以及传统医药领域合作。发表《中国—中东欧国家卫生合作与发展布拉格宣言》、《第二届中国—中东欧国家卫生部长论坛苏州联合公报》、《中国—东盟卫生合作与发展南宁宣言》,实施中非公共卫生合作计划、中国—东盟公共卫生人才培养百人计划等41个项目。推动与"一带一路"沿线国家在传统医药领域扩大交流合作,设立中捷(克)中医中心等16个中医药海外中心,与15个国家签署了中医药合作协议。中国政府与世界卫生组织签署《关于"一带一路"卫生领域合作备忘录》,携手打造"健康丝绸之路"。在新疆自治区设立丝绸之路经济带医疗服务中心,为中亚等周边国家提供医疗服务。

救灾、援助和减贫。中国参与联合国、世界卫生组织等在叙利亚的人道主义行动，长期派遣援外医疗队赴周边国家和非洲开展医疗救助。积极参与国际防灾减灾，派遣国家救援队及医疗队参与尼泊尔地震救援，向马尔代夫、密克罗尼西亚联邦、瓦努阿图、斐济等国提供紧急救灾援助。向受到"厄尔尼诺"影响遭受严重旱灾的非洲国家提供紧急粮食援助。实施湄公河应急补水，帮助沿河国家应对干旱灾害。向泰国、缅甸等国提供防洪技术援助。开展中非减贫惠民合作计划、东亚减贫合作示范等活动，提供减贫脱困、农业、教育、卫生、环保等领域的民生援助。中国社会组织积极参与"一带一路"沿线国家民生改善事业，实施了一系列惠及普通民众的公益项目。

便利人员往来。中国与巴基斯坦、俄罗斯、菲律宾、塞尔维亚等"一带一路"沿线 55 个国家缔结了涵盖不同护照种类的互免签证协定，与哈萨克斯坦、捷克、尼泊尔等 15 个国家达成 19 份简化签证手续的协定或安排，阿联酋、伊朗、泰国等 22 个国家单方面给予中国公民免签或办理落地签证入境待遇。

四、合作机制：从官方到民间

政策沟通是共建"一带一路"的重要保障，合作机制是实现政策沟通的有效渠道。中国与"一带一路"沿线国家共同打造多层次合作机制，加强沟通协调，增进政治互信，为深化合作创造了良好条件。

（一）高层推动

高层访问为共建"一带一路"提供了强大的政治助推力。共建"一带一路"倡议提出以来，中国国家主席习近平、中国国务院总理李克强等国家领导人的出访足迹遍布中亚、东南亚、南亚、中东欧等"一带一路"沿线地区。推动共建"一带一路"是高访的重要内容之一，也得到了相关国家和国际组织的积极回应，形成了包括凝聚合作共识、签署合作协议、推动重大项目建设、扩大各领域交流合作等一系列丰硕成果。

（二）战略对接

中国努力推动共建"一带一路"倡议与"一带一路"沿线国家的发展战略对接，寻求合作的最大公约数。哈萨克斯坦"光明之路"、沙特阿拉伯"西部规划"、蒙古国"草原之路"、欧盟"欧洲投资计划"、东盟互联互通总体规划2025、波兰"负责任的发展战略"、印度尼西亚"全球海洋支点"构想、土耳其"中间走廊"倡议、塞尔维亚"再工业化"战略、亚太经合组织互联互通蓝图、亚欧互联互通合作、联合国2030年可持续发展议程等与"一带一路"倡议高度契合，中国愿意与有关国家和国际组织共同推动实施。

（三）双多边机制

中国与"一带一路"沿线国家在相互尊重、相互信任的基础上，建立了较为完善的合作机制。双边对话是政策沟通的主要渠道，中国与有关国家不断强化双边机制作用，服务互联互通、贸易投资、产能合作、人文交流等共建"一带一路"重点领域合作。中国政府部门还将建设若干国别合作促进中心，推动已签署的共建"一带一路"合作协议加快落实。中国重视维护和促进多边机制作用，通过上合组织峰会、亚信峰会、中非合作论坛、中国—太平洋岛国经济发展合作论坛、泛北部湾经济合作论坛、中国共产党与世界对话会等多边平台，开展合作对话。举办中国—东盟博览会、中国—亚欧博览会、中国—阿拉伯国家博览会、中国—南亚博览会及中国—中东欧国家投资贸易博览会等大型展会，发挥经贸合作的桥梁纽带作用。以领事磋商等为平台，完善外交协调机制，为共建"一带一路"创造有利的人员往来和安全保障条件。

（四）"二轨"对话及交流合作

中国与"一带一路"沿线国家通过政党、议会、地方、民间等交往渠道，开展形式多样的交流合作，增进各国人民的相互理解，广泛凝聚共建"一带一路"的各方共识。加强智库交流合作，建立"一带一路"智库合作联盟等合作机制。中国政府在北京大学设立"南南合作与发展学院",与发展中国家分享治国理政经验,培养政府管理高端人才。中国国务院发展研究中心与有关国际智库发起成立了"丝路国际智库网络"(SILKS),打造国际智库合作平台与协作网络。促进媒体交流合作,举办媒体论坛、人员互访等活动,开展供版供稿、联合采访、合作拍片、研修培训等合作。推动妇女、青年、创业就业等领域交流,分享促进社会公平进步的理念和经验。这些覆盖广泛的对话交流活动,与政府间合作相互促进,为共建"一带一路"不断营造民意基础。

五、愿景展望:从现实到未来

中国提出"一带一路"倡议,旨在与世界分享中国发展带来的广阔机遇,欢迎各国搭乘中国和地区经济增长的快车,共同谱写合作共赢新乐章。

我们共同的未来应该是更加光明的未来,各个国家、各个民族的利益是全人类共同利益的组成部分,全人类的利益则系于"你中有我、我中有你"的命运共同体。人类命运共同体是平等的共同体,应坚持相互尊重、平等相待,建设一个各国平等参与地区和国际事务的世界;人类命运共同体是和平的共同体,应坚持共同、综合、合作、可持续的安全观,建设一个各国彼此尊重核心利益、和平解决分歧的世界;人类命运共同体是繁荣的共同体,应坚持合作共赢、共同繁荣,建设一个开放发展、包容增长的世界;人类命运共同体是文明的共同体,应坚持不同文明兼容并蓄、交流互鉴,建设一个海纳百川、多彩多姿的世界;人类命运共同体是绿色的共同体,应坚持生态环境保护和资源节约利用,建设一个绿色低碳、永久美丽的世界。

共建"一带一路"为实现人类命运共同体提供了新的助力。亚欧大陆是世界经济增长的重要引擎之一,也是共建"一带一路"的主要地区。促进亚欧大陆及附近海洋的高水平互联互通,深化各领域务实合作,将进一步发掘这一地区巨大的发展潜力,增进各国的思想交流与文明的互学互鉴,共同实现多元、自主、平衡和可持续的发展。共建"一带一路"也是开放的，中国欢迎感兴趣的国家和国际组织以不同方式参与合作，让成果惠及更广区域、更多人民。

非洲是共建"一带一路"的关键伙伴。中非之间有着深厚的传统友谊，双多边关系密切。非洲部分地区曾经是海上丝绸之路的重要区域，经济繁荣、社会安定、文化发达。长期以来，中国从非洲各国的根本利益出发，为非洲经济社会发展做出了积极贡献。共建"一带一路"倡议为中非互利合作开辟了更为广阔的空间，并进一步将亚欧大陆和非洲紧紧联系在一起，促进亚欧非携手发展。

中国欢迎拉丁美洲和加勒比地区参与"一带一路"建设。拉丁美洲和加勒比地区是重要的新兴市场，也是中国最重要的贸易伙伴之一。中国致力于同拉丁美洲和加勒比有关国家对接发展战略，用共建"一带一路"的理念、原则和合作方式推动各领域务实合作，不断扩大共同利益。

大洋洲是"21世纪海上丝绸之路"的南向延伸地区。中国与新西兰签署了两国政府关于加强"一带一路"倡议合作的安排备忘录。作为发展中国家的重要组成部分，共建21世纪海上丝绸之路为太平洋岛国加快自身发展、深化与中国的南南合作创造了新的机遇，岛国对此态度积极，双方合作潜力巨大。

第三方合作是共建"一带一路"的重要内容。共建"一带一路"是公开透明的合作倡议。中国愿意与有关发达国家一道，发挥技术、资金、产能、市场等互补优势，按照共商共建共享原则，遵循市场规律，在"一带一路"沿线国家开展第三方合作，促进互利共赢。

结束语

中国不仅是共建"一带一路"的倡议者，更是负责任、有担当的实践者。三年多来，"一带一路"建设从无到有、由点及面，取得积极进展，初步形成了共商、共建、共享的合作局面。

当今世界正在发生复杂深刻变化，世界经济在深度调整中缓慢复苏，各国面临的发展问题依然严峻。历史尤其是 20 世纪两次世界大战的惨痛教训告诉我们，当今世界比任何时候都需要加强互联互通，各国比任何时候都需要结成更加紧密的命运共同体，共同创造面向未来的发展新格局，共同维护开放型世界经济体系，共同探索新的增长动力来源。

中国欢迎世界各国和国际、地区组织积极参与共建"一带一路"合作，也愿与各国共同丰富"一带一路"建设的理念和实践，携手打造绿色丝绸之路、健康丝绸之路、智力丝绸之路、和平丝绸之路，建设更具活力、更加开放、更兼稳定、更可持续、更多包容的全球化经济。

推动共建丝绸之路经济带和 21 世纪海上丝绸之路的愿景与行动

国家发展改革委　外交部　商务部

2015 年 3 月

目 录

前言
一、时代背景
二、共建原则
三、框架思路
四、合作重点
五、合作机制
六、中国各地方开放态势
七、中国积极行动
八、共创美好未来

前言

2000 多年前，亚欧大陆上勤劳勇敢的人民，探索出多条连接亚欧非几大文明的贸易和人文交流通路，后人将其统称为"丝绸之路"。千百年来，"和平合作、开放包容、互学互鉴、互利共赢"的丝绸之路精神薪火相传，推进了人类文明进步，是促进沿线各国繁荣发展的重要纽带，是东西方交流合作的象征，是世界各国共有的历史文化遗产。

进入 21 世纪，在以和平、发展、合作、共赢为主题的新时代，面对复苏乏力的全球经济形势，纷繁复杂的国际和地区局面，传承和弘扬丝绸之路精神更显重要和珍贵。

2013 年 9 月和 10 月，中国国家主席习近平在出访中亚和东南亚国家期间，先后提出共建"丝绸之路经济带"和"21 世纪海上丝绸之路"（以下简称"一带一路"）的重大倡议，得到国际社会高度关注。中国国务院总理李克强参加 2013 年中国—东盟博览会时强调，铺就面向东盟的海上丝绸之路，打造带动腹地发展的战略支点。加快"一带一路"建设，有利于促进沿线各国经济繁荣与区域经济合作，加强不同文明交流互鉴，促进世界和平发展，是一项造福世界各国人民的伟大事业。

"一带一路"建设是一项系统工程，要坚持共商、共建、共享原则，积极推进沿线国家发展战略的相互对接。为推进实施"一带一路"重大倡议，让古丝绸之路焕发新的生机活力，以新的形式使亚欧非各国联系更加紧密，互利合作迈向新的历史高度，中国政府特制定并发布《推动共建丝绸之路经济带和 21 世纪海上丝绸之路的愿景与行动》。

一、时代背景

当今世界正发生复杂深刻的变化，国际金融危机深层次影响继续显现，世界经济缓慢复苏、发展分化，国际投资贸易格局和多边投资贸易规则酝酿深刻调整，各国面临的发展问题依然严峻。共建"一带一路"顺应世界多极化、经济全球化、文化多样化、社会信息化的潮流，秉持开放的区域合作精神，致力于维护全球自由贸易体系和开放型世界经济。共建"一带一路"旨在促进经济要素有序自由流动、资源高效配置和市场深度融合，推动沿线各国实现经济政策协调，开展更大范围、更高水平、更深层次的区域合作，共同打造开放、包容、均衡、普惠的区域经济合作架构。共建"一带一路"符合国际社会的根本利益，彰显人类社会共同理想和美好追求，是国际合作以及全球治理新模式的积极探索，将为世界和平发展增添新的正能量。

共建"一带一路"致力于亚欧非大陆及附近海洋的互联互通，建立和加强沿线各国互联互通伙伴关系，构建全方位、多层次、复合型的互联互通网络，实现沿线各国多元、自主、平衡、可持续的发展。"一带一路"的互联互通项目将推动沿线各国发展战略的对接与耦合，发掘区域内市场的潜力，促进投资和消费，创造需求和就业，增进沿线各国人民的人文交流与文明互鉴，让各国人民相逢相知、互信互敬，共享和谐、安宁、富裕的生活。

当前，中国经济和世界经济高度关联。中国将一以贯之地坚持对外开放的基本国策，构建全方位开放新格局，深度融入世界经济体系。推进"一带一路"建设既是中国扩大和深化对外开放的需要，也是加强和亚欧非及世界各国互利合作的需要，中国愿意在力所能及的范围内承担更多责任义务，为人类和平发展作出更大的贡贡献。

二、共建原则

恪守联合国宪章的宗旨和原则。遵守和平共处五项原则，即尊重各国主权和领土完整、互不侵犯、互不干涉内政、和平共处、平等互利。

坚持开放合作。"一带一路"相关的国家基于但不限于古代丝绸之路的范围，各国和国际、地区组织均可参与，让共建成果惠及更广泛的区域。

坚持和谐包容。倡导文明宽容，尊重各国发展道路和模式的选择，加强不同文明之间的对话，求同存异、兼容并蓄、和平共处、共生共荣。

坚持市场运作。遵循市场规律和国际通行规则，充分发挥市场在资源配置中的决定性作用和各类企业的主体作用，同时发挥好政府的作用。

坚持互利共赢。兼顾各方利益和关切，寻求利益契合点和合作最大公约数，体现各方智慧和创意，各施所长，各尽所能，把各方优势和潜力充分发挥出来。

三、框架思路

"一带一路"是促进共同发展、实现共同繁荣的合作共赢之路，是增进理解信任、加强全方位交流的和平友谊之路。中国政府倡议，秉持和平合作、开放包容、互学互鉴、互利共赢的理念，全方位推进务实合作，打造政治互信、经济融合、文化包容的利益共同体、命运共同体和责任共同体。

"一带一路"贯穿亚欧非大陆，一头是活跃的东亚经济圈，一头是发达的欧洲经济圈，中间广大腹地国家经济发展潜力巨大。丝绸之路经济带重点畅通中国经中亚、俄罗斯至欧洲（波罗的海）；中国经中亚、西亚至波斯湾、地中海；中国至东南亚、南亚、印度洋。21世纪海上丝绸之路重点方向是从中国沿海港口过南海到印度洋，延伸至欧洲；从中国沿海港口过南海到南太平洋。

根据"一带一路"走向，陆上依托国际大通道，以沿线中心城市为支撑，以重点经贸产业园区为合作平台，共同打造新亚欧大陆桥、中蒙俄、中国—中亚—西亚、中国—中南半岛等国际经济合作走廊；海上以重点港口为节点，共同建设通畅安全高效的运输大通道。中巴、孟中印缅两个经济走廊与推进"一带一路"建设关联紧密，要进一步推动合作，取得更大进展。

"一带一路"建设是沿线各国开放合作的宏大经济愿景，需各国携手努力，朝着互利互惠、共同安全的目标相向而行。努力实现区域基础设施更加完善，安全高效的陆海空通道网络基本形成，互联互通达到新水平；投资贸易便利化水平进一步提升，高标准自由贸易区网络基本形成，经济联系更加紧密，政治互信更加深入；人文交流更加广泛深入，不同文明互鉴共荣，各国人民相知相交、和平友好。

四、合作重点

沿线各国资源禀赋各异，经济互补性较强，彼此合作潜力和空间很大。以政策沟通、设施联通、贸易畅通、资金融通、民心相通为主要内容，重点在以下方面加强合作。

政策沟通。加强政策沟通是"一带一路"建设的重要保障。加强政府间合作，积极构建多层次政府间宏观政策沟通交流机制，深化利益融合，促进政治互信，达成合作新共识。沿线各国可以就经济发展战略和对策进行充分交流对接，共同制定推进区域合作的规划和措施，协商解决合作中的问题，共同为务实合作及大型项目实施提供政策支持。

设施联通。基础设施互联互通是"一带一路"建设的优先领域。在尊重相关国家主权和安全关切的基础上，沿线国家宜加强基础设施建设规划、技术标准体系的对接，共同推进国际骨干通道建设，逐步形成连接亚洲各次区域以及亚欧非之间的基础设施网络。强化基础设施绿色低碳化建设和运营管理，在建设中充分考虑气候变化影响。

抓住交通基础设施的关键通道、关键节点和重点工程，优先打通缺失路段，畅通瓶颈路段，配套完善道路安全防护设施和交通管理设施设备，提升道路通达水平。推进建立统一的全程运输协调机制，促进国际通关、换装、多式联运有机衔接，逐步形成兼容规范的运输规则，实现国际运输便利化。推动口岸基础设施建设，畅通陆水联运通道，推进港口合作建设，增加海上航线和班次，加强海上物流信息化合作。拓展建立民航全面合作的平台和机制，加快提升航空基础设施水平。

加强能源基础设施互联互通合作，共同维护输油、输气管道等运输通道安全，推进跨境电力与输电通道建设，积极开展区域电网升级改造合作。

共同推进跨境光缆等通信干线网络建设，提高国际通信互联互通水平，畅通信息丝绸之路。加快推进双边跨境光缆等建设，规划建设洲际海底光缆项目，完善空中（卫星）信息通道，扩大信息交流与合作。

贸易畅通。投资贸易合作是"一带一路"建设的重点内容。宜着力研究解决投资贸易便利化问题，消除投资和贸易壁垒，构建区域内和各国良好的营商环境，积极同沿线国家和地区共同商建自由贸易区，激发释放合作潜力，做大做好合作"蛋糕"。

沿线国家宜加强信息互换、监管互认、执法互助的海关合作，以及检验检疫、认证认可、标准计量、统计信息等方面的双多边合作，推动世界贸易组织《贸易便利化协定》生效和实施。改善边境口岸通关设施条件，加快边境口岸"单一窗口"建设，降低通关成本，提升通关能力。加强供应链安全与便利化合作，推进跨境监管程序协调，推动检验检疫证书国际互联网核查，开展"经认证的经营者"（AEO）互认。降低非关税壁垒，共同提高技术性贸易措施透明度，提高贸易自由化便利化水平。

拓宽贸易领域，优化贸易结构，挖掘贸易新增长点，促进贸易平衡。创新贸易方式，发展跨境电子商务等新的商业业态。建立健全服务贸易促进体系，巩固和扩大传统贸易，大力发展现代服务贸易。把投资和贸易有机结合起来，以投资带动贸易发展。

加快投资便利化进程，消除投资壁垒。加强双边投资保护协定、避免双重征税协定磋商，保护投资者的合法权益。

拓展相互投资领域，开展农林牧渔业、农机及农产品生产加工等领域深度合作，积极推进海水养殖、远洋渔业、水产品加工、海水淡化、海洋生物制药、海洋工程技术、环保产业和海上旅游等领域合作。加大煤炭、油气、金属矿产等传统能源资源勘探开发合作，积极推动水电、核电、风电、太阳能等清洁、可再生能源合作，推进能源资源就地就近加工转化合作，形成能源资源合作上下游一体化产业链。加强能源资源深加工技术、装备与工程服务合作。

推动新兴产业合作，按照优势互补、互利共赢的原则，促进沿线国家加强在新一代信息技术、生物、新能源、新材料等新兴产业领域的深入合作，推动建立创业投资合作机制。

优化产业链分工布局，推动上下游产业链和关联产业协同发展，鼓励建立研发、生产和营销体系，提升区域产业配套能力和综合竞争力。扩大服务业相互开放，推动区域服务业加快发展。探索投资合作新模式，鼓励合作建设境外经贸合作区、跨境经济合作区等各类产业园区，促进产业集群发展。在投资贸易中突出生态文明理念，加强生态环境、生物多样性和应对气候变化合作，共建绿色丝绸之路。

中国欢迎各国企业来华投资。鼓励本国企业参与沿线国家基础设施建设和产业投资。促进企业按属地化原则经营管理，积极帮助当地发展经济、增加就业、改善民生，主动承担社会责任，严格保护生物多样性和生态环境。

资金融通。资金融通是"一带一路"建设的重要支撑。深化金融合作，推进亚洲货币稳定体系、投融资体系和信用体系建设。扩大沿线国家双边本币互换、结算的范围和规模。推动亚洲债券市场的开放和发展。共同推进亚洲基础设施投资银行、金砖国家开发银行筹建，有关各方就建立上海合作组织融资机构开展磋商。加快丝路基金组建运营。深化中国—东盟银行联合体、上合组织银行联合体务实合作，以银团贷款、银行授信等方式开展多边金融合作。支持沿线国家政府和信用等级较高的企业以及金融机构在中国境内发行人民币债券。符合条件的中国境内金融机构和企业可以在境外发行人民币债券和外币债券，鼓励在沿线国家使用所筹资金。

加强金融监管合作，推动签署双边监管合作谅解备忘录，逐步在区域内建立高效监管协调机制。完善风险应对和危机处置制度安排，构建区域性金融风险预警系统，形成应对跨境风险和危机处置的交流合作机制。加强征信管理部门、征信机构和评级机构之间的跨境交流与合作。充分发挥丝路基金以及各国主权基金作用，引导商业性股权投资基金和社会资金共同参与"一带一路"重点项目建设。

民心相通。民心相通是"一带一路"建设的社会根基。传承和弘扬丝绸之路友好合作精神，广泛开展文化交流、学术往来、人才交流合作、媒体合作、青年和妇女交往、志愿者服务等，为深化双多边合作奠定坚实的民意基础。

扩大相互间留学生规模，开展合作办学，中国每年向沿线国家提供1万个政府奖学金名额。沿线国家间互办文化年、艺术节、电影节、电视周和图书展等活动，合作开展广播影视剧精品创作及翻译，联合申请世界文化遗产，共同开展世界遗产的联合保护工作。深化沿线国家间人才交流合作。

加强旅游合作，扩大旅游规模，互办旅游推广周、宣传月等活动，联合打造具有丝绸之路特色的国际精品旅游线路和旅游产品，提高沿线各国游客签证便利化水平。推动21世纪海上丝绸之路邮轮旅游合作。积极开展体育交流活动，支持沿线国家申办重大国际体育赛事。

强化与周边国家在传染病疫情信息沟通、防治技术交流、专业人才培养等方面的合作，提高合作处理突发公共卫生事件的能力。为有关国家提供医疗援助和应急医疗救助，在妇幼健康、残疾人康复以及艾滋病、结核、疟疾等主要传染病领域开展务实合作，扩大在传统医药领域的合作。

加强科技合作，共建联合实验室（研究中心）、国际技术转移中心、海上合作中心，促进科技人员交流，合作开展重大科技攻关，共同提升科技创新能力。

整合现有资源，积极开拓和推进与沿线国家在青年就业、创业培训、职业技能开发、社会保障管理服务、公共行政管理等共同关心领域的务实合作。

充分发挥政党、议会交往的桥梁作用，加强沿线国家之间立法机构、主要党派和政治组织的友好往来。开展城市交流合作，欢迎沿线国家重要城市之间互结友好城市，以人文交流为重点，突出务实合作，形成更多鲜活的合作范例。欢迎沿线国家智库之间开展联合研究、合作举办论坛等。

加强沿线国家民间组织的交流合作，重点面向基层民众，广泛开展教育医疗、减贫开发、生物多样性和生态环保等各类公益慈善活动，促进沿线贫困地区生产生活条件改善。加强文化传媒的国际交流合作，积极利用网络平台，运用新媒体工具，塑造和谐友好的文化生态和舆论环境。

五、合作机制

当前，世界经济融合加速发展，区域合作方兴未艾。积极利用现有双多边合作机制，推动"一带一路"建设，促进区域合作蓬勃发展。

加强双边合作，开展多层次、多渠道沟通磋商，推动双边关系全面发展。推动签署合作备忘录或合作规划，建设一批双边合作示范。建立完善双边联合工作机制，研究推进"一带一路"建设的实施方案、行动路线图。充分发挥现有联委会、混委会、协委会、指导委员会、管理委员会等双边机制作用，协调推动合作项目实施。

强化多边合作机制作用，发挥上海合作组织（SCO）、中国—东盟"10+1"、亚太经合组织（APEC）、亚欧会议（ASEM）、亚洲合作对话（ACD）、亚信会议（CICA）、中阿合作论坛、中国—海合会战略对话、大湄公河次区域（GMS）经济合作、中亚区域经济合作（CAREC）等现有多边合作机制作用，相关国家加强沟通，让更多国家和地区参与"一带一路"建设。

继续发挥沿线各国区域、次区域相关国际论坛、展会以及博鳌亚洲论坛、中国—东盟博览会、中国—亚欧博览会、欧亚经济论坛、中国国际投资贸易洽谈会，以及中国—南亚博览会、中国—阿拉伯博览会、中国西部国际博览会、中国—俄罗斯博览会、前海合作论坛等平台的建设性作用。支持沿线国家地方、民间挖掘"一带一路"历史文化遗产，联合举办专项投资、贸易、文化交流活动，办好丝绸之路（敦煌）国际文化博览会、丝绸之路国际电影节和图书展。倡议建立"一带一路"国际高峰论坛。

六、中国各地方开放态势

推进"一带一路"建设，中国将充分发挥国内各地区比较优势，实行更加积极主动的开放战略，加强东中西互动合作，全面提升开放型经济水平。

西北、东北地区。发挥新疆独特的区位优势和向西开放重要窗口作用，深化与中亚、南亚、西亚等国家交流合作，形成丝绸之路经济带上重要的交通枢纽、商贸物流和文化科教中心，打造丝绸之路经济带核心区。发挥陕西、甘肃综合经济文化和宁夏、青海民族人文优势，打造西安内陆型改革开放新高地，加快兰州、西宁开发开放，推进宁夏内陆开放型经济试验区建设，形成面向中亚、南亚、西亚国家的通道、商贸物流枢纽、重要产业和人文交流基地。发挥内蒙古联通俄蒙的区位优势，完善黑龙江对俄铁路通道和区域铁路网，以及黑龙江、吉林、辽宁与俄远东地区陆海联运合作，推进构建北京—莫斯科欧亚高速运输走廊，建设向北开放的重要窗口。

西南地区。发挥广西与东盟国家陆海相邻的独特优势，加快北部湾经济区和珠江—西江经济带开放发展，构建面向东盟区域的国际通道，打造西南、中南地区开放发展新的战略支点，形成21世纪海上丝绸之路与丝绸之路经济带有机衔接的重要门户。发挥云南区位优势，推进与周边国家的国际运输通道建设，打造大湄公河次区域经济合作新高地，建设成为面向南亚、东南亚的辐射中心。推进西藏与尼泊尔等国家边境贸易和旅游文化合作。

沿海和港澳台地区。利用长三角、珠三角、海峡西岸、环渤海等经济区开放程度高、经济实力强、辐射带动作用大的优势，加快推进中国（上海）自由贸易试验区建设，支持福建建设21世纪海上丝绸之路核心区。充分发挥深圳前海、广州南沙、珠海横琴、福建平潭等开放合作区作用，深化与港澳台合作，打造粤港澳大湾区。推进浙江海洋经济发展示范区、福建海峡蓝色经济试验区和舟山群岛新区建设，加大海南国际旅游岛开发开放力度。加强上海、天津、宁波—舟山、广州、深圳、湛江、汕头、青岛、烟台、大连、福州、厦门、泉州、海口、三亚等沿海城市港口建设，强化上海、广州等国际枢纽机场功能。以扩大开放倒逼深层次改革，创新开放型经济体制机制，加大科技创新力度，形成参与和引领国际合作竞争新优势，成为"一带一路"特别是21世纪海上丝绸之路建设的排头兵和主力军。发挥海外侨胞以及香港、澳门特别行政区独特优势作用，积极参与和助力"一带一路"建设。为台湾地区参与"一带一路"建设作出妥善安排。

内陆地区。利用内陆纵深广阔、人力资源丰富、产业基础较好优势，依托长江中游城市群、成渝城市群、中原城市群、呼包鄂榆城市群、哈长城市群等重点区域，推动区域互动合作和产业集聚发展，打造重庆西部开发开放重要支撑和成都、郑州、武汉、长沙、南昌、合肥等内陆开放型经济高地。加快推动长江中上游地区和俄罗斯伏尔加河沿岸联邦区的合作。建立中欧通道铁路运输、口岸通关协调机制，打造"中欧班列"品牌，建设沟通境内外、连接东中西的运输通道。支持郑州、西安等内陆城市建设航空港、国际陆港，加强内陆口岸与沿海、沿边口岸通关合作，开展跨境贸易电子商务服务试点。优化海关特殊监管区域布局，创新加工贸易模式，深化与沿线国家的产业合作。

七、中国积极行动

一年多来，中国政府积极推动"一带一路"建设，加强与沿线国家的沟通磋商，推动与沿线国家的务实合作，实施了一系列政策措施，努力收获早期成果。

高层引领推动。习近平主席、李克强总理等国家领导人先后出访 20 多个国家，出席加强互联互通伙伴关系对话会、中阿合作论坛第六届部长级会议，就双边关系和地区发展问题，多次与有关国家元首和政府首脑进行会晤，深入阐释"一带一路"的深刻内涵和积极意义，就共建"一带一路"达成广泛共识。

签署合作框架。与部分国家签署了共建"一带一路"合作备忘录，与一些毗邻国家签署了地区合作和边境合作的备忘录以及经贸合作中长期发展规划。研究编制与一些毗邻国家的地区合作规划纲要。

推动项目建设。加强与沿线有关国家的沟通磋商，在基础设施互联互通、产业投资、资源开发、经贸合作、金融合作、人文交流、生态保护、海上合作等领域，推进了一批条件成熟的重点合作项目。

完善政策措施。中国政府统筹国内各种资源，强化政策支持。推动亚洲基础设施投资银行筹建，发起设立丝路基金，强化中国—欧亚经济合作基金投资功能。推动银行卡清算机构开展跨境清算业务和支付机构开展跨境支付业务。积极推进投资贸易便利化，推进区域通关一体化改革。

发挥平台作用。各地成功举办了一系列以"一带一路"为主题的国际峰会、论坛、研讨会、博览会，对增进理解、凝聚共识、深化合作发挥了重要作用。

八、共创美好未来

共建"一带一路"是中国的倡议，也是中国与沿线国家的共同愿望。站在新的起点上，中国愿与沿线国家一道，以共建"一带一路"为契机，平等协商，兼顾各方利益，反映各方诉求，携手推动更大范围、更高水平、更深层次的大开放、大交流、大融合。"一带一路"建设是开放的、包容的，欢迎世界各国和国际、地区组织积极参与。

共建"一带一路"的途径是以目标协调、政策沟通为主，不刻意追求一致性，可高度灵活，富有弹性，是多元开放的合作进程。中国愿与沿线国家一道，不断充实完善"一带一路"的合作内容和方式，共同制定时间表、路线图，积极对接沿线国家发展和区域合作规划。

中国愿与沿线国家一道，在既有双多边和区域次区域合作机制框架下，通过合作研究、论坛展会、人员培训、交流访问等多种形式，促进沿线国家对共建"一带一路"内涵、目标、任务等方面的进一步理解和认同。

中国愿与沿线国家一道，稳步推进示范项目建设，共同确定一批能够照顾双多边利益的项目，对各方认可、条件成熟的项目抓紧启动实施，争取早日开花结果。

"一带一路"是一条互尊互信之路，一条合作共赢之路，一条文明互鉴之路。只要沿线各国和衷共济、相向而行，就一定能够谱写建设丝绸之路经济带和21世纪海上丝绸之路的新篇章，让沿线各国人民共享"一带一路"共建成果。